★ Marion 2007

Jahrbuch des Landkreises Emmendingen für Kultur und Geschichte

›s Eige zeige‹

Jahrbuch des Landkreises Emmendingen für Kultur und Geschichte 22/2008

Kinder, Kinder

Kindheit und Jugend in den Sechziger Jahren

Herausgegeben von Hanno Hurth und Gerhard A. Auer

Mitarbeit: Gerhard A. Auer (Redaktion), Eva Bühler, Richard Eberenz, Anima Kröger

Wir danken
der SPARKASSE Freiburg - Nördlicher Breisgau
für die finanzielle Unterstützung dieses Buches.

Umschlagvorderseite: Original von Harald Hipp
Umschlaggestaltung: Gerhard A. Auer

ISBN 978-3-926556-23-4
ISSN 0936-3432

Emmendingen 2007
© Landkreis Emmendingen
Alle Rechte vorbehalten
Layout: Gerhard A. Auer

Inhalt

LANDRAT HANNO HURTH
10 Vorwort des Herausgebers

GERHARD A. AUER
12 Kindheit und Jugend in den Sechziger Jahren
Der Duft der Tomaten

14	Ende der Fünfziger, Anfang der Sechziger Jahre	124	Krieg
15	In der Katakombe	125	Lebenszusammenhänge
25	Zur Fremdenlegion nach Algerien	129	Lehrjahre
		130	Lesestoff
45	Ab der Mitte der Sechziger Jahre	131	Liebe und Sexualität
55	Angst	156	Männlich/weiblich
55	Arbeit	158	Medien, Kunst und Kultur
59	Arm und reich	159	Mode
59	Aufbruch und Ausbruch	160	Mordversuch
66	Außenseiter	160	Musik
66	Berufswünsche	195	NS-Zeit
67	Clique	197	Partys und Feten
68	Demonstration	198	Rauchen
68	Diskothek	198	Reisen
68	Drogen	200	Religion
76	Familie	202	Reviere
91	Ereignisse, Politische	204	Schule
93	Essen	204	– Volksschule
95	Freizeitvergnügungen	213	– Mittelschule
97	Freuden, Kleine	219	– Schulversuche
97	Garten	223	– Aufs Gymnasium
97	Geisterfahrersyndrom	236	– Im Internat
98	Geld	246	Schwimmbad
98	Grenzen	248	Sonntagsbeschäftigung
99	Haare	249	Unruhe und Umbruch
99	Irritationen	262	„Ich will nicht!"
100	Jugendgruppen	264	Ein riesiges Tohuwabohu
101	Kämpfe	285	Ein familiäres Erbe
102	Kino	289	Zur Bundeswehr
122	Kirche	293	Schlettstadt im Westen
123	Klauen	304	Oberwiesenthal im Osten
123	Körper	329	Abbildungsverzeichnis

Vorwort

„Wie haben Kinder und Jugendliche die Sechziger Jahre erlebt?" – „Wie sah die Welt aus, in die sie hineinwachsen sollten?" – „Was hat sie geprägt?" – „Wie sahen die Konflikte aus, die sie mit den Erwachsenen hatten?" – „Wie wurden diese ausgetragen?" – „Was wollten sie anders machen?" – „Was waren ihre Ziele und Hoffnungen?" – „Wie bewerten sie diesen Lebensabschnitt heute?" Der Beantwortung dieser Fragen widmet sich der vorliegende Band des Kreisjahrbuches. Dabei ist der Blick des Autors auf zwei Ebenen des gesellschaftlichen Lebens gerichtet:
– Einmal auf die Wirklichkeit, die Kinder und Jugendliche vorfanden, sozusagen das gesellschaftliche Erbe ihrer Elterngeneration.
– Und zum zweiten auf die Auseinandersetzung mit dieser Wirklichkeit und der daraus resultierenden Entwicklung einer eigenen Lebensperspektive der Kinder und Jugendlichen.
Mit diesem Vorhaben ist der Autor dem Konzept der beiden „Kinder, Kinder"-Bände gefolgt, die bereits veröffentlicht wurden: „Kindheit und Jugend in den Fünfziger Jahren" im Jahr 2003 und „Kindheit und Jugend im Nationalsozialismus" im Jahr 2005.
Auch der bewährten Vorgehensweise ist der Autor gefolgt: Menschen, die den besagten Zeitabschnitt als Kinder und Jugendliche erlebt haben, nach ihren Erlebnissen und Erfahrungen zu befragen.
Wie unterschiedlich diese Zeit erlebt wurde, drücken die folgenden Aussagen aus:
„Die Sechziger Jahre glänzen im Rückblick, als ob immer die Sonne geschienen hätte. Obwohl ich weiß, dass es da auch regnete. Es war so ein Gefühl, als ob man aus einer Nacht kommt und in einen strahlenden Maitag hineingeht."
„In meinem Leben waren die Sechziger Jahre die unangenehmste Zeit. Ich habe mich sehr einsam gefühlt, allein, mit vielen Ängsten behaftet. Manche sagen, es wäre ihre schönste Zeit im Leben gewesen. – Ich würde nie mehr dahin zurück wollen. Nie mehr!"
So unterschiedlich die Sechziger Jahre in der Erinnerung aufscheinen, so gemeinsam war bei allen Zeitzeugen das Empfinden, dass die vorgefundene Welt nicht gut war, wie sie war. Ob und wie sich der Einzelne für eine Veränderung engagiert hat, hängt wiederum von dessen Vorgeschichte ab.
Die Auseinandersetzung mit der Wirklichkeit und ihren Möglichkeiten ist nicht in allen Zeitabschnitten gleich intensiv. Auch unterscheiden sich Zeitabschnitte im Hinblick darauf, ob die Möglichkeiten stärker in einer gesellschaftlichen Veränderung oder

eher in einer persönlichen Entwicklung gesehen werden. Selbst in einem Zeitabschnitt von nur zehn Jahren werden in der Sicht- und Verhaltensweise Jugendlicher Unterschiede deutlich. Lagen die alternativen Lebens- und Bewegungsräume zur Welt der Erwachsenen in der ersten Hälfte der Sechziger Jahre im abgeschirmten, oft geheim gehaltenen „Privatleben" des Einzelnen oder der Clique, so wurden sie in der zweiten Hälfte der Sechziger Jahre bekannt und öffentlich gemacht; sie wurden damit Ursache von Konflikten, die von vielen Jugendlichen ganz bewusst gesucht und gefunden wurden.

Dieses Hinterfragen und Aufbegehren galt nicht für alle Jugendliche und vor allem nicht im gleichen Maße. Es war für einen Gymnasiasten in der Stadt einfacher als für einen Jugendlichen auf dem Land, der in den bäuerlichen Betrieb der Eltern eingebunden war, oder für den Lehrling, der jeden Tag von morgens bis abends in einem Betrieb arbeitete. Diese Unterschiede deutlich zu machen, war ein Anliegen des Autors.

Es ist ein differenziertes, facettenreiches Bild von den Sechziger Jahren entstanden. Obwohl es aus lauter Einzelheiten besteht, weist es doch über diese hinaus und lässt den Leser eintauchen in eine Vergangenheit, die gerade mal vierzig Jahre zurückliegt. Den Lesern, die diese Zeit als Eltern erlebt haben, ermöglicht es im Nachhinein vielleicht zu verstehen, was ihre Kinder bewegt hat. Den Lesern, die die Zeit als Kinder und Jugendliche erlebt haben, mag es Anregung sein, sich an eigene Erlebnisse und Erfahrungen zu erinnern und über ihre Bedeutung zu reflektieren. Und den Nachgeborenen kann es vielleicht helfen, besser zu begreifen, warum ihre Elterngeneration so geworden ist, wie sie geworden ist.

Allen, die dazu beigetragen haben, dass dieses Buch „Kindheit und Jugend in den Sechziger Jahren" realisiert werden konnte, möchte ich herzlich danken: Den Zeitzeugen, die manchmal überrascht waren, dass sie schon Zeitzeugen sein können, und die mit Engagement und Offenheit ihre Lebenserinnerungen schilderten. Mein Dank gilt dem Autor und Mitherausgeber Gerhard A. Auer, sowie Eva Bühler und Richard Eberenz, den Mitarbeitern des Kreisarchivs, sowie der Korrektorin Anima Kröger.

Allen Leserinnen und Lesern wünsche ich interessante und anregende Stunden bei der Lektüre dieses Buches.

HANNO HURTH
Landrat

Gerhard A. Auer

Kindheit und Jugend in den Sechziger Jahren

„Wie die ‚absolute' Wirklichkeit ist, wissen wir nicht und werden es wohl auch nie wissen."
Antonio R. Damasio: Descartes Irrtum.
Fühlen, Denken und das menschliche Gehirn.

Der Duft der Tomaten

Im elterlichen Gemüsegarten gab es während meiner Kindheit jeden Sommer ein Beet mit Tomatenstöcken. Und bei der Arbeit an diesem Buch, beim eigenen Erinnern, ist mir mehrmals dieser intensive Tomatengeruch in die Nase gestiegen, dem man geradezu ausgeliefert war, wenn man sich als Kind diesen Stöcken genähert oder sich zwischen ihnen versteckt hat. Diesen Duft gibt es längst nicht mehr. Was mir in die Nase gestiegen ist, war eine Geruchserinnerung. Sie stieg auf, verschwand wieder und lässt sich leider nicht per Willenskraft aufs Neue erzeugen. Jeder, der diesen Duft aus seiner Kindheit kennt, weiß, wovon ich spreche. Und der, der ihn nicht kennt, dem kann ich versichern, und ich könnte ihm Zeitzeugen nennen, dass dieser Duft existiert hat und heute nicht mehr existiert. Damit sind wir beim Thema: Der Erinnerung. Wer versucht, mit Erinnerungen historische Wirklichkeit zu rekonstruieren, muss sich der Frage nach der Subjektivität dieses Materials und damit deren Gültigkeit stellen. Klar ist: Erinnerungen sind subjektiv. Und genau darin liegt ihre Bedeutung und ihre Stärke: Sie sind das beste Stück, das wir von der Vergangenheit haben können. Gerade dann, wenn ein Zeitzeuge oder eine Zeitzeugin sich während des Erzählens an Dinge erinnert, an die er/sie, seit sie geschehen sind, nicht mehr gedacht hat, ist er/sie seiner Wirklichkeit am nächsten.

Nichts wird so erinnert, wie es erlebt wurde. Erinnerungen sind dem Wandel unterworfen. Allein der Erzählvorgang schafft eine neue Sichtweise des in der Vergangenheit Geschehenen. Oder um es mit Antonio R. Damasio zu sagen: „... wenn wir uns einen bestimmten Gegenstand, ein Gesicht oder ein Ereignis ins Gedächtnis rufen, [erhalten wir] nicht eine exakte Reproduktion, sondern eine Interpretation, eine Rekonstruktion des Originals. Im Übrigen verändern sich mit dem Alter und der Erfahrung die Spielarten einer bestimmten Vorlage." (Antonio R. Damasio: Descartes Irrtum. Fühlen, Denken und das menschliche Gehirn. 2004. S. 145) Uns interessiert die erlebte Geschichte, die vielen Einzelheiten, die kleinen wirksamen Zusammenhänge. Wir bleiben beim Konkreten und vermeiden die Abstraktion. Der französische Soziologe Maurice Halbwachs schreibt in diesem Zusammenhang: „Die Geschichte ist nicht die gesamte Vergangenheit, aber sie ist auch nicht das, was von der Vergangenheit übrig bleibt. Ja, wenn man so will, gibt es neben der geschriebenen Geschichte eine lebendige Geschichte, die durch die Epochen hindurch fortbesteht oder sich erneuert und innerhalb der es möglich ist, eine ganze Anzahl jener ehemaligen Strömungen wieder zu finden, die nur scheinbar verschwunden waren." (M. Halbwachs: Das kollektive Gedächtnis. 1991) Ein Kapitel dieser lebendigen Geschichte aufzuschreiben, ist das Anliegen dieses Bandes.

Man könnte erwarten, dass ein Buch, das sich mit einem Zeitabschnitt befasst, chronologisch aufgebaut ist. Das ist hier nur in dem Sinn so, als es eine zeitliche Klammer gibt: Das Buch beginnt mit Erlebnissen vom Ende der Fünfziger/Anfang der Sechziger Jahre und endet mit Erlebnissen Ende der Sechziger/Anfang der Siebziger Jahre. Die Ordnung des Hauptteiles, der zwischen diesen Klammern liegt, hat sich bei der Arbeit ergeben. Bestimmten Erlebnissen von unterschiedlichen Zeitzeugen war ein Thema gemeinsam: zum Beispiel „Religion", „Haare", „Mode", „Musik", „Sexualität". Die Erzählsequenzen wurden um diese Begriffe gruppiert. Diese Begriffe wiederum wurden alphabetisch geordnet. So entstand ein Glossar zu den Sechziger Jahren. Es hätte auch eine andere Ordnung werden können, aber diese ist es geworden.

Wir haben die Namen der Zeitzeugen anonymisiert, und wir haben die Namen der Personen anonymisiert, von denen erzählt wird: Eltern, Lehrer, Freunde, Freundinnen usw. Uns interessiert nicht eine spezielle Person, im Gegenteil, die gilt es zu schützen. Uns interessiert, wie hat ein Jugendlicher agiert und wie hat ein Erwachsener aus der Sicht des Jugendlichen agiert. Die Personen könnten erfunden sein. Sind sie aber nicht.

Ein Wort zur Bildauswahl: Der Autor konnte für diesen Band private Fotosammlungen auswerten. Neben diesen privaten Fotos wurden eine ganze Reihe von Abbildungen von Musikern, Schallplatten und politischen Ereignissen aufgenommen, weil sie einfach zu dieser Zeit dazugehören. Heute sind wir es gewohnt, zu jedem Ereignis mit einer Bilderflut überschüttet zu werden. Das war in den Sechziger Jahren nicht so. Wer 1964 eine Postkarte mit den Beatles hatte, hütete diese wie einen Schatz, wie einen Fetisch, wie ein Versprechen auf eine bessere Zukunft.

Wir danken

den Zeitzeugen, Leihgebern und Ratgebern: Johann „John" Amann, Bernhard Blum, Heinz Böcherer, Henry Boschert, Peter Bruder, Bärbel Bürkle, Ulrich Dubronner, Bärbel Engler, Reinhold Fehr, Klaus Flöther, Elisabeth Fünfgeld, Albrecht Gamber, Wolfgang Götz, Myrtil Haefs, Eberhard Hauser, Harald Hipp, Manfred Hoppe, Marlene Hügle, Peter Hug, Jean-Marc Husser, Bernd Kellner, Wolfgang Kern, Dr. Gerhard Kissel, Erika Klott, Dr. Franz Klimetzek, Helmut Korsten, Dr. Lothar Langer, Werner Laun, Steffen Meyer, Wulf Michalke, Heidrun Mössner, Klaus Müller-Wenk, Martin Oberle, Bernd Peters, Christoph Pfaff, Hans-Peter Restle, Siegrun Saviane, Meinrad Schäfer, Doris Schaffer, Karl-Heinz Scherfling, Evamaria Strunk, Axel Verderber, Herwig „Sam" Vogel, Werner Welz, Karin Werner, Helmut Winter, Hans Georg von Wolff, Waltraud von Wolff und anderen.

Ende der Fünfziger, Anfang der Sechziger Jahre

Jazz-Session in der „Katakombe"

In der Katakombe

Ein eigener Schlüssel

M1: Mein Vater war Verwaltungsleiter im Psychiatrischen Landeskrankenhaus. Da gab es so ein Schild am Gelände „Bad.H.u.Pfl.A.", „Badische Heil- und Pflegeanstalt" sollte das heißen. Das nannte man dann die HuPfla. Wir hatten auf dem Gelände eine Dienstwohnung, und als ich älter war, hatte ich mein Zimmer unterm Dach, so ein Mansardenzimmer. Ich hatte Freunde in Freiburg, und dort gab es einen Jazzkeller, und Jazz interessierte mich sehr. Wenn ich mich nach dem Abendessen verabschiedet hatte,

---

Jede Erzählsequenz wird mit dem Kürzel „M" oder „F" eingeleitet. „M" bedeutet: ein Mann erzählt, „F", eine Frau erzählt; wird ein Dialog wiedergegeben, werden die Erzähler mit „M1" und „M2" bzw. „F1" und „F2" gekennzeichnet.

ging ich hoch in meine Mansarde, verhielt mich eine halbe Stunde ruhig, dann bin ich abgehauen. Ich hatte mir einen Schlüssel zurechtgefeilt, damit ich rauskam und abschließen konnte. Ich wollte unabhängig sein. Dann fuhr ich mit dem Fahrrad nach Freiburg. Da war ich so sechzehn.

Das, was in Freiburg passierte, fand ich ganz toll. – Wo der Keller damals war, das weiß ich nicht mehr so genau, aber er war in der Nähe des Universitätsgeländes. Das Interesse am Jazz kam über meine Freunde in Freiburg. Da war der Hans, er war mein großer Freund. – Wir hingen viel zusammen herum, und machten richtig große Fahrradtouren. Bis in den Schweizer Jura und wieder zurück. Der fuhr auch noch weiter. Die Familie siedelte von Emmendingen nach Freiburg über. Wenn wir uns treffen wollten, musste entweder er nach Emmendingen fahren oder ich nach Freiburg. Der Hans war in Freiburg in einem ganz anderen Umfeld. Und zu diesem Umfeld gehörte auch Peter. Der war da vielleicht zwanzig, schon aktiver Musiker, sogar ein recht renommierter Jazz-Trompeter. Und den bewunderte ich sehr und eiferte ihm nach. Dadurch kam ich an die Musik von Miles Davis und das, was in der Folge dazugehörte – Soul-Jazz und Cool-Jazz und das Modern Jazz Quartett. Das waren auch die Themen, die wir spielten. Aber nachts nach Freiburg zu fahren, wurde mir auf die Dauer zu aufwendig. Ich fing an zu überlegen: „Mensch, das müsste man doch auch in Emmendingen machen können!" Und wie man das so macht, erzählte ich herum, was da in Freiburg passierte. Und irgendwie ergab sich etwas. In meiner Klasse war der Sohn aus dem Tapetenhaus Schade. Und der gab den entscheidenden Hinweis, dass unter den Geschäftsräumen seines Vaters ein Keller sei, der nicht benutzt würde. Er konnte auch den Schlüssel besorgen. Wir schauten uns den Keller an und stellten fest: „Das ist doch toll. Hier können wir das doch machen. Das wäre fabelhaft! Das wäre ja phantastisch!" Der Keller gehört der Metzger-Gutjahr-Stiftung. Der Vorsitzende war der Dekan Hörner. Zu dem ging ich hin. Das war ja kein Problem, vom Dekan Hörner war ich konfirmiert worden, und ich war Teil einer angesehenen Familie. Im Posaunenchor war ich auch. Also wenn das keine Empfehlungen waren! Dann wurde ein Schreiben aufgesetzt, dass mir dieser Raum für kulturelle Jugendarbeit zur Verfügung gestellt wird, und dass ich mich dazu verpflichten müsste, für das sittliche Verhalten zu sorgen. Der Keller wurde uns kostenlos überlassen. Ja, und so fing die ganze Geschichte an. Die evangelische Gemeinde berappte fünfzig Mark, damit wir uns ein gebrauchtes Klavier besorgen konnten. Das gehörte zwar der Gemeinde, aber wir benutzten es.

M2: Du hast ja nicht nur Trompete geblasen, du hast auch Bass gespielt und dich am Klavier betätigt. Das war wahnsinnig.

M1: Ja, am Bass war ich nicht schlecht. Ich konnte in meiner Mansarde auf die Musik bezogen tun und lassen, was ich wollte, so lange alles andere einigermaßen stimmte. Ich brachte meine Leistung in der Schule und machte meinen Cello-Unterricht weiter und blies im Posaunenchor. Das passte dann schon.

M2: Ja, und auch die Dichterlinge waren im Keller am Werk. Hier habe ich ein Produkt:

„Nacht, Tag träge
Rind mit dicken Zungen
tastend in löchrige Räume und Stunden
kriecht durch die Fensterhöhlen herein
wo sie Tropfen und Ströme von Trost
Angst dunkel vergießt
bis das Zittern gefüllt
Schweigen Atem Schlaf Traum Nacht."

M1: Wir hatten ein richtiges Programm. Diese Zeitschrift sollte auch gedruckt werden.

M2: Da gab es bemalte Wände und eine Theke.

M1: Ja, da wurden auch Bilder reingehängt, und es gab Lesungen.

M2: Wir hatten Mitgliedsausweise und Beiträge. Auch die Zeitung kostete etwas. Die Sache war richtig organisiert. Hier haben wir diese Zeitung Nummer 1. „Jugendeigene Zeitschrift des Emmendinger Clubs für Jazz, Literatur und Moderne Kunst. Jambangle. Katakombe ist Mitglied der unabhängigen jungen Presse und erscheint sechs Mal jährlich in zwangloser Reihenfolge. Auflage: 70; Preis: 60,– Pfennig."
Ich hatte ja von den Pfadfinderkursen her noch so einen Drucker auf Matrizenbasis.

M1: Highschool Combo, das war eine Sache, die einmal am Gymnasium lief. Für die Modern Highschool Combo habe ich Arrangements geschrieben.

M2: Wir hatten auch eine Vorschrift. Man konnte nicht in zu salopper Kleidung zu uns kommen. Eigentlich war Anzug vorgeschrieben.

„Am Bass war ich nicht schlecht."

M2: Das war wahrscheinlich nicht so ernst gemeint.
M1: Ja, aber irgendwo war da so ein Schlag in Richtung Format und besserer Level als sonstwo. So als Stilgeschichte. Wie diese Karte: „Wir haben die Bettler von den Toren verwiesen." Oder „Wir haben den Stein zum Blühen gebracht." Die Schule wusste im Grunde von diesem Jazzkeller nichts. Da gab es keine Verbindung.
M2: Wir waren nicht auf äußere Provokation bedacht. Wir interessierten uns füreinander, aber was um uns herum vorging?
M1: Auffällig war auch, dass das keine politische Ausrichtung hatte. Wir hatten weder lokalpolitisch noch parteipolitisch irgendwelche Gespräche oder Auseinandersetzungen. Das war noch nicht die Zeit, wie sie es später in den Sechziger Jahren war.

M2: In der Zeit vorher gab es sicherlich auch riesige Konflikte und Familiendramen. Kinder sind verschwunden oder zogen aus. Ich trat nicht in einen Konflikt mit meinen Eltern, weil ich abends unbegrenzt ausgehen wollte. Ich schaute, was das für ein Schloss war und wie die Schlüssel aussahen, und mit meinen Beziehungen zu den Handwerkern und durch die handwerklichen Fähigkeiten, die ich mir angeeignet hatte, nahm ich eine Feile und feilte mir einen eigenen Schlüssel zurecht. Irgendwann einmal, ich war siebzehn oder achtzehn, kam die Familie abends von einem Kirchenkonzert nach Hause, da ging ich voraneweg und schloss auf. Die haben vielleicht geglotzt.
M1: Hier ist ein Vorschlag für ein Stück, das aufgeführt werden sollte. Das fängt an: Jazzkeller-Type

Cliquentreff in der Kollmarsreuter Straße, Emmendingen: Gerd, Wolfgang, Peter und Bernd

tritt solo auf, zündet Zigarette an, schaut Publikum misstrauisch an: „Was sehen Sie mich denn so an? Ja, Sie schauen mich alle so an. Was haben Sie nur? Sie sind so seltsam. Ach! Sie meinen wohl, Sie müssten mit Leuten wie mir etwas vorsichtig sein? Etwas Distanz wahren, Abstand halten?" Eine Dummvolk-Type kommt dazu. Dummvolk-Type geht." – Dann geht es weiter.

M: In unserem Keller hatten sich die versammelt, die sich am Biertisch, beim Sportverein, auf dem Fußballplatz oder ähnlichen Plätzen nicht wohlgefühlt haben. Und in Emmendingen gab es ja nicht viel für Jugendliche.

M: Aber unser Weinkonsum war sehr beträchtlich.

M: Und glücklicherweise gab es damals noch keine Drogen, sonst hätten wir vielleicht auch Konflikte gehabt. Wein war ja gesellschaftlich akzeptiert, Bier auch. „Na, wenn die jungen Kerle einmal einen saufen, dann ist das doch normal." 24 Stunden später war man dann wieder einigermaßen klar im Schädel.

M: Wenn wir abends fertig waren, standen wir noch herum und redeten, und ich konnte mich mit dem Fahrrad links am Pfosten halten und um dieses Verkehrszeichen herumfahren. Eigentlich ist das ziemlich schwer, aber bei mir hat das mit dem Radius funktioniert. Aber das machte ich nur in angetrunkenem Zustand. Einmal hatten wir einen Malwettbewerb und ein Sportfest beim „Bitz" an der Kollmarsreuter Straße. Da haben wir gekocht und ordentlich gegessen. Es gab einen Braten. Dazu tranken wir, dann wurde gedichtet, und der jüngere Bruder von X. und so ein Langer mit Brille, und ich, wir machten einen Mal-

wettbewerb. Anschließend gab es dieses Sportfest. Da liefen wir um ein Uhr nachts auf der Straße um die Wette und machten Weitsprung. Solche Sachen gab es da. Und dabei fühlte man sich als etwas Besonderes. Wir waren schon ein abgehobener Haufen, der sich vom „Dummvolk" distanzierte. Das war so! Aber sonst ging es um die Musik, und darum, Spaß zu haben. Wir saßen in allen möglichen Kneipen und improvisierten. Das war schon toll.
M: Mädchen waren sehr willkommen. Eine aktive Rolle spielten sie nicht. Sie waren eher eine Begleiterscheinung. Da war keine dabei, die musiziert hat.
M: Auch literarische Beiträge gab es von denen nicht. Aber die waren schon sehr willkommen, denn die Kontaktmöglichkeiten waren damals ja nicht so gegeben. Da herrschte ja eine sehr rigide Moral. Man musste sehr handfeste Vorwände haben, um sich irgendeinem Mädchen annähern zu können oder mit einer anzubandeln oder sie ausführen zu können. Die musste ja auch zu Hause etwas erzählen, um überhaupt wegzudürfen.
M: Ja, die Mädchen waren schwierig zu der Zeit. Und die hatten es ja auch nicht so leicht.
M: Apropos Mädchen. Der Ventilator war direkt an dem Lichtschacht zum Gehweg. Und wie war das genau? Die Damen standen am Schaufenster und wir machten den Ventilator an und schauten, ob sich der Rock bewegt.
M: Bei uns in der „Katakombe" wurde das Thema Sexualität noch relativ kindisch behandelt. Man tastete sich gegenseitig im Gespräch ab, wir flirteten auch miteinander. Aber das hat in der Öffentlichkeit nie diese körperlichen Formen angenommen, wie sie zehn Jahre später auftraten. Das blieb beim Flirt. Ich weiß auch nicht mehr, wer damals rumgeknutscht hat. Es war kein Ort, an dem die Matratzen rumlagen und an dem man mit einem Mädchen schlafen konnte. Es wurde nicht versucht, über den Alkohol zum Geschlechtsverkehr zu kommen. Das war nicht in der

Durch Schlager lernte ich neue Akkorde kennen.

Perspektive. Wir waren stark von der kirchlichen Moral geprägt. Da gab es so viele Tabus, so viele Schranken. Das hätten wir nicht gebracht, die zu übertreten. Die Mehrzahl, die da die Atmosphäre bestimmte, wäre dazu viel zu gehemmt gewesen. Gerade wir zwei kamen aus der christlichen Pfadfinderschaft. Und natürlich hat uns das schon geprägt. Ich persönlich empfand das aber nicht als Manko. Weder damals, noch später. Ich kam nicht zu kurz.
M: Während oder nach der Schule, wenn man mal eine längere Pause hatte, oder wenn der Unterricht ausfiel, verschwand man in der „Katakombe", weil dieser Raum so eine ganz andere Atmosphäre hatte.
M: Ja, da störten wir niemanden. Und wie gesagt, das begann 1958 und endete mit dem Abitur 1962, denke ich. Da gingen die Leute dann in alle Welt.

Mein Zimmer in Riegel

Wulf Michalke

Meine kleine Jazzgeschichte

Mit dem Medium Radio fing eigentlich alles an. Schon als kleiner Bursch bastelte ich mir die ersten Detektor-Radios, ein lieber Lehrer Rühle schenkte mir aus alten Kriegsbeständen einen englischen Kopfhörer. Man krabbelte oftmals recht leichtsinnig auf hohe Tannen und Dachstühle, um aus alten Kupferdrähten vom Schrottplatz eine lange Hochantenne aus dem Dachfenster hinauszuspannen – Trafos machten so was möglich. – Und bei Gewitter schmiss man alles zum Fenster hinaus, nachdem einmal auch der Blitz eingeschlagen hatte!

Meine Schulfreunde und ich entdeckten in Marbach anno 1954 auf Schrottplätzen die Wunderwelt der Technik, wir gruben uns alte Volksempfänger aus dem Dreck, tauschten die Röhren aus und fummelten so lange daran herum, bis sie wieder aus dem Lautsprecher Klänge von sich gaben. Wir klebten alte, zerbrochene Schellack-Platten zusammen, und freuten uns wie die Könige, dass man so noch Klänge aus dem Schalltrichter hören konnte: Akustik & Mechanik = Schall & Klänge ...
Ausgeschaltete Uralt-Radios mit den großen Spulen, der beleuchteten Skala mit Weltstädten, ausgebauten Drehkondensatoren ... der Vater spendierte einen Kristall-Detektor, wo man mit Engelsgeduld und angehaltenem Atem eine günstige und ferne

Musik hören konnte ... eine gute Erde oder große gewickelte Antennenungetüme ergaben das erste Rucksack-Radio! ... Bei Wanderungen durch die Weinberge schauten uns dann die Winzer entsprechend entgeistert oder ehrfürchtig an. Wie Marsmenschen mit Kopfhörern erklommen wir den Weinberg auf der Suche nach Klängen bei optimaler Empfangslage ...

Meine Volksempfänger wurden immer besser, und ein rechter Kinderfreund und Rundfunkhändler in seiner vollgestopften Werkstatt mit alten Radios und Einzelteilen, schenkte uns jungen Bastlern die kostbarsten Schätze, – er selber wird wohl dabei froh gewesen sein, dass endlich etwas Ordnung in seine überfüllte Werkstatt einzog, dafür fegten und putzten wir sehr gerne und ergatterten uns neue, tolle, alte Radios.

Es war, blieb und ist noch jetzt ein eigentümlicher Reiz – ich fummelte seitdem begeistert und neugierig an Skalen und Drehknöpfen der alten Nachkriegsradios herum, und suchte im Äther Stimmen und die fernen Klänge aus aller Welt.

Der AFN sendete damals für die in Deutschland stationierten Soldaten „Music in the air", es waren alte amerikanische Schlager und Filmmusiken, welche mir und anderen sehr gut gefallen haben, sie unterschieden sich enorm von dem schon damals entsetzlichen deutschen Schlager-Hirnriss-Schrott!

Mein Vater schenkte mir zur CVJM-Zeit eine einfache Gitarre, und mit einem Tonabnehmer (aus einem alten Schallplattenspieler-Tonkopf gebastelt!) konnte man im Radio auf „Phono" bereits seine ersten Akkorde verstärkt klampfen.

Es war ein oftmals einsames Jungenabenteuer, ein spannendes musikalisch-technisches Bastelspiel mit dem aufgestülpten Kopfhörer und dem heißen Lötkolben in der Hand. Manchmal ist das flüssige Lötzinn auf den nackten Oberschenkel getropft, – doch die Lötstelle musste ruhig gehalten werden, eisern ... So entdeckte ich spielend das Radio, Lautsprecher, baute mir tolle klingende Kisten, d. h. Verstärker. Ich entdeckte Echo und Hall, wickelte mir lange Hallspiralen, erprobte und suchte mir große Eisen- und Messingblechplatten, woran sich die Tonabnehmer anbauen ließen, experimentierte mit den Kopfhörern und veränderte sie zu Mikrofonen mit Membranen alter, sauberer Nivea-Dosen oder von Caro-Kaffee, bis sich wieder mal ein verständnisvoller Fachmann erbarmte und mir alte Mikrofone schenkte, dazu kleine Hörmuscheln der Kopfhörer, woraus man selbst kleine Pickups für die Schlag-Gitarre bauen konnte.

Durch Schlager lernte ich neue Akkorde kennen und fand die Barrégriffe C 7/9 und F 7/+9, sie klangen toll beim CVJM, – bis der Pfarrer es entsetzt erstmals in seinem Leben bei der Konfirmation zu hören bekam und mich aus den „heiligen Hallen" empört verwies ... so was gehörte nicht in christliche Lieder!

1959 lernte ich Transistoren kennen. Es war das Ereignis, – wir sind mit dem Rad von Bietigheim nach Ludwigsburg gefahren, um sie im Bastelladen stückweise für 50 Pfennig zu holen. Daraus baute ich mir meinen ersten Vorverstärker. Damit konnte man die Gitarre am großen Radio voll aufdrehen, so klang der Gitarren-Boogie irrsinnig voll und saftig laut. Michael Dorn sang Schlager: „Put your head on my shoulder, whisper in my ear, baby ...!" – Und ich durfte ihn mit meiner Gitarre harmonisch begleiten. War das eine Ehre für mich!!! Im Fahrradkeller des Gymnasiums war ein ganz toller Hall, da konnte man schön Gitarre spielen, Akkorde hallten nach. Toll!

Mit meinem Jugendfreund Horst Landsperger spielte ich gerne im Gitarren-Duo, und meine Eltern machten mir abermals eine Freude mit einem geschenkten 6-Saiten-Banjo. So fuhren wir beide im Duo erstmals mit unseren Lehrlings-Mopeds auf eine lange Ferienreise von Bietigheim an den Starnberger

Auf dem Zeltplatz „zum Paradies" am Starnberger See

See, lernten auf dem Zeltplatz „zum Paradies" andere Jungen mit ihren Instrumenten kennen und spielten umringt von netten Leuten und hübschen Mädchen zusammen auf dem Bootssteg, wo angebundene Segelschiffe im Wind und der Sonne schaukelten. Jeder neugefundene Akkordgriff war ein Glück und eine wichtige Bereicherung, man schrieb sich „Marchie" säuberlich in seine Akkordfibel. Diese Musiktitel waren Kostbarkeiten und echte Musikschätze. Die Musikgruppen wetteiferten untereinander, wer von ihnen am modernsten spielen konnte.

1960 lebte ich in Riegel am Kaiserstuhl. Meine erste große Jungenfreundschaft zerriss. Eine romantische Landschaft mit Maisfeldern, Wiesen, Baggerseen, Bergen am Horizont und Wind erweckten in mir eigentümliche Sehnsüchte und Empfindungen. Heiße Sommer und bissig kalte Winter in der Rheinebene im badischen Land mit Weinbergen am Kaiserstuhl, aber auch viel Regen, Tristesse, dicke Nebel und Einsamkeit in Riegel am Kaiserstuhl.

Jazzfotos, Jazzplakate, romantische Bilder der TWEN schmückten die Zimmerwände. Die Geschichten des spannenden Jazzbuches von J. E. Behrendt weckten eine Sehnsucht in die Ferne. Unbestimmbare Sehnsuchtsgefühle, bestätigt und genährt durch Jazzklänge aus dem Radio, motivierten und vermischten sich mit jugendlichen Sehnsüchten. Die ersten Blue Jeans, der Seemannspullover und der olle, praktische US-Armee-Parka – darin war man geborgen und kuschelig eingemummelt, geschützt vor kaltem Regen und eisigem Wind auf der kleinen Kaiserstuhl-Bahn.

So um 1960/61 klemmte ich mir den großen Verstärker auf den Gepäckträger meines klapprigen Zwei-Gang-Hercules-Mopeds mit dem unverwüstlichem Sachs-Motor und schaukelte total überladen, mit der Gitarre vorm Bauch und dem Banjo auf dem Rücken, auf Schleichwegen von Riegel zu unserem Kellerraum in Emmendingen, auf der B 3, stets in Sorge vor Polizeikontrollen.

Im Gasthaus „Zum Engel" neben dem Karl-Friedrich-Gymnasium war in einem muffigen Weinkeller unser „Künstleratelier", „Katakombe", welches sich Freunde in Emmendingen als romantischen „Künstlertreffpunkt" liebevoll eingerichtet hatten. Hier trafen sich musisch-angehauchte Menschen. In bescheidenem Umfang fanden sich hier Künstler ein, auch manche Dichter und Schriftsteller; Maler und Musiker trafen sich und philosophierten beim Wein oder Bier über „Kunst und Sinn im Leben als solches – und überhaupt". Bilder, Texte, Gedichte wurden gezeigt und ausgehängt. Man hatte sich etwas Wichtiges zu sagen und fand für seine Meinung Verständnis beim anderen ... in dieser „manchmal so langweiligen Welt". Oder man feierte einfach eine Party, war lustig, verliebt, froh oder alleine, – war einsam und hatte den „Moralischen".

Mit hübschen Mädchen auf dem Bootssteg

Wir hämmerten auf einem uralten, verstimmten Klavier herum und spielten zusammen „Blues in the Closet", man zeigte sich neu gefundene Akkorde und Gitarrengriffe und wartete neugierig auf einen angekündigten neuen „irrsinnigen Musiker", der sich als ebenso einsamer Träumer entpuppte, dem es genau so erging wie den anderen und mir. Oder empfand ich das so ...?

Der blonde Fritz Lenz „Bitz", ein Klaus Sonntag, der lustige rot-blonde Dieter Feltgen, er war Maler von blau-grünen Gesichtern und Bildern mit herbtragischer Wehmutsromantik. Klaus Dück, ein sehr guter Fotograf, dessen reizvolle und hübsche Schwester Christel noch andere hübsche Freundinnen in das vermiefte Gewölbe mitbrachte. Rußende Petroleum-Baulampen beleuchteten alte Teppiche und Eierdeckelschallschutz.

Aus Kenzingen kamen die Konopka-Brüder mit ihren 2-CV-Enten, ein Hans Maager alias Harry Glück, verkannter Schlagersänger, der mir seine Gitarrenkenntnisse vorenthielt und mich auf meinen wenigen Barré-Griffen schnöde sitzen ließ = enttäuschend! Doch machte es umso mehr Spaß mit den anderen Musikern aus der „Emmendinger Szene". Gerhard Kissel spielte einen Kontrabass (den jetzt Wolfgang Fernow bespielt!), dazu Wolfgang Dick aus Köndringen seine „Trompäpe", sein Bruder manchmal am Klavier, Friedhelm Bär das Saxofon, unbekannte Schlagzeuger aus Köndringen, und ich klimperte auf meiner Gitarre oder dem Banjo dazu – und in der Pause brachte das mitgebrachte Radio auf Langwelle tollen, französischen Jazz.

Kerzenlicht, Ray Charles-Klänge von Schallplatten, „Stehblues" mit unbekannten hübschen Mädchen mit Pferdeschwanz und flirrendem Gelächter, man schmuste auch mal zaghaft, mit Herzklopfen – das war ja so schön aufregend und romantisch, doch immer korrekt und gesittet im muffigen Weinkeller-Gewölbe zu der Schallplatte „Jazz & Lyrik" mit Gerd Westphal als Sprecher und John Coltrane.

Diese „Katakombe" war unsere kleine Traumwelt und unser Zentrum – es war einfach und bescheiden, aber besser als nichts. Wir waren glücklich in Emmendingen!

Manchmal wurde ich von einem dieser jungen Freunde in die Kreisstadt Freiburg mitgenommen, wenn dort ein Jazzereignis stattfand. Ohne Auto war diese ferne Großstadt unerreichbar, am Rande meines damaligen Lebenshorizontes, der mit dem Moped erreichbar war.

Dort lernte ich Leute und die Musik in einem „Fuchsbau" und in „Busses Waldschenke" kennen, denen ich erst später mit neuem Bewusstsein wieder begegnen sollte ... Wir trieben uns auf den Mensa-Sommerfesten herum, wo im Gewühl vieler Studenten so manche Freiburger Jazzmusiker zu hören waren.

Die Modern Jazz Group Freiburg spielte dort, man lauschte beeindruckt einem Klaus Doldinger mit seinem Quartett und dem Ingfried Hoffmann, den Crazy Feet Warmers, der Dutch Swing College Band und man entdeckte Dixieland-Musiker in einer Ecke. Hier war immer so viel los. Für uns aus Emmendingen oder gar aus dem Hinterland bei Riegel am Kaiserstuhl war dieses eine schier unerreichbare große Welt, vertraut und so fern!

Da ich ja die Berufsschule Emmendingen während der Werkzeugmacher-Lehrzeit besuchen musste, wurde Harro Mattes mit seiner Trompete (über dem Bett!) mein wichtigster Freund, meine Anlaufstelle, mein hilfreicher Stützpunkt, bei dem ich mir die abgefrorenen Glieder manch kalter Mopedfahrt etwas aufwärmen konnte.

Auch hier bastelte man am Radio, Lautsprecher, Plattenspieler und Tonband herum, um somit Schallplatten von Ella Fitzgerald, Oskar Peterson, Errol Garner, dem Modern Jazz Quartett, einem Gerry Mulligan, Paul Desmond, Dave Brubeck, oder John Coltrane und Art Blakey und seinen Jazz-Massengers hören zu können.

Man erlebte dazumal auch die ersten Stereo-Klänge und baute große UKW-Antennen auf, um noch besser die Jazz-Sendungen von France-Musique hören zu können, und man entdeckte erstmals auch „The Voice of America: Jazzhour"! Direkt aus Washington.

Unverhofft konnte ich einen Monat früher die Gesellenprüfung als Werkzeugmacher ablegen und nutzte die günstige Gelegenheit, nach Berlin zu gehen, um dort Bürger zu werden, und nicht zur Bundeswehr als Soldat gehen zu müssen. Dank dem Schicksal!

1963 zog ich von Riegel nach Berlin in die Mommsenstraße und begann erstmalig im Leben als 19-Jähriger allein zu leben und zu arbeiten, ging in eine Metallfabrik, wohnte in einem kleinen Zimmer zur Untermiete und wurschtelte mich in der Großstadt Berlin voller Liebeskummer, Abenteuerlust und Lebensfreude im eigenen Leben durch. Die Fabrik wurde mir zu langweilig. Ich suchte mir einen Job als Ölfeuerungsmonteur und lernte somit in einem ollen VW-Bus auf Montage die Großstadt kennen. Das war toll!

„Im Zeltlager von der Schule 1947 oder 1950. Der zweite von links, das bin ich. Und rechts daneben, das ist meine Schwester. Die hat uns da besucht. Die anderen, das sind meine Klassenkameraden."

Zur Fremdenlegion nach Algerien

Fliegeralarm

M: Wenn Fliegeralarm war, mussten die Kinder sich an den Händen fassen und in den Keller gehen. Dabei gingen sie am Parterre vorbei, wo die Mäntel hingen. Dort versteckte ich mich hinter den Mänteln. Das ist nicht weiter aufgefallen. Als alle im Keller waren, zog ich meinen Mantel an, die Mütze setzte ich meistens verkehrt herum auf und ging nach Hause. Den Weg kannte ich ja. Die Straßen waren menschenleer. Weil es kurz vor dem Fliegerangriff war, fuhren immer noch deutsche Patrouillen durch die Straßen. Die sahen auf einmal einen kleinen Jungen ohne Begleitung. Den haben sie natürlich mitgenommen, denn der Angriff stand ja kurz bevor. Nachdem ich das ein paar Mal gemacht hatte, wusste ich, dass ein Auto mit Soldaten kommt. Ich werde mitgenommen, bekomme einen Stahlhelm auf, bekomme Schokolade, darf mit den Soldaten in den Bunker. Das war natürlich ein tolles Erlebnis.

In dieser Zeit spielten die meisten Kinder Soldat. Wir sammelten keine Briefmarken, sondern Flaksplitter. Nach dem Angriff gingen wir durch die Straßen, suchten Flaksplitter und tauschten sie untereinander. Nachts, wenn Fliegerangriffe waren, gingen meine Mutter und ich in den Luftschutzkeller. Nach dem Entwarnungssignal musste sie als Sanitäterin in den Einsatz, mich brachte sie vorher ins Bett. Einmal stiegen wir auf den Dachboden hinauf, sie hielt mich aus der Dachluke und zeigte mir die vielen Brände in der Stadt. Anschließend brachte sie mich zu Bett, nahm ihre Tasche und ging zur Sammelstelle.

Ich bin Jahrgang 40, Krieg und Männer in Uniform waren für mich etwas Normales. Mein Vater hat in einer versteckten Fabrik in der Lüneburger Heide gearbeitet. Ihm waren viele Kriegsgefangene als Helfer zugeteilt. Da waren überall geheime Fabriken. Sie waren wie Bunker gebaut. Auf den Dächern standen Bäume, sodass man sie von oben, vom Flugzeug aus, nicht sehen konnte. Es waren Munitionsfabriken.

Nach dem Krieg hatten wir keine Unterkunft. Meine Mutter konnte bei Bekannten wohnen, für meinen Vater und mich war da kein Platz. Die ehemaligen Kriegsgefangenen, die jetzt befreit waren, aber noch in den Gefangenenbaracken wohnten, machten meinem Vater ein Angebot. Sie sagten: „Otto, du hast uns während des Krieges geholfen, jetzt helfen wir dir. Du kannst bei uns wohnen und dein Sohn auch." Mein Vater und ich zogen zu den Polen in die Baracke und lebten dort. Die Polen stahlen meistens Sachen bei den Bauern. Ich weiß nicht, wovon sie sich sonst ernährt haben. Vielleicht haben sie von den Engländern etwas bekommen.

Mein Vater hat den geklauten toten Schweinen mit dem Rasierapparat die Borsten abrasiert, die Schwarte klein geschnitten und Sülze davon gekocht. Und ich ging zu den Engländern, erbettelte Zigaretten. Sie schütteten mir den Inhalt der Aschenbecher in eine Blechdose. Meine Mutter hatte mir eingeflößt, zu sagen, ich sei Holländer, wenn sie mich fragten, ob ich Deutscher sei. Im Dorf waren damals fast alle Nationalitäten vertreten, ehemalige Zwangsverpflichtete oder Kriegsgefangene. Die Zigarettenkippen nahm ich mit in die Baracke, und dort wurden sie versteigert. Das war mein großer Tag. Wer die meisten Eier bot, hat die Kippen bekommen.

In dieser ehemaligen Pulverfabrik waren Waggons mit Alkohol für irgendwelche Fertigungsprozesse. Dieser Alkohol war mit Methyl vergällt. Menschen können ihn so nicht genießen. Man hat den Alkohol angezündet. Zuerst brennt das Methyl gelb, und wenn es blau wird, ist das Methyl angeblich rausgebrannt und man kann ihn trinken. Aber als die Leute betrunken waren, haben sie alles getrunken, das Prozedere dauerte ihnen zu lang. Die Folge war, dass Leute blind geworden sind, dass Leute gestorben sind. Der, der in der Baracke unter mir lag, ein junger Pole, ist in dieser Nacht gestorben; und ich sah dabei zu. Das war wohl sehr qualvoll. Er muss gesundheitlich schon geschädigt gewesen sein, vielleicht durch die Gefangenschaft, und durch diesen exzessiven Alkoholgenuss. Jedenfalls kamen immer Blutblasen aus seinem Mund, die platzten. Seine Freundin, eine Russin, schmiss sich über ihn und rief etwas auf Russisch oder Polnisch, ich weiß es nicht. Sie hat gemerkt, was los ist, dass er sehr, sehr schwer krank ist, aber es war ja keine Hilfe da. Die ganze Baracke war voller besoffener Leute, und ich guckte von meinem sicheren Platz in der oberen Etage des Bettes herunter und sah zu, was sich da unten so alles ereignete.

Touch des Abenteuers

Mein Vater arbeitete in Finnland. Ich habe mit meinem Bruder in Hannover gelernt. Wir wohnten in der Lüneburger Heide. Meine Mutter hat meinen Vater mal für vier oder sechs Wochen besucht. Da war das Haus „sturmfrei", wie man so schön sagt. Mein Bruder und ich sind abwechselnd nach Hause gefahren und hatten so das ganze Haus für uns alleine. Meine Freundin und ich genossen diese Wochenenden. So etwas war ja zur damaligen Zeit eine recht seltene Gelegenheit. Meine Mutter hatte mir geschrieben, wann sie zurückkommt. Ich bin dann noch einmal von Hannover in die Lüneburger Heide gefahren, um dort mit meiner Freundin das letzte Wochenende zu verbringen. Auf einmal in der Nacht ging das Licht an und meine Mutter stand im Raum. Sie war eine Woche früher zurückgekommen.

Ursprünglich wollte ich als Zeitsoldat zur Marine gehen und mir anschließend von der Bundeswehr das Technikum bezahlen lassen. Die Aufnahmeprüfung hatte ich erfolgreich absolviert und die Erlaubnis meiner Eltern erhalten, denn damals lag die Volljährigkeit bei 21 Jahren. Meine Mutter war schockiert als sie mich mit dem Mädchen schlafend im Bett vorfand. Sie sagte: „Also das mit der Marine kannst du vergessen!" Sie würde unverzüglich die Genehmigung, dass ich zur Bundeswehr gehen dürfe, zurückziehen. Ich bin am andern Morgen mit dem Zug von der Lüneburger Heide wieder nach Hannover gefahren und habe mir überlegt, wie es weitergeht. Ich hatte zu der Zeit schon als Klempnerinstallateur ausgelernt. Aber mir hat der Beruf nie Spaß gemacht. Ich habe ihn einfach nur gelernt, damit ich einen Beruf habe. Da habe ich gedacht: „Wenn das so ist, dass ich nicht zur Bundeswehr, nicht zur Marine darf" – das war mein Traumjob – „dann nehme von nun an alles selbst in die Hand." Da habe ich mich entschlossen, in die Fremdenlegion zu gehen. Über die Legion konnte man damals viel in den Journalen lesen, wie man hinkommt und was einen erwartet, dass es relativ gefährlich ist, usw. Das war zur damaligen Zeit ein Thema. Es wurde sehr viel darüber berichtet. Dien Bien Phu war ja 1954 gewesen. Aber die Fremdenlegion, das hatte immer so den Touch des Abenteuers gehabt.

Ich bin von Hannover mit dem Zug nach Trier gefahren. In Trier bin ich ins Obdachlosenasyl gegangen. Ich war sehr gut gekleidet, sodass der Verwalter dachte, ich sei ein Prüfer oder so etwas und wolle irgendeine Kontrolle machen. Als ich ihm klar machte, dass ich bei ihm schlafen will, klappte ihm fast der Unterkiefer runter. Ich bekam ein Bett, lernte die anderen Mitbewohner kennen und sah, was so ablief. Da wurden die Brote, die die Obdachlosen geschnorrt hatten, getauscht – Rotwurst gegen Leberwurst usw. Damals bekamen sie noch belegte Brote. Im Nachbarbett war ein junger Deutscher, der ziemlich heruntergekommen war. Ich habe mich mit ihm unterhalten. Er fragte mich, wohin ich gehe. Ich sagte ihm, dass ich zur Legion gehe. Das habe er sich auch schon überlegt, aber zuerst wolle er nach Kaiserslautern und schauen, ob man beim Amerikaner Arbeit bekäme. Weil ich nicht alleine zur Legion gehen wollte, sondern gern einen Kumpel gehabt hätte, sagte ich, das hätte keinen Zweck: „Dort war ich schon, die haben auch keine Arbeit." Ich überredete ihn mitzukommen. Am anderen Tag wollten wir per Autostop Richtung Grenze fahren. Für mich haben die Autos angehalten, aber als sie ihn sahen, sind sie weitergefahren. Also haben wir uns getrennt. Ich bin dann schnell weggekommen. „Tschüss!" An der Grenze in Perl angekommen, ging ich zu Fuß weiter. Ich kam an den Schlagbaum. Da war ein Grenzbeamter, ein Deutscher. Er fragte mich: „Wo wollen Sie denn hin?" Ich sagte: „Ich will nach Metz." Er sagte: „Was wollen Sie denn in Metz?" Er fragte sehr barsch. Ich erwiderte: „Verwandte besuchen." Er sagte: „Wo wohnen die denn?" Ich sagte: „Bahnhofstraße 7!" Ich dachte eine Bahnhofstraße gibt's überall, in Metz muss es auch eine geben. Dann hat er nichts mehr gesagt. Er schaute meinen Ausweis an und meinte: „Sie dürfen da nicht rüber!" Ich sagte zu ihm: „Ich darf sehr wohl da rüber und Sie wissen das ganz genau!" Und wenn Sie mich jetzt nicht über die Grenze lassen, dann sagen Sie mir, wo ich mich beschweren kann!" Ich war damals recht keck. Er meinte: „Also gut, also gut, dann können Sie gehen." Es war ein sehr kleiner Übergang. Er drückte den Schlagbaum auf, und ich ging unter dem Schlagbaum durch und der klappte wieder zu. Er lehnte sich drauf und sah mir nach. Ich ging langsam den kleinen asphaltierten Landwirtschaftsweg lang und sah schon dieses Schild: „République Française" vor mir. Das war mitten in einer Apfelplantage. Ich drehte mich um und rief ihm noch zu: „Und übrigens, was ich Ihnen noch sagen wollte: Sie haben Recht gehabt, ich will nicht zu Verwandten, ich will in die Fremdenlegion." Das hatte er mir nämlich unterstellt. Er machte einen Satz über den Schlagbaum, kam hinter mir hergerannt und fasste mich an der Schulter. Ich sagte zu ihm: „Das würde ich aber an Ihrer Stelle nicht machen, wir sind hier nämlich schon in Frankreich." Er zeigte wirklich großes Engagement: „Kommen Sie doch zurück! Das ist doch Blödsinn! Jetzt rennen Sie doch nicht in Ihr Unglück!" Ich bin einfach weitergegangen, und er ist wieder auf die deutsche Seite zurückgekehrt. Ich habe oft über diese Situation nachgedacht. Er hat nicht Dienst nach Vorschrift gemacht, sondern Engagement gezeigt. Das habe ich die ganze Zeit über nie vergessen. Obwohl ich nicht bereut habe, dass ich gegangen bin. Ich habe nie gedacht: „Ach, hätte ich doch auf diesen Mann gehört!" Diese Zivilcourage hat mir einfach imponiert. Das war 1958 und ich war 17 Jahre alt.

Als ich nach einigen Irrpfaden in Metz gelandet bin, waren auch noch andere Kandidaten da. Ich wurde von einem Unteroffizier der Fremdenlegion befragt. Als Erstes sagte er mir: „Zeig mal deinen Personalausweis!" Ich wusste, dass man 18 sein musste und sagte: „Ich habe ihn verloren." Darauf sagte der Unteroffizier: „Das sieht sehr schlecht für dich aus, dann wirst du wieder nach Hause gehen müssen!" Das war das Schlimmste, was ich mir vorstellen konnte, nicht angenommen zu werden. Er sagte zu mir: „Komm heute Nachmittag noch mal vorbei! Es könnte ja sein, dass du nicht ganz 18 bist, aber dafür würden wir eine Lösung finden, wenn nicht viel fehlt." Und es fehlten ungefähr sechs Wochen. Ich bin nachmittags noch mal hingegangen und hatte meinen Personalausweis auf wundersame Weise gefunden. Es war Januar und im März wurde ich 18. Dann sagte er: „Okay, dann bleibst du so lange hier!" Ich bin also in der Kaserne in Metz geblieben. Dort hatte die Legion eine ganze Etage. Als ich 18 war, bin ich bald nach Straßburg, kurz darauf nach Marseille und dann nach Nordafrika gekommen.

Wie ein schwarzes Loch

Dass man in der Fremdenlegion eine neue Identität erhalten kann, trifft bis zu einem gewissem Grade zu. In Frankreich sagt man dazu: „Il est engagé avec des flics au cul (mit den Polizisten am Arsch)." Das gilt aber nur für ganz bestimmte Sachen, z. B. Versäumnisse bei der Unterhaltszahlung, Kleinstkriminalität. Oder französische Militärs, die unehrenhaft aus der Armee entlassen worden waren, kriegten eine neue Chance, indem sie als „Fremde" engagiert wurden, meistens als Schweizer oder als Belgier, also nicht unter französischer Nationalität.

Es gab 1958 ein großes Bewerberangebot, ich war erstaunt, was da alles kam. Sie konnten sich die Leute wirklich aussuchen. Sie haben keine Lust gehabt, sich irgend welche Kriminelle ans Bein zu binden, ihnen auf Frankreichs Kosten eine Weltreise zu finanzieren, sie auszubilden, und anschließend vielleicht renitente Leute zu haben. Da ist immer sehr viel „reingeheimnisst" worden. Natürlich auch von deutscher Seite, die ja damals Hauptlieferant für die Fremdenlegion war. Heute sind es nicht mal mehr 1 Prozent, früher waren es 40, 50, 60 Prozent. Von deutscher Seite ist diese Sache natürlich gepflegt worden. „Es sind Kriminelle!", usw. Aber spätestens wenn man dort war, merkte man, dass nicht alles der Wahrheit entsprach, was behauptet wurde.

Mein Vater war ein absoluter Pazifist. Er war nie Soldat gewesen. Pazifismus war bei uns absolut. Mich hat Soldat sein, schon immer angemacht, schon von klein auf. Nach dem Umsturz 1945 waren es die Engländer und vorher die Deutschen. Damals kamen sehr viele ehemalige Soldaten zurück. Fast jeder

Straßenszene in Sidi bel Abbès

Mann war ja Soldat gewesen. Man hörte die unmöglichsten Geschichten. Das fand ich einfach spannend. Vor allen Dingen hat mich eines an der Fremdenlegion interessiert: Das war wie so ein schwarzes Loch, in das man reinsprang und niemand wusste mehr, wo man war. In der damaligen Situation, ich war immerhin erst 17, schien mir das wichtig zu sein.

„Tête carrée"

In Straßburg wurde man untersucht. In Marseille bekam man Spritzen und weitere ärztliche Untersuchungen. Von Marseille kam man mit dem Schiff nach Afrika. Und in Sidi bel Abbès waren noch einmal Untersuchungen, Intelligenztests usw. Und auch von da sind noch welche zurückgeschickt worden. Von Sidi bel Abbès sind wir für vierzehn Tage oder drei Wochen auf ein Arbeitskommando ans Mittelmeer gegangen. Dort war ein Erholungsheim für Rekonvaleszenten auf einem Berg, und die Straße da hinauf musste gepflastert werden. Wir waren etwa 50, 60 junge Leute.

Da war der Erste, der flüchten, der wieder nach Hause wollte, der schon genug hatte von der Legion. Er hatte im Hafen ein Boot geklaut und war hinausgerudert. Aber das war alles so dilettantisch ... In Arsey war das. Bis dahin war man bereits zwei Monate in der Legion gewesen und hatte mitbekommen, dass manches anders ist, als man es sich vorgestellt hatte. Der hat nach Legionsmanier einen „tête carrée" (viereckigen Kopf) bekommen. Die haben ihn verprügelt. Als ich gesehen habe, wie der hinterher aus-

sah ... So etwas hatte ich noch nicht gesehen. Da habe ich gedacht, ich muss sehen, dass ich wenigstens etwas werde in der Legion, damit mir so etwas nicht passiert.
Ich kam dann zur Grundausbildung nach Mascara. Das liegt etwa 200 km südlich von Sidi bel Abbès. Dort in der Ausbildungskompanie in Mascara waren wir ungefähr 200 Leute. Wir hatten über 40 Deserteure, von denen unglücklicherweise die ersten zwei relativ rasch nach Hause kamen und triumphierende Ansichtskarten schickten. Den restlichen 38 ging es nicht so gut ... Es gab auch Leute in der Ausbildung, die sich erschossen haben – aus Hoffnungslosigkeit, oder weil sie es einfach nicht ertragen haben. Wunsch und Wirklichkeit klafften auseinander. In der Hinsicht hatte ich mir nie etwas vorgemacht. Ich hatte nicht geglaubt, dass ich so eine Art Urlaub mache, sondern hatte mir schon vorgestellt, dass das so und so ist. Und deswegen war es für mich nicht ein so großer Schock.

Mit 18 schon erwachsen

In Sidi bel Abbès war ein Kamerad, der aus Hamburg kam. Bei den ärztlichen Untersuchungen wurde festgestellt, dass er nicht so ganz okay war. Er hatte einen tollen Beruf, Tiefdruckreproduzierter. Den wollten sie dann in Sidi bel Abbès bei der Legionszeitung einsetzen. Er sollte in der Druckerei arbeiten. Aber dann haben sie ihn doch nach Hause geschickt. Ich habe ihm einen Brief mitgegeben. Wir sollten nicht schreiben. Er hatte Angst, man würde den Brief bei ihm finden. Er hatte ihn gelesen und anschließend vernichtet. Und als er in Deutschland war, hat er meine Mutter angerufen, die ja dann schon ein halbes Jahr oder noch länger nichts von mir gehört hatte. Oder er hat ihr eine Postkarte geschickt, er hätte ihren Sohn im Fremdenlegionärslager in Sidi bel Abbès kennengelernt und wenn sie mehr wissen wolle, solle sie ihm das Fahrgeld schicken. Meine Mutter ging zur Polizei, und die ließ ihn verhaften und verhören. Da hat er das, was er von mir wusste, erzählt. Das habe ich aber erst später erfahren. Ungefähr nach einem Jahr habe ich meinen Eltern einen Brief geschrieben. Das war dann schon wieder okay. Mein Entschluss ist mir nicht weiter nachgetragen worden. Außerdem war ich alt genug, um zu wissen, was ich tue. Damals war man ja mit 17 oder mit 18 schon erwachsen.

Auf alle Fälle die Anatomie

Ich habe gelesen, um Französisch zu lernen. Mein Bruder hatte mir das Readers Digest abonniert. Das habe ich lange Zeit bekommen. Sonst habe ich die berühmten „bouquins culs" („die Arschbücher"), mehr oder weniger pornografische Bücher, gelesen. Die waren sehr gut, um Französisch zu lernen. So hat man auf alle Fälle die Anatomie mitbekommen. Sonst war nicht viel mit Literatur. Da war keine Zeit und auch kein Interesse meinerseits. Ich hatte einfach keine Lust zu lesen.

„Streichholz" tragen

Einmal wurden wir bestraft. Wir hatten einem Kameraden die Badehose ausgezogen und sie über einen Laternenmast neben dem Schwimmbecken geworfen. Der ist dann nackt aus dem Becken und hat versucht, seine Hose dort wieder runterzuholen. Und wir hatten damit einen „scandale en ville" (öffentliches Ärgernis) produziert. Wir, die Beteiligten, bekamen eine Woche Gefängnis und eine Sonderstrafe, die darin bestand, dass wir „Streichholz tragen" mussten. Das „Streichholz" war ein Holzbalken, ein Meter lang, der nachts immer gewässert wurde. Den musste man auf die Schulter nehmen und ihn um die Legionslilie herum tragen. Diese Lilie, es ist die der Bourbonen, war in etwa 10 Meter Größe im Kasernenhof als Gartenbeet mit Steinen angelegt. Um diese Lilie mussten wir herum gehen und dieses „Streichholz" tragen. Wenn die rechte Schulter wund ist, nimmt man es auf die linke. Dann trägt man es auf dem Bauch, dann auf dem Kopf und nach einer Weile ist fast alles wund. Mittags mussten wir die Drecksarbeit machen, d. h. die Mülltonnen leeren und die Toiletten putzen, und nachmittags wieder „Streichholz" tragen. Nachts haben wir nackt in Einmannzellen geschlafen. Alle zwei Stunden wurden wir mit kaltem Wasser übergossen, immer bei Wachwechsel. Das dauerte sechs oder sieben Tage. Wir sind einen Tag früher begnadigt worden, ich weiß nicht, was der Grund war.

Auf den kleinsten gemeinsamen Nenner

Die Ausbildung war eine Strapaze. Der Kapitän unserer Ausbildungskompanie hatte den Ehrgeiz, dass sich möglichst viele Freiwillige zu den Fallschirmjägern melden, nicht weil die so viele brauchten, sondern weil das für ihn eine Art Gütezeichen war, dass er sagen konnte: „Aus meiner Kompanie werden alle freiwillig zu den Fallschirmjägern gehen!" Da gingen periodisch welche mit Listen herum, wo man sich eintragen konnte. Aber ich habe mich nie eingetragen. In so einer Ausbildungskompanie bildeten sich natürlich Gruppen, die zusammenbleiben wollten. Ich sagte: „Fallschirmjäger, dazu habe ich keine Lust." Ich war Klempner in Hannover gewesen. Ich bin auf Dächern rumgekrabbelt, habe Dachrinnen repariert, ich habe in der 4. oder 5. Etage an der Dachkante gestanden, ich weiß, wie das ist, wenn man da hinunterschaut, und das hat mir, ehrlich gesagt, gereicht. Ich brauchte es nicht noch höher. Aber irgendwann hat man zu mir gesagt: „Jetzt unterschreib doch auch, dann bleiben wir alle zusammen!" Dann war auch noch Bier im Spiel: „Ich gebe einen aus!" Also gut, ich habe dann auch unterschrieben. Man wusste ja, dass nur sehr wenige genommen wurden. Aber wie es der Teufel will, als die Ausbildung zu Ende war, wurden alle wieder nach Sidi bel Abbès gebracht und von da aus auf die einzelnen Regimenter verteilt. Wir mussten antreten, dann wurden die Namen verlesen. „Du dahin!", und „Du in die Saharakompanie!" usw. Zum Schluss blieben noch elf Mann übrig, er las die Namen vor und sagte: „Ihr geht ins erste Fallschirmjägerregiment!" Und als ich mich umguckte, war keiner von denen dabei, denen zuliebe ich unterschrieben hatte. Das war das letzte Mal, dass ich

Ein italienischer Legionär ließ sich von mir Liebesbriefe vorlesen, weil er Analphabet war. Dabei hielt er mir die Ohren zu, weil ich nicht hören sollte, was ich lese.

„freiwillig" gewesen bin. Da habe ich gedacht: „Das ist dir jetzt eine Lehre."
Und so bin ich Fallschirmjäger geworden. Aber erst begann die Grundausbildung in der Infanterie.
In die Fremdenlegion gehen ja ganz unterschiedliche Menschen. Die Leute sprechen meistens nicht Französisch, d. h. die Sprache, in der sie unterrichtet und ausgebildet werden. Anfang 1958 waren viele Ungarn dabei – der Ungarnaufstand war 1956 gewesen – Spanier, sehr viele Italiener, Osteuropäer, Engländer – keiner sprach Französisch. Alle hatten ganz unterschiedliche Motivationen. Um aus solchen Leuten eine Truppe zu machen, die hinterher wirklich schlagkräftig ist und von der man sagt: „Das ist eine Eliteeinheit!", da bedarf es besonderer Maßnahmen. Wenn jemand zur Bundeswehr geht, dann ist er deutscher Staatsbürger. Dann kann man sagen: „Du musst das für Deutschland tun!" Er spricht Deutsch, also, er bringt schon tolle Voraussetzungen mit. All das, war in der Legion nicht gegeben. Und der Sold – das war eher ein symbolisches Geld. Die Ausbildung erfolgte immer nach den gleichen Grundsätzen, vermutlich schon seit ihrer Gründung 1832. Wir wurden runtergeschliffen auf den kleinsten gemeinsamen Nenner – und von da aus konnten wir dann wachsen.
Wenn man sich das psychologisch vorstellt, haben alle unterschiedliche Größen: Der eine ist klug, der andere ist stark, der nächste kann das ... Man hat so starken Druck auf uns ausgeübt, dass wir gemerkt haben: „Wenn wir uns jetzt nicht zusammenschließen und ganz fest zusammenhalten, dann können wir diesem Druck nicht mehr standhalten." Manche haben diesen Druck nicht ausgehalten, deswegen hatten wir so viele Deserteure. Wir wurden 24 Stunden am Tag beschäftigt, bis auf die Zeit, in der wir geschlafen haben. Die Ausbilder haben sich immer abgewechselt. Die hatten ihre Ruhephasen. Und uns haben sie abwechselnd durch die Gegend gejagt.

Eine schicksalhafte Verflechtung

Wir wurden sehr stark körperlich gefordert. Wir lernten mit Infanteriewaffen umzugehen. Wir mussten lernen, wie ein Soldat sich im Gelände bewegt, in welchen Formationen oder wie das Ganze stattfindet. Ganz in der Nähe waren militärische Operationen. Daran haben wir ab und zu teilgenommen, und zwar in der Weise: Einer hatte das Gewehr, und der andere hatte die Munition. Das waren immer sechs Schuss. Die mussten wir in ein Stück Stoff einnähen, damit man sie nicht verliert. Wir sind dann mehr oder weniger als Kulisse, als Masse aufgetreten. Wenn es zu Feuergefechten gekommen wäre, dann hätte der eine dem anderen die Munition geben müssen. Das war deshalb so, weil man sich unser noch nicht sicher war. Man hat uns dem Gefühl der Gefahr ausgesetzt.

Wir waren vielleicht zwei Monate in der Ausbildung, dann machten wir „piquer alerte" (Alarmbereitschaft). Von einer bestimmten Sektion musste eine Gruppe die Waffen auf den Hof stellen, und wenn in der Gegend mit andern Truppen irgendetwas gewesen wäre, hätte man schnell ausrücken und Hilfe leisten können. Da hatten wir Gelegenheit zu sehen, wie es aussieht, wenn eine Farm überfallen worden war, wie die Leute zugerichtet waren. Diese Farm war von Franzosen betrieben worden. Wobei die Rebellen keinen erkennbaren Unterschied zwischen Franzosen und Arabern gemacht haben. In den Arabern haben sie vermutlich Kollaborateure gesehen, weil sie für die Franzosen gearbeitet haben. Aber denen blieb ja nichts anderes übrig, die wollten ja auch leben. Aber wie die Leute da zugerichtet, d. h. massakriert worden waren, da hat man schon erste Eindrücke sammeln können. Da hat man sich schon Gedanken gemacht.

Wenn man vorher vielleicht noch Sympathien für die Rebellen gehabt hatte, „Freiheitskämpfer" und so etwas, dann denkt man so ein bisschen an Robin Hood oder an irgend etwas Romantisches. So etwas spielt sich ganz, ganz anders ab. Auch anders als es im Kino dargestellt wird. Die Leute können ja nicht gegen die Armee kämpfen. Dazu sind sie viel zu schwach. Also üben sie Terror aus, die können nur Terror ausüben. Wenn man Soldaten erschießt, ist das ja kein Terror. Also muss man die Leute terrorisieren, damit den anderen, also den Beistehenden das Blut in den Adern gefriert. Das sind meistens die Wehrlosesten. Auf diese Art und Weise schaukeln sich beide Seiten hoch. In so einer Umklammerung, wo es Tote auf beiden Seiten gibt, und wo beide Seiten so eng aneinander hängen, da herrscht eine schicksalhafte Verflechtung.

Als ich das zum ersten Mal gesehen habe, ist mir das Blut in den Adern gefroren. Leichen hatte ich vorher schon gesehen. – Ich hatte als Kind schon Tote gesehen im Krieg, hatte gesehen, wie die Engländer marodierende ehemalige polnische Kriegsgefangene in der Lüneburger Heide erschossen haben. Da standen die Dorfjugendlichen herum und haben zugeschaut. – Aber so etwas hatte ich bis dahin noch nicht gesehen, dass man Frauen gepfählt hat und Säuglingen den Kopf an die Wand gehauen hat. Da war ich einfach fassungslos. Aber man merkt es sich dann eben.

Viele, die desertiert sind, waren der Meinung, die Rebellen werden ihnen helfen, was auch da und dort passiert ist. Bei den Rebellen gab es verschiedene Gruppen und Gruppierungen, Banden oder so etwas. Nachdem ich ein halbes Jahr im 1. Fallschirmjägerregiment (1. REP) in Algier war, mussten wir zu einer vierwöchigen Operation in der Gegend von Mascara, wo ich die Ausbildung gemacht hatte. Da gab es ehemalige Kameraden, die zu den Rebellen desertiert sind. Die sind durch uns zu Tode gekommen. Die hatten geglaubt, dass man ihnen dort weiterhilft. Da war auch immer dieses Bild von einem Freiheitskämpfer, z. B. vom Ungarnaufstand her. Man konnte ja sehen, wie die Ungarn für ihre Freiheit gekämpft hatten. Ja, und dieses idealistische Bild, das haben die Leute, das haben wir alle im Kopf gehabt. Aber die Wirklichkeit war dann doch ganz anders.

„Oh … einer vom 1. Regiment!"

Unsere Garnison war in Zeralda, 25 km von Algier entfernt. Das 1. Fallschirmjägerregiment war ein bekanntes Regiment in Algier, und die Zeitungen waren häufig voll von Berichten über uns. Wenn wir in die Gastwirtschaften oder in die Bars kamen, dann hieß es: „Oh, da kommt einer vom 1. REP" und häufig brauchte man nicht zu bezahlen. Man war scheinbar wichtiger als die anderen Soldaten, das schmeichelte der Eitelkeit.

Tagein, tagaus

In Algerien war es so, dass diese 500.000 Mann, die Frankreich in Algerien stationiert hatte, ihren eigenen Sektor hatten, in dem sie operiert haben und den sie „befrieden" mussten. Und darüber hinaus gab es noch zehn Jagdregimenter. Die zwei Fallschirmjägerregimenter der Fremdenlegion (1. REP und 2. REP) gehörten dazu, sodass ich heute Algerien besser kenne als Deutschland, weil wir fast überall im Einsatz waren. Als ich ins Regiment gekommen bin, hatte sich das Regiment gerade mit Marineinfanteristen in Algier geprügelt. Bei dieser Prügelei hatte es mehrere Schwerverletzte und Tote gegeben, weil sie sich mit diesen amerikanischen Koppelschlössern auf die Schädel gehauen hatten. Als Strafe musste unser Regiment für ein paar Tage in die Berge von Blida, und dort einen Gewaltmarsch machen. Auf diesem Marsch sind von unserem Regiment drei junge Leute an Erschöpfung gestorben. Und es waren ja nicht die Schwächsten, die in unseren Reihen waren. Wenn davon drei sterben, dann muss es schon anstrengend gewesen sein. Dieses Rauf und Runter im strömenden Regen, das war hart. Also die körperlichen Anforderungen waren sehr hoch – ich kann es mir heute fast gar nicht mehr vorstellen.

Wenn man tagein, tagaus nur marschiert, im Freien lebt, draußen schläft, einfach in den Schlafsack und in eine Zeltplane gerollt, wenn man fast ununterbrochen in den Bergen ist, nur mal ab und zu eine Woche in Algier oder einer anderen Operationsbasis ist, gewöhnt man sich so einen speziellen Lebensstil an.

„Nomadisation"

Nachdem man gemerkt hatte, dass die Rebellen die Armee häufig an der Nase herumführten, weil die „normalen" militärischen Operationen eben leicht durchschaubar waren, hat man eine neue Taktik ersonnen, nach dem Motto: „Wir machen es wie die." – „Nomadisation" hat man das genannt. Das war ungefähr so, dass man einen Zug, also ungefähr 30 Leute, in eine bestimmte Gegend schickte. Und die marschierten und kampierten dann einfach so in der Gegend. Der Feind wusste nicht, was die da machen. Die hatten keinen direkten Auftrag. Die „nomadisierten". Die gingen da hin und blieben eine Nacht, oder zwei und zogen dann weiter. – Der Feind bekommt natürlich mit, dass Soldaten kommen, aber er erkennt kein System in dem, was die machen. Dadurch entsteht Unruhe beim Feind. Der Gegner verhält sich jetzt genauso wie er selbst. Er legt sich nachts in irgendwelchen Schluchten in den Hinterhalt. Die Rebellen können sich nirgends mehr in ihrem Gebiet so bewegen wie früher. Bevor diese Taktik entwickelt wurde, hat der Feind gesehen: „Aha, da kommt die Armee angerückt. Wie immer mit Lastwagen, Panzerfahrzeugen etc.. Dann beobachtet er: „Jetzt machen sie dies. Jetzt machen sie das. Und irgendwann steigen sie in die Autos ein und hauen wieder ab. – Na prima, jetzt haben wir endlich wieder Ruhe." Aber mit diesen nomadisierenden Truppen, da ist das natürlich etwas anderes.

In den Kabylen 1959: „Das MG gibt uns Feuerschutz."

Wie bei einem Terrier

Der Feind war nicht klar erkennbar. Wir sind an und für sich wenig angegriffen worden. Die Rebellen hatten Order von ihren Führern, dass sie uns nicht angreifen sollen, weil wir nicht nachlassen. Das ist wie bei einem Terrier. Wenn Sie einem Terrier einen Fußtritt geben, der lässt nicht nach, egal wo Sie hinrennen. Der rennt immer hinterher. Und so ähnlich waren wir auch, mit der Konsequenz, dass es für die Rebellen im Endeffekt nie gut ausging.
Ein Beispiel: 1960, 61 hat eine Rebellengruppe, die erste Kompanie von uns, die auf Lastwagen unterwegs durch die Berge war, überfallen. Dabei wurden 15 Legionäre getötet und, was aus damaliger Sicht noch schlimmer war, deren Maschinenpistolen mitgenommen. Das heißt, dass wir unsere Waffen verloren haben. Das war schlimmer als ... – „Das 1. Regiment hat Waffen verloren!" Dass man tot war, ja gut, aber dass man Waffen verliert?! – Der Colonel hat sich von der 10. Luftlandedivision mit seinem Regiment beurlauben lassen, damit wir nicht an den üblichen Operationen teilnehmen mussten, sondern damit wir diese Bande verfolgen konnten. Und wir haben sie 30 Tage lang durch die Berge gejagt. Am 30. Tag haben wir sie gekriegt. Sie wurden alle getötet. So etwas spricht sich rum. Zuerst hatten sie gewonnen, aber dann haben sie verloren. Das heißt, man sollte den Legionären, aus der Sicht der Rebellen, aus dem Wege gehen.

Eine persönliche Komponente

Die moralische Seite hat sich überhaupt nicht gerührt, weil der Krieg so verbissen war. Das hat dazu ge-

führt, dass jeder, der involviert war, sofort seine persönliche Sicht und seinen persönlichen Hass entwickelt hat. Die Gegner beschossen sich nicht mit Artillerie, sondern mit Handfeuerwaffen und das oft auf sehr, sehr kurzer Distanz.
Meistens haben wir sie gejagt. Aber hin und wieder war es umgekehrt. Es reichte, um sich in die Gefühle und Gedanken eines Gejagten einzufühlen. – Ein unangenehmes Gefühl.

800 gegen 10 oder 10 gegen 10

„Notwehrsituation", würde ich nicht sagen. Es ist engagiert, es ist fair. Nehmen wir einmal an, ein ganzes Regiment, ungefähr 800 Leute, werden irgendwo in die Berge geschickt. Die 800 verschwinden in den Schluchten und überall im Gelände. Dort sind nur 10 Rebellen. Zum Schluss werden diese 10 Rebellen getötet. Dann heißt es: „Diese 800 Leute haben diese 10 Rebellen getötet!" Das ist aber nicht wahr! Denn diese 10 Rebellen haben die 800 Leute schon den ganzen Tag beobachtet. Sie haben sich ganz genau überlegt: „Um wie viel Uhr werden wir sie angreifen? Wo werden wir sie angreifen?" Und sie werden sich diese Stelle aussuchen, wo der Feind es auf gar keinen Fall vermutet und wo der Vorteil auf ihrer Seite liegt.
Sie werden das durchspielen. Sie werden sagen: „Du stellst dich da hin, du machst das, du machst so, du machst so! – Du fängst an und dann machen wir das und dann machen wir so!" Und die anderen werden total überrascht sein. Das heißt, in Wirklichkeit haben nur 10 gegen 10 gekämpft. Womöglich waren es sogar noch weniger, dann war die Mehrheit auf einmal in der Minderheit. Und das gibt einem ein anderes Gefühl.
Was die Bewaffnung angeht, waren wir besser dran. Und innerhalb der Armee hatten wir und andere Eliteeinheiten sicherlich die besten Waffen, denn da gab es ein großes Gefälle. Wir waren natürlich auch besser geschult. Der Moment der Panik spielte bei den Rebellen natürlich eine Rolle. Das waren nur selten ausgebuffte Leute, sondern häufig Amateure, Zwangsrekrutierte oder sonst was.

Gottes Daumen

Ich hatte manchmal das Gefühl, jetzt ist es zu Ende. Wenn du auf der Wiese liegst und ein Maschinengewehr schießt auf dich. Du liegst da und siehst nur, wie die Grashalme sich verbiegen und spürst, wie dir das Gras ins Gesicht spritzt. Du hältst die Hände über den Kopf und denkst: „Wenn er durch die Hände durchschießt, geht es vielleicht doch nicht in den Kopf rein." Du spielst den toten Mann. Auf das, was liegt, schießt man ja nicht weiter drauf. Man schießt immer auf das, was noch läuft. Du musst also möglichst krumm liegen bleiben, dass der MG-Schütze das Gefühl hat, er hat getroffen. Denn er kann ja nicht sehen, ob du tot bist. Er sieht ja nur die Leuchtspuren, wie die hin und her tanzen. In solchen Situationen war es mir schon mulmig.
Einmal habe ich 14 Schuss hinten in meinen Sack gekriegt. Wir hatten eine „musette", einen Rucksack aus Leinen. In der „équipe", in der Gruppe, das waren sechs Mann, musste immer eine Reservebatterie für das Funkgerät mitgetragen werden. Jeden Tag trägt die ein anderer. Außerdem hatten wir einen US-Klappspaten. Den nimmt auch jeden Tag ein anderer. Bei mir kam an diesem Tag beides zusammen. Ich musste die „Pille" – die Batterie, das war ein dickes Ding – und den Spaten tragen. Ich fluchte natürlich und packte die Sachen ein. Wir marschierten fast die ganze Nacht durch. Meine Sektion, an diesem Tag „section de jour" marschierte ganz vorne. Wir wussten, dass andere Kommandoeinheiten uns an bestimmten Punkten erwarten würden. Ihre Aufgabe war es, den durchziehenden Truppen an be-

"Botna, le 20.10.60 - Meine MG-Gruppe beim Aufstehen. Ich, in der Mitte mit der Zigarette im Mund."

stimmten „neuralgischen Stellen" zusätzlichen Schutz zu geben. Damals war ich Corporal, ich sagte meiner Equipe: „Wenn wir jetzt den Weg weitergehen, kann es sein, dass da welche sind. Die sorgen dafür, dass wir hier gut durchmarschieren können." Das waren sogenannte „bouchons". Auf einer Lichtung waren auf einmal wirklich welche. «Comment ça va?» – «Très bien.» Die hatten einen Burnus an. Wir hatten auch ab und zu Burnusse an, wenn es kalt war, und unseren Tarnanzug darunter. Wir gingen weiter und auf einmal knallte es. Ich merkte einen Schlag von hinten, und bin vornüber gefallen. Ich merkte, dass da einer hinter mir steht und mir genau auf den Rücken zielte. Ich hatte meine Pille, den Spaten, den Schlafsack und die Konserven und alles im Rucksack. Das ist dann noch mal gut gegangen. Außer ein paar Steine gegen die Brust, von einem Querschläger, ist mir die ganze Zeit in Algerien nichts weiter passiert.

Mein Barett hatte einmal zwei Durchschüsse, durch die Taschen wurde mir mal geschossen, das Fernglas wurde mir vorne weggeschossen, zwei Mal bin ich auf eine Mine gefahren. Also der liebe Gott hat immer den Daumen dazwischen gehalten.

Botschaft vom Mars

In solchen Augenblicken hatte man schon ein mulmiges Gefühl; nicht am Tag, aber in der Nacht, wenn man im Schlafsack lag. „Der ist gefallen. Beim nächsten Urlaub wollten wir doch noch da und da hingehen, in diese Bar, und dann wollte er mir das und das zeigen. Der ist jetzt tot." Das war reiner Zufall, das hätte genauso gut ich sein können. Oder man wusste, am anderen Morgen werden wir den Berg hinaufgehen. Wir werden den Berg stürmen. Die Rebellen sitzen oben. Die können nicht runter. Wir werden hinaufgehen. Werde ich morgen Abend tot sein? Also ich war davon überzeugt, dass ich die Zeit nicht überleben würde. Wenn man sich mit dem Gedanken erst einmal angefreundet hat, dann ist das nun mal eben so.

Darüber hat man mit Kameraden nicht gesprochen. Wenn überhaupt, dann eher in einem flapsigen Ton. Keiner möchte gerne sterben, aber es war auch nicht so, dass man angstschlotternd irgendwo rumgesessen hat. Das ist ja das Tolle am Menschen, dass der sich offensichtlich an alles gewöhnen kann, also auch an solche Situationen. Wir haben ja kein normales Leben gekannt, so wie wir es jetzt hier kennen, sondern das war eine andere Welt. Manchmal abends, wenn man in den Sternenhimmel geschaut hat – in Nordafrika hat man wunderbare Sterne – dachte man: Jetzt schauen die anderen auch da hinauf. Später, als ich nach dem Putsch in die Sahara gegangen bin, da haben wir mit Panzerfahrzeugen oftmals nachts Hinterhalte gelegt, um Karawanen zu kontrollieren. Da hatten wir große Funkgeräte drin. Da hat der Funker so lange am Funkgerät gedreht, bis er einen deutschen Sender reingekriegt hat. Da haben wir dann gehört: „Wenn Sie jetzt die Straßenbahn noch kriegen wollen, dann müssen Sie sich aber beeilen!" Das war ein Münchner Sender. Und ich saß in der Sahara. Das war, als ob wir eine Botschaft vom Mars bekommen hätten.

Freundschaften gab es untereinander. Ja, das gab es ganz sicherlich. Den ausgeprägten Korpsgeist gibt es tatsächlich in der Fremdenlegion. Da wird niemand zurückgelassen. Das ist eine ihrer Stärken. Das gibt den Leuten ein gutes Gefühl, ein Gefühl von familiärer Geborgenheit. Nicht umsonst steht überall „LEGIO PATRIA NOSTRA".

Andere Begegnungen

Vor allem in der Sahara hatte ich viel mit Arabern, Tuareg und anderen Nomadenstämmen zu tun. Da haben wir den Nomaden, die auf französischer Seite waren, Getreide verkauft. Wir haben Listen mitgenommen und den Stammesführer gefragt, wie viele seiner Leute gestorben sind, wie viele geboren wurden, wie viele Leute er hat, wie viele Frauen usw. –, damit die Administration einen Überblick bekam. Irgendwann hat mich mal ein Stammesführer gefragt, ob wir auch Zangen hätten. Natürlich hatten wir für unsere Fahrzeuge auch Werkzeug dabei. Wir hatten fünf Fahrzeuge, einen Küchenwagen und eine „Gazelle" (Berliet Lastwagen) mit Getreide drauf. Ich fragte: „Wieso?" Er sagte mir, er hätte eine alte Oma mit einem wackligen Zahn, ob ich da helfen könne. Ich sagte: „Ich bin zwar kein Zahnarzt, aber natürlich, einen Zahn kann ich schon ziehen." Der Fahrer brachte mir die Werkzeugkiste. Ich nahm die Spitzzange raus, setzte mich auf den Kasten, die Oma saß auf dem Boden, den Kopf zwischen meinen Beinen, und fertig war der Behandlungsraum. So zog ich ihr den Zahn.

Um uns herum standen die Leute und schauten zu – der ganze Stamm. Manche, die auch wacklige Zähne hatten, fanden das so gut, dass sie mich gleich fragten, ob ich ihnen auch einen Zahn ziehen könnte. Natürlich habe ich das gemacht. An diesem Tag habe ich 14 Zähne gezogen. Einmal hat die Armee in Kabylien eine große Operation gemacht. Sie hieß „Operation Jumelle" (Operation Fernglas). Die war für neun Monate angesetzt, da war eine bestimmte Zeit Krieg und danach „Pazifikation" (Befriedung). Das heißt: Wir sind in die Dörfer gegangen und haben gesagt: „Nachdem wir jetzt 6 Monate Krieg hatten und die Rebellen geschlagen sind, werden wir euch jetzt zeigen, wie schön es ist, wenn Frieden ist und wenn man mit der Regierung gut Freund ist." Der eine machte den Lehrer, der machte eine Schule auf, die anderen reparierten die Häuser!", und ich war der Toubib, der „Doktor". Ich hatte einen weißen Kittel und malte ein rotes Kreuz an die Hütte. Ich hatte einen alten Mann als Dolmetscher. So warteten wir auf Kunden. Einfache Sachen behandelte ich, wenn es etwas Kompliziertes war, habe ich die Patienten zu einem Sanitäter in die Kompanie geschickt. Mein Karriere als Quacksalber hat mir gut gefallen, und ich denke, dass ich meinen „Patienten" auch geholfen habe. Mit wenigen Mitteln wie Zugsalbe, Kopfschmerztabletten, Mercurocrom (rot, gelb, lila), Salztabletten und viel Psychologie erzielte ich schöne Heilerfolge.

„Igitt, igitt!"

Die meisten Legionseinheiten hatten ihr eigenes Bordell. Wenn man das erzählt, stößt man auf ein totales: „Igitt, igitt!", oder „Wie ist denn so was möglich?!" Obwohl das etwas sehr Alltägliches ist. Das Bordell ist in der Kaserne. Und wenn die Mädchen raus wollen, müssen sie genauso einen Urlaubsschein haben wie die Legionäre, so etwas verbindet, nach dem Motto: „Wir sind alle gleich." Sie sind aber nicht bei der Legion angestellt. Bei uns hat das Madame Georgette gemacht. Sie hat das für mehrere Regimenter organisiert und auch dafür gesorgt, dass die Damen zirkulieren, so etwas sorgt bei allen Beteiligten für Abwechslung. Im Regiment hatten wir so 35, 40, und in der Sahara vielleicht fünf oder zehn Mädchen. Die gehörten dazu. Wenn man so etwas zum ersten Mal erlebt, ist das bestenfalls für ein paar Tage aufregend, aber dann ist das total normal. Wenn das Regiment lange genug irgendwo draußen ist, für vier Wochen irgendwo im Süden oder in den Bergen, dann lässt man die Damen hinterherkommen, da werden dann Zelte aufgebaut und dann nehmen die Dinge ihren Lauf.

„Ich will überleben!"

Mein Überlebenswille war total ausgeprägt, er war meine Richtschnur. „Ich will überleben!" Denn ich habe gewusst, was der Tod ist und wie schnell der Tod ist. Sonst sterben die Omas und die Opas oder ab und zu mal jemand bei einem Verkehrsunfall. Aber wenn man hinter einem Stein liegt und sich mit jemandem unterhält, und auf einmal keine Antwort mehr bekommt, und man dreht sich um und sieht, dass das ganze Gesicht auseinandergeplatzt ist, da merkt man auf einmal: „Hoppla ..." Diese häufigen Situationen in der Nähe des Todes geben einem aber auch auf der anderen Seite ein sehr großes Freiheitsgefühl. Das ist absolut. „Mich kann keiner!" „Wer will mich bestrafen?" „Wie will man mich bestrafen?" Das ist z. B. auch eine Frage in der Legion, wenn Leute renitent sind: „Soll ich Sie einsperren?" Da lachen die sich doch kaputt. So kann eine Strafe ja nicht aussehen. Das ist keine Strafe, das ist ja eine Belohnung. Ich kann das nicht näher beschreiben, das gibt einem dann so ein Freiheitsgefühl, so ein Gefühl von Omnipotenz. „Ich kann alles!"

Eine Bombe

Dinge, so wie sie jetzt gerade über das Abu-Ghuraib-Gefängnis berichtet werden ... in Algerien Unvorstellbar, zumindest in der Perversität und der Perfektion! Das ist die Kehrseite des „Gutmenschentums". So etwas habe ich in den ganzen Jahren in Algerien nicht erlebt, und ich bin viel herumgekommen. Und in der Legion ist so etwas, so ein „System", einfach undenkbar, und mit den Legionären auch nicht machbar. Wenn ich mir die Berichte vom Irak anschaue ... ich möchte nur etwas zum Job der amerikanischen Soldaten sagen: Sie tun mir Leid. Sie sind die letzten Glieder einer Kette, müssen für die Fehler und Versäumnisse anderer büßen, den A... hinhalten und obendrein noch fair, freundlich und lieb sein, und das ist manchmal schwer, sehr schwer, unmöglich.

Wenn man heute sieht, wie gegnerische Fanclubs sich bei Fußballspielen „bekriegen", dann kann man sich vorstellen wie viel Emotionen frei werden, wenn ein „wirklicher Kriegsakt" vorausging.

Ich habe so etwas erlebt. Es war nicht mein Job, Informationen zu sammeln und dabei andere zu foltern, aber ich habe es gesehen. Ja, was soll ich sagen? Ich habe es damals nicht schlimm gefunden.

In Algier sind wir einmal Patrouille gefahren, da war vorher eine Bombe im Fußballstadion explodiert. Es gab über 60 Tote. Die Rebellen hatten eine Tribüne gesprengt. Wir haben einen von denen, die damit zu tun hatten, am Schlawittchen gepackt. Einer hielt ihn fest, da sagte der: „Was willst du von mir? Willst du mich umbringen? Erschieß mich doch!", und spuckte ihm ins Gesicht. Er sagte: „Du kannst mich umbringen, aber rauskriegen wirst du nichts von mir!" Und Sie wissen ganz genau, er weiß, ob irgendwo Bomben liegen oder wo sonstige Sachen sind. Da muss dann jeder für sich selbst entscheiden, was er mit so jemandem macht. Wenn Sie so jemanden kriegen, dann sehe ich die Säuglinge, die mit dem Kopf gegen die Wand geschlagen wurden. Das ist mein Thema! Das ist zwar nicht das Richtige, aber ich habe nicht die nötige Distanz. Alle, die in solche Prozesse verflochten sind, haben keine Distanz. Die Leute, die einen Krieg anfangen, die diese Menschen aufeinander loshetzen, und dann sagen: „Es muss aber sauber zugehen!" – diese Banditen müsste man verhaften. In dem Augenblick, wo ich Soldaten losschicke, ist das doch klar, wir sind doch nicht mehr 1914 – 1918.

Kein vernünftiger Mensch wird sagen, Folter sei gut. Aber auf der anderen Seite gibt es Situationen, wo es scheinbar keinen anderen Ausweg gibt. Und es drängen sich immer die Leute vor, die daran Gefallen finden. Wenn man das nicht will, dann hätte man diese Leute nicht dahin schicken dürfen, dann hätte man diesen Konflikt nicht anfangen dürfen, dann hätte man sich um eine andere Lösung bemühen müssen, dann hätte man nicht sagen dürfen: „Da rücken wir kurz ein und machen die alle platt!" Das tritt eine Lawine los. Angefangen ist ein Krieg ganz schnell. Das ist nicht kompliziert. Aber ihn zu beenden, das ist kompliziert.

Dass solche Sachen schief gehen müssen, das liegt auf der Hand. Aber dennoch ist man darüber erstaunt, wenn man so etwas sieht.

Der Putsch

Die Armee hatte de Gaulle auf den Schild gehoben. Er ist mit den Stimmen von Algerien gewählt worden. Wie das mit den Stimmen ablief, ist klar: Es gab zwei Zettel – auf einem stand „oui" und auf dem andern stand „non", und da stand ein Soldat. Ein Wähler kam rein, da stand einer mit der Liste und fragte nach dem Namen, dann durfte er wählen. Der traute sich nicht, an den „Non-Zettel" ranzugehen, der nahm lieber den „Oui-Zettel". Also: Die Armee hat de Gaulle gewählt. De Gaulle aber wollte nach der Wahl Algerien gerne loswerden, er tat das Gegenteil von dem, was die Armee erwartet hatte.

Der Putsch gegen de Gaulle ging von unserem Regiment aus. Wir sollten später – wenn in Algier die Ziele erreicht waren – über Paris abspringen. Aber das ist aus vielerlei Gründen schiefgelaufen. Mit ein paar Kameraden hatten wir uns dafür schon etwas überlegt: „Wenn wir über Paris abspringen, ist es nicht mehr weit bis nach Deutschland. Da klauen wir uns irgendwo ein Auto und hauen ab. Dann sollen die

ihren Scheiß allein weitermachen." Das war nicht mehr mein Krieg. Was da in Wirklichkeit passiert ist, war, dass wir für ein paar Großgrundbesitzer und die OAS den Krieg weiterführen sollten. Dass der Kolonialismus zu Ende war, so weit waren die meisten schon damals. Aber dennoch galt für mich: „Einmal Legionär, immer Legionär."
Als das Regiment aufgelöst wurde, sind manche abgehauen, sind nach Algier gegangen zur OAS. Die haben sich Zivilklamotten besorgt und dann in Algerien eine Art Neuauflage der „Résistance", diesmal gegen Frankreich, probiert, bekanntlich ging das nicht lange gut. Meine Meinung war: „Ich habe einen Vertrag mit Frankreich, und ich bleibe bei Frankreich." Ich bin auf die Unteroffiziersschule nach Sidi bel Abbès und anschließend in die Sahara gegangen.

100 Jahre lang Sahara

Die Sahara ist auch Algerien, aber die Soldaten, die in der Sahara stationiert waren, hatten einfach immer einen anderen Status. Die Soldaten kauften sich z. B. ihre Uniformen selbst. Sie bekamen extra Sold dafür. Vor meiner Zeit hatten sie sogar Kamele, die ihr Privateigentum waren. Alles war anders als in der übrigen Armee.
Am Anfang hatten wir noch militärische Aufgaben gegen Rebellen. Dann haben wir Deserteure der regulären Armee verfolgt. Und danach machten wir Geleitschutz für Sprengstoffkonvois. Da waren immer so 10, 15 Lastwagen, die waren mit Sprengstoff beladen und wir begleiteten sie in den Süden zu den Öl- und Gasfeldern.
Wir mussten auch Nomaden betreuen und solche Dinge ... Wenn das geblieben wäre – ich hätte 100 Jahre lang in der Sahara bleiben können. Das hat mir sehr gut gefallen. Sahara – dass man nicht zu Fuß geht, sondern mit einem Fahrzeug fährt, das ist schon mal gut. Dann war das natürlich auch etwas ganz Neues: Mit einem Fahrzeug in den Sandsturm kommen, oder tagelang blockiert sein, wenn irgendwo Regen niedergeht, und wenn auf einmal in so einem Wadi das Wasser runterkommt, dass die Fahrzeuge fast davonschwimmen. Sahara war mehr Abenteuer.

Zurück nach Deutschland

Insgesamt war ich fünf Jahre in Afrika, von 1958 – 63. Das war die Zeit, für die ich mich verpflichtet hatte. Dann bin ich zurück nach Deutschland. In den ersten zwei Monaten habe ich alle Bekannten und Verwandten besucht. Meine Eltern waren inzwischen aus der Lüneburger Heide ins Ruhrgebiet umgezogen. Es war einigermaßen schwierig, wieder ins normale Leben zurückzukehren. Auf meiner ersten Arbeitsstelle, hielt ich es nur einen halben Tag aus. Ich konnte es einfach nicht ertragen, dass mich unqualifizierte Leute herumkommandierten.
Später habe ich mich dann doch an das Arbeiten gewöhnt. Was ich in der Legion gelernt habe, ist analytisches Denken. Und dieses analytische Denken habe ich auf meine eigene Situation angewendet. Was bin ich? Wo stehe ich? Wo will ich eigentlich hin? Was ist eigentlich der Weg? Üblicherweise kenne ich das nur in militärischen Kategorien. Was ist das Ziel? Welche Möglichkeiten? Welche Mittel? Was brauche ich, was habe ich, um weiterzukommen, um mich zielorientiert durchs Leben zu bewegen? Also ein strategisches Denken für die eigene Lebensqualität. So habe ich mich mein ganzes Leben lang verhalten. Später habe ich dann bei Daimler-Benz in Düsseldorf gearbeitet und nebenbei die Bundesfachschule für maschinelle Datenverarbeitung besucht. Anschließend bin ich nach Süddeutschland gegangen und habe als Programmierer und Systemanalytiker gearbeitet. Neben meiner beruflichen Tätigkeit habe ich dann in Freiburg an der VWA Betriebswirtschaft studiert.

Blümchenjacke

In Düsseldorf habe ich einmal einen Hippie gesehen, der hatte eine ganz normale, schöne Jacke an, aber die war aus einem Blumenstoff gemacht. Ich dachte, der hat eine Gardine genommen und sich eine Jacke draus gemacht. Ich bin dem hinterher gegangen und konnte es erst gar nicht fassen. Er hatte auch eine entsprechende Frisur, dass er so komisch aussah. Kein Mensch würde sich heute danach umdrehen. Es war einfach damals eine Umkehrung der Werte. Das, was vorher galt, wurde innerhalb kurzer Zeit in Frage gestellt und galt jetzt nicht mehr. Das war ein Schock. Das war nicht nur rein äußerlich eine Umkehrung der Werte, sondern auch innerlich im psychologischen Sinne. Nicht zufällig ist ja dann der Homosexuellenparagraph gefallen.
Wie es vorher war, kann man sich heute fast nicht vorstellen, wenn man das nicht erlebt hat. Für die Jüngeren wäre das unfassbar, wie der Geist in den Fünfziger und Sechziger Jahren einmal war.

„Ancien combattant"

Die Legion war für mich lange kein Thema, persönlich zwar schon, aber ich habe mich nie darum gekümmert, bis ich vor drei Jahren mit meiner Frau in Paris war. Wir wollten ins Theater gehen und der Kartenverkäufer sagte, er habe keine Theaterkarten mehr. Nach uns kam ein Mann, der welche bekam. Ich fragte diesen Mann: „Wieso haben Sie noch Karten bekommen? Ich habe keine bekommen." – „Moi, je suis ancien combattant!", und dann hat er seine Karte herausgezogen. Er war ein ehemaliger Frontkämpfer. Ich sagte meiner Frau: „Ich habe auch das Recht auf die Karte ‚ancien combattant', wenn ich nach Hause komme, werde ich mir die Karte besorgen." Ich bin dann ins Internet gegangen, habe in die Google-Suchmaschine „Fremdenlegion" eingegeben und kam dann irgendwann zum „Chef d'Amicale" („Vorsitzenden des Freundeskreises") von Freiburg und habe gleich dort angerufen. Er sagte dann, ich solle mal vorbeikommen. So bin ich vor drei Jahren wieder in die Fremdenlegion zurückgekommen – zufällig eigentlich. Ich war auch auf ein paar Treffen in Aix-en-Provence und in La Rochelle. Und jetzt fliegen wir – ein paar Kameraden und ich – nach Calvi in die Kaserne des 2. REP zur St.-Michel-Feier. Die Kameraden dort sind jetzt häufig auf „Blauhelm-Einsätzen" der UNO unterwegs. Und wenn sie erzählen, dann staunen wir, die „Ehemaligen", wie schnell und gründlich sich doch die Dinge geändert haben.

Ab Mitte der Sechziger Jahre

Gymnasiasten im Café Eichkorn in Emmendingen

Ab der Mitte der Sechziger Jahre

Einschussloch und Peace-Zeichen

M: Die Sechziger Jahre glänzen im Rückblick, als ob immer die Sonne geschienen hätte. Obwohl ich weiß, dass es da auch regnete. Es war so ein Gefühl, als ob man aus einer Nacht kommt und in einen strahlenden Maitag hineingeht. Wenn ich zurückdenke, denke ich immer an fröhliche Leute und Sonnenschein, Schwimmbad, Musik abends. Obwohl ich zu Hause ziemlich viel schuften musste. Das war einfach die Gegenwelt. Mein Vater führte ein strenges Regime. Bis dahin war dieser Weg vorgezeichnet: Gymnasium, irgendetwas studieren und dann so ähnlich wie der Papa weiterwursteln, Kinder in die Welt setzen. Und plötzlich waren da viel mehr Möglichkeiten. Man konnte auf ein Mal etwas anderes machen. Der H. hatte eine Cousine in der Nähe von Frankfurt, und da sind wir einfach mal im Sommer hingefahren. In Frankfurt war ein Gammlertreff an irgend so einem Brunnen. Wir trugen amerikanische Militärkittel aus dem Vietnamkrieg, möglichst mit Einschussloch und Peace-Zeichen hinten drauf. Wir gammelten einfach herum. Amerikaner und Engländer, alle möglichen Leute trafen sich da im Sommer. Wir setzten uns dazu, und gehörten plötzlich irgendwie auch dazu.

M: Wir können froh sein, dass wir die Sechziger und Siebziger Jahre miterlebt haben. Damals war alles noch nicht so aufgebläht. Die Leute wussten noch, was sie wollten. Das gilt auch für mich selbst. So lange ich mit der Schule nicht wusste, was ich will, hat das auch nicht geklappt. Als ich dann wusste, was ich wollte, klappte das auch. Man konnte sehr viel ausprobieren. Da war sehr viel Neues. Es war ein Reiz da, und man konnte dem nachgehen, oder man konnte dem auch entsagen. Da gab es nicht tausend Reize wie bei den Jugendlichen heute. Man hatte keine großen Entscheidungsschwierigkeiten. Das hängt auch mit unseren Eltern zusammen, die nach diesem Krieg uns solche Eigenschaften wie zum Beispiel Neugierde mitgegeben haben. Ängste gab es eigentlich nicht. Was hatten wir schon für Ängste? Man hatte später höchstens mal Angst, wenn man hörte, dass es den Tripper gab oder so etwas. Oder es gab Schlägereien, man traute sich deshalb nicht in irgendeinen Club oder in irgendeinen Keller zu gehen. Lampenfieber vor dem Auftritt der Band kannte ich, aber das war eine Sache, die sich in mir abgespielt hat. Es gab eine riesige Neugierde und man wollte einfach dieses kennen lernen oder jenes machen. Man wollte ein bisschen provozieren mit den langen Haaren und der Kleidung. Man hat gelacht, wenn einen die Leute als Gammler beschimpften. Aber im Grunde genommen war es eigentlich eine sehr entspannte Zeit.

M: Man hatte die Freiheit, etwas auszuprobieren. Das ist für mich der Grundtenor dieser Zeit – für mich eine absolut positive Zeit, auch weil ich sie halbwegs gut überstanden habe. Ein paar gesundheitliche Schäden trug ich zwar davon, weil einfach zu viel gegiftet wurde. Aber ich war nicht so stark am Tropf (Alkohol), um jetzt so kaputt zu sein, dass ich kein qualitativ hochwertiges Alter mehr haben könnte. Und darüber bin ich froh.

M: Ein Bekannter sagte einmal zu mir: „Du erlebst ja nie was. Ich lade dich jetzt ein. Wir gehen in die ‚Blume', ich zahle dir ein Bier." Dann gingen wir in die „Blume", da lief ein Fernseher. Dann wollte er mir ein Bier bestellen, aber ich sagte: „Ich trinke lieber Sprudel." – „Jetzt rauchst du mal eine Zigarette! Komm, nimm mal eine Zigarette!" Und ich fing natürlich sofort an zu husten. „Du kannst ja gar nicht rauchen. Du musst Lungenzüge machen. Du musst das trainieren!" Das war 1966 oder 1968. Das war eine glückliche Zeit ohne Zukunftsängste. Da war alles überschaubar. Du warst halt in der unteren Kategorie, aber du hast dir keine Sorgen gemacht: „Was wird morgen oder übermorgen?" Die Preisentwicklung, der Ölpreis, der Brotpreis, Politik, Umweltverschmutzung, AIDS, was weiß ich? Da gab es keine Sorgen! Wirklich! Es war überschaubar. Alle Spielregeln waren klar. Das ist so!

M: Die 60er Jahre? Das war die Befreiung. Die Beatles-Musik, die Bilder von denen und das, was dann alles an Musik kam. Die Byrds machten ja eine Supermusik. Plötzlich hatte man das Gefühl, dass die jungen Leute in der ganzen Welt das Gleiche machen. Das war unglaublich. Ich habe ja eine harte katholische Hardcore-Kindheit hinter mir und auch die ersten Jahre auf dem Gymnasium in Emmendingen waren nicht lustig, mit diesen ganzen Lehrern, von denen die meisten schon in der Nazizeit Lehrer gewesen waren. Da gab es Ohrfeigen und viel Angst. Und plötzlich erkannte man, dass man selbst auch jemand ist. Dieses Sich-die-Haare-lang-wachsen-lassen war ein Ausdruck dafür, dass man sich als Individuum fühlte. Man lehnte diesen Einheitshaarschnitt ab. Das empfinde ich nach wie vor so.

Nach einer sehr depressiven Zeit war das eine Befreiung, durch diese Musik, durch ein anderes Leben und das Erkennen, dass man sich Freiräume schaffen kann gegenüber diesen ganzen Institutionen.

Freiheit – viel Umwälzung

M: Dieser Freiheitsgedanke, sich nicht alles bieten zu lassen ... generell dieses Sich-Wehren, Offensein, über irgendetwas zu diskutieren, das kam erst durch diese ganze Zeit. Aus dieser 68er-Zeit, diesem erstmaligen Aufbäumen, hat sich ja viel Positives entwickelt.

M: Die Sechziger Jahre bedeuten für mich: Viel Umwälzung, viel Umwälzung. Da gab es die Unruhen. Die erste Demo in Emmendingen, am Gymnasium. Der X. hat das mehr oder weniger angezettelt. Der durfte dann auch ein paar Wochen zu Hause bleiben. Das war ja diese erste Demonstration, die durch Emmendingen zog. Das war lustig. Wir waren viel zu brav. Vorne weg fuhr ein Polizeiwagen und nach ein paar Metern gaben die uns ihr Megaphon und sagten: „Euch hört man ja gar nicht, nehmt das mal!" Der X. konnte sich dann verständlich machen. Sonst hätte uns keiner gehört. Als wir durch die Hochburger Straße zogen, war gerade die Frühstückspause im Wehrle-Werk. Da saßen eine ganze Menge Arbeiter auf einer Mauer: „Ihr faulen Säcke! Beim Adolf hätte es das nicht gegeben! Geht ihr mal etwas arbeiten!" Ja, das war dann die Demo. Die ist sehr friedlich verlaufen. Politisch blieb ich im Hintergrund. Ich habe mich immer über Ungerechtigkeit aufgeregt. Die Unterdrückung von irgendjemandem oder irgendetwas bringt mich heute noch zur Weißglut. Ich identifiziere mich mehr mit Schwächeren. Das ist mein Fehler, weil ich dann immer was auf die Nuss kriege. Die Amerikaner haben ja ein Sprichwort: „Never catch a falling knife!" Das ist gar nicht so verkehrt.

Ich würde nicht unbedingt sagen, dass es sich nur zum Besseren geweandt hat. Auch zum Besseren, aber nicht unbedingt nur zum Besseren. Dieses absolute Laissez-aller, wie es gerade gegenüber Kindern stattfindet, finde ich jetzt nicht mehr gut. Dass die Regeln nicht mehr vorgegeben werden, dass die Kinder keine Orientierung mehr haben, weil sie nicht wissen, wo ihre Grenzen sind, und keiner da ist, der ihnen die Grenzen zeigt. Das ist vielleicht das, was man „Errungenschaften" in Anführungszeichen nennen kann. Was wir zu viel gekriegt haben, finde ich, gibt es jetzt zu wenig.

M: Damals waren in Freiburg die Studentenunruhen. Es ging für mich darum, ein Wertgefühl zu bekommen, zu verstehen, dass es auch noch etwas anderes gibt, als die Gesellschaft, die existiert. Die Gesellschaft unter dem sozialen Gesichtspunkt zu betrachten. Die Einflüsse, die da von außen kamen, wirkten stärker auf mich, als die Erziehung zu Hause. Man wurde dazu gebracht, über Sachen nachzudenken, über die man nie nachgedacht hatte und sich zu engagieren und sich zu positionieren. Aber wie war das damals? War man da in der Lage, sich eine Meinung zu bilden und diese Meinung auch zu sagen? Im Grunde waren wir angepasste Jugendliche. Aber auf einmal warst du in der Lage, dir über bestimmte Sachen Meinungen zu bilden und diese Standpunkte zu vertreten. Das war für mich wie eine zweite Prägungsphase, oder die erste starke Prägungsphase.

Ohnmacht und Suche

F: „So ätzend!" Das ist, was meine Gefühle in den Sechziger Jahren auf den Punkt bringt. Ohnmacht und Suche. Das Gefühl, die Welt gehöre mir, hatte ich überhaupt nicht. Ich hatte immer das Gefühl, ich fahre auf der falschen Spur – dieses Geisterfahrersyndrom.
Ich wusste: Es gibt bestimmt Orte, wo ich mich wohlfühlen werde, und ich werde sie auch finden. Aber davon war nichts in Sicht. Ich war die kleinste und jüngste in der Familie. Es interessierte überhaupt keinen, was ich sagte. Ich hatte das Gefühl, nicht richtig zu wissen, wo ich hingehöre. Ich wusste nur, wo ich nicht hingehöre. Deshalb war auch ganz klar: „Ich will hier weg!" Mein Vater fragt oft, warum ich aus Emmendingen weggegangen bin.
Wenn wir bei einer Schülerfete im Pfarrsaal waren, dachte ich immer: „Alle himmeln diese Gitarristen an." Aber für mich gab es keinen solchen Ort, wo ich bewundert wurde und so ein Zuhausegefühl hatte. Es war eher so: „Das kann nicht sein! – So ätzend." Wirklich ein Ohnmachtgefühl und ein Gefühl: „Ich muss mich um mich kümmern und mir solch einen Ort suchen."
F: In meinem Leben waren die Sechziger Jahre die unangenehmste Zeit. Ich habe mich sehr einsam gefühlt, allein, mit vielen Ängsten behaftet. Manche sagen, es wäre ihre schönste Zeit im Leben gewesen. – Ich würde nie mehr dahin zurückwollen. Nie mehr! Ich fand es schrecklich, dieses Ausgeliefertsein an die Lehrer. Da gab es ganz wenige, wo man das Gefühl hatte, die wollen einen fördern. Oder die so etwas Menschliches hatten. Na ja, gut, die sind alle aus dem Krieg zurückgekommen, die wa-

„Alle himmeln diese Gitarristen an."

ren alle traumatisiert. Das muss man einfach sehen. Ich erinnere mich an den Herrn P. Er war Mathelehrer, ein schrecklicher Mann. Oder der Herr H. Aber auch die Frauen. Und dann: Abitur zu haben, und nicht mehr in diese schreckliche Schule zu müssen! – Ich habe manchmal heute noch Beklemmungen, wenn ich an dem Gebäude vorbeifahre. Die Atmosphäre in diesem Haus, daran denke ich heute noch mit Schrecken.

"Das Schweigen"

M: Nachdem ich in Emmendingen von der Schule geflogen war, war ich nie mehr in Emmendingen. Nie mehr! Ich bin nach Freiburg in eine WG gezogen. Was heißt WG, es war schon sehr speziell. Da sind wir morgens um 6 Uhr vor irgendwelche Läden gefahren und haben die Joghurts geklaut. So hast du das damals alles irgendwie organisiert, um über die Runden zu kommen. Ich glaube, in Emmendingen haben die irgendwie weitergelebt. In Freiburg war das anders. Auch die Beziehungen zu Frauen haben sich so radikal verändert. Dann kam ja die Pille dazu, das war wirklich irre.

M: Der Kuppeleiparagraph wurde ja erst 1969 abgeschafft. Man muss sich das mal vorstellen: Wenn Nichtverheiratete unter 21 Jahren in ein und demselben Haus geschlafen haben oder in ein und derselben Wohnung, die brauchen nicht mal Sex gehabt

Filmszene aus „Das Schweigen"

haben, dann war das ein Straftatbestand. Diese ganze Prüderie hatte natürlich eine juristische Seite.

M: 1962 kam die Pille, dann der Film „Das Schweigen", worüber sich besonders die Kirchen aufgeregt haben. Es ist in dieser Zeit so viel passiert, wie seit 1945 nicht. Und das mit einer Elterngeneration, die diese Nazizeit und die Kriegszeit durchlebt hatte, und dann die sogenannten Wiederaufbaujahre. „Jetzt endlich hat man was und jetzt ist doch alles in Ordnung und alles geregelt. Dann kommen irgendwelche Leute und fangen an ..." In Freiburg bei Straßenbahndemonstrationen bekam man von Passanten zu hören: „Wenn's euch hier nicht passt, dann geht doch rüber (in die DDR)!" Furchtbar!

Immer etwas Neues

M: Die Sechziger Jahre waren für mich und meine Freunde Jahre, in denen man sich entfalten konnte. Meine Eltern haben sich da auch wirklich mit bemüht. Wenn es darauf ankam, war mein Vater da und half mir.

> Kuppelei war in der Bundesrepublik Deutschland durch den § 180 StGB verboten, nach dem dies meistens mit vorehelichem Geschlechtsverkehr (Unzucht) unter Förderung oder Tolerierung Dritter gleichgestellt wurde. „Dieselbe erscheint als strafbares Vergehen (einfache Kuppelei), wenn sie gewohnheitsmäßig oder aus Eigennutz durch Vermittelung oder durch Gewährung oder Verschaffung von Gelegenheit zur Unzucht begangen wird, und soll nach dem deutschen Strafgesetzbuch mit Gefängnis von 1 Tag bis zu 5 Jahren bestraft werden. Auch kann auf Verlust der bürgerlichen Ehrenrechte und auf Zulässigkeit von Polizeiaufsicht erkannt werden." Das Gesetz wurde 1969 in Folge der großen Strafrechtsreform verändert.

Da war so eine Aufbruchstimmung, da gab es immer etwas Neues. Da kaufte man sich noch einmal ein Fahrrad. Dann wartete man darauf, dass man sechzehn wird, damit man den Moped-Führerschein machen konnte. Der kostete sieben Mark fünfzig beim TÜV in Freiburg. Da fuhren wir schwarz mit den Mopeds hin. Das Moped stellten wir irgendwo ab und gingen zu Fuß zum TÜV und machten den Führerschein. Da musste man einen Fragebogen ausfüllen und einen grauen Zettel unterschreiben. Dann fuhr man mit dem Führerschein in der Tasche wieder heim. Und zwei Jahre später kam dann das Auto. Da war immer etwas Neues. Und das war so ein Rhythmus von zwei Jahren.

Oder ins Kino zu gehen. Da konnte man mit zwölf plötzlich in Filme rein, die man vorher nicht sehen durfte. Dann mit sechzehn. Sechzehn, das war ein Alter, da wartete man drauf. Die Sitten waren streng. Da wurde kontrolliert, ob man alt genug war, um ins Kino zu dürfen.

Wir fielen ja in eine Zeit rein, in der plötzlich alles offen war. Man konnte mit Zigaretten herumlaufen. Ein paar Jahre vorher wäre noch der Schutzmann gekommen und hätte dich heimgebracht. Da gab es noch Restriktionen, die man sich heute gar nicht mehr vorstellen kann. Man feierte auf der Hochburg. Wer läuft heute schon noch unter dem Jahr mit einem Leiterwägele, einer Kiste Bier und Feuerholz auf die Hochburg, um dort eine Fete zu machen? Bei uns wurde nie etwas kaputt gemacht, dass jemand auf die Idee gekommen wäre: „Jetzt werfen wir die Blumenkästen runter!" Man kannte den Rahmen. Man wusste, ab wo es gefährlich wurde. Wir hatten die Gitarre dabei. Und die Ziehharmonika hatten wir am Anfang dabei. Da hatte man auch mal einen Rausch, ohne dass es die Eltern mitgekriegt hätten. Mein Bruder und meine Schwester gingen in die Tanzschule und kauften Schallplatten. Wann konnten sich Jugendliche vorher schon Schallplatten kaufen? – Meine Tante hat uns Kinder sehr unterstützt. Und mein Onkel hatte eine gelähmte Hand und in die legte er immer den Geldbeutel rein und sagte: „Nimm dir was raus." Anständig, wie man war, nahm man ein Zehnpfennigstück oder ein Fünfzigpfennigstück heraus. Er sagte dann: „Wirf es wieder rein." Dann musste man ein Zwei- oder ein Fünfmarkstück herausholen. Fünf Mark! Überleg mal, da war ich zwölf oder vierzehn Jahre alt. Das war Geld! Dann ging man auf den Festplatz hinter der Karl-Friedrich-Schule und fuhr zwanzig Mal Autoscooter.

Am Anfang der Sechziger Jahre gab es noch solche Ordnungshüter, die meinten, sie müssten alles noch wie früher durchziehen, aber das war ein Unterfangen, das sie nicht durchsetzen konnten.

Durch die Pfadfinder hatte man ein bisschen Ordnungsleben mitgekriegt. Man hatte Regeln, man musste gewisse Unternehmungen machen, und das hat einen ein bisschen an der Kandare gehalten.

Eine Mischung aus Geradlinigkeit und auch mal ein bisschen Zickzacklaufen im Leben. Das wäre meiner Meinung nach die richtige Mischung. Und das hatten wir. Ohne die Pfadfinder wäre ich nie in ein Zeltlager nach Grenoble gekommen. Die Fahrt wurde bezahlt, da war der grüne Plan beteiligt. Uns hat das so fünfzig oder sechzig Mark gekostet. Vierzehn Tage Zeltlager in Grenoble. Ich weiß noch, dass wir da nur Tomaten fraßen. Die wurden uns immer gebracht. Tomaten!

M: Ich denke, dass die Sechziger Jahre, gerade auch gegen Ende sehr wichtig sind. Und das ist etwas, was gerade von Leuten, die sich nie engagiert haben und sich auch heute nicht engagieren, in einem negativen Sinn verbreitet wird: „Ja, das ist infolge der 68er-Generation. Die sind schuld am Autoritätsverfall!" Oder wenn jetzt in den Schulen Trara ist, dann werden die 68er dafür verantwortlich gemacht. Wir werden für Dinge verantwortlich gemacht, die wir nicht verursacht haben und auch nicht wollten.

Abenteuer

M: Es gab Sommer, da sind wir jeden Mittag auf die Hochburg oder nach Tennenbach. Das waren weite Wege. Wir lebten in einer anderen Welt, haben nach Schätzen und unterirdischen Gängen gesucht. Wir gruben Höhlen, bauten Baumhäuser, stauten Bäche auf, fingen Fische, sammelten Holz, machten Feuer, brieten Kartoffeln. Die Welt außerhalb der Schule und dem Elternhaus gehörte uns. – Wenn du heute durch den Wald oder an einem Bach entlangläufst, siehst du keine Kinder.

M: Wie oft lagen wir draußen im Dunkeln und hatten über uns den Sternenhimmel und redeten einfach; ich würde nicht sagen philosophiert, einfach geredet. Und da kamen wir auf, weiß Gott, was alles. Irgendwann löst sich die Spannung ja, sodass man über alles reden kann, oder alles fragen kann. Das vermisse ich manchmal.

M: Unsere Kindheit verbrachten wir vor allem im Rheinwald. Wir bauten uns Hütten. Jugendliche, die fünf oder sechs Jahre älter waren, hatten einmal ein wahnsinnig tolles Indianerdorf aufgebaut, zehn Hütten. Wir waren da acht, neun oder zehn Jahre alt. Die fesselten dich und banden dich an einen Baum, zogen dir das Hemd aus, tätowierten dir mit Brennnesseln die Brust. Da liefst du dann weinend heim. Und da gab es im Löß diese Grottenlöcher. Und wir

Als die Rheinwaldindianer noch jung waren ...

Als die Buben noch in den Wald gingen ...

bauten in irgendeinem Grottenloch unsere Höhlen und Hütten. Wir organisierten einen Ofen und heizten damit. Wir waren auch oft im Steinbruch, da stand so eine kleine Lok drin. Wir waren immer unterwegs. Und im Winter Schlittenfahren: Zum Start musste man fünfzehn Minuten hochlaufen und dann raste man in fünf Minuten wieder runter. Am Startplatz gab es eine Höhle. Die war ungefähr dreißig Meter tief, und da drin hatten sich die Großen um ein Feuer geschart. Fünf Meter weiter hinten in einer Ecke waren die, die mit den Mädchen zugange waren. Wir durften nur kurz in die Höhle, dann hieß es: „Holz holen! Holz bringen!" Wir mussten Holz für das Feuer sammeln. „Zu wenig! Noch mal!" Erst wenn man den Träger unter dem Holz nicht mehr sah, durfte er in die Höhle und sich ein bisschen aufwärmen.

Zeitweise erstickte man fast vor Rauch. Fünf Jahre später saßen wir dann drin und brüllten: „Holz holen!"
Wenn man von der Schlittenfahrerei heimkam, war man klatschnass. Die Oma hatte einen schön geheizten Kachelofen. Man zog die nassen Klamotten aus, zog sich um und steckte die Füße in den Ofen. Dann gab es eine warme Milch. Ich hatte eine Super-Oma. Sie machte einem zwar mit der Spucke im Taschentuch das Gesicht sauber. Oh Jesus! Da bekam ich als fast keine Luft mehr.
Wenn der Baggersee gefroren war, spielten wir Eishockey, mit den alten Schlittschuhen vom Vater. Auch fuhren wir mit ganz alten schwarzen Fahrrädern mit diesen Riesenbremsen.
M: Der I. war so eine Figur, an der ich mich orien-

Häuptling reitet, Squaw kümmert sich ums Essen. (Schülerarbeit, 6. Klasse Mittelschule)

tiert habe. Sein Vater hat geboxt und hatte Pokale gewonnen. Er erzählte immer von seinem Vater, was für ein toller Boxer er sei. Er hatte immer solche Fürze im Kopf. Einmal kam er im Winter: Ich sollte meinen Schlitten nehmen. Er und sein Bruder liefen mit mir zum Wassermer Wehr, und ich hatte keine Handschuhe. Aber die hatten alles, eine komplette Winterausrüstung. Die liefen auf ihren Skiern und ich zog den Schlitten hinterher. Oben am Wassermer Wehr sagen die: „Jetzt gehen wir wieder zurück, das ist uns zu langweilig." Und ich fror und da dachte ich: „Das hätte es jetzt auch nicht gebraucht." Aber ich war halt mitgegangen, weil ich dabei sein wollte.

Der I. hat mich zu verschiedenen Sachen angestiftet. Einmal fragte er: „Hast du Streichhölzer daheim?" – „Ja, wir haben Streichhölzer." – „Kannst du eine Schachtel organisieren?" – „Ja, sicher kann ich eine Schachtel organisieren." – „Und deine Mutter merkt das nicht?" – „Aber nein, die merkt das nicht." Ich holte eine Schachtel. Dann sagte er: „Und jetzt machen wir eine Expedition." Wir liefen zur Bürstenfabrik. Da war dieser Wassergraben. Und der war trocken. Dann wollte er mit mir in diese Röhre steigen, um zu sehen, wo sie hinführt. Nach zehn Metern oder so, gingen wir wieder zurück. Da weiterzugehen, war uns dann doch zu unheimlich.

Da war ich vielleicht vierzehn, da ist der S. mit zwei, drei anderen auf eine Pappel geklettert und da haben sie einen Horst von einem Greifvogel ausgenommen. Diese Jungen wollten sie aufziehen. Aber es sind alle gestorben, so weit ich das noch weiß.

VERHALTEN BEI ÜBERRASCHUNGSANGRIFFEN MIT ATOMWAFFEN

Bei Atomdetonationen folgen dem Lichtblitz sofort Hitzestrahlung, Druckwelle und radioaktive Strahlung. Was tun, wenn man sich nicht im Schutzraum befindet?

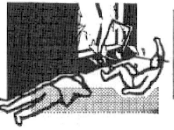 

IM HAUSE ODER AM ARBEITSPLATZ:
Flach auf den Boden werfen, möglichst längsseits einer starken Wand! Von der Lichterscheinung abwenden und Augen schließen! Gesicht, Nacken und Hände schützen!
Ein fester Tisch, Schreibtisch oder dergleichen können einen gewissen Schutz gegen Glassplitter und Trümmer bieten. Laufende Maschinen nach Möglichkeit mit einem Handgriff ausschalten.

IM FREIEN: Deckung nehmen, nicht weiterlaufen! Von der Lichterscheinung abwenden und die Augen schließen!
Wenn keine Deckung in unmittelbarer Nähe, so flach auf den Boden werfen! Augen schließen, Gesicht und Hände verbergen!

IM FAHRZEUG: Sofort anhalten und Motor abstellen! Im Fahrzeug Deckung nehmen!
NACH DER DETONATION: kurze Zeit liegenbleiben, bis Hitzestrahlung und Luftdruck nachlassen, dann Schutzraum, Keller oder Deckungsgraben aufsuchen! Gesicht nicht mit ungewaschenen Händen berühren!

AN ALLE HAUSHALTUNGEN
ZIVILER BEVÖLKERUNGSSCHUTZ

Herausgegeben im Auftrage des Bundesministers des Innern vom Bundesamt für zivilen Bevölkerungsschutz in Bad Godesberg.
Bitte, bewahren Sie diese Broschüre gut auf!

Angst

M: Ich persönlich habe Angst vor Schlangen. Da war ich sechzehn. Und an der Elz war eine Ringelnatter. Die war einen Meter lang. Der N. war da mit dabei. Der war vier Jahre jünger als ich. Und der ging auf die Schlange zu und packte sie hinter dem Kopf! Der hatte die so in der Hand! Die Schlange hat vor Angst geschissen. Und der ließ die nicht los. Dann kamen ein paar Leute, die waren so alt wie ich und vor denen hatten wir eigentlich immer Mores (Angst). Die verdroschen uns immer. Der N. ging mit der Schlange auf die zu, und die rannten weg. Dann sagte er zu mir: „Dir mache ich nichts, du bist mein Freund." Die Schlange nahm er mit heim.

Das war mir damals nicht so bewusst, aber ich hatte immer Angst, dass sich die Lebenssituation dramatisch ändert. Dass man aus dem Haus raus muss, in dem meine Eltern lebten. So eine Art existenzieller Unsicherheit. Die habe ich heute noch. Die ist anerzogen. Das resultiert sicher aus dieser Kriegserfahrung. Von diesen Geschichten, die erzählt wurden: „Wir hatten Hunger und kein Dach über'm Kopf! Und wir haben gefroren ..." Das kriegt man nicht mehr los. (Die Mutter des Zeitzeugen stammt aus Jechtingen, der „Roten Zone", die während des Zweiten Weltkrieges drei Mal evakuiert wurde.)

F: Der Kalte Krieg ist mir schon präsent. Und die Atombombe. Wir mussten in der Schule solche Übungen machen. Im Falle eines Atomangriffes ... Man sollte schnell unter den Tisch gehen und die Tasche über den Kopf ziehen. Und man hat das auch gesehen. Man hat das oft gesehen. Ich weiß nicht, ob das Simulationen waren, auf jeden Fall hat man die Druckwelle gesehen, und wie man sich dann da verhalten sollte. Das war bedrohlich. Und eben der Kalte Krieg von den Amerikanern und den Russen.

M: Mein Vater – diese Angst vor dem Kommunismus, die habe ich mitbekommen. Ich weiß nicht warum, aber diese Angst vor den Russen: „Jetzt gibt's wieder Krieg." Also in unserer Familie war das so. Die Angst wurde übertragen. Mein Vater war im Krieg. Bei der Kuba-Krise war die Situation schon prekär. Es hätte ja durchaus sein können, dass es Krieg gibt.

Arbeit

„Are you interested in cucumbers?"

M: Den Garten musste ich umstechen mit dem Spaten. Einmal im Jahr wurde Brennholz gemacht. Da kam dann die Säge: Bumbumbum, diäng diäng, toktoktoktok. So ging das. Am Samstagmorgen um sieben Uhr und in was für einer Lautstärke! Und da musste sich jeder einen Korb schnappen. Im Scheite stapeln war ich am besten. Darin war ich ein Ass. Meine Holzstapel fielen nie um, und ich setzte das Holz auch sehr raumsparend auf. Ich hasste diese Arbeit, aber es ging halt nicht anders. Im Winter musste man die Scheite zum Heizen holen, dann musste man Briketts holen, dann musste man einkaufen gehen. Meine Mutter ging nie einkaufen. Dadurch bekam ich einen sehr guten Bezug zu Haushaltsführung und Vorratshaltung. Das muss man positiv sehen. Man wusste irgendwann, was so eine Familie braucht. Dann musste ich in die Apotheke, dann musste ich oft auf meine kleinen Geschwister aufpassen. Putzen musste ich nicht und spülen auch nicht. Manchmal musste ich irgendwelche Werkzeuge reinigen oder die Schuhe putzen. Und wenn der Vater mit der Sense irgendwo auf einer Wiese Gras für die Hasen gemäht hat, musste ich das zusammenrechen und in Körbe packen.

F: Sport und Bewegung war für mich wichtiger, als ein Musikinstrument zu lernen. Und wir fuhren viel mit dem Rad. Wir kamen damit überall hin. Für meine Tante, die Sekretärin bei der Schreinerinnung war, durften wir die Beiträge einziehen. Wir kamen rund um den Kaiserstuhl und bekamen zehn Prozent. Die Beiträge wurden vierteljährlich bei den Schreinern eingezogen. Entweder gingen mein Bruder und ich, oder ab und zu gingen auch meine Freundinnen mit. Bis man den Kaiserstuhl abgeklappert hatte, war man den ganzen Tag unterwegs. Das war natürlich interessant und schön. Allein fuhr man ja nicht gerade so irgendwohin.

F: Wir hatten einen Bauernhof. Irgendetwas musste man immer helfen. Die zwei jüngeren Schwestern musste ich hüten und die behinderte Schwester auch. Meine älteren Schwestern mussten viel helfen. Die Schwester, die vor mir geboren war, fing mit dreizehn Jahren eine Lehre im Tscheulinwerk an. Am 1. April fing sie an, und am 6. April wurde sie vierzehn. Sie machte eine kaufmännische Ausbildung.

Wenn die anderen Kinder ins Strandbad gingen, mussten der K. und ich ins Feld und Mais oder Dickrüben hacken. Wir mussten immer mit ins Feld gehen. Wir hatten ganz wenig frei. Wir mussten Welschkorn ausschälen oder aufhängen. Der K. war selbst noch klein. Er ist eineinhalb Jahre älter als ich. Und wenn wir mit der Arbeit fertig waren, dann bekamen wir die nächste, und nach der noch einmal etwas aufgebrummt. Und das war das Schlimmste.

Einmal waren wir im Strandbad und meine kleine Schwester kam ohne Brille heim. Als es am andern Morgen hell wurde, sagte meine Mutter: „Du musst diese Brille finden!" Dann ging ich zum Strandbad, um die Brille zu suchen. Wahrscheinlich weinte ich. Ich war zehn oder elf Jahre alt. Ich fand sie wieder. Es war eine Brille mit dicken Gläsern.

Wenn wir Welschkorn ausgeschält oder Rebholz aufgelesen hatten, bekamen wir ab und zu ein bisschen Geld. Das sparten wir, und damit durften wir uns Schuhe oder so etwas kaufen. Ich bekam mal ein Paar ganz tolle Schuhe. – Wir hatten ein Paar Schuhe, und die wurden geputzt, und wenn sie kaputt waren, zum Schuhmacher gebracht. Wir sind viel barfuß gelaufen.

Manchmal gingen wir nach Emmendingen zum Altmaterialhändler, um Lumpen hinzubringen, damit wir ein bisschen Geld hatten. Wir haben immer Lumpen gesammelt. Da mussten wir beim Kaibengrün (ehemalige Emmendinger Obdachlosensiedlung) vorbei. Da hatten wir Angst. Obwohl die uns nie etwas gemacht haben. Die haben höchstens etwas heraufgebrüllt. Aber gemacht hätten die uns nichts.

M: Am Samstag mussten wir regelmäßig mit unseren alten Fahrrädern auf den Limberg fahren und in den Reben hacken. Das war immer übel. Der Limberg ging ja noch, da war Lößboden, da konnte man locker mit der Hacke von oben nach unten arbeiten. Aber auf dem Lützelberg?! Mit einem Drahtkorb haben wir jedes Jahr Steine aus unserem Rebstück rausgetragen. Es war, als ob der Berg nachwachsen würde. Das war der „Lieblingsjob" von mir und meinem Bruder. „Ihr dürft erst weggehen, wenn das gemacht ist!" Wir mussten die Raine und das Rebstück sauber machen.

Anschließend gingen wir in den Rheinwald, da gab es einen Rheinseitenarm, in dem man baden konnte. Es gab einen Liegeplatz am Ufer und ein Schlammloch, in dem sich auch die Wildschweine suhlten. Da legten wir uns rein oder malten uns mit Schlamm an, machten uns dreckig und erschreckten die Kleinen. Anschließend hüpften wir ins Wasser und machten uns wieder sauber.

Auch zu Hause mussten wir viel arbeiten: Schuhe putzen, in der Küche auf den Knien alle Ecken sauber machen, die Straße fegen, die war damals noch nicht geteert, usw. Die Mutter hat das Regiment geführt. Zum Stiefvater hatte sie gleich am Anfang gesagt: „Das sind meine Kinder. Da hast du nichts zu sagen!" Wir waren ihm immer etwas suspekt. „Zwei

Stunden Gitarre spielen? Das kann man doch nicht machen!" Ich habe lange gebraucht, bis ich ihm bewiesen hatte, dass das, was ich mache, auch ein Job ist, und dass man damit eine Familie ernähren kann. Kurz vor seinem Tod hat er verstanden, was dahinter steckte.

Ansonsten habe ich außer bei ein paar Ferienjobs nicht gearbeitet. Außerdem hatte ich eine Halbwaisenrente, und wenn es nicht reichte, ging ich halt zur Oma.

M: Ich war fünfzehn Jahre alt, es war Gurkenzeit. Mein Onkel züchtete Gurken, die als Gewürzgurken verwendet wurden. Und wenn du da einen Tag lang nicht aufpasst, hast du zwanzig Zentimeter lange Gurken. Er sagte: „Kannst du Geld brauchen?" – „Ja, klar." – „Schau, hier habe ich ein paar Kisten Gurken und die verkaufst du jetzt. Du gehst von einem Haus zum anderen und sagst, dass du Gurken hast und für das Stück fünf Pfennig willst." Ich konnte ja Geld gebrauchen. Ich brauchte genau 14,95 Mark. Warum? Weil es im Kaufhaus Krauss ein Tischfußballspiel gab. Ich zog los, durch die Upat-Blocks, durch das ganze Bürkle-Bleiche-Gebiet. Ich weiß noch, wie ich an eine Tür kam: „Ich habe hier Gurken im Angebot, das Stück für fünf Pfennig." Mein Cousin, der zwei Jahre jünger war, war mit dabei. Die Frau: „I don't understand. What do you want?" Ich sagte dann: „Are you interested in cucumbers?" – „Oh, yes. How much?" Ich sagte dann in Englisch: „Fünf Pfennig pro Stück." Und sie nahm mir zehn Stück ab. Mein Cousin bewunderte mich dafür, dass ich Englisch konnte. Das war die erste praktische Erfahrung mit Fremdsprachen.

Ich verkaufte für genau 14,95 DM Gurken und dann hörte ich auf. Ich hatte einen Beutel mit Münzen und damit ging ich ins Kaufhaus Krauss. Die Verkäuferin zählte nach und sagte, da würden fünf Pfennige fehlen. „Nein, das sind 14,95!" Die Frau regte sich auf. Aber das waren 14,95 DM, und als sie es noch

„Zwei Stunden Gitarre spielen?"

einmal gezählt hatte, stellte sich das auch heraus. Und damit konnte ich das Tischfußballspiel kriegen. Mit Gurken!

M: Ab vierzehn durfte man arbeiten. Der I., der F. und ich arbeiteten zunächst bei den „Burger-Stumpen" am Fließband, wo die Zigarren durch ein Wasserfarbbad laufen. Da gab es Dämpfe und einen Gestank! Der Stundenlohn betrug etwas über eine Mark. Nach zwei Tagen beschlossen wir, dass wir uns das nicht mehr antun. Da sagte selbst mein

Vater, dass er akzeptiere, dass wir arbeiten wollen. Und in den Oster- oder Pfingstferien sagte er: „Ich schaue, dass ich euch in der Ramie unterbringen kann." Und abends kam er und sagte: „In der Ramie könnt ihr fünf Mark verdienen, wenn ihr in der Spinnerei Wolle und Garne verteilt oder Lastwagen beladet." Wir sprangen schier an die Decke, weil das ein horrender Lohn war. Das muss 1965 gewesen sein. Das war wahnsinnig viel Geld. Weil wir Schüler waren, bekamen wir den Lohn netto ausbezahlt. Dann arbeiteten wir zwei oder drei Jahre in den Schulferien in der Ramie. In den großen Ferien arbeiteten wir nur zwei Wochen, danach machten wir ein bisschen Urlaub. – Ein normaler Hilfsarbeiter hatte damals netto nicht so viel, wie wir. In der Ramie kannten mich eigentlich alle, und ich würde sagen, dass das Verhältnis zu den Beschäftigten sehr gut war.

M: Einmal haben wir mit ein paar Leuten aus der Clique einen Ausflug ins Ardèche-Tal in Frankreich gemacht. Die anderen hatten sich einen Bus zusammengebastelt und fuhren damit ans Nordkap. Aber das konnte ich nicht mitmachen. Ich hatte einfach nie Geld zur Verfügung. Ich weiß nicht warum, aber ich hatte einfach nie welches. Die jobbten halt in den Ferien. Als ich in der Schule war, wollte ich in den Ferien jobben, durfte aber nicht. Das war für meinen Vater eine Schande, dass ich in den Ferien arbeite. Im Tabakschopf Ringwald, da arbeitete ich ohne sein Einverständnis einen Tag lang. Und ich hätte da in den Ferien ganz gut was verdient. Ich kam nach Hause, war voller Tabakstaub und stank nach Tabak und bekam nur Stress: „Du gehst da nie wieder hin!" Mein Vater war dazu zu stolz. Das war furchtbar.

F: Als ich achtzehn wurde und den Führerschein haben wollte, bin ich jobben gegangen. Ich habe in der Litef am Fließband gearbeitet. Frauen wurden da immer gern genommen. Ich musste Leiter waschen und mit der Pinzette ordnen. Das war kurz vor dem Abitur. Durch das Kurzschuljahr habe ich mit achtzehn das Abi gemacht.

M: Ich gab Nachhilfe in Latein für sechs oder acht Mark die Stunde. Und dann konnte ich mir meine Jeans irgendwann selber kaufen. Schon mit fünfzehn fing ich an zu jobben. Damals gab es ja jede Menge Jobs. Ich arbeitete in einer Schreinerei im Westend. Das war ja mitten im Bau-Boom. Wir haben fast alle Türen in den Wohnblocks auf der Bleiche und im Bürkle gebaut, auch Einbauschränke. In den Ferien arbeitete ich da bis zum Abitur. Dadurch hatte ich Geld, das ich brauchte und auch um in Ferien zu fahren. Am Anfang zahlte der Schreiner mir zwei Mark fünfzig. Und jedes Jahr gab er mir fünfzig Pfennig mehr. Dieser Job war schon wichtig. Ich habe sechs Geschwister und von daheim bekam ich kein Taschengeld. Hier und da, wenn ich mal etwas Bestimmtes wollte, um ins Kino zu gehen oder so, da bekam ich etwas Geld, aber ein festes Taschengeld habe ich nicht gekriegt.

M: In den Ferien habe ich immer wieder auf dem Bau gearbeitet, um Geld zu verdienen. Da waren ehemalige Fremdenlegionäre, die gehörten zu dieser Truppe der Hardcore-Bauarbeiter, die die Erdarbeiten machten. Die Schächte und die Gräben wurden damals per Hand ausgehoben. Da waren Typen dabei, die unterhielten sich immer über die Fremdenlegion.

M: Die Fremdenlegion war bei einigen von uns ein festes Terrain der Phantasie. Es ging dabei nicht um das Militärische, zur Bundeswehr wollte keiner. Es war ein Ventil. Wenn nichts mehr ging mit den Eltern: Einfach verschwinden, eine neue Identität bekommen, vielleicht nach Jahren zurückkehren aus der Fremde, als ein anderer, der nicht mehr angreifbar ist. Und es ging natürlich auch um den Schmerz, den man seinen Eltern durch sein Verschwinden zufügen wollte, damit sie spüren, wie das ist, wenn man sehr leidet.

Arm und reich

Kinderreich

M: Das Himmelreich war ein Wohngebiet „besserer Leute". Für uns war das ganz normal. Es war eher so: Dadurch, dass wir eine kinderreiche Familie waren, waren wir nicht gerade auf Rosen gebettet. Und wenn andere schon einen Roller oder ein Fahrrad hatten, hatten wir das noch lange nicht. Ich weiß noch, wie ich als Kind an Weihnachten immer heulte, weil ich mir Skier gewünscht hatte, sie aber nie bekam, weil es finanziell nicht drin war.

Ich kam 1960 ins Gymnasium und 1969 machte ich Abitur. Und um zum Gymnasium zu kommen, musste man einen ziemlichen Weg zu Fuß zurücklegen oder später mit dem Fahrrad fahren. Ab der Oberstufe, mit sechzehn, hatte ich ein Quickly (NSU-Quickly: Moped). Wir hatten ja kein Taschengeld und alle anderen, oder viele, hatten welches. Und auf dem Nachhauseweg holten die sich an der Eisdiele ein Eis. Der L. zum Beispiel, der holte sich immer gleich einen ganzen Becher. Oder auch der B. Und ich konnte mir nicht einmal ein Zehner-Eis kaufen. Der L. sagte dann als zu mir: „Wenn du mir die Tasche bis zum Burgweg trägst, bezahle ich dir ein Zehner-Eis." Ich trug ihm die Tasche bis zum Burgweg. Dann hatte ich auch ein Eis. Also von wegen hier: „Die besser Wohnenden"! Im Gegenteil! Gerade wegen der vielen Kinder wurden wir benachteiligt, auch von den Nachbarn. Wenn wir mit anderen Kindern auf der Straße Fußball spielten und gegen das Garagentor schossen, gab es immer Theater mit der Nachbarin. Da war ständig Gezeter. Einmal rief jemand an und sagte zu meiner Mutter, sie solle ihren Kindern mal etwas zu essen geben, die würden immer so einen Krach machen. Wir waren immer ein bisschen geächtet, weil die anderen alle entweder ein oder zwei Kinder hatten. Wenn eine Familie mehr als vier Kinder hatte, war das irgendwie anrüchig.

Das hatte etwas mit Knaus-Ogino zu tun, der Verhütungsmethode. Da kamen dann auch schon mal spitze Bemerkungen in Bezug auf den Katholizismus meiner Eltern: „Wenn ihr nicht so auf den Papst hören würdet ...!" In dieser Richtung kamen da schon Bemerkungen.

> **Knaus-Ogino**: Die Methode hat auch den Spitznamen Katholiken-Roulette, vatikanisches Roulette oder römisches Roulette („Auf sechs Versuche kommt eine Schwangerschaft"), da sie sehr unsicher ist, aber von Papst Pius XII. am 29. Oktober 1951 in einer Rede vor Mitgliedern des katholischen italienischen Hebammenverbandes als einzige Methode der Empfängnisverhütung für tolerabel und anwendbar erklärt wurde. Zwar sei grundsätzlicher Zweck der Ehe die Zeugung von Nachkommen und alle Verhütungsmethoden daher von Übel, bei gewichtigen Gründen körperlicher oder seelischer Natur könne diese Methode aber hingenommen werden, da Enthaltsamkeit in der fruchtbaren Zeit nicht in die natürlichen Abläufe eingreife.

Aufbruch und Ausbruch

„Morgen trampen wir nach London"

M: Wir sind 1967 nach London getrampt, der S. und ich. Am Freitagabend waren wir noch im „Löwen": „Morgen trampen wir nach London." Die schlimmste Drohung daheim war: „Du brauchst gar nicht mehr heimzukommen!" Am Samstag standen wir an der Ausfallstraße mit zwölf englischen Pfund in der Tasche. Wir waren vierzehn Tage unterwegs. Das war mein Jahresurlaub, als ich Stift war. Zuerst London,

Fahrt mit Hindernissen am 1.6.1968 nach Saarbrücken, zu den Deutschen Juniorenmeisterschaften

danach fuhren wir über Paris zurück. Genau das war es ja, was man wollte: etwas anderes sehen, aus der Enge ausbrechen, weggehen.
Weder der S. noch ich konnten Englisch. Im Grunde genommen, war es eine Wahnsinnserfahrung. Einfach irgendwohin zu gehen, Leute zu treffen, mit denen man sich mit Händen und Füßen unterhält. Gut, in Frankreich konnte ich mich ein bisschen verständigen, aber in England?

Was wir im Einzelnen gemacht haben, das weiß ich nicht mehr. Wir hingen einfach nur rum. Als wir in Paris waren, hatten wir kein Geld mehr. Wir schlossen uns ein paar Leuten an. Wir übernachteten ein paar Tage bei einer Begräbnishalle oder einem Krematorium auf einem Friedhof. Dann trampten wir wieder in Richtung Deutschland. Das war Klasse. Das war eine Erfahrung ohne große Vorbereitung: „Morgen trampen wir nach London." Und dann los.

Die Calanques bei Cassis/Südfrankreich

Ans Meer

M: Mich hat der N. mal an einem Sonntagnachmittag im „Scotchman" angesprochen: „Hast du Lust, mit mir ans Meer zu fahren?" Ich war noch nie am Meer gewesen. Das war 1967. „Ja, klar. Aber ich habe kein Geld!" – „Das ist kein Problem, ich habe welches. – Also, heute Abend um sieben treffen wir uns, dann fahren wir los." Er hatte einen schwarzen VW-Käfer. Ich ging heim und packte den Schlafsack und ein paar Klamotten in den Seesack. Dann fuhren wir nach Cassis östlich von Marseille und blieben eine Woche lang. Das war so leicht: Du hockst dich einfach ins Auto und fährst weg. Das war einfach toll. Das heißt, auf der einen Seite war es toll, auf der anderen Seite nicht. Wir hatten wenig Geld. Am ersten Tag legten wir uns gleich in die pralle Sonne. Ich hatte einen brutalen Sonnenbrand. Am Abend in die Kneipe, die ersten französischen Worte: „Vin rouge". Wir haben Wein getrunken und sind spät nachts auf ein Felsplateau oberhalb der Ortschaft gefahren, mit Blick aufs Meer und haben im Auto geschlafen. Der N. auf der Rückbank, ich auf dem Fahrer- und Beifahrersitz, dazwischen der Schaltknüppel. Mitten in der Nacht bin ich aufgewacht, Sonnenbrand, Kopfschmerzen, ein Wahnsinnsdurst und nichts zu trinken, dem Tod nahe.

Cassis war voll mit Langhaarigen, eine tolle Atmosphäre. Wir haben Kontakt gesucht, aber uns nicht richtig getraut, jemanden anzuhauen. An einem Abend haben wir einen Typen getroffen, ich glaube, er war aus Berlin und lebte schon längere Zeit in einem Zelt zwischen den Felsen. Sein einziges Thema war, wo man den billigsten Rotwein kaufen kann. Er ließ eine Flasche kreisen, Rotwein aus der Plastikflasche. So hatte ich mir das nicht vorgestellt. – Aber dennoch: Auf und davon, das Meer sehen, die kleine Hafenstadt, die Calanques – das war ein sehr schönes Erlebnis. Ich bin immer wieder mal nach Cassis zurückgekehrt, und ich sollte es demnächst mal wieder tun.

Titograd

M: Es war eine Mischung aus erlebter Enge und Abenteuerlust. Das Gefühl, groß und stark zu sein. „Ich kann das! Wir packen das!" Sicher war es auch der dominante und autoritäre Vater, der zwar sehr liebevoll war, aber auch sehr straight. Eine Rolle spielte auch, dass der schulische Erfolg nicht sehr groß war. Irgendwie war das Abhauen immer ein Jugendtraum gewesen. Ich habe es dann auch generalstabsmäßig geplant. Ich hatte mir eine Kameraausrüstung beim Fotogeschäft Hirsmüller geholt, ich wollte mein Leben selbst finanzieren. – Ich hatte damals schon das eine oder andere Foto für die Badische Zeitung gemacht. – Ich hatte die Kamera unter dem Vorwand mitgenommen, mein Vater wolle sie mal ausprobieren. Außerdem hatte ich einen Diamantring meiner Mutter mitgenommen, damit ich das Unternehmen irgendwie finanzieren konnte. Dann bin ich während eines Zeltlagers der Jungschar abgehauen, damit ich einen gewissen Vorsprung hatte. Mein Gepäck hatte ich in ein Schließfach am Freiburger Bahnhof gebracht. Das Zeltlager sollte drei Tage dauern. Ich bin zum Treffpunkt und sagte, ich hätte Zahnschmerzen, ich könne nicht mitgehen. Das war an einem Freitag und erst am Sonntag erwarteten mich meine Eltern zurück. Das muss ein Herbstlager gewesen sein. Meine Idee war, nach Süden zu gehen. Ich wusste, dass ich Verwandtschaft in Athen hatte. In Jugoslawien wurden damals die Winnetou-Filme gedreht. Vielleicht könnte ich mich als Statist verdingen. Da ich wusste, dass mein Vater mich suchen würde, hatte ich noch ein paar Spuren Richtung Norden gelegt, Hamburg oder so.

Ich fuhr nach Süden. Mit dem Zug nach Rom. Dort ging ich zur Spanischen Treppe und kam schnell in Kontakt mit ein paar Gammlern. Ich hatte die Idee, mit dem Auto die jugoslawische Küste hinunterzufahren. Ich wusste ja, dass ich einen brauche, der mitfährt, weil ich keinen Führerschein hatte. Ich gabelte einen drogensüchtigen Typen auf. Es war sehr abenteuerlich. Ich war fünfzehn Jahre alt. Ich ging mit dem Brillantring meiner Mutter zu einem Juwelier. Er nahm ihn mir ab. So hatte ich genügend Geld, um einen gebrauchten Fiat 500 zu kaufen.

Wir fuhren an der jugoslawischen Küste entlang: Triest, Dubrovnik usw. Es war herbstliches, winterliches Wetter. Wir schnorrten immer mal ein bisschen oder malten auf der Straße und stellten einen Teller dazu. Wir kamen relativ zügig und gut voran. Wir brauchten etwa drei Wochen, bis zur albanischen Grenze. Dann mussten wir ins Landesinnere und über die Berge. Ich fuhr nachts und der andere tagsüber. Das war eine sehr entspannte Zeit mit Rotwein, Käse und Brot. Ich war voller Gottvertrauen, was man selbst machen kann. Was die Filmerei betrifft: Wir hatten versucht, uns zu informieren, hatten aber keinen Erfolg. So wollten wir nach Griechenland weiterfahren. Ich kannte die Adresse von den Verwandten. Die kannten mich aber nicht. Ich dachte, meine Mutter hätte zu denen sowieso keinen Kontakt, also wäre es kein Problem, wenn ich da auftauche. Es war eine abenteuerliche Fahrt durch Eis und Schnee. Die Heizung des Autos war ausgefallen. Es wurde sehr mühsam, mit Auto-Schieben usw. Anfang Dezember kamen wir in einen Ort namens Titograd. Das ist die Hauptstadt von Montenegro, nicht besonders schön. Wir waren die ganze Nacht gefahren. Mein Mitfahrer nahm einem anderen die Vorfahrt, und es kam zu einem Unfall. Die Polizei kam, das könne man alles regeln. Sie sagten, am nächsten Tag wollten sie uns vernehmen. Es gab ein gutes Hotel im Ort. Wir verstanden das so, dass sie die Kosten übernehmen würden und wir uns dorthin begeben sollten, und am nächsten Tag würden sie uns zum Verhör abholen. Wir waren schon ein bisschen abgerissen und saßen abends nach einem schönen Essen bei einer Zigarre und freuten uns darauf, mal wieder in tollen Betten zu schlafen. Am nächsten Tag wurden wir abgeholt. Den Kumpel kassierten sie gleich, und von wegen Rechnung übernehmen. War nicht! Ich saß also plötzlich auf der Hotelrechnung. Von mir wollten die Polizisten nichts, weil ich nicht der Fahrer war. Es gab damals keine diplomatischen Beziehungen zu Deutschland. Ich telefonierte mit einem Deutschen in der französischen Botschaft. Ich erzählte ihm, dass wir auf Abiturreise seien und einen kleinen Auffahrunfall gehabt hätten. Er meinte, einen Rechtsanwalt bräuchte man nicht einzuschalten. Ich hatte wohl meinen richtigen Namen genannt. Ab dem Moment wussten meine Eltern, wo ich war. Stopp! Ich habe etwas vergessen. Nach dem Unfall waren wir eine Woche im Krankenhaus. Wir waren leicht verletzt und kamen ins Krankenhaus. In einen riesengroßen Saal mit etwa vierzig Männern. Ein Polizist saß vor der Türe. Wir dachten, es ginge um jemand anderen, aber es war wegen meines Kumpels. Nach dem Krankenhausaufenthalt kamen wir ins Hotel. Im Krankenhaus hatten wir einen Besucher kennen gelernt, der ein paar Worte Deutsch sprach. Er hatte mir seine Telefonnummer gegeben, ich könne ihn ruhig anrufen, wenn ich in Not wäre. Was ich dann auch tat. Als klar war, dass ich diese Hotelrechnung bezahlen musste, fing ich an, meine Nylonhemden zu verkaufen, die einen guten Preis brachten. Weihnachten verbrachten wir in diesem Krankenhaus. Ich wurde richtig sentimental und schrieb deutsche Weihnachtslieder. Ich ließ meinen Eltern Briefe zukommen, die ich über andere weiterleiten ließ, damit sie sie nicht zurückverfolgen konnten. Ich schrieb meinem Vater, dass ich seine autoritäre Haltung nicht ertragen könne – so in dieser Art. Am 29. oder 30. Dezember kassierten sie meinen Kumpel beim Verhör. Ich war in diesem Hotel und hatte inzwischen die Nachricht bekommen, dass sich mein Vetter Gerd nach Belgrad begeben würde, und dass für mich am Flughafen ein Flugschein nach Belgrad hinterlegt wäre. Ich glaube, das war am 1. Januar. Das Problem war, dass der Flughafen wegen Nebels komplett gesperrt war. Letztendlich, am 2. Januar flog ich nach Belgrad. Das Problem war, dass Neujahr dort bis zum 5. dauerte. Die hatten mir gesagt, das Ticket wäre in der Lufthansaagentur in Belgrad hinterlegt. Jetzt war die natürlich geschlossen. Ich war am 2. da, und am 4. machte die erst auf. Ich war da verloren, hatte nichts mehr zu beißen, weil keine Kohle mehr da war. Als ich am 4. oder 5. Januar in die Lufthansaagentur kam, waren mein Vater und ein Freund der Familie da. Wir schlossen uns glücklich in die Arme. Da war ich schon etwas kleinlaut. Ich war froh, dass ich wieder in einer liebevollen Umgebung war.

Danach unterhielten mein Vater und ich uns sehr intensiv. Wir sagten, wenn wir etwas aneinander nicht gut fänden, dann würden wir das einfach „Titograd" nennen. Irgendwann, etwa ein Jahr später, sagte ich einmal im Streit: „Titograd!" – Da war er sehr betroffen. Ab diesem Moment ging das mit meinem Vater relativ reibungslos. Mein Vater war Jahrgang 1904, er war also demnach schon ein alter Vater.

Nie wieder: Titograd

Baked Beans mit Spiegeleiern

F: Es war ein Aufbruch in ein neues Leben. Das erste Mal, dass ich von der Familie weg durfte. Das hatte mein Englischlehrer angeleiert. Dafür werde ich ihm ewig dankbar sein. Er erzählte mir, dass er eine Familie auf der Isle of Wight habe, wo ich hin könnte. Ich weiß es noch, wie wenn es gestern gewesen wäre: Ich war in einer ganz armen Familie, die einen winzigen Tante-Emma-Laden hatte, wo der Mann um vier Uhr aufgestanden ist und Brötchen gebacken hat. Die Frau und er verbrachten den ganzen Tag im Laden. Morgens und abends gab es Baked Beans mit Spiegeleiern, was natürlich etwas gewöhnungsbedürftig war. Die waren einfach lieb und großzügig und nett und bescheiden. Ich war eine verwöhnte Mittelstandsgöre mit einer Mutter, die nicht berufstätig war. Meine Mutter hielt uns nie zur Hausarbeit an. Nie! Und als ich wieder zuhause war, fing ich wie selbstverständlich an, den Tisch abzuräumen, abzuwaschen und mich zu kümmern, weil ich gesehen hatte, dass es Familien gibt, wo so etwas selbstverständlich ist.

Ich sagte: „Und der I. soll auch helfen!" – „Nein, der ist ein Junge!" Ich machte den Affen, weil mein Bruder nicht mit anpacken sollte: „Der isst doch auch mit! Wieso kann der denn nicht den Tisch decken?" – „Nein, das ist ein Junge!" Damit war der erste Samen in Bezug aufs Aufmüpfen gelegt. Das war nicht mehr zurückzudrehen. Ab da hatte ich das Gefühl: „Irgendwas läuft hier quer."

Pont d'Aller

M: Mit dreizehn waren dann die Austauschgeschichten. Wir, Schüler von Offenburg bis Freiburg, fuhren im Sonderzug in den Jura. Dort wurden wir dann in verschiedene Städte und auf verschiedene Familien verteilt. Ich war in Pont d'Aller. Da lernte ich meine erste große Liebe kennen. Jacqueline, die Schwester meines Austauschschülers. Damals konnte ich kaum Französisch.

Abends gab es ein gemeinsames Essen und beim Essen wurden die Nachrichten geschaut. Ich hatte einen ganz strengen Ziehvater. Mir wurde alles auf Französisch erklärt, und ich musste das dann auf Französisch wiederholen. Da lernte ich unheimlich viel. Nach dem vierwöchigen Aufenthalt war ich in Französisch um zwei Noten besser. Und nachdem ich dann ständig in Frankreich war, ging ich in der Oberstufe gar nicht mehr in den Französisch-Unterricht. Ab und zu ging ich hin. Wenn die Frau Dr. I. sah, dass ich da war, musste ich den Unterricht machen. – Die freute sich riesig, weil ich schnell gelernt hatte, akzentfrei zu sprechen. Das konnte keiner von den Lehrern und von den Mitschülern auch

Meine Gastfamilie auf der Isle of Wight: „... lieb und großzügig und nett und bescheiden."

niemand. Das war so, weil ich mir so viel Mühe gegeben habe und von Anfang an von meinem Ziehvater gedrillt wurde. Der hatte ein Sanitär- und Installationsgeschäft mit so an die zehn Mitarbeitern.

Ich wurde auch mit Ressentiments konfrontiert, weil ich aus Deutschland kam, aber das war selten der Fall. Einmal passierte es mir. Da war ich im Maison de Jeunes et de la Culture. Das war so ein Jugendhaus. Da gab es so eine Art Bar, einen Raum in dem ein Kühlschrank war, und wo einer Getränke verkaufte. Wir spielten Tischtennis, und ich war kurz vor dem Verdursten. Und der Getränkeverkäufer war eben nicht da. Ich holte mir etwas zu trinken und wollte ihm das Geld geben, wenn er wieder da ist. Wie ich mich da am Eisschrank bediente, kam der dazu und fing an: „Oh, die Deutschen, die klauen immer!" Das war natürlich peinlich. Ich erklärte ihm das dann und mein Freund kam auch dazu. Dem war das dann peinlich, dass ihm das so rausgerutscht war. Aber da kam erst einmal: „Ja, die Deutschen ... die klauen."

Außenseiter

F: Ich bin in Ottoschwanden aufgewachsen und habe mich unheimlich gefreut, als ich nach Emmendingen aufs Gymnasium durfte. Es war ja eine Weltreise. Ich fand das einfach spannend, mit Leuten zusammenzukommen. Ich habe mich immer so ein bisschen als Außenseiter gefühlt, auch dann, als ich in Emmendingen war. Einfach deshalb: In Ottoschwanden war ich die Lehrerstochter und am Nachmittag hätte ich gerne mit den Kindern gespielt. Ich hatte ja Zeit. Aber diese Kinder waren Bauernkinder, die daheim helfen mussten. So hatte ich praktisch keine Spielkameraden, oder nur ganz wenige. Deshalb habe ich mich gefreut, nach Emmendingen zu kommen, und da Leute kennen zu lernen, die auch Zeit haben. Dann bin ich nach Emmendingen gekommen und habe erlebt, dass man, wenn man vom Tal kommt, „der Däler" oder „d' Wälderi" war. Das hat mich geärgert. Dialekt habe ich keinen gesprochen, ein bisschen gefärbt halt.

Ich bin mit dem Bus gefahren und nach der Schule mit dem Bus wieder nach Hause. Und die anderen Klassenkameraden haben sich im Schwimmbad getroffen oder haben sich mit dem Fahrrad besucht. Das war für mich alles nicht möglich. Mein Vater wäre nie auf die Idee gekommen, mich nach Emmendingen ins Schwimmbad zu fahren. – Also die Sache mit den Spielkameraden hat nicht so geklappt, wie ich mir das vorgestellt hatte. Die haben sich nachmittags getroffen und ihre Erlebnisse gehabt und ich war nicht beteiligt. Das machte mir zu schaffen.

Berufswünsche

F: Vor dem Abitur wurde ich von meinen Lehrern gefragt, was ich beruflich machen möchte. Ich wusste ganz genau: „Wenn ich jetzt sage, ich gehe an die PH, nicht an die Uni, dann werde ich in Biologie keine 1 bekommen." Der Biolehrer hatte so einen Standesdünkel. Ich bin bewusst an die PH gegangen. Ich wollte Lehrerin werden. Ich wollte nicht, so wie es im Gymnasium war, dass jede Stunde ein anderer Lehrer kommt, und man keine Beziehung aufbauen kann. Ich wollte an die Grund- und Hauptschule. Ich wollte eine Beziehung zu meinen Schülern. Und ich wollte, dass sie keine Angst haben. Das war für mich das Wichtigste: Die Schüler sollen keine Angst vor mir haben, und ich möchte eine Beziehung aufbauen. Das hatte ich nicht in dieser Schule. Ich hatte Angst. Viel Angst! – Ich wollte von morgens bis mittags mit den Kindern zusammen sein. Das Erziehen stand für mich eher im Vordergrund als Wissensvermittlung. Und ich habe es nicht bereut. Ich bin heute noch gerne Lehrerin. Mir macht es heute noch Spaß.

F: Ich hatte ein Theaterabo. Theater fand ich unheimlich spannend. Ich liebte es. Die tollste Aufführung war für mich in Berlin. Dorthin machten wir unseren Abitursausflug. Dann waren wir in diesem großen Theater in „Faust II". Das war für mich das Erlebnis. Faszinierend!

Ich habe alle Schullektüren verschlungen. Ich wollte ans Theater. Aber ich habe es mir, ehrlich gesagt, nicht zugetraut. Weniger von der Begabung her. Sondern: Wenn man da hingeht, braucht man Ellenbogen. Das ist ein harter Beruf. Oder man hat jemanden im Hintergrund. Und ich hatte beides nicht. Von meinen Eltern aus hätte ich dürfen. Ich habe es mir im Grunde selbst verboten. Leider! Das ist etwas, was ich bis heute bereue, dass ich's nicht wenigstens versucht habe. Wenn man etwas wirklich will, macht man es. Dann boxt man das durch, auf Teufel komm raus.

Abi-Abschlussfahrt nach Berlin im Oktober 1968

Clique

„Dieses snobistische Gehabe"

M: Diese Clique war etwas sehr Spezielles. Ich habe nie richtig verstanden, warum das so war. Aber ich hatte immer das Gefühl, dass wir eine Sonderrolle hatten, oder dass wir irgendwie besonders auftraten. Vielleicht war das so, weil ein paar Leute dabei waren, die „aus einer besseren Schicht" kamen. Oder war das so, weil viele Leute vom Gymnasium dabei waren? Ja! Das war es, dass das Leute vom Gymnasium waren. Ich hatte eine Zwitterrolle. Ich war ja nicht lange auf dem Gymnasium. Ich habe auch kein Abitur. Ich rutschte da eher über die Musik rein. Ich war halt der Drummer, den brauchten sie. Der P., der X., das waren Gymnasiasten. Aber es gab Unterschiede, gewaltige Unterschiede. Der U. war einer, mit dem konnte man in Tennenbach im Engel sitzen und sich die Rübe zuschütten. Mit dem fühlte ich mich sauwohl. Wenn dann aber der P. mit seiner Freundin aufkreuzte und der X. mit einer Freundin, dann war das eine Spur förmlicher. In der Clique war ein Konkurrenzkampf und ein soziales Gefälle. Ja, ein soziales Gefälle!

Fußballweltmeisterschaft 1966: Das England-Spiel, mit diesem umstrittenen Tor

Ich tendierte immer zu dem Teil, der von unten kam. Neben der Clique hatte ich ein paar Kumpels, die der Clique überhaupt nicht in den Kram passten. Diese Clique war nie im „Scotchman". Aber ich war dort. Ich fühlte mich dort wohl, weil ich mich zu Hause nicht wohl fühlte. Und, als ich alleine wohnte, suchte ich Orte auf, wo ich jemanden traf. Eine Zeit lang konnte ich bei den Unternehmungen von der Clique nicht mithalten. Dieses Essengehen und mit dem Auto schnell mal in den Schwarzwald fahren, um Kaffee zu trinken, das fand ich grauenhaft. Die C. und der K. hatten ihren Sportwagen, ich dagegen manchmal überhaupt kein Auto. Da mitfahren und irgendwo in ein teures Café sitzen, das war nicht mein Ding. Absolut nicht! Da latschte ich lieber zu Fuß nach Tennenbach und setzte mich mit irgendeinem Typ an den Stammtisch. Aber dieses snobistische Gehabe war nicht mein Ding.

M: Die Clique, zu der ich gehörte, feierte immer Partys. Der „Club Dreizehn". Die meisten Feten liefen bei C.'s im Keller ab. Beliebte Partyplätze waren damals auch das Eulenhäusle am Wasserreservoir oder der Stadtgarten. Die Familie C. nahm eine Ausnahmestellung ein, weil die das Treiben der Jugendlichen in ihrem Keller mit ziemlicher Toleranz betrachtete.

Ein eiskalter See

M: Es gab ja die Zeit, in der wir eine Clique waren. Da hatten wir unser Bäumchen im Schwimmbad, wo wir uns immer trafen. Das ging so von 1964 bis 1966. Als die Motorisierung anfing, ging das auseinander. Uns zog es mehr ins Elztal. Was die anderen gemacht haben, weiß ich nicht. 1966 waren wir als Clique am Nonnenmattweiher. Wir fuhren da mit den Mopeds hin und der H. und der N. fuhren mit dem Fahrrad. Mein Vater fuhr das Gepäck mit dem DKW da hin. Wir zelteten. Das war herrlich da. Lagerfeuerromantik und ein eiskalter See. In der Zeit war gerade die Fußballweltmeisterschaft. Als Deutschland sogar im Endspiel war, packten wir alles zusammen und fuhren wieder heim, damit wir das im Fernsehen sehen konnten. Das war das Englandspiel, mit diesem umstrittenen Tor.

M: So lange wir Kinder waren, gehörte ich zu einer Clique, hier im Wohngebiet. Aber nachher eigent-

In der Clique in einer Ecke

lich nicht mehr. Ich hielt mich nicht mehr in Cliquen auf, auch in der Schule nicht. Ich war ein Einzelkämpfer. Auch nachher im Studium.
M: Ich hatte kein angenehmes Zuhause. Für mich war die Clique, diese Leute, mit denen ich zusammen sein und über vieles sprechen konnte, mit denen ich auch einen saufen gehen konnte, ein Familienersatz. Wirklich! Eigentlich konnte man in der Clique nicht über die Probleme in der Familie sprechen. Einmal passierte das. Und zwar war das nach einem gravierenden Krach mit meinem Vater. Aber das war schon an meinem einundzwanzigsten Geburtstag. Das war auf dem Eulenhäuschen oben. Da gossen wir uns auch einen mit Bier auf die Lampe, sodass ich ziemlich zu war. Und da ging mir der Gaul durch. Da muss ich einen Tobsuchtsanfall gekriegt haben. Der I. erzählte mir das hinterher. Da hat er mitbekommen, dass es da Probleme gab. Er wollte auch mit mir darüber sprechen, aber ich hätte ihm gar nicht richtig sagen können, was da los war. Ich bekam zu Hause ja nie gesagt: Das und das ist los oder das und das ist. Sondern, es war manchmal einfach nur Scheiße.
F: Das Ventil oder der Fluchtpunkt waren die Clique. Nachmittags bin ich aufs Fahrrad und ab! Im Schwimmbad lag man in der Clique in einer Ecke und spielte Skat oder hörte Musik. Oder man hat sich bei jemand getroffen und Musik gehört. Irgendwann fing das mit dem Pfarrsaal mit dem Tanzen an, mit diesen witzigen Beatbands. Die Flower-Power-Zeit – das fand ich toll.

Plakate abreißen, verboten!

F: Ich hieß damals „Beatwurzel", weil ich ja in der Band war. Wir waren mit der Clique auf dem Münsterplatz und haben öffentlich geraucht. Das war furchtbar, das war ganz, ganz schlimm. Der Münsterplatz hieß „Place". Da haben wir rumgegammelt und rumgelungert – nichts getan halt, geschwätzt.

Demonstration

Ein paar Langhaarige

M: Ich habe wahrgenommen, dass die männlichen Jugendlichen lange Haare hatten. Das wurde in unserer Familie nicht praktiziert. Ich hatte immer sehr kurze Haare. Aber das war für mich nicht schlimm. Es war zwischen 1969 und 1972. Meine Schwester Christiane und ich stehen an einer Litfaßsäule und auf einmal fangen ein paar Langhaarige an, Fetzen von dieser Litfaßsäule zu reißen und ein Feuer damit zu machen. Dabei riefen sie ganz laut: „Das ist eine Demonstration!" Um was es wirklich ging, weiß ich nicht. Aber das war eine Demonstration! – Ich, nix wie weg! Bloß nicht da stehen bleiben! Eine Minute später war die Polizei da und kaschte die. Wenn ich dabei gestanden wäre, wäre ich vielleicht auch verdächtig gewesen. Daran kann ich mich erinnern. (Vermutlich handelte es sich dabei um NPD-Plakate. April 1968: Bei dem Versuch, Wahlplakate der NPD für den Landtagswahlkampf in Baden-Württemberg zu entfernen, werden drei Mitglieder des SDS festgenommen.)

„Schaffe lieber ebbis."

F: „Schaffe lieber ebbis." Ich erinnere mich an die Radionachricht, dass Kennedy erschossen wurde. Ich weiß noch, dass meine Mutter heulend von der Nähmaschine aufstand. Ich habe mich nicht für Politik interessiert, weil mein Vater Geschichtslehrer war, und die Anspruchshaltung an den Tag legte, dass man sich dafür zu interessieren hat. Ich habe mich aus purer Opposition dafür nicht interessiert. Sowie ich aus diesem Dunstkreis weg war, war ich politisiert. Ich kann mich an die Demo gegen die Notstandsgesetze erinnern. Wir trafen uns am Gymnasium und gingen durch die Emmendinger Innenstadt. Die Leute sagten: „Schaffe lieber ebbis, statt dasser demonschtriere!" Das war das erste politische Ereignis, wo ich mich bewegt habe. Der X. erklärte ein bisschen, worum es geht. Dann bin ich mitgegangen durch die Innenstadt. Es war eine kleine Demonstration. Ich kam mit Herzrasen nach Hause, weil ich genau wusste, dass es eine Breitseite geben würde. Mein Vater sagte aber nur: „Eines sag ich dir, wenn du nicht weißt, worum es ging, gibt's Ärger!" Das fand ich nachvollziehbar. Und ich wusste es, ich hatte kurz vor Ende der Demo brav alles noch mal wiederholt.

F: Die politische Rebellion ging an mir vorbei. Es wurde einmal eine Demonstration gegen die Notstandsgesetze gemacht. Da haben sich alle Schüler im Schulhof getroffen. Es gab ein paar Rädelsführer, die flammende Reden gehalten haben. Dann hat sich dieser Zug durch Emmendingen fortgesetzt. Die haben auch Plakate gemalt. Alle sagten: „Komm mit!" Ich bin in den Hof runtergesaust und wollte eigentlich auch mitgehen. Aber als ich die Treppe runtergelaufen bin, habe ich gedacht: „Wenn du jetzt da mitmachst und jemand kommt und fragt dich warum, was gibst du dann zur Antwort? – ‚Ich weiß es nicht?'" Ich kehrte wieder um und ging mit hängendem Kopf ins Klassenzimmer zurück. Ich wurde als Verräter abgestempelt. Aber ich konnte nicht mit. Die anderen haben sich unterwegs informiert. Als die Lehrer kamen und die fragten, wussten alle gut Bescheid. Ich wäre ja liebend gerne mitgegangen. Das wäre doch toll gewesen, auf die Straße zu gehen und da mal Rambazamba zu machen. Aber wenn man nicht Bescheid weiß? Da war ich einfach zu ehrlich.

Diskothek

Goldenes Dreieck und „Blauer Delphin"

M: Der „Scotchman" war eine Diskothek im „Löwen", oben im ehemaligen Saal. Da war sonntagnachmittags Tanz von 15 bis 18 Uhr. Es gab solche Feiertage, an denen durfte zwar Musik laufen, aber man durfte nicht tanzen. „Feiertagsruhe" hieß das. An Feiertagen wie Totensonntag oder Ostersonntag war Tanzen streng untersagt.

M: Was man für Emmendingen auch noch erwähnen muss, ist dieser „Scotchman" Anfang der Sechziger Jahre. Die erste Diskothek in Emmendingen. Der „Scotchman" mit diesem Grün und Rot. Das war die Härte. Und irgendwo so rechts oben war der Discjockey. Ich glaube bei der Eröffnung war ich dort. Mit diesen Go-Go-Girls schwebt mir irgendetwas vor. Und der „Rebstock"-Keller. Das war ja so feucht da drinnen. Und drüber war der Reitstall. Das hat da immer gestunken!

F: In Endingen gab es eine Diskothek. Sie hieß „Blauer Delphin". Da war immer am Donnerstagabend Disco. Wie kommt man jetzt von Freiamt in den „Blauen Delphin"? Das war abenteuerlich; denn meine Eltern durften es nicht wissen. Meine Freundin und ich haben auf irgendeine Art und Weise jemanden gefunden, der uns hingefahren hat. Dann musste man sehen, wie man wieder heim kommt. Das war immer sehr abenteuerlich, aber natürlich toll. Diskotheken waren verrucht. Die Eltern durften nichts wissen.

M: Die Zeit im „Scotchman" war eine gute Zeit. Das war so das erste wirkliche Sich-frei-Schwimmen, wenn man am Abend wegging. Der „Scotchman"! – Da lief Musik, die man mochte. Da gab es die erste Cliquenbildung, auch die ersten Experimente, ob es sich dabei jetzt um Frauen handelte oder um Haschisch. Da fanden diese ersten Experimente statt. Oben war der „Scotchman" und unten war der „Löwen". Was auch klasse war, das war der „Rebstock" schräg gegenüber. Das war auch ein Treffpunkt. Und unterm „Bautzen" im Keller war so eine ganz kleine Wirtschaft „Zum dicken Rudi". Wenn wir kein Cash mehr hatten, bekamen wir da noch irgendetwas zu essen. Das war das goldene Dreieck: „Scotchman", „Rebstock", diese Kneipe im „Bautzen". Das waren Freiräume. Der Wirt ließ diesen Freiraum zu. Der tolerierte einiges. Aber das war als eine Clique da unten! Das war die Anarchie.

Drogen

M: Da waren ja auch immer ein paar Ältere, die Haschisch von Freiburg mitbrachten. Aber es war kein gravierendes Thema. Wir rauchten auf Feten unseren Joint. Aber es war nicht so, dass man jeden Tag seinen Joint brauchte.

Am Anfang machte ich das still und heimlich. Danach machte ich das Fenster auf und lüftete, bevor der Vater kam, der ja feste Arbeitszeiten hatte. Da ging er schon mal schnüffelnd durch die Wohnung. „Hier riecht es so komisch." Aber er wusste ja nicht, was das war. Dann kam ich auf den Dreh mit den Räucherstäbchen. Ich zündete bei mir im Zimmer ein oder zwei Räucherstäbchen an. Er wetterte dann immer: „Diese Scheißräucherstäbchen! Diese Stinkerei!" Aber ich machte das nur, damit ich meinen Joint in Ruhe rauchen konnte.

Plötzlich fängt alles an, zu wabern.

M: Wir fingen an, Haschisch zu rauchen und den einen oder anderen LSD-Trip zu nehmen. Aber für mich war das nicht so gut. Ich hatte ziemlich bald einen Horrortrip und dann ließ ich die Finger davon.
Wir hatten damals ja keine Ahnung. Vorher hat man mal auf irgendwelchen Feten einen Trip genommen. Das war ganz okay und schön. Die Musik klingt ganz anders usw. Nach dem Horrortrip sagte ich mir, dass ich nichts mehr nehme. Haschisch rief bei mir sowieso kaum eine Wirkung hervor. Ich hielt mich eher an Bier und solche Sachen.
An einem Samstag, an dem ich in den Reben körperlich schwer gearbeitet hatte und ziemlich fertig war, hat uns abends in der Kneipe ein Typ, der an unserem Tisch saß, heimlich LSD-Trips ins Bier geworfen. Erst auf dem Heimweg mit dem Mofa merkte ich, wie plötzlich alles anfängt zu wabern. Ich hatte Todesangst! Ich fürchtete, dass das Herz stehen bleibt und solche Geschichten. Wenn ich den Typen in dem Moment erwischt hätte, ich hätte ihm den Hals umgedreht.

Blumenerde?

M: Ich zog nicht los und besorgte mir Hasch. Aber wenn jemand etwas hatte oder jemand mir etwas anbot, sagte ich nicht nein. Man wusste ja, dass viele Bands mit diesem Zeug experimentierten. Am Anfang kam ja keiner an LSD ran, aber irgendwann tauchten diese Sachen auf, und man probierte es aus. Zum Teil war das Klasse, richtig toll! Zumindest für einen selber. Aber zum Teil war es beschissen und enttäuschend. Toll war, wenn du durch so einen blödsinnigen Trip Gefühle bekamst, die du sonst einfach nicht hattest oder die du vermisst hast. Ein unglaublich warmes Gefühl im Bauch. Visuell war es manchmal unheimlich lustig. Ich habe ja nie so etwas genommen, bei dem man die Wahnsinnsvisionen hat. Es war nur so, dass manche Sachen mich außerordentlich zum Lachen brachten. Ich erinnere mich noch gut, wie ich

---

Haschisch (arabisch für Gras) ist das aus den Blüten der Cannabispflanze gewonnene und zu Platten oder Blöcken gepresste Harz. Es zählt zu den psychoaktiven Drogen. Haschisch wird meist geraucht (in Pfeifen oder Joints), aber auch in Speisen oder Getränken konsumiert.

LSD: Lysergsäurediäthylamid, im Slang „Acid" oder „Trip" genannt, ist eines der stärksten bekannten Halluzinogene. Der Chemiker Albert Hofmann stellte LSD erstmals 1938 her, während seiner Forschungsarbeiten zum Mutterkorn, und zwar mit der Zielsetzung, ein Kreislaufstimulans zu entwickeln.

einmal leicht angetörnt auf den Emmendinger Bahnhof zulief. Es war Winter und der S. kommt mir entgegen, im dicken, bodenlangen Mantel, mit einem Schal um den Hals. Ich hatte die Vision von einem Teddybären. Plötzlich sagt dieser Teddybär zu mir: „Was machst du hier?" Ich hing über diesem Geländer und kriegte mich nicht mehr ein.

Dieses Gefühl im Bauch war unheimlich toll. Vor allem die Sachen, die sich im Kopf abspielten ... wenn man merkte, dass die Optik nicht mehr stimmte, davor hatte ich Angst. Meskalin war mal eine Zeit lang unterwegs. Und da waren halt ein paar Leute, die immer etwas hatten. Wenn die auftauchten, kam ich schon in Versuchung: „Hast du was?" Der Witz dabei ist, dass man sich das am helllichten Tag einschmeißen kann und zwei Stunden einen Lachtrip hat. Absolut! Das war manchmal ein irres Gefühl. Wirklich! Später habe ich diese Erfahrung nur noch bei einem allerhöchsten Glücksgefühl gemacht. Dieses sich rundum sauwohl zu fühlen, mit allem zufrieden zu sein. So ein Gefühl hat einem das manchmal vermittelt. Für eine halbe Stunde, Stunde. Da ist etwas in der Gefühlswelt, das geöffnet wurde. Es ist möglich, dass die Schwelle beseitigt wird, die andere Leute vielleicht ohne diesen Scheiß haben. Ich denke, dass ich das unter Verschluss halte, oder dass es durch irgendwas hinter einer Mauer liegt. Dieses Gefühl hatte ich oft. Und darin liegt die große Gefahr. Das sah ich auch.

Alkohol zählt ja auch zu den Drogen. Und davon habe ich reichlich genossen. Und wenn man noch nicht zu viel drin hat, sondern nur ein paar Drinks, gibt das auch so ein angenehmes Gefühl. Das entspannt auch. Aber nicht so, wie diese anderen Sachen.

Zu Haschisch hatte ich keine große Beziehung. Die ersten Versuche waren schrecklich. Der I. hatte guten Stoff aus Indien mitgebracht. Und den probierten wir einmal bei ihm zu Hause. Aber ich hatte nur einen Schweißausbruch und verspürte leichte Übelkeit. Und mehr war da nicht. Dann lud er mich öfters mal ein: „Das ist viel besser. Du musst das ganz anders genießen können." Und da haben wir auch lustige Abende verlebt, mit viel Gelächter. Wahnsinnig viel Gelächter. Wir lachten über total hirnlose Sachen. Einmal saßen wir bei ihm im Zimmer und hatten einen Joint geraucht. Wir waren beide am Musik hören und am Rumdämmern. Und plötzlich sehe ich einen Sack Blumenerde vor dem Bücherregal stehen. Ich sage: „Hey, wo kommt dieser Sack Blumenerde her?" – „Was? Blumenerde? Den hat gestern meine Mutter gebracht. Und seither steht dieser Sack da." Und das war der Auslöser. Wir lagen am Boden und bogen uns vor Lachen. – So was Blödes. Aber das passiert da halt.

Einmal wanderten wir auf die Hochburg, nachdem wir Haschisch geraucht hatten. Der I. mit der Querflöte und ich mit der Gitarre. Und wir spielten ein und dasselbe Lied mit Improvisationen usw., bis wir auf der Hochburg ankamen. Wir hatten zwei Flaschen Bier dabei. Als wir auf der Hochburg waren, war es knallheiß. Das Bier war alle, und wir waren ernüchtert und wanderten ziemlich bedröppelt zurück und legten uns ins Bett. Aber dort oben fanden wir das noch ganz genial und toll.

Meskalin: starkes Halluzinogen findet sich im Peyote-Kaktus und vielen weiteren Kakteenarten.
Als **Halluzinogene** werden Substanzen bezeichnet, die mehr oder minder ausgeprägte Veränderungen der visuellen, akustischen oder haptischen Wahrnehmung hervorrufen, gleichzeitig aber nur im untergeordneten Maß stark ausgeprägte geistige Verwirrung, tiefgreifenden Gedächtnisverlust und grobe Desorientiertheit in Bezug auf Personen, Raum und Zeit hervorrufen. Die Wahrnehmungsveränderung kann sich in einer verstärkten Wahrnehmung komplexer Muster in phantastischen Farben und Formen äußern.

The Doors, Waiting for the sun 1968 – Jim Morrison 3. v.l.

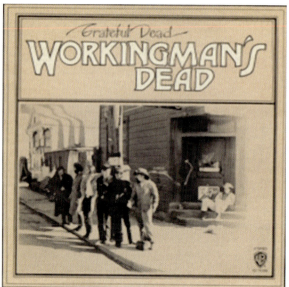

Grateful Dead, Workingman's Dead 1969

„Bei euch stinkt's aber furchtbar."

M: Wir wussten ja gar nicht, was Haschisch überhaupt ist. Der M. und der C. brachten etwas mit, und dann probierte man das halt mal. Da saß man im „Löwen" und krümelte aus einer Filterzigarette den Tabak raus, dann krümelte man das Zeug in den Tabak rein und stopfte die Filterzigarette wieder damit. Die Bedienung im „Löwen" sagte immer: „Bei euch stinkt's aber furchtbar." Die wusste ja nicht, um was es da ging. Bei uns war es der Reiz des Verbotenen. Das war damals nicht so, dass Leute wirklich harte Drogen genommen hätten. Es war etwas Neues, was damals gerade aufkam, und das probierte man halt mal. Ich bin hundertprozentig überzeugt davon, dass alle, die da irgendwelche Hochgefühle hatten, diese Hochgefühle größtenteils spielten. Weil es ja hieß: „Wenn man etwas geraucht hat, dann ist man high."
M: Der H. war derjenige, der die Drogen ins Dorf gebracht hat. Vom Gymnasium in Breisach kamen die Drogen her. Als Erstes hat er natürlich mich und den F. eingeweiht. Man kann sagen, dass wir drei damals die Keimzelle waren.
Gut, was machten wir da? Wir rauchten und hörten Schallplatten an. Wir lagen auf der Matratze und hörten Greatful Dead, Doors ... – Jesus Gott, was lag uns H. mit den Doors und Jim Morrison in den Ohren! Der H. war nicht unbedingt ein guter Einfluss. Er war wirklich derjenige, der uns das Tor zu den Drogen geöffnet hat. Ich machte auch schlechte Erfahrungen. Wir hatten damals eine Band und probten in einem Bauernhaus in der Nähe von Breisach. Der L. hatte damals schon mit härteren Sachen zu tun. Einmal hat er mir auch was in den Kaffee geschmissen. Das fand ich gar nicht gut. Ich wollte mit harten Drogen nie etwas zu tun haben und hatte damit auch nie etwas zu tun.
F: Haschisch ist keine Frauendroge. Ich habe ein Mal Kokain probiert. Der Abend war toll! Da habe ich mir gesagt: „Da muss ich aufpassen, weil das so un-

glaublich puscht." – Aber am nächsten Tag bezahlst du es mit unglaublich schlechter Laune: „Nee! Also das mach ich nicht." Und ich finde es auch völlig unnatürlich, man sieht sich ja nicht mehr realistisch. Und das wollte ich einfach nicht.

Kollateralschäden

M: Es gab Momente, in denen gewisse Todessehnsüchte aufkamen. Zum Teil hing das mit dem Drogenkonsum zusammen. Da kamen einige Leute einfach nicht mehr raus. Es gab eine Reihe von Suiziden von der Mitte der Sechziger Jahre bis zum Anfang der Siebziger Jahre, oder manche Leute landeten einfach in der Psychiatrie. Ich kriege jetzt nicht mehr alle zusammen, aber es waren bestimmt sechs aus meinem Bekanntenkreis, die sich das Leben nahmen. Oder wie viele sind auf harten Drogen geblieben, und dazu zähle ich auch den Alkohol.

M: Wir kamen in Grenzsituationen, die auch anders hätten ausgehen können. Gerade die psychedelische Geschichte war in gewisser Hinsicht lebensgefährlich.

M: Das hing davon ab, wie einer persönlich disponiert war. Irgendjemand sagte einmal zu mir: „Was man nicht in der Birne hat, kann auch bei einem Trip nicht rauskommen." Da öffnen sich die Schleusen zum Unbewussten und je nachdem ... Es fand eine Bewusstseinserweiterung statt. Die Elterngeneration hatte ihre Bewusstseinserweiterung in der Nazizeit und im Zweiten Weltkrieg. Aber auf eine ganz andere Art. Als Massenerlebnis oder bei Saalschlägereien. Biochemisch gibt es da nur den Unterschied, einmal kommen die Drogen von außen, das andere Mal werden sie vom Körper selbst erzeugt, als Dopamin (Neurotransmitter, gilt als sogenanntes Glückshormon.).

M: Dieses: „Auf, lasst uns neue Wege ausprobieren!" Dabei blieben halt auch einige auf der Strecke, weil man Wege ging, die man nicht kannte. Diejenigen, die vorsichtiger waren, vielleicht auch ängstlicher, die hatten einen natürlichen Schutzmechanismus. Die anderen, die eine größere Risikobereitschaft hatten, und diejenigen, die den Blues lebten, die den Blues wirklich lebten, die blieben gesundheitlich auf der Strecke.

M: Vor allem ist das irreversibel. Das ist etwas, was unterschätzt wurde. Wer LSD genommen hatte, hatte LSD genommen. Das konnte er nicht rückgängig machen. Und das trifft auf alle anderen Drogen auch zu.

M: Beim Drogenkonsum waren die „Kollateralschäden" zu groß. In vielerlei Hinsicht drehte sich das Rad rückwärts, statt zu einem erweiterten Bewusstsein zu gelangen, innerlich frei zu werden, wurde mancher abhängig. Und der gute Umgang miteinander blieb auf der Strecke.

F: Drogen fand ich nicht gut. Ein Mal habe ich Hasch genommen, und das habe ich nicht so wahnsinnig gemerkt. Also von den Jungs haben das viele genommen – das war dann immer furchtbar langweilig. Die waren überhaupt nicht mehr ansprechbar.

Wir haben allerdings viel Alkohol getrunken. Ich weiß noch, damals in der „Tangente". Ich war noch keine sechzehn. Da haben wir ein Würfelspiel gespielt, für eine Flasche Wein und so weiter. Da haben wir schwer gespielt und auch schwer getrunken. Stiefel trinken, das war absolut. Da habe ich halt mitgetrunken. Also von zu Hause aus war Alkohol kein Tabu. Meine Eltern haben gern auch mal ein Viertele Wein getrunken. Mein Vater war Alkoholiker. Das war nicht so gut. Aber, damit ist man halt aufgewachsen.

M: In den Gaststätten fing das mit Alkohol irgendwann einmal mit dem Stiefeltrinken an. Nach dem Sport. Da waren wir sechzehn oder siebzehn. Das machten wir früher immer in dieser einen Ecke hinten im „Fuchsen". Dort, wo es zum Kino geht, war so ein Holztisch, den man schlecht einsehen konnte.

Nach dem Hagel 1959: „Wenn ein Gewitter aufgezogen ist, hat mein Vater uns Kinder immer vom Schwimmbad abgeholt."

Familie

Von Seiten der Eltern

M: Was ich nicht gut fand und worunter ich wahnsinnig gelitten habe, war dieser Druck von Seiten der Eltern in Bezug auf die Schule. Die Eltern haben damals die Kinder in einer Art von Autorität überwacht, dass das gar nicht mehr auszuhalten war. Die Schule war wahnsinnig streng. Die Lehrer schlugen drauf.
Der Konflikt zwischen den Generationen war sehr, sehr stark. Die Eltern, die sich der neuen Zeit anpassen konnten und ihre Kinder entsprechend behandelt haben, die konnte man wirklich an einer Hand abzählen. Das waren ganz wenige. Und die, die in den Genuss gekommen waren, solche Eltern zu haben, wurden auch dementsprechend beneidet. Der S., der bei mir in der Band war, der hatte ganz tolle Eltern. Die waren auf ihre Art sicher auch konservativ, und die haben sicher vieles gedanklich nicht toleriert oder akzeptiert, aber die haben das bei ihren Kindern nicht mit Gewalt unterdrückt. Die dachten: „Das ist halt eine andere Zeit, und das war bei uns nicht anders. Jetzt muss man das halt akzeptieren."
Der Generationenkonflikt ist heute genauso da. Aber viele Eltern haben heute ein besseres Verhältnis zu ihren Kindern. Vor allen Dingen auch aus diesen Erfahrungen heraus, dass sie es mit ihren Kindern nicht so machen möchten, wie es ihre Eltern mit ihnen gemacht haben.
F: Das Verhältnis zu meiner Mutter ist ein bisschen schwierig, weil sie ein ganz anderer Mensch ist als

ich. Sie ist nicht so interessiert an Büchern. Also alle diese Dinge, die mich interessieren, interessieren sie nicht. Und deshalb ist der Kontakt ein bisschen oberflächlich.

Gegenüber meinem Vater war es schwierig, eine andere Meinung zu haben. Er war sehr autoritär, und er hat eine andere Meinung immer als persönlichen Angriff empfunden. Wir hatten heftigste Diskussionen über alle möglichen Dinge, und er ist oft zornig aus dem Zimmer gegangen und hat die Tür zugeschmissen. Es war so ein bisschen ein Machtkampf. Wer bleibt Sieger? Es ging dann zum Schluss nicht mehr unbedingt um die Sache.

M: Als ich nach Freiburg gezogen war, kam meine Mutter ein Mal die Woche. Sie brachte mir die saubere Wäsche und nahm die dreckige mit und steckte mir noch fünfzig oder hundert Mark zu. Meine Mutter hatte keinen Führerschein und mein Vater musste sie fahren. Dieses Treffen lief so ab: Er saß hinter dem Lenkrad. Meine Mutter machte auf der Beifahrerseite die Tür auf, und ich sprach mit ihr, während er auf der Fahrerseite zum Fenster rausschaute. Diese Haltung hatte er auch zwanzig Jahre später noch. Wenn ich sagte: „Die Hildastraße kennst du doch!", sagte er: „Nein, ich weiß nicht, wo die ist. Da bin ich noch nie hingefahren." Er war sehr rechthaberisch. Wenn er einmal gesagt hatte, die Wand ist grün, dann war die Wand grün. Da war nichts zu machen. Ein Dialog war kaum möglich, oder über irgendetwas zu diskutieren oder zu reden.

Immer ein Konflikt

F: Drei Monate bevor ich das Abitur gemacht habe, ist mein Vater ausgezogen. Mit meinen Eltern darüber zu reden war schwierig; das ging gar nicht. Meine Mutter und mein Bruder waren eine Fraktion, und ich stand so dazwischen, und hatte irgendwie noch so einen Blick für meinen Vater. Da hatte ich so die Arschkarte, weil ich eine halbe Verräterin war, weil ich den Vater nicht unerträglich fand. Gleichzeitig war er sehr streng, was ich damals anfing, unmöglich zu finden.

Damals kam es ganz selten vor, dass Eltern sich scheiden ließen. Dass eine Frau aus dem Mittelstand in den Sechziger Jahren arbeitete, war ja auch unmöglich. Ein großer Teil der Konflikte meiner Eltern ging darum, dass meine Mutter sagte: „Die Kinder essen mittags und weg sind sie; ich kann doch auch irgendwie etwas machen." Ein Schulleiter hatte ihr angeboten, dass sie Sport unterrichten könne. Aber mein Vater war einfach konservativ: „Das sieht so aus, als ob die Frau N. arbeiten muss, weil das Geld nicht reicht. Das haben wir nicht nötig." Das war zwischen den beiden immer ein Konflikt.

„Lasst ja meine Buben in Ruhe!"

F: Wenn ein Gewitter aufgezogen ist, hat mein Vater uns Kinder immer vom Schwimmbad abgeholt. Da waren wir zehn, elf oder zwölf Jahre alt. Das muss 1960 gewesen sein. Und da gab es in Emmendingen einmal einen Mordshagel. Da mussten die Leute die Hagelkörner mit den Schneeschippen wegmachen. Die Jugendlichen am runden Stammtisch nannte meine Mutter immer: „Ihre Buben." Und wenn die Alten, die vorne am großen Stammtisch saßen, wegen der langen Haare rummotzten: „ ... und die Langhaarigen da hinten am runden Tisch ..." Da sagte sie immer: „Lasst ja meine Buben in Ruhe! Die sind vielleicht anständiger als ihr." Sie hat die Jugendlichen immer verteidigt. Und das fand ich toll. Und für mich war es deswegen auch kein ein Problem, dass meine Eltern im Vergleich zu anderen so alt waren. Mein Vater wurde 1906 geboren, meine Mutter 1911. Eigentlich hätten sie meine Großeltern sein können.

„Lasst ja meine Buben in Ruhe!"

„… eine schwierige Geschichte hinter sich."

Mein Vater hat an Silvester immer riesige Töpfe Glühwein gekocht und meine Mutter hat immer Küchle gemacht. Das war an Silvester Tradition. In den Sechziger Jahren haben die Trompeter um zwölf Uhr auf Turm der katholischen Kirche gespielt. Und dann kamen die Stammgäste um zwölf in die Wirtschaft. Den Glühwein und die Küchle gab es umsonst.
Oder Fasnacht! Wenn der Umzug vorbei war, war die Wirtschaft brechend voll! Wenn jemand, der hinten am runden Tisch saß, zur Toilette wollte, musste er zum Fenster rausklettern und vorne wieder reinkommen, damit er da hinkam. Und in der Ecke war Podium, und da machten immer zwei Leute Musik. Einer spielte auf der Quetschkommode, und der andere spielte Schlagzeug, ganz lässig. „Waren Sie in der Partei?" – „Nein, nein, nein, nein, nein!" und „Rosamunde" usw. Die beiden spielten in den Sechziger Jahren.

Mütter

Eine schwierige Geschichte

M: Eine Mutter gab es, aber meinen Vater habe ich nicht gekannt. Wir sind drei Brüder, und jeder hat einen anderen Vater. Meine Mutter hatte eine schwierige Geschichte hinter sich. Sie hatte ihren Bruder in der Normandie am D-Day verloren. Er ist mit sechzehn Jahren gefallen. Sein Grab habe ich gefunden. Ich ging nach Caen und suchte diesen riesigen Friedhof ab. Da liegen 20.000 Soldaten. An der Pforte gibt man den Namen des Toten in den Computer ein, und dann erscheint die Nummer des Grabes, z. B.: „Grab Nr. 1257". Dann bist du zwei Stunden am Suchen: „Deutscher Soldat. Unbekannt", dann wieder ein Grab mit einem Namen. Endlich habe ich ihn gefunden und mir kamen echt die Tränen. Das war vor

Kriegerdenkmal mit Inschrift: „WIR HEISSEN EUCH HOFFEN"

zwei, drei Jahren. – Den Bruder hat sie als ersten verloren, danach starben beide Eltern kurz nacheinander. Die waren beide noch keine fünfzig Jahre alt. Und um 1950 war sie alleine mit siebzehn oder achtzehn. Da lernte sie meinen Vater kennen und heiratete ihn, einen Tag vor meiner Taufe verunglückte er tödlich. – Da war sie wieder alleine. Dann lernte sie einen Viehhändler kennen, und der kontaktete mit ihr. Ruckzuck, ein halbes Jahr später war mein Bruder unterwegs. Jetzt war der Vater aber evangelisch, und sie war katholisch. Damals hatten die Tanten das Regiment in der Familie. Da gab es fünf oder sechs alte Tanten, die sagten: „Den heiratest du nicht, der ist evangelisch." Und so durfte sie den nicht heiraten. Sie gehorchte, und saß da mit dem F. und mit mir. Und 1957 heiratete sie den Vater ihres dritten Sohnes. Mit der Mutter hatte ich ein gutes Verhältnis. Sie starb 1979.

Schon wieder schwanger

F: Es war nie belastend für mich, viele Geschwister zu haben. Ich hatte nie das Gefühl, dass ich etwas vermisst hätte. Ich habe einen Winter und einen Sommer bei meinem Bruder im Bett geschlafen. Wir hatten keine Matratze, wir schliefen lange Zeit auf einem Strohsack. Aber schlimm fand ich das nicht. Wir waren stolz. Unsere Mutter verstand es, uns das zu vermitteln. Als ich älter und selbst Mutter war, erzählte mir meine Mutter, dass es für sie am schlimmsten war, wenn sie schwanger war. Sie hat geweint, wenn sie schon wieder schwanger war. Zumal sie die S. hatte, das mongoloide Kind und bekam dann noch einmal zwei Kinder. Das sei das, was sie am meisten bereue. Demnach war es für sie nicht einfach.

F: Seit ich gehen konnte, habe ich getanzt. Mit zehn habe ich angefangen, Rollschuh zu laufen, und ich musste auch immer allein zur Rollschuhbahn in der FT (Freiburger Turnerschaft). Meine Mutter hat ja gearbeitet. Wir haben in Herdern gewohnt, d. h. ich bin immer mit der Straßenbahn gefahren mit den schweren Rollschuhen. Ich habe dann Rollschuhstiefel bekommen, die meine Mutter wirklich erarbeiten musste. Wir waren sehr arm. Aber ich habe dann nähen gelernt und konnte mir die Kostüme selbst nähen. Das war toll. Durch unsere Mutter hatten wir eine schöne Jugend. Sie hat sich viel mit uns beschäftigt, hat uns viel gelehrt und uns viele Möglichkeiten aufgetan. Also man braucht nicht unbedingt das Geld dazu, Träume zu haben und diese möglicherweise zu verwirklichen.

Nächtelang in der Küche

M: Wir waren eine große Familie. Meine Mutter saß nächtelang in der Küche und hat irgendetwas gebastelt, gestrickt oder genäht. Bargeld war kaum da. Sie hat immer improvisiert, und das hat sie gut gemacht.

Sie hat Konfirmationskleider, Jacken, und Mäntel genäht, Socken gestopft, und einmal hat sie mir eine tolle Ritterburg als Weihnachtsgeschenk gebastelt. Sie legte großen Wert darauf, dass es keine Gefühlsausbrüche gab, was manchmal schon schwierig war, weil die räumlichen Verhältnisse sehr beengt waren. Was sie absolut nicht leiden konnte, war, wenn man in einem Wutausbruch die Tür hinter sich zugeknallt hat. Da kam sie hinterher, man musste zurückkommen und die Tür noch einmal leise schließen. Es war für sie wichtig, dass es friedlich zuging. Klar, wir haben auch gestritten , aber sie war jemand, der gemäßigt hat. Und sie selbst war wirklich sehr zurückhaltend. Sie hat nie herumgebrüllt. Das wäre anders gar nicht gegangen.

Das Verhältnis von Eltern und Kindern war auch wesentlich distanzierter. Man wusste nicht, dass die auch ein Innenleben hatten. Das war alles so statisch. Sie waren immer gleich, wie sie sich Kindern gegenüber gaben.

F: Wenn ich meine Mutter anrufe und sage: „Heute ist es heiß, heute streiche ich die Haustür, da trocknet die Farbe schnell.", sagt sie: „Ja, aber heute ist doch Sonntag! Was denken denn da die Nachbarn?" Dann sage ich: „Das interessiert mich nicht."

Väter

Einen richtigen Vater

M: Ich bin ein Kriegskind. Mein Vater war ein polnischer Zwangsarbeiter, ein Kriegsgefangener. Nach dem Krieg war er noch hier. Später gab es noch einmal einen Transport, und er wollte heim. Aber da drüben kamen die anscheinend wieder in Gefangenschaft, und da verlor sich seine Spur. Meine Mutter hatte noch Fotos und den Namen. Mit fünfzehn war ich dann mal beim Jugendamt und wollte wissen, ob es da irgendwelche Unterlagen gibt. Aber die sagten mir, da braucht man nicht dran herummachen. Den damaligen Leiter des Jugendamts hätte ich kaltmachen können. Der sagte: „Nein, nein. Das machen wir nicht. Das gibt es nicht."

Für mich war es in meiner Jugend wichtig, zu wissen, wer mein Vater ist. Aber mit der Zeit verlor sich das. Keinen Vater zu haben, und das Kind armer Leute sein, das bekam man immer zu spüren. Unsereiner hatte einen alten Mantel, der irgendwann aufgetrennt wurde, und aus dem dann etwas Neues gemacht wurde. Oder man hatte einen Pullover, da wurde die Wolle aufgerissen, aufgewickelt und daraus wurde ein neuer gestrickt. Wenn die Wolle dann nicht ganz reichte, kam halt ein Muster rein oder ein schwarzer Kragen an den Pullover.

In den ersten drei Schulejahren gab es diese Erlebnisse. In der Schule wurde man direkt nach dem Vater gefragt. Und für mich war das halt immer ein heikles Thema.

Und als Kind hat man schon den Wunsch: „Ha ja, vielleicht kriegst du ja auch einmal einen richtigen Vater." Wenn dann aber mal jemand da war, dann kämpfte man mit Händen und Füßen mit der Mutter, dass da nicht irgendein Fremder herumturnt.

In der Waffen-SS

M: Man hat natürlich über seinen Alten gelästert: „Der Alte ist ein Arschloch." Solche Sachen kamen immer mal wieder. Man hat ja auch die Alten der Freunde kennengelernt, wenn man die mal abholte. Aber die Familienverhältnisse selbst hat man nicht gut gekannt. Ich wusste sehr lange nicht, dass mein Vater in der Waffen-SS gewesen war. Das erfuhr ich erst, als ich nicht mehr zu Hause war. Da kamen immer mal wieder Kriegskameraden und dann wurden Schwänke und Anekdoten von der Ostfront erzählt. Kriegsgeschichten! Darüber, was sie essen mussten usw. Mein Vater erzählte die Geschichte, wie er einmal das Schützenloch verließ, weil er zur Toilette musste, und dass genau in der Zeit, in der er weg war, da eine Granate einschlug, wo er vorher im Schützenloch gesessen war. Für uns Kinder war das natürlich sehr interessant, und ich dachte mir dabei weiter nichts. Ich wusste, dass meine Mutter BDM-Führerin gewesen war. Aber mich interessierte das in der Zeit nicht so. Wahrscheinlich hatte ich auch Angst davor, was da eventuell herausgekommen wäre, wenn ich das angesprochen hätte. Auch von den Lehrern hat man geahnt, dass viele von ihnen dabei gewesen waren. Ich hatte einmal beruflich mit dem „Journal Officiel" zu tun. Das war ein amtliches Mitteilungsblatt, das von der französischen Besatzung herausgegeben wurde. Da sind serienweise die Strafen aufgelistet, die bei der Entnazifizierung über Beamte verhängt wurden. Da fand ich immer wieder alte Bekannte. Die Lehrer waren ja alle in der Partei gewesen.

Kein Kriegsmensch

M: Mein Vater kam aus Berlin. Wie er nach Emmendingen kam, weiß ich nicht. Aber das kam ganz sicher vom Militär her. Mein Vater redete nicht gerne über den Krieg. Wir bohrten zwar immer, aber er war kein Kriegsmensch. Durch seine Sprachkenntnisse war er in Freiburg bei den Franzosen beschäftigt, im Verteidigungslastenamt am Fahnenbergplatz. Das hatte den Vorteil, dass wir dort immer auf dem Dach sein konnten, wenn in Freiburg der Fasnachtsumzug war. Aber diese ganzen Militärsachen waren ja streng bewacht. Davor stand ja die französische Militärpolizei. Ich bin oft mit dem Fahrrad nach Freiburg gefahren, und wenn ich als Bub in das Gebäude rein wollte, begleitete mich einer bis zu meinem Vater.
Meine Schwester und ich fuhren in den Fünfziger

Mein Vater redete nicht gerne über den Krieg.

Jahren in Urlaub zu Verwandten nach Berlin. Von Helmstedt rüber nach Berlin. Die Züge waren gerammelt voll, und ich habe immer noch dieses Bild im Kopf von den Vopos mit den MPs, die sie um den Bauch hängen hatten. Ich hatte eine Heidenangst. Ein Teil der Verwandten hat in Westberlin gewohnt und ein Teil in Ostberlin. Die Großmutter, also die Mutter meines Vaters, lebte in Westberlin. Das war eine richtig zähe Frau, die hat zwei Kriege miterlebt. Mit 83 hatte sie einen Oberschenkelhalsbruch. Als meine Frau und ich 1974 bei der Funkausstellung waren, wollten wir ihr zumindest die Tasche tragen, aber das ließ sie nicht zu. Sie hatte den Stock unter den Arm geklemmt und trug diese zwei Tragetaschen. Das war meine Großmutter.

Vom Krieg geträumt und geschrien

M: Mein Vater hat nachts vom Krieg geträumt und geschrien. Das hat er nie verloren. Ich habe seine Tagebücher gefunden. Aber in diesen Tagebüchern steht nicht viel drin. Da kann ich gerade mal herauslesen, wo er wann war. Er war bei der Kavallerie im Kaukasus. Er hatte das Glück, dass er sich rechtzeitig das Bein gebrochen hat und zurückkam. Von seiner Einheit kamen nur drei Leute zurück. Die wurde total aufgerieben. Mehr weiß ich nicht.

Für mich war es wichtig, mich mit meinem Vater über diese Zeit auseinanderzusetzen. Wir machten aus, dass ich einmal drei Wochen heimkomme, wenn meine Mutter nicht da ist, und dass wir dann einfach mal so reden. In der ersten Woche war es schwierig, weil jeder nur sich selbst gesehen oder sich selbst dargestellt hat. Und in der zweiten Woche war das sehr gut. Wir hatten ein längeres Gespräch über verschiedene Themen. Wir haben einfach philosophiert. Er hat über seine Erfahrungen im Krieg gesprochen: Was er da gelernt bzw. herausgezogen habe, was er mir mitgeben wolle, auf was ich mich auf keinen Fall einlassen, und wovon ich mich fernhalten solle. Im Grunde genommen, musste da jeder schauen, dass er irgendwie durchkommt.

Wirklich beschäftigt

M: Unsere Eltern haben sich kaum drum gekümmert, was wir in unserer Freizeit machten. Meinen Vater habe ich kaum gesehen. Der kam meistens zu spät zum Mittagessen, dann aß er alleine. Danach hat er sich im Wohnzimmer auf den Teppich gelegt und schlief da für eine Viertelstunde, und danach ging er wieder weg. Der war wirklich beschäftigt, mit Impfaktionen, mit Blutproben nehmen. Er musste das immer mit den Gemeinden absprechen. Die hatten ihre Kolonnen und gingen durch die Dörfer und mussten tuberkulosefreie Bestände überprüfen, das Vieh gegen TBC impfen, und was da sonst noch so alles lief. Da gab es auch noch diese Milchkontrollen.

Da war ein ganz anderes berufliches Eingebundensein. Im Frühjahr und im Herbst moderierte er jeden Sonntag Reitturniere. Das hat er bis Mitte der Sechziger Jahre gemacht. Dann hat er plötzlich aufgehört. Ich glaube, meiner Mutter zuliebe. Ich weiß noch, dass ich als Kind auf diesem Karren oben saß, wo der Richtertisch war und von da ließ ich die Beine baumeln. Da war ich acht oder neun Jahre alt.

„Ich will nicht mehr!"

F: Ich war die dritte aus unserer Familie in dieser Schule. Das war furchtbar, weil meine Schwestern Enfants terribles waren. Das kommt schon aus dem Elternhaus, weil wir halt nicht mundtot gemacht wurden. Bei uns gab es rege Diskussionen. Meine Mutter stand hinter uns, und sie lebte uns Zivilcourage vor. Da gab es natürlich mit den Lehrern Schwierigkeiten, wobei meine Schwestern richtig frech waren.

Meine ältere Schwester hat rebelliert, weil sie sich verloben und auf die Modezeichnerschule gehen wollte. Beides hat mein Vater nicht erlaubt. Dann ist sie in der Unterprima einfach sitzen geblieben. Zur Strafe! Sie sagte: „Ich will nicht mehr!" Dann hat sie das elterliche Geschäft übernommen. Es ist auch etwas Rechtes aus ihr geworden. Aber die Träume, die sie hatte, die hat mein Vater unterbunden.

Und ich als Dritte dann in dieser Schule, da hieß es: „Um Gottes Willen, noch ein Kind aus der Familie!" Aber ich mochte das Lernen und bin ganz gut durchgekommen.

Kleine und zierliche Maus

F: Mein Vater hat wenig diskutiert und viel geschlagen. Mich nicht, aber meinen Bruder. Ich hatte ja auch eine große Klappe, schon mit elf, aber bei mir hieß es nur: „Gleich gibt's eine!" Bei meinem Bruder wurde nicht gedroht, der kriegte gleich eine. Er hat viel Prügel bekommen, und war natürlich sauer, weil ich keine Prügel bekam. Da ist eine blonde, kleine und zierliche Maus, die nicht den Frack voll bekommt. Das war alles sehr, sehr schwierig. Er hatte es wirklich schwer in der Familie. Ganz abgesehen davon, dass er wegen der Dr. I. und Co. von der Schule musste und dann nach Freiburg ist. Den hat es sehr schwer erwischt.

Kommt überhaupt nicht in Frage!

M: Ich habe mir eine Gitarre zusammengespart, so eine Wandergitarre und gedacht, wenn ich jetzt die Gitarre habe, dann kann mein Vater nicht „nein" sagen, wenn ich ihn frage, ob ich Gitarrenunterricht nehmen kann. Aber er hat gesagt: „Lern du für d' Schul!"
Ich habe mir das Geld für ein Moped zusammengespart, ein Quickly, um einfach ein bisschen mobiler zu sein. Seine Reaktion: „Das kommt überhaupt nicht in Frage! Das kostet nur Geld." Alles, was man selbst für seine Kreativität, seine Mobilität oder für seine Erscheinung gebraucht hat, das hat nichts gegolten. Das wurde immer abgewertet. Oder etwas anderes wurde halt höher gesetzt. Letztlich war es verboten, eigene Wünsche zu haben, bzw. dass diese erfüllt wurden. Ich glaube heute, er war neidisch, weil er selbst so eine beschissene Kindheit und Jugend hatte.

„Jetzt wird's gefährlich!"

M: Ich wollte mal eine Hose kaufen. Ich habe Prügel bekommen für die Hose, die ich mir gekauft hatte. Irgendwann habe ich meinen Vater mal auf dem Klo eingesperrt. Ich habe von außen das Klo abgeschlossen und bin abgehauen. Da war mir klar: „Jetzt wird's gefährlich!" Entweder gibt's wirklich Mord und Totschlag, oder er hört auf zu schlagen. Da hat er aufgehört.
Gut, ein Moped, das hatte ich dann. Aber ich musste mein Geld immer irgendwoher beschaffen. Ich musste arbeiten. Ich habe nie Geld bekommen. Obwohl mein Vater Musiker war, hat er mir nie etwas für Platten, Instrument etc. bezahlt. Er ist geizig.
Als Kind war man ein Werkstück, das irgendwie passend gemacht werden muss. Die Idee, dass man eigene Bedürfnisse haben kann, und dass die sich auch entwickeln müssen, die war wirklich neu.

Schon fast Telepathie

M: Einmal, mit vierzehn, kam ich ins Café Müller, um ein Brot zu kaufen. Mein Vater und der Onkel Roland saßen in der Weinstube. Und da kommt die Liesel (Bedienung) und sagt: „Du, der Onkel Roland hat gesagt, dass du dir in dem Laden aussuchen darfst, was du willst, und dass du dir das kaufen darfst." Ich wusste genau, dass da etwas nicht stimmt. Und ich fragte: „Ja, wirklich?" – „Ja." – „Dann hätte ich gerne eine Packung Kaugummi." – „Ja und sonst?" – „Sonst will ich nichts." – „Wirklich nicht?" – „Nein, sonst will ich nichts." Und dann hörte ich meinen Vater ganz laut im Nebenzimmer: „Hast du gesehen? Der ist nicht unverschämt! So habe ich meine Kinder erzogen." Ich hatte genau gemerkt, dass da etwas nicht stimmt. Das war schon fast Telepathie.

Ritual im Keller

M: Ich war vielleicht zwölf Jahre alt und kam vom Spielen nach Hause. Von der Erdhöhle, die wird jeden Tag tiefer in den Löss gruben. Mein Vater erwartete mich unter der Haustüre. Ich kam vielleicht eine halbe Stunde zu spät. Es war immer das gleiche

Ritual: "Wie viel hast du verdient?" – "Fünf!" Wir stiegen die Kellertreppe hinunter in den hinteren Keller. Die Luftschutztüre wurde geschlossen. Ich musste mich bücken. Er schlug mit seiner Hand auf mein Gesäß. – Als ich noch kleiner war, hatte ich geschrien und mich gewehrt. Inzwischen blieb ich regungslos, ließ es über mich ergehen. Das brachte ihn in Rage, er wollte mich schreien hören. Er hielt sich nicht an die Abmachung von fünf Schlägen, schlug weiter … Er hätte mich totschlagen können, ich hätte nicht geschrien.
Geschlagen wurde in vielen Familien. Meist impulsiv. Was er auch tat. Aber dieses Ritual im Keller, das war seine spezielle Form. Er hielt das für gerecht. Das Strafmaß musste ich selbst bestimmen.

Sein Stolz

M: Ich bin da oben im Himmelreich aufgewachsen. Das war eine Gegend, in der wohlhabende Leute lebten. Zumindest sah das von unten so aus. Wir waren am Anfang schon recht wohlhabend. Aber das ging alles ruckizucki den Bach runter, weil mein Vater ein sehr stolzer, eigenartiger Mensch war, der um alles in der Welt selbstständig bleiben wollte. Mit allen möglichen Erfindungen. Aber das klappte nie und irgendwann waren die Geldreserven aufgebraucht, und wir mussten unser Haus verkaufen. Das Haus, in dem ich aufgewachsen war. Wir zogen runter in die Moltkestraße. Im Hinterhof hatte er ein kleines Gebäude, in dem sein Betrieb war. Da bastelte er seine Sachen: ein Lottoziehgerät, eine Heimsauna, lauter solche Sachen. Das wurde aber alles nichts und irgendwann war er gesundheitlich angeschlagen durch dieses aufreibende Werkeln. Er bekam seinen Herzinfarkt und starb. Es hätte nicht so kommen müssen, aber er war halt so.
Er war technischer Kaufmann gewesen. Er war fit im Kopf und clever, aber er war viel zu eigenbrötlerisch. Er hätte sich ganz anders orientieren müssen. Er hatte ein Patent mit der Firma Shell. Und für diese Firma stellte er jahrelang Tuben für Motorenfett her. Das lief wahnsinnig gut. Wir schickten übers Wehrle-Werk-Gleis waggonweise Tuben weg. Dann kam die Kunststoff-Industrie und die unterboten meinen Vater haushoch. Die Firma Shell machte ihm das Angebot, dass er in einer führenden Position bei ihnen einsteigen könnte. Das lehnte er ab. „Ich bin selbstständig, und ich bleibe selbstständig! Da mache ich lieber etwas ganz Neues!" Meine Brüder waren mittlerweile am Studieren, und es war viel Geld notwendig. Das war für ihn alles zu viel. In dem Jahr, in dem er zum ersten Mal Rente bekam, starb er mit 65 Jahren. Er hätte noch mehr Zeit haben können. Das war sein Stolz.

Keiner war gut genug.

F: Der Vater war so autoritär. Er hat meinen Schwestern immer die Freunde verboten. Die nächstältere Schwester hat sich ab und zu mal heimlich verabredet. Aber für die war es ganz schwer. Da hat mein Vater noch ganz genau geguckt. Die Freunde mussten sich vorstellen, und keiner war gut genug. Bei mir war es schon liberaler. Da waren meine Eltern geschieden. Die haben sich scheiden lassen, als ich zehn Jahre alt war. Mein Vater war noch zuhause bis ich zwölf war. Und meine Mutter ist arbeiten gegangen, weil sie uns sonst allein nicht mehr hätte durchbringen können. Dadurch war das Leben einfach ganz anders.

Unheimlich streng

F: Bei den ältesten Schwestern war der Vater unheimlich streng. Er suchte sich gerne die Freunde für die Töchter aus. Wir hatten Verwandte in Westfalen. Meine älteste Schwester war dort und lernte in Dortmund einen jungen Mann kennen. Das war natürlich gar nicht in des Vaters Sinn. Die andere Schwester hatte einen Freund in Emmendingen. Die mussten immer pünktlich sein. Die Schwestern wurden auch mit achtzehn noch geschlagen. Der K., als Junge, war der Hahn im Korb. Bei mir bekamen sie ja mit, wer zu mir kam. Mein Freund war mein erster und einziger. Mein Vater ließ uns eine Tischtennisplatte vom Schreiner anfertigen, vielleicht auch, damit er sah, was wir machen. Wir spielten Tischtennis mit den Schulkameraden. Ich hatte mehr Freiheiten, weil er wusste, mit wem ich unterwegs war. Aber ansonsten war er unheimlich streng.

Als mein Vater bemerkt hatte, dass ich schwanger bin, und ich einmal mit meiner kleineren Schwester herumhampelte, zog er sie auf die Seite. Er sagte nicht viel, aber ich weiß es noch. Er hatte uns alle total gern, das wusste ich. Aber er war sehr streng.

„Der Lehrer wird Recht haben!"

F: Beim Essen durfte man nicht reden. Einmal war der Lehrer mir gegenüber total ungerecht gewesen. Ich weiß nicht mehr, was der Grund war. Ich wollte es mittags am Tisch erzählen. Der Vater sagte: „Der Lehrer wird Recht haben!" Es war etwas vorgefallen, wo ich Recht hatte, und ich wollte, dass der Vater mir hilft. Ich konnte fast nicht mehr. Alle Geschwister haben zum Schluss geweint. Mein Vater wäre bestimmt nicht in die Schule gegangen, die Mutter unterstützte uns, wo es ging. Aber es war nicht so, dass mal jemand für uns auf die Barrikaden gegangen wäre, um nachzuvollziehen, was das gelaufen war.

Andere Erwachsene

F: Ich durfte einmal eine Woche in Ferien zu Verwandten in die Schweiz fahren. Da wunderte ich mich sehr, dass der Onkel Walter in der Küche half. Das war für mich absolut unmöglich. Denn, wenn man in einem Geschäftshaushalt aufwächst ... Der Vater stand morgens auf, kam später wieder zum Vesper, erwartete dass mittags das Mittagessen auf dem Tisch steht, und wusste nicht, wo seine Socken sind. Da war das eine völlig andere Erfahrung. Das hat sich heute gravierend verändert. Früher jammerte keine Frau, der Mann würde im Haushalt nichts helfen. Das war halt so im Allgemeinen, oder zumindest in der Öffentlichkeit.

M: So wie ich den Vater und wie ich die Mutter sehe, so sehe ich auch andere erwachsene Männer und Frauen. Als Kind versucht man Parallelen zu ziehen: „Der ist wie der Vater oder die ist wie die Mutter." Oder: „Die ist jetzt nicht so wie die Mutter, und der ist nicht so wie der Vater."

Einmal spielte ich am Elzdamm. Da war ich vielleicht vierzehn. Plötzlich ruft einer: „Komm mal her!" Das war der Herr L., auch einer, der ziemlich viel schluckte. Der ruft: „Hol mir mal einen Sprudel." Ich holte zwei Flaschen Sprudel im Café. Das waren zehn Minuten hin und zehn Minuten zurück. Normalerweise überlässt einem ein Erwachsener zehn oder zwanzig Pfennig oder auch mal fünf Pfennig für so eine Gefälligkeit. Er gab mir aber nichts. Nach einer Stunde rief der mich wieder: „Bring die Flaschen wieder zurück und bring mir das Pfand!" Und ich machte das, ich Depp! – Das kannst du ruhig so in dein Buch reinschreiben, wie ich dir das erzählt habe. – Der war einfach wie mein Vater: autoritär. Der konnte über mich bestimmen.

Einmal rief einer von einer Baustelle: „Hol mir mal ein Bier!" Dem habe ich ein Bier geholt. Ich dachte es würden fünf oder zehn Pfennig rausspringen, aber der gab mir auch nichts. Da war ich sechzehn und da dachte ich: „Ich hol niemandem jemals mehr ein Bier. Die sollen sich ihr Bier alle selbst holen." Meinem Vater hätte ich jetzt mit sechzehn noch Bier geholt, auch noch mit achtzehn, aber denen nicht mehr.

Großeltern

F: Bei uns wurde viel gesungen. Das kam durch die Oma. Sie legte großen Wert darauf, dass jeden Sonntag eines von der Familie in die Kirche ging. Wir gingen immer in den Kindergottesdienst. Wir beteten auch am Tisch. Das ging von der Oma aus. Meine Mutter war ein lediges Kind, wie ihre Mutter auch. Der Vater meiner Oma war ein wohlhabender Geschäftsmann von Emmendingen, der verheiratet war, und mit dieser Magd – also meiner Urgroßmutter – ein Verhältnis hatte. Ich weiß nicht mehr, wer es war, aber es ist schriftlich festgehalten. Es wurde mal Ahnenforschung betrieben. Ich weiß nicht mehr, ob es wegen einer geplanten Auswanderung nach Afrika war oder wegen des Ariernachweises im Dritten Reich. Jedenfalls musste man die Vorfahren bis in fünfte oder sechste Generation nachweisen.

M: Zum Leben auf dem Ramiehof kann ich eigentlich wenig sagen. Ich kannte die Leute alle, aber ich hatte eigentlich wenig Kontakt mit den anderen Kindern. Das kam einfach durch die Schule. Es gab einen Kollegen, den C. Er wuchs bei den Großeltern auf. Die wohnten bei uns im Haus im zweiten Stock. Bei denen war immer Stress. In der dritten, vierten oder fünften Klasse warf der Großvater nachmittags immer C.'s Schulranzen in den Hof runter. Nach der Volksschule (fünfte Klasse) ging der C. auf die Hilfsschule (Förderschule). Aber obwohl er auf der Hilfsschule gewesen war, bekam er eine Lehrstelle. Seine Lehre hat er als Jahrgangsbester abgeschlossen.

M: Meine Großeltern waren Menschen, zu denen man hingehen konnte. Die lebten auch in ihrer eigenen Welt. Die waren auch von ihrer Erziehung und ihrem Werdegang geprägt. Die waren ja im Ersten Weltkrieg, in der Weimarer Republik oder im Nationalsozialismus groß geworden. Die wurden von den Wertvorstellungen geprägt, die es damals gab. Aber trotzdem war da eine gewisse Toleranz. Die Beziehung zu den Eltern war nicht so. Da war eine Distanz da. Wir haben über bestimmte Probleme nicht gesprochen. Als Vertrauenspersonen waren die nicht geeignet. Die hatten andere Vorstellungen.

Im „Engel" ein Bier trinken

F: Ich war schon früh der Auffassung: „Hier bleib ich nicht! Sowie ich mit der Schule fertig bin oder volljährig bin, mach ich hier, wer weiß wie, die Biege." Ich hatte immer das Gefühl: „Ich krieg hier keine Luft."

Vielleicht hat es etwas damit zu tun, dass der Vater, die Mutter und der Großvater bekannt waren. Da stehst du mit einem Jungen händchenhaltend in irgendeiner Ecke, und eine Stunde später ging es durch Emmendingen. Das habe ich nicht ertragen. Das empfand ich als unglaublich unangenehm. Da hat man sich gleich das Maul zerrissen. Dann kam der Opa mit dem Fahrrad an: „Ich habe gehört, du warst im „Engel" ein Bier trinken. Ein Mädchen in dem Alter geht nicht Bier trinken!" Dann gab es vom Opa noch einen Einlauf. – Ich dachte immer: „Hier werde ich nicht alt!" Allerdings war ich nichtsahnend, dass man sich auch emanzipieren kann, wenn man vor Ort bleibt. Das war in meiner Vision nicht vorgesehen.

M: Ich glaube, meine Mutter hat uns nie akzeptiert, die konnte das nicht. Sie war der Meinung, ich hätte sie bei der Geburt schon so angeguckt, als ob ich sie nicht leiden könne. Vollkommen verrückt. Aber meine Oma, das war eine ganz einfache Frau, und die hatte die Fähigkeit, dich zu nehmen, wie du bist. Die hat dich akzeptiert, das kann ich gar nicht beschreiben. Die hat einen auf eine Art akzeptiert, wie ich das ganz selten bei einem Menschen erlebt habe. Ich glaube, alles, was ich an gesunden Selbstwertanteilen habe, habe ich letztendlich von meiner Oma. Die hat mich gestärkt, gefüttert und gepäppelt, damit das Pflänzchen ein bisschen größer wird.

Einen DKW-Kombi

F: Wir hatten den großen Vorteil, dass wir fürs Geschäft ein Auto hatten. Einen DKW-Kombi. Ein Universalauto. Mein Vater transportierte die ganzen Geschäftssachen damit. Sonntags, wenn der FC Emmendingen spielte, fuhr mein Vater immer zu den Auswärtsspielen. Wir konnten froh sein, wenn wir mitfahren durften, weil die anderen Anhänger kamen und ihn fragten, ob er am Sonntag fahren würde, und ob sie mitfahren dürften.
Als Familie sind wir einmal drei Tage in die Schweiz gefahren in Urlaub. Oder mein Vater fuhr mit meiner Mutter einmal nach Belgien oder nach Hamburg. Aber sonst gab es keinen gemeinsamen Urlaub.
Als ich auf die Welt kam, war mein Vater schon fünfzig und die Mutter vierzig. Und nach dem Krieg wurde das Geld in Maschinen investiert. Ich war einmal in Ferien bei einer Tante in der Unterstadt. Ich bin zwar sonst nicht in Urlaub gekommen, aber im Sommer hat einem das gar nicht so gefehlt. Das war nicht erstrebenswert, dass man unbedingt nach Italien hätte gehen wollen. Auf dem Feldberg in der Emmendinger Hütte waren wir mal, und da haben wir uns selbst verpflegt. Aber mein Vater war da nicht dabei, nur meine Mutter.

Verwandtschaft

Die schwarzen Hände

F: Wir hatten Verwandte in Bremen. Sie war Ärztin und er hatte eine große Spedition. Sie kamen immer mit einem dicken Mercedes. Wenn die gekommen sind, was die Mutti da immer gerichtet hat, das war unglaublich. Ganz schönen Tomatensalat und Selleriesalat, und ein Geschiss hat sie für die gemacht. Wir haben nichts davon abbekommen.

Wir haben Missionare in der Verwandtschaft. Welche, die öfters in Ghana waren. Da kam mal einer und brachte zwei Neger mit. Als sie der L. die Hand gaben, erblickte sie die schwarzen Hände und kam aus dem Staunen gar nicht mehr heraus.

Geschwister

F: Es war eine harte Zeit. Es hat uns oft gestunken. Was ich Prügel bekam, weil ich Dickrüben und dies und jenes abladen musste und gerne etwas anderes gemacht hätte. Aber wir mussten alle helfen. Ich bekam weniger geschimpft von der Mutter als von den älteren Geschwistern. Sie haben mich gewamst (geschlagen), aber nur weil die darauf schauen mussten, dass dies oder jenes gemacht wurde. Aber trotzdem hätten wir, weiß Gott was, füreinander getan.
Einmal war mein Bruder sehr krank. Er hatte eine Stirnhöhlenvereiterung. Ich ärgerte ihn dauernd. Er hatte eine Gitarre an der Wand hängen. Die nahm er und haute sie mir auf den Kopf. Die Gitarre hatte einen Riss und nachher gab er mir zwei Mark Schmerzensgeld.
Es waren solche Machtkämpfe. Das war auch bei meinen Schulkameraden so. Eine Freundin wurde auch oft wegen Kleinigkeiten geschlagen. Die hatte richtig Angst vor den Eltern, besonders vor dem Vater. Das war bei uns nicht so. Wir mussten einfach gehorchen. Bei den beiden jüngsten Schwestern war das natürlich nicht mehr so streng.
M: Meine Schwester ist eineinhalb Jahre jünger als ich. Wir haben ab einem gewissen Alter viel zusammen gemacht. Wir waren beim Voltigieren, bei den Falken, wir waren in England. Später war es so: Wir gingen zusammen aus dem Haus. Mein Vater dachte, sie sei mit mir unterwegs. An der nächsten Straßenecke haben wir uns getrennt und uns zur verabredeten Zeit wieder dort getroffen. So konnte meine Schwester ihre eigenen Wege gehen.

Familienfeste

Kirschen in Gläsern und dürri Schnitz

F: Geburtstag wurde nicht in dem Stil wie heute gefeiert. Aber wenn wir Klassentreffen haben, schwärmen alle vom Geburtstag bei mir. Ich hatte im Mai Geburtstag, aber es gab keinen Kuchen. Wir hatten selbstgebackenes Brot und selbstgemachte Butter und Brombeermarmelade. Die Mutter hatte Kirschen in Gläser eingemacht. Solche Sachen gab es. Die Eltern gingen dann ins Feld, und wir tobten herum. Wir hatten eine große Schaukel im Schopf, aber ansonsten gab es nichts Aufwändiges. Aber ich könnte mich nicht an ein richtiges Geburtstagsfest von den Eltern oder von der Oma erinnern.
Süßigkeiten hatte man keine. Wir machten immer „dürri Schnitz" (Dörrobst). Am besten waren die getrockneten Herzkirschen. Es blieb nur der Stein und ein bisschen Fruchtfleisch, aber das war das Beste. Da war immer ein Kampf um diese „Schnitzkischte". Mit Äpfel, Birnen und Zwetschgen machte man das auch. Das war das, was man zum Naschen hatte.
Die Einkaufsmöglichkeiten in den Läden änderten sich in den Sechziger Jahren. Was da so alles nacheinander gekommen ist?
Ich war ein halbes Jahr in Freiburg in der Winterschule. So kam ich als Jugendliche nach Freiburg. Die älteste Schwester ist mit ihrem Mann immer zum Hähnchenessen nach Freiburg gegangen. Da durfte ich ab und zu mal mitgehen.

„Komm! Komm mit!"

M: Am Geburtstag gab es meistens einen Kuchen. Aber sonst war da nichts Großes. Der Namenstag wurde sehr betont gefeiert. Da gab es auch Geschenke.
Ich erinnere mich an ein Weihnachtsfest, da hatte es

Es brannte immer nur eine Kerze.

so viel Schnee, dass mein Vater aus dem ganzen Schnee, den er zusammengeschippt hatte, ein Gebilde mit drei Affen baute, das sicher 2,50 Meter groß war. Er hat da wirklich drei Affen modelliert.
Weihnachten gab es immer eine Krippe mit Krippenfiguren. Die hat mein Vater aufgebaut. Es gab immer einen Tannenbaum mit Kugeln dran. Es waren immer Kerzen dran, die brannten. Es brannte aber immer nur eine. Die anderen brannten einfach nicht. Es war also eine überschaubare Flamme. Da

Weihnachten mit kurzer Hose, Leible und langen gestrickten Strümpfen

waren meine Eltern sehr vorsichtig. Meine Mutter hatte immer Weihnachtsplätzchen gebacken. Das waren immer die drei gleichen Sorten, Kokosmakronen, Basler Leckerli und Butterplätzchen. Dann gab es Früchtebrot. „Bierewecke", hieß das bei meiner Mutter. Natürlich gab es auch Geschenke, aber nur sehr wenige. Strümpfe, Unterhosen, Dinge, die man wirklich brauchte. Dann gab es Mandarinen oder Orangen. Und ich hatte das Glück, dass ich von meiner Tante ein Buch geschenkt bekam. Und das waren wirklich gescheite Bücher. Manchmal waren sie vielleicht ein bisschen zu lehrreich, aber es waren auch wirklich spannende Bücher dabei.

Und am nächsten Tag war die große Frage: Was haben die Nachbarskinder bekommen? Da hat man sich gegenseitig hochgeschaukelt, wer die besseren oder die teureren Geschenke gekriegt hat. Irgendwann nahm mich mein Vater und sagt: „Komm! Komm mit!" Dann gingen wir zum U., der wohnte ein oder zwei Häuser weiter. Und die hatten einen Sohn, der war vielleicht drei oder vier Jahre alt. Ich kam in dieses Zimmer und da stand eine riesige Modelleisenbahnanlage. Mit Häusern und Loks und allem. Und mein Vater sagte: „Und? Was meinst du? Willst du so etwas auch einmal zu Weihnachten?" Und ich wusste genau, was mein Vater hören wollte. Und ich sagte: „Nein, so etwas will ich nicht." Das wollte er hören. Und der Herr U.: „Ja, warum nicht?" – „Ach, da hätte ich gar keinen Platz dafür. Ich habe lieber meine Indianerfiguren und meine Bücher." Ich hätte natürlich gerne so eine Eisenbahn gehabt, aber ich habe genau gewusst, was ich sagen musste. So war ich erzogen.

An Weihnachten stand am evangelischen Kindergarten immer ein großer, beleuchteter Tannenbaum. Da wusste man: Jetzt ist Weihnachten. Das Procedere an Heiligabend war grundsätzlich so: Ab vier mittags durfte ich keine Comics mehr lesen. „Jetzt ist Weihnachten, jetzt muss man sich besinnen." Als wir noch kleine Kinder waren, gingen wir in die Weihnachtsmesse. Die war abends um sieben in der katholischen Pfarrkirche. Einmal fuhren meine Mutter und wir Kinder mit dem Taxi zurück. Mit dem Taxi! – Das leistete sich meine Mutter damals. Sie hat den Taxifahrer gefragt, ob sie das Weihnachtslicht aus der Kirche im Taxi brennen lassen dürfe. Und der sagte: „Ja!" Mit diesem Licht wurde das Licht am Christbaum angezündet. Irgendwann kam meine Mutter mit so einer kleinen Glocke und sagte: „Das Christkindle ist da." Dann kam man ins Wohnzimmer und roch dieses Lametta usw. In diesem Raum hatte dann alles einen besonderen Geruch. Dann wurde gesungen. Mindestens zwanzig Lieder. Es wurde gebetet. Vor allem wurde für unsere Wohltäter gebetet. Irgendwann fragte ich: „Was sind das eigentlich: Wohltäter?" Das wusste ich ja nicht. „Das sind die Leute, die uns Gutes getan haben." Dieses Gebet war sehr wichtig und wurde sehr ernst genommen. Und wenn das nicht der Fall war, gab es eines hinter die Löffel. Das waren vorformulierte Gebete, aber zum Teil waren sie auch von meiner Mutter „selber gestrickt". Die hing dann noch ein paar Sätze hinten dran: „Wir danken jetzt noch diesen Menschen ... Und wir denken jetzt an den Onkel Meinrad, der im Krieg gefallen ist ..." – Dann gab es ein „Vaterunser" und noch ein „Gegrüßet seist du Maria" für den und den. Und in diesem Rahmen stieg und stieg die Spannung. Dann wurde das Licht angemacht und die Kerze aus, sodass auch wirklich nichts passieren konnte, und dann gab es die Geschenke. Zuerst packte der Papa die Geschenke aus, dann packte die Mama Geschenke aus. Dann durfte ich auspacken und am Schluss der Jüngste. Das ging genau nach dem Alter. So wie sie im Dorf in der Kirche sitzen: Vorne die Drei- bis Vierjährigen, und je älter sie werden, um so weiter hinten dürfen sie sitzen. – Dann gab es das Essen. Da gab es später mal Pommes frites. Mein Vater hatte irgendwann eine Friteuse gekauft. Mein Vater konnte wirklich gut kochen. Manchmal gab es einen Hasen. Halt auch Sachen, die nicht so viel gekostet, aber gut geschmeckt haben. Das aßen wir dann und anschließend gab es noch ein Stück Früchtebrot und dann ging es ins Bett.

M: Oh, Weihnachten war bei uns natürlich eine tolle Geschichte. Wir haben ja auf dem Berg die Kapelle. Die Mütter sind daheim geblieben, und warteten auf das Christkind, während sie den Baum schmückten. Das lief so, bis ich vierzehn war. Die Männer und die Kinder gingen auf den Berg in die Messe, wobei jeder seinen Kurzen (Schnaps) dabei hatte, im Falle, dass es da oben in der Kirche kalt wäre. Da gibt es diesen steinigen Kreuzweg mit den Stationen, und den ging man hoch zur Messe mit Lampions und Laternen und danach wieder runter. Und wenn man nach der Messe wieder nach Hause kam, war das Christkind da gewesen. Dann gab es die Bescherung. Es brannten damals echte Kerzen am Christbaum. Bei uns gab es wenig Geschenke. Wir hatten nicht viel Geld.

Häusliche Verhältnisse

Eine Art Verschlag

M: Ich bin meinem Vater aus dem Weg gegangen. Mit meiner Mutter hätte man Pferde stehlen können. Einige zumindest. Aber der Vater war immer unzugänglich, streng. Er hat ab und zu solche Erziehungsanfälle bekommen, wo er dachte, jetzt müsse er die ganze Familie erziehen. Alle haben gestöhnt: „Hoffentlich hört das bald wieder auf!"

Wenn ich mir diese Lebensbedingungen vorstelle: Die vielen Kinder, dann haben die Eltern meiner Mutter im Haus gelebt. Das heißt, die hatten zwei Zimmer und kochten in der gemeinsamen Küche. Wir hatten ein Wohnzimmer für die ganze Familie. Die Großeltern hatten das größte Schlafzimmer, dann gab es noch ein Schlafzimmer für meine Eltern und ein Schlafzimmer für alle Kinder. Meine beiden ältesten Schwestern sind dann in eine Mansarde gezogen. Und ich habe mir einfach auf dem Dachboden mit Kartons so eine Art Verschlag gebaut. Das war mein Reich. Im Winter, wenn ich morgens aufgewacht bin, war auf dem Deckbett eine Eisschicht vom Atem.

Foto vom Abitursausflug nach Berlin: Die Mauer

Keine unkontrollierte Zone

F: Bei mir war das nicht so einfach mit den Freiräumen. Zuhause war keine unkontrollierte Zone. Meine Mutter war meistens zuhause. Die Eltern meiner Freundin waren zwar auch zuhause, aber die ließen uns in Ruhe. Sie waren für damalige Zeiten unglaublich liberal. Die dachten: „Die werden schon wissen, was sie machen." Das fand ich toll. Die waren einfach sehr wenig misstrauisch und sehr wenig kontrollzwangig. Als die ersten Beziehungsversuche anfingen, hatte ich auch immer das Gefühl, kontrolliert zu sein. Also einen Ort, wo man sein kann, wo keiner ist, das kannte ich gar nicht. Das war unheimlich schwierig.

Politische Ereignisse

Ostzone

M: Meine Eltern stellten am Weihnachtsabend immer eine Kerze ans Fenster, für die Menschen in der Ostzone. Das war ein Zeichen. Man hat gesehen, da steht eine Kerze, und da steht eine Kerze ...

M: Als Abitursausflug machten wir eine Reise nach Berlin. Wir mussten mit dem Flugzeug fliegen, weil die Eltern eines Mitschülers geflohen waren. Sie hatten Angst, dass sie ihn, wenn er mit dem Zug durch den Korridor fährt, aus dem Zug holen könnten. Die Zeit war schon angstbesetzt, das hat man einfach gespürt.

Luftaufnahmen der US-Airforce mit den Raketenstellungen auf Kuba

M: Die T., die wir in der zweiten Klasse hatten und die dann nach Kanada ging, meinte im Unterricht einmal: „Ja, es gibt ja jetzt zwei Deutschland, und das eine heißt jetzt sowjetische Besatzungszone. Aber das wird ja nie mehr Deutschland! Das wir nie mehr Deutschland! Deutschland kommt nie mehr zusammen!" An dieses langgezogene „i" in „nie" kann ich mich noch gut erinnern.

„Die schießen auf uns ..."

M: Der Mauerbau war am 13. August 1961. Der Lehrer T. kam 1960 noch rüber. Als ich in der dritten oder vierten Klasse war, wurde an Weihnachten gesammelt. Aber kein Geld. Der T. sagte immer: „Da drüben leben Menschen, die sind arm, und die haben Hunger. Die freuen sich, wenn sie etwas Süßes kriegen oder einen Kuchen backen können. Jeder darf etwas mitbringen, egal was, ein Päckchen Rosinen oder ein Kilo Mehl, etwas in der Art. Wir machen ein Paket." Jeder sollte zu Hause fragen, ob er etwas mitbringen dürfe. Das war eigentlich eine gute Idee. Der Dialog mit meinem Vater, der sich daraus entwickelte: „Du, Papa, der Lehrer T. sagte, jeder soll etwas mitbringen für das Weihnachtspaket in die Ostzone. Ein Päckchen Rosinen oder Mandeln oder

Die Ermordung John Fitzgerald Kennedys am 22. November 1963 in Dallas, Texas, wurde nie aufgeklärt.

ein Kilo Mehl." – „Jeden Moment kann der Krieg losgehen, dann schießen die auf uns. Die schießen auf uns! Und denen soll ich etwas zu essen schicken?!"

Vor dem Dritten Weltkrieg

M: An die Kubakrise (1962) kann ich mich wahnsinnig stark erinnern: Wir saßen vor dem Radio und hörten alle Nachrichten, die es darüber gab. Die Welt stand kurz vor dem Dritten Weltkrieg. Das war eine ganz kritische Situation. Die Eltern, die gerade den Zweiten Weltkrieg hinter sich hatten, hatten fürchterliche Angst. Wir Kinder konnten wahrscheinlich noch nicht erfassen, wie kritisch diese Krise war.

Über dem Feuer rösten!

M: John F. Kennedy wurde an einem Freitag ermordet. Das würde ich mit 99,9-prozentiger Sicherheit behaupten. Wir hatten ja am Samstag Schule. Da rief daheim schon einer: „Sie haben den Kennedy ermordet! Sie haben den Kennedy erschossen!" Und dann kam einer auf mich zu: „Wenn sie den erwischen, erschießen sie den zehn Mal, hundert Mal. Den werden sie quälen und auspeitschen und über dem Feu-

Der Versuch in der Tschechoslowakei einen „Sozialismus mit menschlichem Antlitz" zu schaffen, endet mit der gewaltsamen Niederschlagung am 21. August 1968 durch Truppen des Warschauer Pakts.

er rösten! So ein böser Mensch!" In der Art ging das. Das war im November 1963, da war ich schon an der Realschule. Irgendein Lehrer kam ins Klassenzimmer und meinte: „Wir haben es alle erfahren. Wir wissen es, aber jetzt machen wir wieder Unterricht."

Der Weltuntergang

M: Jedes Mal, wenn ein berühmter Mensch ermordet wurde, wurde im Radio Trauermusik gespielt. Nach der Ermordung Kennedys kamen Berichte im Radio. Woran ich mich auch erinnern kann: Jeden dritten oder vierten Sonntag kam im Radio irgendeine Sekte und verkündete den Weltuntergang. Irgendeine Sekte sagte immer: „Am Soundsovielten ist der Weltuntergang." Und am Sonntagnachmittag wartete man darauf, dass der Weltuntergang kam. Aber er kam nicht. Das war Klasse!

Knieverletzung

M: Morgens um sechs weckte mich mein Vater: „Jetzt habt ihr die Tschechoslowakei überfallen." – „Was?" – „Die Russen sind in der Tschechoslowakei einmarschiert." (1968) Er machte mich allen Ernstes für den Einmarsch der Truppen des Warschauer Pakts mitverantwortlich, weil ich politisch links war. Dabei war er doch mit der Wehrmacht 1939 in der Tschechoslowakei einmarschiert.
F: Meine erste Knieverletzung war am Meniskus. Ich ging nach Stuttgart in eine Sportklinik. Damals hatte man noch Träger, die einen nach der Operation hinauf ins Zimmer getragen haben. In dieser Zeit, als ich im Krankenhaus war, sind in Prag die Russen einmarschiert. Das ist mir sehr gegenwärtig.

Essen

Fleisch oder Hirn

M: Mein Vater kam mittags immer heim. Und wenn es Reis gab, wollte mein Vater Nudeln oder Kartoffeln haben. Das war für ihn kein Essen. Es gab fast immer Fleisch, wenn auch nur wenig. Es gab Fleisch oder Hirn, Leberle oder Sulz. Das war alles Zeug, was ich nicht gerne aß, aber essen musste. Es gab vielleicht 250 g Hackfleisch für acht Personen. Und das geht, mit viel Soße. Ich war sowieso nicht verrückt nach Fleisch. Am Sonntag gab es Kuchen. Meine Mutter hat den immer selbst gebacken. Süßes gab es nur, wenn man es geschenkt bekam. Also ganz selten. Meine Mutter trank keinen Kaffee. Die trank Früchtetee, und wir tranken auch Früchtetee. Sprudel gab es im Sommer vielleicht mal eine Kiste, und die machten wir an einem Tag leer. Wir waren sechs Kinder. Dann gab es halt vier Wochen keinen Sprudel mehr. Das wäre sonst zu teuer gewesen.
Salat, Rettiche, Karotten, und was es sonst noch im eigenen Garten gab, Rhabarber für Rhabarberkuchen. Es gab viel, viel, viel Obst, weil wir Verwandte am Kaiserstuhl hatten. Pfirsiche, Erdbeeren. Gemüse gab es viel. Da herrschte nie Not. Zu essen gab es immer genug, aber es waren einfache Sachen.
Alkohol gab es für meinen Vater, Schnaps und Wein. Ab und zu soff er sich auch mal einen an, wenn eine Beerdigung war, oder an einer Weihnachtsfeier. Mein Vater rauchte auch.

„Da darf keiner dran!"

M: Es gab ja nur die eine Fabrik, wo fast jeder Zweite aus dem Dorf arbeitete. Und ich kann mich daran erinnern, dass mein Vater in dieser Zeit 750,– Mark verdient hat. Da war nicht viel drin. Wenn man den Kühlschrank aufmachte, hieß es: „Diese Wurst gehört dem Vater, da darf keiner dran!" Zu essen gab es mal gebratene Fleischwurst und solche Sachen. Wir lebten nicht reich. Es ging uns nicht gut und nicht schlecht, und wir waren zufrieden damit, wie andere auch.

Güetz-Brot

M: Morgens mussten wir fünf Minuten vor halb acht in der Schule sein. Ich stand um halb sieben auf. Dusche? Bis zu meinem zehnten Lebensjahr habe ich nicht geduscht oder gebadet, da habe ich mich gewaschen. Es gab einen Wasserhahn in der Küche und sonst nirgends. Dann zog man sich halt an. Ich hatte relativ wenige Unterhosen oder Socken. Und das, was oben drauf war, war ja sowieso Secondhand.
Zum Frühstück gab es Caro-Kaffee. Bis ich zwanzig war, habe ich Caro-Kaffee getrunken. Und dazu gab es Zwieback oder ein Güetz-Brot. Das Marmeladenbrot mit der Butter drunter hatte meine Mutter schon vorgefertigt. Irgendwann aß ich das nicht mehr, weil mir das nicht schmeckte. Die gab mir immer ein Vesper mit in die Schule und das Vesper war auch oft ein Güetz-Brot. Da gab es nicht Wurst oder Käse. Die anderen hatten solche Schinkenbrote, da wurde man fast verrückt.
Und das ist auch eine Geschichte, die mit Essen zusammenhängt: Wir wurden sehr religiös erzogen und mussten immer in diesen Schülergottesdienst. Und dieser Schülergottesdienst war immer am Anfang eines Schuljahres bzw. am letzten Schultag vor Weihnachten. Morgens um acht Uhr war Schülergottesdienst und danach gingen wir in die Schule. Und die Schule ging um zehn Uhr los. Und wir dackelten von der Bleiche in die katholische Stadtkirche. Das war ein weiter Weg. Dann waren wir in dieser Kirche, und die war schlecht beheizt. Man wäre gerne auf diese Abluftgitter gestanden, weil man da nicht gefroren hat, aber das durfte man nicht. Man musste

vorne hinsitzen, weil ja der Lehrer X. das überwachte. Dann gab es ja noch den Kirchenschweizer. Das war der Mann für die groben Fälle in der Kirche. Der hatte einen Stab mit einem Goldbommel, einen roten Mantel und eine rote Mütze. Wir nannten ihn nur den Rotmantel. Und wenn man nicht spurte, gab es eine Kopfnuss. Das war ja in Ordnung. Der Mann war ein bisschen autoritär, aber eigentlich war er ein netter Typ.

In der Kirche fror man, man hatte ja nichts auf den Rippen. Die Klamotten waren zwar dick, aber man fror trotzdem. Um acht war die Messe, und die war viertel vor neun fertig. Danach liefen wir zurück bis zur Markgrafenschule. Dann stand man noch fast eine Stunde lang in der bittersten Kälte auf dem Schulhof und hat gefroren und geschlottert. Einmal wollte ich ins Schulhaus und dann kam der Hausmeister: „Gehst du da raus! Du hast hier nichts zu suchen." In der Schule war es warm, und wir mussten draußen eine ganze Stunde frieren.

Einmal aß ich auf dem Weg von dieser Kirche zum Schulhof ein Marmeladenbrot. Dann machte ich etwas, was ich bis dahin nie gemacht hatte. Ich ließ dieses Brot in den Bach fallen. Ich konnte es nicht mehr halten, weil ich so klamme Finger hatte. Ich hatte zwar noch Hunger, aber ich wollte es nicht mehr in die Tasche stecken, weil es so klebrig war. Da hatte ich ein schlechtes Gewissen! Weil ich ein Brot weggeschmissen hatte! Das ist uns halt anerzogen.

Mein Vater kam um viertel nach zwölf, dann musste das Essen fertig sein. Die Schule war um viertel vor eins aus, und wir kamen um viertel nach eins heim. Da gab es noch Reste, und die waren kalt. „Jetzt tu ich dir's dann aufwärmen." Das war jedes Mal dasselbe Theater. Es schmeckte ja nicht mehr. Und meine Mutter regte sich auf und wir wollten dann auch nicht mehr richtig essen. Dann schneigten (unlustig im Essen herumstochern) wir halt immer so rum und aßen dann wieder Äpfel.

Es gab nie ein gemeinsames Abendessen bei uns in der Familie. Wenn einer Hunger hatte abends um fünf oder um sechs, machte er sich ein Wurst- oder ein Käsebrot.

Ein gemeinsames Mittagessen gab es nur am Sonntag. Und mein Vater arbeitete ja auch schwarz, weil nie genug Geld da war. Er hat eine Zeit lang für einen Fleischhändler im Schwarzwald eine Hütte ausgebaut. Dafür gab es Bargeld, aber auch jede Menge Fleisch. Koteletts und Schnitzel. Als Kind wurde ich dazu gezwungen, Fleisch zu essen, obwohl ich das nicht gerne aß. Ich regte mich jedes Mal darüber auf: „So viel Fleisch!" Mir wurde schlecht davon, weil das so fett war. Und mein Vater regte sich auch schwer auf. Und ich kann mich erinnern, wie es einmal Leberspatzen gab. „Bäh! Pfui Teufel!" – „Und wenn du das nicht isst, gibt es Prügel!" Dann ging er kurz weg und ich nahm mein Taschentuch, wickelte diesen Leberspatzen ins Taschentuch und steckte das in die Hose. „Ha, das geht doch! Jetzt hast du das aber schnell gegessen!" Nachmittags habe ich diesen Leberspatzen dann in der Elz versenkt.

Gemeinsame Mahlzeiten gab es nur an Sonntagen oder an Feiertagen. Am Samstag gab es immer Nudelsuppe. Das war über Jahrzehnte so. Am Freitag gab es immer das sogenannte Freitagsgericht. Milchreis mit Apfelmus, Fisch mit Kartoffeln oder Kartoffelsalat, Milchreis mit eingemachten Kirschen oder Mirabellen. Streng katholisch: Kein Fleisch! Meine Mutter hat im Jahr sicher 200 Gläser Obst und Gemüse eingedünstet. Das bekamen wir von meinen Großeltern vom Kaiserstuhl geschenkt. Kirschen, Pflaumen, Mirabellen und Erdbeeren, das gab es alles umsonst. Früher machte man auch Sauerkraut ein. Dann gab es diese „Ständlebohnen", die ganz verteufelt nach Urin stanken. Die aßen wir nie gerne. Ständlebohnen mit grünem Speck und Kartoffeln. Das stank nach Urin, wie eine nierenkranke Frau, die wir kannten. Und die nannten wir Kinder immer nur das „Urin-Fraule".

Hans-Jürgen Bäumler und Marika Kilius

Freizeitvergnügungen

„Mach lüder!"

F: In der Nachbarschaft hatten sie einen Fernseher. Da durften wir manchmal ein bisschen länger aufbleiben und Eiskunstlauf ansehen. Da war ich immer ganz scharf drauf. Kilius – Bäumler waren damals ganz groß und auch ein russisches Paar.
Die Nachbarin hatte einen Plattenspieler. „Das alte Försterhaus" war damals Mode. Wir riefen abends zum Fenster raus: „Frau F.! Mach lüder!"
Wir hatten eine Bank vor dem Haus. Da hat man sich abends getroffen. Immer am Sonntagabend war Kicken und Handball in der Straße. Das war toll. Die Kerli (großen Jungs) haben sich mit uns Hühnern abgegeben. Die waren schon zwanzig, und wir waren vielleicht zwölf.
Der Nachbar hat immer getrunken. Das war für uns Kinder auch interessant. Dann hat er gesungen und Remmidemmi gemacht. Einmal warf er das Radio und alles Mögliche zum Fenster raus, und wir haben zugeschaut. Einer war mal da, der hatte sich von seinem Wochenlohn beim Metzger eine ganze Kette dicker Würste gekauft. In seinem Suff stellte er sich hin und hatte diese Würste um seinen Hals hängen. – Die Katzen haben dran gefressen.
Wenn die Männer vom Musikverein nach Hause gingen, spielten sie in kleinen Gruppen nach der Musikprobe noch Musik.

„Jetzt das Päuschen"

M: Musik hat mich fasziniert. Die Musik von den Beatles, den Rolling Stones, den Hollies; alles, was damals so aufkreuzte. Ich habe 1961 ein Tonbandgerät von meinen Eltern und meinen Geschwistern bekommen. Das war das TK 14 von Grundig.
1966 kam dann das Stereo-Tonband, das war das TK-48 von Grundig. Das war ein größeres Gerät mit viel Technik drin. Das war mein Hobby. Dann Dias fotografieren, ab 1966 filmen und Tonbandaufnahmen machen. Stundenlang. 1963 oder 1964 kam die Radiosendung vom Telefon zum Mikrofon. Das ging um 20 Uhr los und ging bis 24 Uhr. Da saß ich oft wegen einem Lied vier Stunden am Radio, und wenn es endlich kam, nahm ich es auf. Heute lassen sie einen Musiktitel in den anderen reinlaufen, oder es werden oft Anfänge, die musikalisch sehr gut sind, durch das Geschwätz des Moderators gestört. Das gab es damals nicht! Damals sagte der Siebeneicher, der diese Sendung zuerst moderierte: „Und für die, die das

aufnehmen wollen, machen wir jetzt das Päuschen." Das TK 48 kaufte ich mir von meinem selbst verdienten Geld. Da haben wir von einem Lebensmittelgeschäft Papier gepresst und diese Ballen fuhren wir dann mit dem Leiterwagen zum Altwarenhändler. Da bekam man zwei oder drei oder auch mal vier Mark. Das war ein Haufen Geld. Meine ganzen Nachbarn wussten, dass ich Zeitungen zum Altwarenhändler bringe.

Wie man die Zügel löst

M: Wie hieß der Reitlehrer? Der Ostpreuße. Ach, hat der uns rangenommen. Da war für mich schnell klar: „Reitstunden machst du nicht mehr." Die Reithalle war oberhalb des Krankenhauses. Der hat uns am Schlossplatz auf das Pferd gesetzt und uns gezeigt, wie man die Zügel löst. Dann ist er mit dem Fahrrad weggefahren. Die Pferde wussten genau, dass sie jetzt da hoch müssen. Wir waren stolz, dass wir mit den Pferden an der Reithalle ankamen. Aber dann zeigte er uns, was Pferde können. Er kam mit der Peitsche rein und brachte die erst einmal auf Trab, sodass wir uns da oben festhalten mussten. Dann hat er das erste Hindernis aufgebaut und uns da drüber getrieben usw. Und dann hat er uns gefragt, ob wir wirklich reiten wollen. Obwohl mein Vater ja viel geritten war, aber diesen Schritt machte ich nicht. Er wollte das immer, und ich glaube, das war so eine Vater-Sohn-Auseinandersetzung, dass ich da nicht folgen wollte.

Weichen falsch gestellt

Der Bruder meines Freundes fuhr zur See. W. hat jeden Tag ein brennendes Schiff gemalt, mit Wasserfarben – unglaublich tolle Schiffe. Ich sehe einzelne Bilder noch vor mir. Als das nicht mehr ausreichte, haben wir Wasser in die Badewanne laufen lassen und Papierschiffe angezündet. Dann haben wir sie mit Feuerzeugbenzin besprüht, manchmal brannte die ganze Wasseroberfläche. Oder wir haben mit seiner Märklin-Eisenbahn Zugunglücke inszeniert. Weichen falsch gestellt, die Züge frontal aufeinander fahren lassen. Im Hof lag eine Wagenladung Erde. Wir haben Höhlen gegraben, Festungen gebaut, in die Höhlen Nitroverdünnung geschüttet und angezündet, Stichflammen loderten. Das war mitten in einem Wohnquartier. Das hat niemanden gekümmert. Der Nachbar, der uns die Bälle zerschnitten hat, wenn sie beim Spielen über den Zaun geflogen waren, war unser erklärter Feind. Seine Frau saß meistens betrunken am Küchenfenster. Wir haben ein Metallrohr auf die Kompressorpistole montiert und versucht, sie mit Fensterkitt zu beschießen. Das Auto seines Vaters stand tagsüber in der Werkstatt. Der Zündschlüssel steckte, oder war auffindbar. Die Werkstatt war vielleicht zwölf Meter lang, das war unsere Rennstrecke. Meistens legte ich mich auf's Autodach und mein Freund versuchte mich durch Beschleunigung und abruptes Abbremsen vor der Werkbank vom Dach zu schleudern.

Keine Ahnung, woher das Rezept kam. Die Mischung war einfach, 1 Teil Ux. (Bezeichnung geändert), 1 Teil Zucker. Ux. war ein Unkrautvernichtungsmittel, das es in jeder Drogerie zu kaufen gab, ein feines weißes Granulat, etwas grober als Zucker. Die beiden Substanzen wurden gemischt und fertig war der Sprengstoff. Der Vater eines Freundes hatte in seiner Werkstatt Aluminiumrohre mit etwa 5 cm Durchmesser. Wir sägten zirka 30 cm lange Stücke ab, klopften das eine Ende mit dem Hammer flach und wickelten es, ähnlich einer Tube, mit Hilfe des Schraubstockes und Hammerschlägen ein Stück weit auf, so dass das Rohr fest verschlossen war, dann füllten wir durch das noch offene Ende den Sprengstoff ein, dann wurde dieses Ende auf die gleiche Weise verschlossen. Zum Schluss wurde in der Mitte des

Rohres mit Hilfe eines Nagels ein Zündloch eingeschlagen. Damit war der Sprengkörper fertig. Eines Abends brachten wir eine solche Rohrbombe am Brettenbach oberhalb der Gewerbeschule zur Detonation. Wir hatten an der Böschung zum Bach Deckung gesucht. Es gab einen gewaltigen Knall. Es ging nicht lange, dann nahm der Hausmeister der Schule mit seinem Schäferhund die Verfolgung auf, aber er hat keinen erwischt.

Einige Zeit später unternahmen wir einen Versuch mit einem kleinen Feuerlöscher, den wir zuerst geleert und dann mit Ux. gefüllt hatten.

Blick aus dem Wohnzimmer: „Hätte abbrennen können …!"

Statt zu explodieren, schoss der Feuerlöscher wie eine Rakete in den Himmel. Wir stoben auseinander, jeder hatte Angst, dass ihn der Feuerlöscher bei der Rückkehr aus dem All treffen könnte. Er fiel exakt auf die Stelle zurück, an der er gestartet war.

Als Labor nahmen wir den Bastelraum eines anderen Freundes im Dachgeschoss der elterlichen Villa in Beschlag. Ohne Wissen seiner Eltern natürlich. Das nächste Projekt war ein elektronischer Zünder. Der Glaskolben eines Glühbirnchens aus einer Taschenlampe wurde im Schraubstock geknackt, sodass der Zündfaden heil blieb. Auf dem Tisch stand eine Papiertonne mit zwei Kilo Sprengstoff. Ihr entnahmen wir einen Esslöffel von dem Gemisch und schütteten es auf ein Stück Blech. Dann wurde die präparierte Glühbirne in eine Fassung geschraubt und in diese Portion Sprengstoff gesteckt. Mit Hilfe einer Taschenlampenbatterie sollte gezündet werden. Aber nichts passierte. Aus Enttäuschung über den misslungenen Versuch zündeten wir das Häufchen einfach an. Es gab keine Stichflamme, sondern eine Feuerfontäne, und der heiße, geschmolzene Zucker spritzte in alle Richtungen, auch in die Zwei-Kilo-Tonne. Eine Feuerfontäne schoss gegen die Decke, mein Freund war mit einer Flasche Tri zugange, um zu löschen, eine andere Flüssigkeit war nicht zur Hand. Bevor er das Tri in die Feuerfontäne schütten konnte, hatte ich das Fenster geöffnet und die ganze Tonne in den Garten befördert. Meine Hände waren verbrannt, das Haus gerettet. Der ganze Speicher war voll mit dichtem weißem Rauch, der auch schon in das darunterliegende Stockwerk gedrungen war. Die Haushälterin hatte bereits die Feuerwehr alarmiert. Der Alarm konnte rechtzeitig abgeblasen werden. Der Bastelraum war verwüstet, die Pressspanplatten an Decken und Wänden verkohlt. – Wir hatten Angst vor den Folgen. Als ich eines Abends heimkam, saß die Mutter meines Freundes in unserem Wohnzimmer. … Es gab keine Vorwürfe, keine Strafe – die einzige Forderung war, den Bastelraum zu renovieren. Von diesem Zeitpunkt an bekam man als Jugendlicher in den Emmendinger Drogerien kein Ux. mehr.

Ich weiß nicht mehr, ob das vor oder nach dieser Ux.-Phase war: In Tennenbach gab es in einem Steinbruch einen Tümpel mit Munition aus dem Zweiten Weltkrieg. Da haben wir Hunderte von Patronen aus dem Schlamm geholt. Manchmal haben wir welche mit nach Hause genommen. Ich weiß noch, wie wir bei einem Freund im Hof saßen, auf einer Betonplatte vor der Garage und die Patronen mit einer Zange geöffnet, und das Pulver in einer Büchse gesammelt haben, um es später anzuzünden. Die Erwachsenen haben das gesehen, was wir da machten, aber da ist niemand eingeschritten.

Eine ganz merkwürdige Zeit

M: In der Turnhalle war ein anderes Leben. Zwischen dem Tscheulinwerk und der Teninger Mühle waren mehrere Baracken. Eine dieser Baracken wurde vom Turnverein genutzt, bis die Jahnhalle fertig gebaut war. Wir Kinder sahen, dass sich da etwas tut: „Die machen da Kunststücke!" Die Hartnäckigen von uns Kindern gingen da hin und waren fasziniert. Zu denen gehörten ich und meine kleine Schwester und die Angelika Kern. Wir schauten zwei Wochen lang zu. Der Trainer, der Herr Stein, hat uns beobachtet, aber zunächst nichts gesagt. Irgendwann fragte er uns, ob wir auch mal mitmachen wollen. Das war der Anfang, ich war gerade elf Jahre alt. Das ging so schnell. Mit zwölf Jahren hatte ich eine Einladung an die Deutsche Turnschule in Frankfurt. Ich bin ganz allein von Teningen nach Frankfurt gefahren – mit dem Zug, mit der Straßenbahn, mit dem Bus und noch mal in einen anderen Bus umgestiegen. Das tat mir gut und gab mir etwas fürs Selbstbewusstsein. Eine Zeit lang war ich fast jeden Samstag unterwegs zu einem Lehrgang oder Wettkampf. Meine Eltern waren damit einverstanden. Mein Vater machte selbst Sport und wusste, was einem der Sport gibt. Es ging immer weiter weg, nach Frankreich, nach

Holland, zu Länderkämpfen. Das war eine Zeit, da guckten wir über den Tellerrand, aus dem engen Dorf raus. Wir sind dann dem Turnverein Post-Jahn in Freiburg beigetreten. In Teningen wussten die Verantwortlichen einfach nicht mehr, wo sie uns anmelden sollten. Ich war schon in der Riege von Freiburg, als wir 1963 nach Hamburg zu den Deutschen Meisterschaften gefahren sind. Ich durfte aber nicht teilnehmen, weil ich mit dreizehn Jahren noch zu jung war. Ich war enttäuscht. Ich habe genau die Zeit des Umbruchs erlebt. Als ich siebzehn war, hieß es, man müsse auf die Jungen setzen. Da merkte ich, dass ich schon wieder zu alt war.

Ich zog mir dann eine schwere Knieverletzung zu, als der rumänische Nationaltrainer in Teningen in der Halle war. Ich machte einen Abgang mit Schraube und landete zwischen seinen Füßen. Mein Fuß blieb stehen und das Knie drehte sich. Das war das Ende. Ich bekam 1968 zwar noch den Olympiapass für Mexiko, darauf war ich schon stolz. Die Angelika Kern und die Anna Stein waren damals in Mexiko. Das war eine ganz merkwürdige Zeit. Es hatte sich so viel getan. Als ich in Frankfurt an der Turnschule war, fing das Tagesprogramm mit dem Morgensingen an. Man sang ein Morgenlied. Das war später undenkbar. Das wurde abgeschafft. Da war der Tag strukturiert, angefangen mit Ballett. Da wurde nur Französisch gesprochen. Es war ganz schön hart. Von einem ungarischen Pianisten wurden wir begleitet. Es war eine tolle Zeit.

Weil wir Deutschland international repräsentierten, wurde uns auch gezeigt, wie man richtig sitzt und isst. Der Dialekt wirkte sich beim Sport genauso negativ aus, wie in der Schule. Das wurde als Schwäche ausgelegt. Da kamen welche aus Bochum, Berlin und Hamburg und fragten uns ständig: „Wie bitte? Wie bitte?" Die verstanden uns nicht. Da mussten wir ganz schön dagegen ankämpfen.

Als wir dann gemeinsam in Frankreich waren, war ich die Dolmetscherin. Manchmal waren wir in Hotels, bei Turnfesten im Massenlager in der Turnhalle untergebracht. Was mir viel gebracht hat, das war, dass wir oft privat untergebracht waren. In Holland wurde jeder einer Familie zugewiesen. Oder wir waren in Frankreich zum Austausch. Das war wirklich toll. Diese Freiheit, die ich in jungen Jahren hatte, und die ich heute immer noch spüre – Gott sei Dank, hatte ich die. Man war sehr oft unbeobachtet von den Eltern.

Turnen ist ein ganz besonderer Sport. Es wird die ganze Muskulatur eingesetzt. Das sieht man, wenn die Turner Schraubensaltos machen oder beim Turnen am Stufenbarren.

Das war damals solch eine Euphorie, dass wir so Erfolg hatten. Unser Trainer trainierte uns mit eigensinnigen Mitteln. Heute würde jeder Sportmediziner sagen, dass das so nicht gehe. In der Zeit fing das mit den Rückenuntersuchungen an. Man untersuchte, ob ein Kind überhaupt geeignet ist, solchen Belastungen standzuhalten. Die Wucht des Aufpralls bei einem Abgang – das täte nicht jedem gut. Also mir hat das nie etwas ausgemacht.

Mein Vater war sehr sportlich. Von daher hatten wir gute Veranlagungen. Gut, man muss schon Ehrgeiz haben.

Meine Klassenkameraden sind manchmal in der fünften, sechsten Klasse gekommen und wollten mich weglocken. „Warum kommst du nicht ins Schwimmbad?" Einmal kam einer mit einem Freundschaftsring. Die Verlockungen waren da.

In der Turnhalle war ein anderes Leben. Es war ja nicht nur Stress. Was haben wir im Turnen gelacht! Da waren immer Jungs dabei. Schon allein das war ein Grund, dass man da hingegangen ist. So schlimm war das Training auch nicht. Die ganzen Geschichten, die man später gehört hat, dass die Turner gezwungen oder manipuliert wurden, das habe ich nicht gespürt.

Kleine Freuden

F: Meine Mutter hat aus Haferflocken und Zucker Bonbons gemacht. Das war ganz toll. Wir haben nicht viele Süßigkeiten bekommen. Oder es gab solche Blockschokolade, von der man mal runter gerieben hat. Und die Ahoj-Brause, die wir immer in die Hand gemacht und draufgespuckt haben. Die gibt's heute noch. Und Prickel-Pit gab es noch.

M: Wenn man als Kind einkaufen ging, bekam man in den meisten Milch- oder Lebensmittelgeschäften ein Gutzele. Zum Beispiel ein Himbeergutzele, rot in Form einer Himbeere. Am Kiosk gab es Gutzle mit Schnaps drin, mit Whisky, Gin oder Wodka, scharf und süß. Lecker, aber verboten und teuer. Oder Vivil, die gab es aus dem Automaten. Man bewegte die Zunge solange in der Vertiefung, bis man ein Loch mit Rahmen hatte, der dann langsam dünner wurde und irgendwann zerbrach. Oder Schlotzer, Dauerlutscher. Kegelförmige Zuckergebilde und der Plastikgriff war eine Zeit lang ein Militärflugzeug. Da gab es eine ganze Serie. Oder Wundertüten, mit eingefärbtem Puffreis und einem Spielzeugauto aus Plastik.

M: An Silvester freute man sich auf das Geknalle und die Raketen von den anderen, weil meine Eltern selber so etwas nicht machten. An Weihnachten gab es immer ein Buch von meiner Patentante. Da freute ich mich immer darauf.

Ich freute mich, dass die Schule aus war, und dass ich auf den Müllplatz konnte.

Worauf freut man sich noch? Auf das neue Bild und Funk. In der Bild und Funk war so eine Bilderserie. Was war das noch mal? Karl May, diese Filme damals mit Lex Barker und Pierre Brice. Diese Bilder habe ich heute noch. Mein Vater schmiss sie einmal auf den Müllplatz, und ich fand sie aber wieder, und brachte sie wieder heim und versteckte sie. Ja, darauf freute ich mich.

Garten

M: Mein Vater hat ja alles selbst angebaut: Kartoffeln, Zwiebeln usw. Man ging in den Garten, zog eine Karotte aus der Erde. Die wusch man nicht, die klopfte man mit der Hand ein bisschen ab, rieb den Rest an Erde herunter und rupfte das grüne Kraut ab. Das kam auf den Komposthaufen. Da war noch ein bisschen Dreck dran, aber die Karotte aß man dann so. Das war ein Genuss, eine ganz frische Möhre.

Und die Zwiebeln: Mein Vater hat ja Zwiebeln und Knoblauch selbst gezogen. Und die Zwiebeln kamen dann raus, und im Hof hatten wir solche Steinplatten. Die hatte er selbst verlegt, die waren auch von irgendeinem Abbruch organisiert. Da legte er die Zwiebeln drauf, wenn die Sonne richtig darauf brannte. Und wenn die dann dürr waren, wurden solche Zöpfe geflochten und die wurden in den Keller gehängt. Die hielten ewig.

M: Wenn die Tomaten reif waren, verströmten die ein unglaublichen Geruch. Ich saß oft zwischen den Tomatenstauden, nur um diesen Geruch einzuatmen. Oder ich bin auf den Birnbaum geklettert, da hingen gelbe, saftige Birnen. Ich habe Birnen gegessen bis mir schlecht war.

Geisterfahrersyndrom

F: Dieser Sport war ein richtiges Kindheitstrauma. Ich fand das so umfassend und so dominierend. So fing das auch an, dass sich dieses Geisterfahrersyndrom entwickelt hat. Wenn du immer sagst: „Ich finde es nicht so spannend", und für alle anderen ist es gar keine Frage, ob das spannend ist oder nicht, es ist sozusagen der Nabel der Welt. Dann denkst du ja allmählich, du tickst nicht richtig. Ich hatte immer so eine Eigenwahrnehmung, und das verfestigte sich dann mit meinem Interesse für Kunst oder für andere Dinge, dass ich denke: Das passt zusammen. Alle diese musischen Anteile, die ich habe, die ich liebe, und die mir wichtig sind, konnten in dieser Familie keinen Platz haben. Dafür war kein Platz.

Geld

M: Die Mode war echt farbenfroh. Das tat schon in den Augen weh. Schlaghosen waren modern. Und da musste man ja mitgehen. Die Kombination der Kleider? Das würde ich heute nicht mehr anziehen. Aber im Grunde machte man das mit, wie heute auch. Wichtig war das schon. Aber im ersten Lehrjahr bekam ich im Monat dreißig Mark. Und von diesen dreißig Mark musste ich mir solche Sachen selbst leisten. Da konnte ich nicht einfach hingehen und mir ständig neue Klamotten kaufen. Ich bekam dreißig Mark. Ich verdiente noch Geld dazu, weil ich am Samstag beim Obermeister zwei Autos wusch und polierte, das gab zwanzig Mark mehr im Monat. Ich glaube, der „Scotchman" kostete damals Eintritt, und dafür gab es ein freies Getränk. Da musste man schon rechnen. Große Sprünge konnte man sich nicht leisten. Wobei es bei meinem Freund J. anders war. Der machte keine Lehre, der hatte irgendeinen Job. Und im Vergleich zu uns, hatte er am meisten Geld. Der S. machte eine Lehre als Bauzeichner, der X. war auch in der Lehre. Wir hatten alle in etwa das gleiche Einkommen, außer dem J. Der hatte immer ein bisschen mehr Cash. Damit konnte er auch ein bisschen angeben.

Grenzen

M: Die Fünfziger Jahre und auch die erste Hälfte der Sechziger Jahre waren wie vermauert. Die Familien waren eingemauert, die Schulen waren eingemauert. Wo wollte man sich informieren? Ich weiß noch, wie ich den ersten Katalog vom Libro libre, einer linken Buchhandlung in Freiburg gekriegt habe. Das war für mich eine ganz neue Welt. Ich habe mir dann gleich Marx/Engels: „Ausgewählte Schriften in zwei Bänden" bestellt und den „Sexuellen Kampf der Jugend" von Wilhelm Reich, ein Aufklärungsbuch aus den zwanziger Jahren, immer noch topaktuell.
Und im musikalischen Bereich beeinflussten mich die Beatles oder Jimi Hendrix. Ich merkte, dass es ein Leben außerhalb dieser Mauern gab. Dieses Wissen, dass es hinter dem Horizont etwas wirklich Spannendes, Verheißungsvolles gibt, diese Öffnung im Kopf und durch das Reisen über die Grenzen hinweg, das gab einem Hoffnung und Antrieb.
Das fand ich in England toll: Am Sonntag waren die Leute im Garten, schnitten ihre Hecken oder reparierten ihr Dach. Das war bei uns in den Sechziger Jahren undenkbar. Dieses ganze Reglement, wie man sich zu verhalten hat, und was man an dem Tag macht, und an dem nicht. Das ist einem heute gar nicht mehr so bewusst. Im Grunde ist das eine Errungenschaft der Sechziger Jahre, dass man eigentlich heute so ziemlich alles tun und lassen kann.
Das sind keine Verdienste von uns oder unserer Generation, die Zeit war einfach reif dafür. Viele gingen gewisse Risiken ein. Zum Beispiel: Einem Lehrer zu widersprechen war immer ein Risiko. Allein schon deshalb, weil du deine eigene Angst überwinden und mit Demütigung und Strafe rechnen musstest. Das ist für mich ein Merkmal für die Sechziger Jahre: Es wurde mit Angst operiert. Leute, die Macht hatten, Eltern, Lehrer, Pfarrer, Polizisten, Beamte, alle arbeiteten mit der Angst und schüchterten die Kinder und Jugendlichen ein. Fast jeder, der in der Nazi-Zeit aufwuchs, hatte das verinnerlicht, ob er wollte oder nicht. Und nach dieser Prägung hat er gehandelt.
Ich war ja total schüchtern. Und es war eine der wichtigen Erfahrungen meines Lebens, dass man seine

Schüchternheit überwinden, und widersprechen kann. Kann sein, dass manche Positionen total daneben waren. Ich erinnere mich an Schulaufsätze, wo es mir gar nicht um die Inhalte ging, sondern darum, was passiert, wenn ich das oder das schreibe. Man hat ja Dinge ausprobiert, Tiefen ausgelotet, Grenzen übertreten, und man hielt den Kopf dafür hin. Natürlich wurde einem nicht die Rübe abgehauen, aber man wurde beschämt. Das war ja auch so eine Geschichte. Ich habe die Prügelstrafe noch erlebt. Aber irgendwann in der Oberstufe wurde man nicht mehr verprügelt, sondern beschämt. Das war ja nichts anderes: Ehrverletzung, Herabsetzung, Entwürdigung, das sind alles solche Mechanismen, die da angewendet wurden. Es ging darum, dass man lernte, das auszuhalten, um die eigene Sensibilität zu schützen. Manchmal war es hart, aber mit zunehmender Erfahrung hat es Vergnügen bereitet. Die Machtverhältnisse haben sich verschoben. Aber auch wenn man lernt, die Schüchternheit zu überwinden, verschwinden tut sie nicht.

Haare

„Lange Haare, kurzer Verstand!"
Deutsches Sprichwort

M: Ich war der Erste im Dorf, der lange Haare hatte, und ich hatte richtige Probleme. „Gammler" war damals ein Schimpfwort. Jeder zweite wollte mich zum Friseur schicken oder sagte zu meiner Mutter: „Wie kannst du den nur so herumrennen lassen?" Sie hielt aber immer zu uns.
Im Internat gab es wegen der langen Haare keine Probleme, da machten sie einem in dieser Richtung keine Vorschriften. Das war die Zeit und davor konnten die ihre Augen nicht verschließen.
F: Den Ärger mit den Haaren hatte mein Bruder auch. Taschengeldentzug gab es regelmäßig wegen der Haare. Wenn mein Bruder beim Friseur war, rief mein Vater dort an, und sagte dem Friseur, er solle die Haare nicht so schneiden, wie mein Bruder es will, sondern kürzer. Null Respekt für die Kinder. Diese Angst vor dem Weiblichen, lange Haare und so, das ist ja auf der gleichen Ebene, wie die Homosexualität verteufelt wird. Für gewisse Leute ist Homosexualität immer noch „krank". Da nützen die 50, 60 Jahre, die seit dem Faschismus vergangen sind, nichts: „Krank!"
M: Diese Zeit war wie Krieg. Die Feindschaft, die einem überall entgegenschlug, war echt grauenhaft. Wenn man an einer Baustelle mit langen Haaren vorbei lief, wurde man oft angepöbelt und es konnte sein, dass man einen Gipsklumpen ins Kreuz geworfen bekam. Die Leute machten einen blöde an, da herrschte eine richtig feindliche Atmosphäre. Was einem da von den meisten Erwachsenen entgegengebracht wurde, das war Abwertung und Feindschaft.
M: Die langen Haare zum Beispiel: Für Beamte war das ja teilweise nachteilig, wenn ihre Söhne lange Haare hatten. So wurde es gesagt. Inwieweit das stimmt weiß ich nicht. Aber ich weiß vom H., dessen Vater Zollbeamter war, dass er nachts seinen Schrank von innen vor die Tür schob, weil der Vater ihm angedroht hatte, dass er ihm nachts, wenn er schläft, die Haare abschneidet.
Der H. hatte eine Freundin, die richtig gammelig angezogen war. Die sind dann einmal eine Woche lang abgehauen. Die sind einfach verschwunden. Wir dachten dann zuerst … Der Vater bekam ein Disziplinarverfahren. Da bekam man mit, wie bescheuert dieses ganze System war.
M: Wegen der langen Haare hatte ich mit meinem Vater ziemliche Konflikte. Für sechs oder acht Wochen hat er das akzeptiert, danach rastete er wieder aus. Er war Schlossermeister in der Ramie und bil-

dete da einen Haufen Leute aus. Und von seinen Lehrlingen, die zum Teil in meinem Alter waren, und die ich ja auch kannte, verlangte er den „arischen Rundschnitt". Die frotzelten ihn, indem sie sagten: „Schau mal deinen Sohn an! Von uns verlangst du den Rundschnitt, und der ist einer von den dreien oder vieren, die in Emmendingen mit langen Matten rumrennen." Es gab ab und zu eine Schreierei im Haus. Aber jedes halbe Jahr, das ich älter wurde, wurde ich ruhiger. Am Anfang gab ich kontra und diskutierte, aber irgendwann merkte ich, dass das alles nichts bringt. Dann sagte ich nur noch: „Ja und Amen!", machte meine Zimmertüre zu und dann war Ruhe.

M: So richtig ging es mit den Beatles los. Im Sommer 1963. Da brachte der H. einen Plattenspieler mit in die Schule und spielte im Musikunterricht „Please, please me" vor. Wir hatten eine junge Musiklehrerin. Die war zuerst entsetzt, aber irgendwann merkte sie doch, dass da ganz gute Sachen mit dabei waren. Die hatte ein bisschen ein Gefühl dafür. Wir interessierten uns auch für die Art, wie diese Musik gemacht war. Einmal im Monat durften wir so einen Pop-Unterricht abhalten, und unsere Lieblingsmusik mitbringen. Aber damals hatte ich noch keinen Plattenspieler und auch keine Schallplatten. Wir waren ja nicht so reich, mit so vielen Kindern. Der H. hatte auch Bilder von den Beatles mitgebracht. Und das war ja damals eine wahnsinnige Sensation, Pilzköpfe zu tragen. Wir hatten ja noch den Hitler-Schnitt. Wir fingen an, uns auch die Haare wachsen zu lassen, zum Entsetzen der Eltern und Lehrer natürlich. Die hatten ja alle, oder zumindest die meisten, ihre Wurzeln im Dritten Reich.

Das artete richtig zum Kampf aus. Im Sommer 1965 hatte ich so gute Noten, dass ich von der Schule einen Preis bekommen sollte. Ich hatte da schon längere Haare, für damalige Verhältnisse eine Riesenmatte. Da holte mich der Klassenlehrer zu sich und

Auch noch 20 Jahre danach der Stylist von Knabenfrisuren
(Schülerarbeit für den Kunstunterricht)

sagte, dass die Schule mir diesen Preis nicht öffentlich verleihen könne, wenn ich nicht zum Friseur ginge. Mir war das mit dem Preis schnurzpiepegal, aber die schrieben gleichzeitig einen Brief an meinen Vater, weil das so funktionieren sollte, wie die es sich vorstellten. Und der schleifte mich zum Friseur. Zu der Zeit gab es eine große Schulabschlussfeier – mit Preisverleihung und allen Schikanen. Und bei dieser Feier erwähnte der Rektor, dass es jetzt Beatles an der Schule gäbe. Für mich war das Ganze ziemlich peinlich, und ich wäre am liebsten gar nicht hingegangen, aber mit vierzehn oder fünfzehn Jahren war das nicht so einfach. Und bei dieser Verleihung musste ich mich auf der Bühne in der Steinhalle vor dem Direktor umdrehen, damit er sehen konnte, ob ich auch hinten kurze Haare habe. Das war für mich ein ziemliches Fiasko.

Irritationen

„Das waren die Nerven!"

M: Unser Garten war ein Paradies. Es gab Hühner und Gänse. Mein Großvater schlug ihnen mit dem Säßle (Holzwerkzeug mit breiter gebogener Klinge) den Kopf ab. Ein Hahn flog enthauptet durch den halben Garten. „Das waren die Nerven!", hieß es. Beim letzten Huhn, das so zahm war, das ich es auf dem Arm tragen konnte, bestand ich darauf, dass es nicht geschlachtet wurde. Der Wunsch wurde erfüllt.

Im Haus waren zu viele Menschen. Es lagen zu viele Spannungen in der Luft, es gab zu viele Dinge, die man nicht tun durfte: „Der Opa ..." – „Die Oma ..." – „Der Papa ..." Zu viele Rücksichtnahmen wurden erwartet, seelische Folgen des Krieges. Tote, deren Bilder an der Wand hingen, aber nach denen man nicht fragen durfte, und über die man nicht sprechen konnte. Daraus wurden Gespenster, die im Haus lebten. Es war unheimlich.

Um Erlaubnis fragen, war immer ein Ritual. Zum Beispiel: „Darf ich bei einem Freund schlafen?" Zuerst zur Mutter: „Von mir aus schon, aber frag den Papa!" Wenn es ihm nicht ins Konzept passte, und das war meist der Fall, kam das „Nein!" – „Warum nicht?" – „Weil ich es sage!" Sein Konzept kannte niemand.

Dann gab es Arbeiten, die an uns Kinder verteilt wurden. Milch holen, den Garten umstechen, Brennholz im Holzschopf stapeln, die Straße fegen. Es wurde kontrolliert, ob die Arbeit gut erledigt war, wenn nicht, musste nachgearbeitet werden. Ich habe es gehasst.

Man war nie ungestört, hatte keine Rückzugsmöglichkeiten. Manchmal war ich auf dem Speicher, was verboten war, manchmal im Keller, wo es kalt, dunkel und staubig war, manchmal hatte ich mich in den Holzschopf zurückgezogen oder ins Hühnerhaus verkrochen. Schon früh suchte ich einen Unterschlupf bei Freunden. Die Eltern meines Freundes waren geschieden, lebten aber in der selben Wohnung, benutzten Bad, Küche, Toilette gemeinsam, sprachen aber kein Wort miteinander. Beide arbeiteten. Dort war für Jahre mein eigentliches Zuhause. Wenn wir ins Kino wollten, ich hatte kein Taschengeld, dann ging er zuerst zur Mutter, dann zum Vater, schließlich hatte er Kinogeld für zwei.

Jugendgruppen

Kolpingjugend

M: Dem Kolping bin ich als Lehrling 1968 beigetreten. Da kam einer in den Laden, der immer grinste und immer freundlich war. Er sagte: „Du, ich bin der I. Wer bist du?" – „Der N.?" – „Ich bin der I., du kannst I. zu mir sagen." Das kam mir schon ein bisschen komisch vor. „Was machst du abends?" – „Lesen, fernsehen." – „Komm doch einfach Mittwochabends zu uns. Da ist es immer lustig. Wir holen dich ab." Und so kam ich dazu. Ich habe aber nie einen Vereinsbeitrag bezahlt oder so. Die nahmen mich einfach dazu: „Komm halt einfach." – Einmal schauten wir im Pfarrhaus Filme an. Dann machten wir im Keller Pfeilwerfen. Wir gingen auch in die Wirtschaft und becherten da einen, aber dabei übertrieben wir nicht so. Die konnten immer noch Auto fahren.

Es war nicht besonders religiös, das war eigentlich ziemlich locker. Da war auch ein Evangelischer mit dabei. Wir saßen halt zusammen und redeten, über den Beruf, und was sonst so passierte. Manchmal gingen wir auch in den „Rebstock", ins Nebenzimmer, weil sie unbedingt ein Fußballspiel anschauen wollten. Da ging ich halt mit, aber das war für mich nicht so interessant, das war nicht meine Welt.

Jungschar

M1: Die Jungschar war ziemlich konservativ. Man lief wie ein Wandervogel mit dem Wimpel irgendwohin und stellte ein Zelt auf. Dann zeltete man ein paar Tage und lief wieder zurück. Und dazu sang man. Am Samstagnachmittag war im Jugendheim bei der evangelischen Kirche das Treffen. Man hatte Bibelstunde und sang Pfadfinderlieder. Ich denke, dass das den Nerv der damaligen Zeit nicht getroffen hat. Überhaupt nicht! – Einmal machten wir ein Lager auf der Burg Geroldseck. Da regnete es Bindfäden. Das Lager wurde abgebrochen. Wir saßen in Lahr im Bahnhof und warteten auf den Zug, und der L. sagte: „Und jetzt singen wir ein Lied!" Und wir sangen ein Pfadfinderlied, und die Leute schauten uns blöd an. Die konnten damit nichts anfangen. – Heute würde man sagen, dass das total daneben war. Gut, man war von Zuhause weg, und das hatte auch ein bisschen was von Abenteuer. Das Zelt aufbauen … ein bisschen Pfadfinderleben.

Fernsehzimmer für viele: Nebenzimmer vom Rebstock (Emmendingen)

Wildgänse rauschen durch die Nacht
Mit schrillem Schrei nach Norden;
Unstete Fahrt habt Acht, habt Acht,
Die Welt ist voller Morden.

Fahrt durch die nachtdurchwogte Welt,
Graureisige Geschwader!
Fahlhelle zuckt und Schlachtruf gellt,
Weit wallt und wogt der Hader.

Rausch zu, fahr zu, du graues Heer!
Rauscht zu, fahrt zu nach Norden!
Fahrt ihr nach Süden übers Meer,
Was ist aus uns geworden?

Wir sind wie ihr ein graues Heer
Und fahr'n in Kaisers Namen
Und fahr'n wir ohne Wiederkehr,
Singt uns im Herbst ein Amen.

Jungschar – Morgenrunde mit Gesang und Gebet

M2: Ich kann mich an diese Bibelstunden erinnern. Das hat einfach nur genervt. Das war alles so streng. Einmal waren wir auf dem Hünersedel, um in die Jungschar aufgenommen zu werden. Hieß das „Gelöbnis ablegen"? Es war eine total ernste Angelegenheit. Wir standen in einer Reihe, und die Zeremonie sollte beginnen, da fing einer an zu lachen. Und das steckte die anderen an. Man durfte aber nicht lachen, weil es eine ernste Angelegenheit war. Also unterdrückte man es, wodurch man nur noch mehr lachen musste. Die beiden Führer konnten damit absolut nicht umgehen. Die hat das nur befremdet und sie waren empört, zumindest der eine, dass wir nicht den notwendigen Ernst aufbrachten. Das Ende vom Lied:

Jungscharversprechen

1.) Ich will allen Jungscharlern ein guter Freund und Kamerad sein.
2.) Ich will gerne auf Gottes Wort hören und täglich Gott bitten, daß Er mir hilft, ~~Laß Er~~ danach zu leben und zu handeln.
3.) Ich will alles Böse in ᵍᵉᵐᵉⁱⁿᵉ Wort und Tat meiden.
4.) Ich will treu ~~und~~ die Jungscharstunden besuchen und meinen Leiter bei der Gestaltung der Stunden durch fröhlichen Dienst helfen.
5.) Ich will meine Eltern achten und ehren und mich auch in der Schule und überall als rechter Jungscharler erweisen.
6.) Ich will Tiere und Pflanzen als Gottes Geschöpfe schützen und Tierquälerei und Naturschäd[ig]ung bekämpfen.

Die, die sich dann beherrschen konnten, legten das Gelöbnis ab, die anderen nicht. Das war absolut bescheuert! Aber so war das damals. Wobei die beiden Führer ja nicht viel älter waren als wir.
Dennoch, ich war gerne mit der Jungschar unterwegs, und ich habe gerne das grüne Hemd und das schwarze Halstuch mit dem Lederknoten angezogen. Ich wollte auch Wimpelträger werden. Das wurde dann der F., der war körperlich einfach kräftiger.
M1: Dinge, die uns interessiert hätten, haben wir nicht gemacht und aktuelle Sachen wurden eh nicht angesprochen.
M2: Wenn wir wanderten, wurde morgens die Tageslosung vorgelesen, es wurde gebetet, es wurde ein Kirchenlied gesungen. – Eine Pfingstwanderung ging von Elzach nach Yach auf den Rohrhardsberg. Es war kalt und hat geregnet, die ganzen drei oder vier Tage, die wir unterwegs waren. Die erste Nacht haben wir bei einem Bauern im Heustock geschlafen. Die zweite Nacht in einem katholischen Pfadfinderheim. Das ging gegen meine Ehre als evangelischer Pfadfinder. – Damals bin ich abends vor dem Bett gekniet und habe gebetet und irgendwie versucht, fromm zu sein, ohne zu wissen, was das ist. Aber das mit dem Frommsein, hat sich dann bald erledigt. Es war ein vergeblicher Versuch.

Die Falken
Sozialistische Jugend Deutschland

M: 1962, gerade sechzehn geworden, waren ich und paar andere Jugendliche aus Emmendingen in Horn am Bodensee. In einem Zeltlager der AWO. Dort beschlossen wir, dass wir uns auch nach dem Lager treffen wollen. Wir waren fünf Jungs und machten eine Gruppe auf und gingen an den Wochenenden in Naturfreunde-Häuser. Einmal wurden wir zu einem internationalen Pfingstlager der Falken in Oberkirnach eingeladen. Das war 1963. Das hat uns so gut gefallen, dass wir uns fragten, ob wir nicht auch bei den Falken mitmachen sollten. Wir hätten dann mehr Kontakte und diesen internationalen Bezug. Dem stimmten alle zu: „Ja, das machen wir!" Eine feste Gruppe hat natürlich eine andere Struktur. Man kennt einander, man vertraut einander und wenn einer nicht richtig funktioniert, helfen die anderen Gruppenmitglieder mit. Es gab demokratische Formen und eine andere Freiheit als bei anderen Organisationen. Bei den Falken gab es mehr Mitbestimmung und ein gemeinsames Planen.
1964 gingen wir zum internationalen Ferienlager in Reinwarzhofen, in der Nähe von Nürnberg. Wir fuhren über Nacht mit dem Zug hin und hatten Seesä-

cke mit dabei. Da waren 2.000 Jugendliche aus 16 Nationen, immer drei Nationen in einem Lagerdorf. Das war das Ding! Wir hatten drei Gitarren dabei und traten in den anderen Lager-Dörfern auf. Und einige von uns haben sich verliebt. Nach diesem Ferienlager sagten wir: „So, nächstes Jahr gehen wir nach England und besuchen unsere Freundinnen." Bald waren wir 25 Leute aus Emmendingen, die nach England wollten. Im Winter realisierten wir, dass wir Geld auftreiben müssen. Wir gründeten eine Theatergruppe, mit der wir öfters aufgetreten sind. Wir sammelten irgendwelche Altmaterialien. Auf diesem Weg wurde es jedem möglich, mitzugehen. So kamen wir 1966 nach England.

Wir mussten schnell feststellen: „Die haben ja eine ganz andere Ordnung, da sind ja mehr Pfadfinder." Morgens Zelt entlüften, alles Gepäck, Luftmatratzen, Schlafsäcke etc. rausstellen usw. Das war vernünftig, so etwas zu machen. Insofern lernten wir da etwas dazu. Oder dieses Lagerfeuer! Was das jeden Abend für eine Zeremonie war, mit dem tollen Lagerfeuer! Das Feuer hatte die Form einer Pyramide. Eine Gruppe musste immer Holz machen, und die Holzscheite wurden genau zugesägt und aufeinandergeschichtet. Die Lagerleiterin, Joan hieß sie, sagte einen Spruch auf, und damit war die Zeremonie eröffnet. Das Feuer wurde angezündet, dann hielt man ein Holzscheit darüber und sagte dann z. B.: „Im Gedenken an meine Freundin von da und da, die heute nicht da sein kann." Solche Zeremonien hatten die drauf. Ich fand das schon interessant.

Und das hat auch alles funktioniert. Wenn man überlegt, dass es kein richtiges Klo gab. Genauso mit der Küche: Da wurden ein paar Dachlatten zusammengeschraubt, da kam eine Plane drüber. Fertig war das Küchenzelt. In einem alten Teerfass wurde das Wasser erhitzt. Ein zweites ausgedientes Teerfass diente als Backofen. – Es gab eine Abendwanderung durch eine Heidelandschaft. Wir wussten nicht, wo es hin-

Abschiedsschmerz in Reinwarzhofen

geht. Als wir in der Dämmerung mitten in der Pampa standen, verteilte die Gruppenleiterin Plastikfolien: „Hier legt ihr euren Schlafsack drauf." Wir dachten, wir hätten uns verirrt. Aber die hatten das so geplant. Am nächsten Tag trafen wir uns mit allen anderen Gruppen am Strand. Das war ein tolles Erlebnis.

Alle, die bei den Falken mitgemacht haben, organisierten ihre Sachen selber, ohne dass ihnen von außen Vorschriften gemacht worden wären. Was mich am meisten faszinierte, war der internationale Aspekt dieser Geschichte. Ich war früher bei Demonstrationen für Europa an der Rheinbrücke oder auch im Schwarzwald, als diese Demonstration für Europa in St. Georgen war. Da waren fast 300 Falken da, aus

Wiedersehen in Swanage, Südengland (1966)

dem Saarland, aus der Schweiz, aus Frankreich. Das übte eine besondere Faszination auf mich aus. Wir hatten verschiedene Sprachen, aber alle sangen dieselben Lieder. Das ergab ein Gefühl über alle Grenzen hinweg. Ob der Text derselbe war, kann ich nicht sagen.

Und wenn man überlegt, wie das in der Zeit des Kalten Krieges war, wenn sie dir erzählten, dass dich jeder, der hinter der Grenze wohnt, ohne zu zögern umbringt oder kaltmacht usw. Und du warst dann mit denen zusammen. Das setzte einen Denkprozess in Bewegung: „Was soll das eigentlich? Das ist doch überhaupt nicht so!" Über die Engländer wurde ja auch so geredet. „Die Engländer? Die hassen die Deutschen, und da gibt es das mieseste Essen." – Wir fuhren trotzdem hin. Gut, es war die Liebe, die uns dahin trieb.

Wir sind mit dem Zug hingefahren. Und waren unsicher: „Wie das wohl werden wird? Wie werden wir aufgenommen?" Nach unserer Ankunft wurde die ganze Gruppe in ein Consume-Geschäft gebracht. Dort gab es ein Abendessen: Bohnen und Fleisch und Salzkartoffeln. Nach dem Essen kamen Leute und sagten: „Diese oder jene nehmen wir mit zu uns." Viele von uns sagten: „Nein, wir schlafen lieber hier." Wir hatten alle ein bisschen Angst. Als wir uns am nächsten Morgen wieder trafen, um an die Südküste zu fahren, wurde erzählt: „Das war ein tolles Haus: Teppiche von vorne bis hinten, bis zum Klo." Und die anderen: „Und das Frühstück!" Cornflakes kann-

te man bei uns nicht. „... und dann gab es noch Spaghetti mit Tomatensauce." – „Und dieser Toast und der Schinken und die Wurst!" usw. Da war der Bann gebrochen.

Danach ging alles ganz gut, und diese Lagersitten waren ja nur in Bezug auf Ordnung und Sauberkeit strenger als bei uns.

Unsere Jungs waren alle verliebt. An einem Morgen hatte ich ein Gespräch mit einer englischen Gruppenleiterin wegen dieser Mädchen, weil die Jungs alle Liebeskummer hatten. Die sagte dann: „Küssen ist ein Zeichen der Freundschaft. Wir küssen alle, wenn wir sie mögen. Und wir mögen alle. Und wenn da mehr ist, dann trifft man sich noch einmal zwei Stunden später, wenn sich alles schon etwas verlaufen hat."

Wir wurden zu einer Party eingeladen. Wir legten Geld zusammen, und die Mädchen kauften diesen Apfelwein. Die waren alle ruckzuck besoffen. Bei dieser Party gingen dann die Lichter aus. Überall lagen die Pärchen, selbst in der Badewanne, überall wurde gefummelt und gemacht. Ich machte das Licht wieder an, ich war ja schließlich verantwortlich. Dann machten sie es wieder aus. Ich machte es wieder an. Dann drehten sie die Glühbirnen raus.

Ich weiß noch, wie das im Pfingstlager in Viller sur Thur war. Da hieß es: „Da ist das Zelt! Auf der einen Seite schlafen die Mädchen, auf der anderen die Buben."

Damals gab es ja schon das internationale Lager von den Falken in Longarisse in Südfrankreich. In der Bildzeitung stand, dass da an bestimmten Stellen Kondome ausliegen würden. Und dass jeder wüsste, wo die wären. Und dass wir das unterstützen würden. Wir sagten: „Ja, man muss ja auch gemeinsam durchs Leben gehen." Dann muss die Erziehung auch zusammen sein. Das Lager in Longarisse war ein Mordsskandal. Das muss um 1965 herum gewesen sein.

Die Franzosen waren ja auch bei uns in Oberkirnach. Da wurde aneinander herumgefummelt, das war selbstverständlich. Nur wenn wir nach St. Georgen runter gingen, sagte ich schon mal: „Hängt euch jetzt nicht so aneinander. Nicht gerade da unten in St. Georgen." Aber hinterher, wenn wir wieder unter uns waren, spielte das keine Rolle mehr.

Und drüben im Stöcklewald-Lager waren oft 500 Leute. Die kamen mit Sonderzügen. Da lagen beim Bad die Kondome. Ganze Packungen! Da hätte man immer welche holen können. Deswegen haben die immer gesagt: „Die rote Brut" und so. Man hat sich über vieles gewundert.

Jahre später traf ich einige, die sagten: „Wenn ich nicht bei den Falken gewesen wäre, wäre ich jetzt nicht in der Position, in der ich jetzt bin." Die Erfahrungen in der Gruppe, das gemeinsame Planen und Organisieren, die demokratischen Entscheidungsprozesse, das gab ihnen Selbstsicherheit. Alleine durch diese internationalen Geschichten und die Erfahrungen, die man da machte, wusste man mehr als andere. Das trug viel zu deren Entwicklung mit bei. Gerade bei den Arbeiterkindern.

Wir hatten ja auch Lieder: „... und alle, die wissen, dass es darum geht, das eigene Schicksal zu lenken." Ich habe welche getroffen, die mir sagten: „Da gab es so ein Lied. Und immer wenn es mir schlecht ging, wenn ich im Ausland war, dachte ich an dieses Lied. Das gab mir Kraft." Und da konnte ich nur sagen: „Ja, mir ging es genauso." Wir saßen abends um das Feuer und sangen zusammen. Wir sangen sogar Revolutionslieder: „Wir machen aus dem Lübke eine abgeleckte Sau ..." und „Wir hängen den Kossygin an der Kremlmauer auf ..." Wir hatten einen politischen Anspruch. Die Falkenlieder waren nicht gerade harmlos. Wie hieß das noch mal: „Wir lieben die Menschen, nur jene nicht, die andere nicht frei leben lassen. Wir kämpfen, bis deren Freiheit zerbricht, weil wir lieben, müssen wir hassen!"

Jugendlager mit Sex und Mao

Die Ferienzeit geht dem Ende zu. Hunderttausend Jugendliche und Kinder konnten in diesem Jahr bei schönstem Wetter ungetrübte Urlaubsfreuden genießen. Freilich nicht alle. Zum ersten Mal hörte die deutsche Öffentlichkeit von skandalösen Vorgängen in Jugendferienlagern, die gerichtliche Nachspiele haben werden. Linksgerichtete „Jugendbetreuer" mißbrauchten das Vertrauen der Eltern und boten den Kindern einen Vorgeschmack auf „repressionsfreie Lebensweise". Was das bedeutet, sagt unser umfassender Report.

Ferienreisen umfunktioniert – „Repressionsfreie Lebensweise" – Kriminalpolizei untersucht die alarmierenden Vorfälle – Ein Report von Erich Bilges

Auch das gab's: Die Falken beim Volkstanz

- 4. 8. 69

DER *Ausschnitt*

Der Abend
1000 Berlin 30

Falken-Chefs: „Sonst zur Apo"

● UNTERSUCHUNGEN der Kriminalpolizei sowie Ermittlungen durch die Senatsverwaltung für Familie, Jugend und Sport werden im Laufe dieser Woche nach der Rückkehr der „Falken" am letzten Wochenende aus dem Sommerlager in Schweden stattfinden. Dabei wird es sowohl um die Gesamtkonzeption des Lagers als auch um die in letzter Zeit erhobenen schweren Vorwürfe in Einzelfällen gehen.

● VOR DER PRESSE wiesen der Erste und Zweite Vorsitzende der Organisation, Bischoff und Beinert, die Kritik an der Lagerleitung nachdrücklich zurück, bestätigten dann aber im Prinzip eine ganze Reihe der Anschuldigungen.

● ZU DEN Forderungen, den „Falken" die Förderungswürdigkeit abzusprechen, sagte Bischoff wörtlich: „Noch stehen wir als Mittler zwischen dem Senat und der APO. Die Presseveröffentlichungen aber haben in Schweden dazu geführt, daß sich eine Tendenz zur Radikalisierung unter den ‚Falken' breitmache, so daß sie unter Umständen zu einem festen Glied innerhalb der APO werden könnten." Das, so deuteten die Organisatoren an, sei aber keinesfalls als Drohung zu verstehen. (DA)

Freie Pfadfinder

M: Das gehört auch zum Anfang der Sechziger Jahre: Was gab es da an Pfadfindervereinen! Ich war bei den Freien Pfadfindern. Wir hatten unser Clubheim hinter dem Amtsgericht in einem Seitenbau. Dann gab es die katholischen Pfadfinder. Mein Gott, was haben wir über die gelästert, weil die sogar die Kohlen mitnahmen, wenn sie auf ein Lager gegangen sind.
Der V. war in dieser „Deutsche Jugend des Ostens." Das war ein straff rechter Verein. Puh! Die hatten Runen als Zeichen. Das war mir gar nicht bewusst, ich fühlte mich da nicht wohl. Seine Mutter schickte uns da hin. Wir trafen uns im Fliegerheim über der Elz, in einem Gebäude bei der Schützenbrücke. Das muss 1959 oder 1960 gewesen sein. Das sind halt solche Sachen, die macht man zwei, drei Jahre mit, und dann ist das wieder vorbei. Draußen sein, am Feuer sein, im Wald sein, es gab einfach Gebiete, wo sich Jugendliche und Kinder heute nicht mehr aufhalten. Knoten kennen, wissen, wie man eine Hütte baut. Dann haben wir auch Schleudern gebaut usw. Was hat man sich im Wald alles an Werkzeug gemacht.

Gruppe der Freien Pfadfinder am Himmelreich in Emmendingen

Katholische Pfadfinder

M: Es gab eine Zeit, da waren die Pfadfinder wichtig für mich. Wir machten Zeltlager. Wir fuhren oft mit dem Fahrrad zum Königseggsee. Das war interessant wegen der Leute, die dabei waren. Jungs von der Unterstadt bis zum Bürkle und zur Bleiche. Es war oft sehr mühsam für mich. Ich war kein Sportler, der durchtrainiert war bis zum Gehtnichtmehr. Da gab es manche, die waren Fanatiker, was das Fahrradfahren anbelangt. Der N., wir nannten ihn Putzer, der drückte das Fahrrad den Berg hoch, da standen wir nur staunend daneben. Oder diese Eintönigkeit, wenn man an den Königseggsee gefahren ist. Da fuhr man, und fuhr, und plötzlich fuhr einer in den Graben. Der war beim Fahren auf dem Fahrrad eingeschlafen.
Im Zeltlager spannte man einen Draht mit einer Länge von 50 m über das ganze Zeltlager und in jedes Zelt ging ein Draht runter, als Antenne für den Detektor, den man in einer Seifenschachtel gebaut hatte. Da konnte man Radio hören ohne Batterien.
Hinten bei Präg, auf dem Gisiboden hatten wir einen Hindernislauf. Und dieser N. hatte ein altes Wehrmachtstelefon mit Kopfhörern, und bei dem musste man noch so kurbeln. Und damit wir dem Ziel melden konnten, wurde ein Weidezaun als Leitung benutzt. Und der Bauer hatte versprochen, dass er keinen Strom darauf legt. Er machte es dann aber doch. Da wurden plötzlich zwei Kopfhörer weggerissen.
Wir machten solche Fragespiele, wo Lämpchen aufleuchteten, wenn man den Kontakt für die richtige Antwort berührt hatte. Wenn es in Richtung Tonband ging, wenn wir

Lager der Katholischen Pfadfinder in Bernau 1961

Die Lagerzeitung wird gemacht.

Hörspiele machten, da war ich immer mit dabei. Einmal hatten wir ein Zeltlager in Tennenbach im Steinbruch hinter dem Försterhaus. Und da kam nachts ein Fels runter, fiel in ein Zelt und kam genau auf dem Kopfteil einer Matratze auf. Die Matratze war kaputt. Da wollten ein paar Jungs das Zeltlager „überfallen", wie es halt so war. Die hatten diesen Stein gelöst und der kam oben herunter. Passiert ist nichts, aber man hat das Zeltlager abgebrochen.

Kämpfe

M: Ich wurde eigentlich nur verprügelt. Ich schlug nie selber drauf. Das lehrt dich, Streit aus dem Weg zu gehen, oder wenn sich etwas anbahnt, zu rennen. Ich habe extra darauf trainiert. Am Elzdamm gibt es einen Graben. Da konnte ich drüberspringen. Mit Anlauf von einer Kante zur anderen. Einmal verfolgten sie mich zu dritt oder zu viert, und ich sprang über den Graben. Ich wusste genau, das können die nicht.

Wenn ich das daheim erzählt hätte, wäre der typische Spruch gewesen: „Zum Streiten gehören immer zwei." Es war nicht angesagt, das weiterzuverbreiten. Damit musste ich mich selber auseinandersetzen. Oder ich musste mir Gemeinheiten ausdenken oder Gewaltphantasien, wie ich das demjenigen heimzahlte. Ich war vielleicht sechzehn oder achtzehn, da kam einer auf mich zu: „Ich will ein Ringkämpfchen mit dir machen!" Ich sagte: „Du ziehst den Kürzeren. Aber wir machen das ohne zu schlagen! Nur Griffe, um zu sehen, wer stärker ist." Den hatte ich innerhalb von einer halben Minute nach unten gedrückt. Und der akzeptierte das, dass ich stärker war. Aber ich war da nicht stolz darauf. Es war okay, ich war stärker, aber ich wollte mich nicht immer wieder mit anderen messen. Ich hatte immer Angst vor Gewalt. Ich dachte, dass man ja eigentlich miteinander reden könnte. Das war so die Lebensweise meiner Mutter.

M1: Ich bin einmal im Schwimmbad auf dem Rücken gelegen, und auf einmal presste der S. meinen Kopf zwischen seine Knie. Das war ja ein Riese, ein Hüne von einem Typ. Ich konnte mich nicht bewegen, ich steckte wie in einem Schraubstock zwischen seinen Knien. Dann riss er mir den Kinnladen runter und ließ Wein reinlaufen. Der war ziemlich gewalttätig. Das war so 1968 oder 1970. Ich weiß, dass er und sein Bruder daheim viele Prügel bezogen haben. Sein Bruder hat später einmal jemanden umgebracht.

Die Kinder aus unserem Viertel waren manchmal ziemlich herb drauf. Da gab es zwei Brüder, mit denen legte man sich nicht an. Sonst gab es was auf die Fresse. Mit denen war ich immer gut. Wenn du nicht frech zu ihnen warst und sie „Salü! Salü!" gegrüßt hast, dann war das in Ordnung. Die halfen einem dann auch. Da war schon eine Solidarität unter diesen Underdogs. Aber zu bestimmten Leuten durfte man nicht frech werden.

Einmal hatte ich links und rechts eine Milchkanne in der Hand, da kam einer von denen und haute mir eins in die Fresse. Der war gerade mal zehn, zwölf Jahre alt, und ich konnte mich nicht wehren. Beide Hände waren belegt. Ein Zwölfjähriger bombt dir als Vierzehnjährigem eine! – „Der kann sich nicht wehren, da hauen wir jetzt mal drauf." Aber der hat sich später erhängt.

M2: Es gab einige Typen, denen man besser aus dem Weg ging.

Kino

F: Ins Kino durften wir ab und zu am Sonntagnachmittag gehen. Es kostete 50 Pfennige. „Heidi" haben wir gesehen. Ein ganz aufregender Film etwas später war „Spartakus", aber da ging die Mutter mit. Ich hatte die Bilder gesehen und wollte unbedingt in den Film gehen. Ab und zu haben wir von einem Onkel 50 Pfennig fürs Kino bekommen.

M: Der S. kam einmal: „Du bist mein Kumpel. Du musst auch mal was erleben. Du bist immer zu Hause! Du musst mal was sehen. Ich lade dich ins Kino ein, du kommst mit mir am Samstagmittag ins Zentraltheater, da kommt irgendwas mit Winnetou unter Geiern." Der redete wirklich so. Ich ging mit. Und der lief über die Straße, und plötzlich kam ein Auto und hätte den fast totgefahren. Und der machte aus dem Stand eine Flugrolle noch vor dem Auto,

„Spiel mir das Lied vom Tod"

Aus der Bravo Nr. 52, Dezember 1963

sonst wäre er tot gewesen. Wir gingen dann ins Kino, und erst später erfuhr ich, dass er für die DFU, die Deutsche Friedensunion, Plakate geklebt hatte. Und dafür hatte er die Kinokarten geschenkt bekommen.
M: Dieses Foto mit dem Filmplakat von „Spiel mir das Lied vom Tod" und der Mundharmonika ist gestellt. Ich wollte sein, wie der Hauptdarsteller in dem Film. Ich habe mir damals extra eine Mundharmonika gekauft und lernte Mundharmonika spielen. Du warst jung, du warst stark. Du wolltest dieser Held sein, der durch die Gegend zieht und Mundharmonika spielt und die bösen Buben killt. Du hattest deine Idole und das war halt Charles Bronson.
M: Ich war kein großer Kinogänger. Ich schaute mir solche Sachen wie „Easy Rider" mit Peter Fonda an.

„Easy Rider", eine Reise ohne Wiederkehr (1969)

Und hörte auch die Musik von Steppenwolf usw. Aber zu der Zeit ging ich selten ins Kino. Als ich vierzehn, fünfzehn oder sechzehn war, das war meine Kinozeit. Das hörte auf, weil es eine Frage des Geldes war. Ich habe jeden Pfennig in ein Schlagzeug oder in ein Ersatzteil gesteckt. Viel verdient habe ich damals nicht. Die paar Mark bei so einem Auftritt … Dann brauchtest du mal wieder ein neues Becken und daran hattest du wochenlang zu kratzen.
M: Als B.'s die erste Fernsehantenne in Waldkirch auf dem Dach hatten, kamen Leute gelaufen, um auf das Dach zu starren und die Antenne anzustaunen. Die B.'s waren damals die reichsten Leute in der Stadt und hatten den ersten Fernseher. – Wir hatten bis zu meinem vierzehnten, fünfzehnten Lebensjahr keinen Fernseher. Freunde von mir hatten viel früher einen Fernseher, und bei denen sah ich manchmal fern. An Musiksendungen gab es den „Beatclub". An „Richard Kimble" kann ich mich noch erinnern. Im Kino liefen Monumentalfilme, wie „Ben Hur" und solche Sachen. Das war wahnsinnig spannend. „Das Schweigen" von Ingmar Bergman war auch so ein Ereignis. Und in diesem Film kam für Bruchteile von Sekunden eine Sexszene vor. Da sitzt eine Frau rittlings auf einem Mann, mit entblößtem Busen. Und da wird praktisch für Bruchteile von Sekunden ein Geschlechtsverkehr angedeutet. Außer dem nackten Busen sieht man nichts. Aber das war damals eine Wahnsinns-Sensation. Dieser Film kam auch nach Waldkirch. Dann stand der Stadtpfarrer oben auf der

119

Filmszene aus „Wer die Nachtigall stört" (1962)

Treppe und versuchte, mit ausgebreiteten Armen die Leute vom Kinobesuch abzuhalten. Das hatte den Effekt, dass dieser Film nachher wochenlang lief, weil ihn jeder sehen wollte. Der Film war im Übrigen stinklangweilig. Aber das ganze Kino wartete auf diese eine Szene.

F: Es gab mal einen schwedischen Film, den wir aber nicht angucken durften, weil ich noch keine sechzehn war. Da hat man eine Liebesszene gesehen. Dann gab es den Film „Helga", in dem man eine Geburt gesehen hat. Und dann gab es noch die Oswald Kolle-Filme.

M: Ich liebte Kino. Mit vierzehn habe ich „Wer hat Angst vor Virginia Wolf?" gesehen. Der lief in Emmendingen im „Fuchsen". Der Film hat mich beschäftigt. Das war so etwas Extremes. Liz Taylor und Richard Burton, wie die da aufeinander losgehen. Schockierend und unglaublich gut. Wenn man selbst aus einer Familie kommt, wo Spannungen nie ausgetragen wurden ... Oder: „Wer die Nachtigall stört", mit Gregory Peck in einer der Hauptrollen. Der Roman von Harper Lee war eines der Lieblingsbücher meiner Jugend. – Solche Filme liefen in Emmendingen im Kino. Oder: „Menschen von morgen". Ein holländischer Filmemacher (Kees Brusse) hat zehn junge Leute ins Studio geholt, und die haben von ihrem Leben und ihren Hoffnungen erzählt. Das Studio war dunkel, und da saß jemand auf dem Stuhl in einem Lichtkegel und hat erzählt. Ich kann mich an eine junge Krankenschwester erinnern, die vor ihrer Haustüre vergewaltigt worden war und an einen jungen Werftarbeiter, der gerne Schlagzeuger gewesen wäre. Diese Filme gaben Einblicke in andere Welten. – „Mensch, da gibt's noch was anderes, als die bescheuerte Welt der Erwachsenen und die eigene Beschränktheit." Diese Filme setzten Wertmaßstäbe, die kein Erwachsener setzen konnte.

F: „Dr. Schiwago" habe ich im Kino gesehen. Ich durfte ab und zu mal eine Freundin in Windenreute besuchen, und mit der konnte ich ins Kino gehen. Da gab es auch so einen Aufklärungsfilm „Helga". Den haben wir uns gemeinsam angeguckt. Dann gab es noch einen anderen Film. Da ging es um Sexualität und Zeugung usw. Wie hieß denn der? Das weiß ich nicht mehr.

Diesen Schiwago fanden ja alle so toll, und ich fand den schrecklich. Ich versuchte dann, das Buch zu lesen. Das ist mir bis heute nicht gelungen. Diese Liebesgeschichte im Film hat ja mit dem Buch wenig zu tun. Also mich hat das nicht berührt.

M: Filme waren wichtig: „Jenseits von Eden" mit

James Dean, „Meuterei auf der Bounty" mit Marlon Brando. In „Cleopatra" wollte mich die Mutter meines Freundes mitnehmen, meine Mutter hat es nicht erlaubt, sie hielt den Film für zu anstößig. „Little Big Man" mit Dustin Hoffman, „Alice's Restaurant" mit Arlo Guthrie, „Bonnie and Clyde" mit Warren Beatty und Faye Dunaway, „Zabriskie Point", „Wildwechsel" mit Eva Mattes, „Easy Rider" mit Dennis Hopper, Peter Fonda und Jack Nicholson, „Der Zug" mit Burt Lancaster, „Gesprengte Ketten" mit Steve McQueen, „Die Kanonen von Navarone" – um einige zu nennen. Kriegsfilme habe ich gerne angeschaut.

M: Meine Tante arbeitete im Kino. Sie war ihr Leben lang beim Kino. Aber als 1966 oder 1967 der Farbfernseher aufkam, hat sie sich ein Farbfernsehgerät gekauft. Durch meine Tante konnte ich oft billig oder umsonst ins Kino. Der Karl-Ernst Ambs war ja Kommunist und uns Jugendlichen gegenüber ziemlich wohl gesonnen. Das muss man sagen! Er sagte oft: „Was hast du? Nur dreißig Pfennige? Jetzt wartest du, bis die Werbung vorbei ist, dann darfst du reingehen. Und ganz vorne hin!" – Kino war also schon toll. Reingehen durfte man ab sechs Jahren. Und wenn man acht oder neun war, dann schaute man, dass man in die Filme reinkam, die erst ab zwölf freigegeben waren. Da wurde man dann immer gewarnt: „Aber sei ja ruhig!" usw.

Wie hießen die Filme denn: „Fuzzy, der Räuberschreck" oder so was. Das waren solche Komödienfilme. In „Angélique" war ich ein Mal, den verstand ich aber nicht.

Der letzte Film, der im Zentraltheater lief, war „Das Kanonenboot vom Jangtsekiang". Das war 1966. Das war ein Film mit Überlänge, den schaute ich mir zwei Mal an und danach war das Kino geschlossen.

Im Fuchsenkino war ich in dem Film „Die tollkühnen Männer in ihren fliegenden Kisten". Das Geld dafür gab mir meine Schwester, bevor sie ins Kran-

kenhaus kam und starb. Sie starb am 4. März 1966. Und das war auch das letzte Mal, dass ich im Fuchsen-Kino war.

Für mich war wichtig, dass ein Film lustig war.

F: Wir gingen oft im Klassenverband ins Kino. „Serengeti darf nicht sterben" fällt mir da ein. Aber ich kam nicht oft ins Kino. Erst als die ersten Musicals kamen, da war ja dann die „West Side Story" auch mal im Kino. Da war ich so zwölf, dreizehn, das war ganz toll. Da hängte ich auch Plakate auf. Die Musikszenen interessierten mich allerdings weniger. Ich bin kein Musikhörer. Klar die Beatlessongs sind mir schon noch im Ohr, aber ich war kein absoluter Musikfan.

Kirche

„Uh, Beichte!"

M: Bei unserem Pfarrer musste man vor allen Dingen das sechste Gebot auswendig können: „Ich war unschamhaft im Reden und Denken, allein, mit andern", und dann aufzählen, wie oft allein, wie oft mit andern. Dementsprechend fiel die Länge der Buße aus, die Anzahl der Gebete, die man herunterbeten musste.
Was hat man sich da immer zurechtgelegt: „Was sage ich ihm? Nicht zuviel. Allein? Vielleicht fünf Mal. Mit andern? Ein Mal." Ein paar Mal hat man natürlich unterschlagen. – Aber das wollte der Pfarrer immer genau wissen.
Man tat halt das, was die Eltern sagten. Und wenn die sagten: „Jetzt gehst du wieder einmal beichten!" Dann ging man halt. Aber das tat man nicht aus persönlicher Überzeugung. Das war ein immer wiederkehrendes regelmäßiges Ritual.

Nach Zigarettenqualm

M: Mein Vater hat sehr viel Musik gehört und zwar sehr laut. Deswegen gab es auch Familienkrach. Das waren ja noch solche Sonntage, an denen man in die Kirche gehen musste. Mein Vater war evangelisch, und wir anderen waren katholisch. Wir gingen in die Kirche, und wenn wir heimkamen, schallte immer das ganze Haus. Da liefen laut klassische Konzerte usw. Als wir noch jünger waren, gingen wir mit unserer Mutter in die Kirche. Ab vierzehn Jahren war es so, dass die Mutter voraus in die Kirche ging. ... Der „Ochsen" war damals der Treffpunkt der Jugendlichen. Man hörte die Glocken, da wusste man schon: „Die Wandlung!" Dann bist du aus dem „Ochsen" raus und in die Kirche gegangen, hast dich hinten hingestellt und gewartet, bis die Mutter kam. – Die Eltern haben das gewusst. Aber sie haben nicht viel dazu gesagt. Das war eine ziemlich große Clique, die das so gemacht hat. Bier haben wir keines getrunken. Aber ich nehme an, dass wir nach Zigarettenqualm gerochen haben, weil die Leute, die am Sonntagmorgen da drin saßen, geraucht haben.

„Die Glocken rufen dich!"

M: Mit fünf oder sechs Jahren, war ich Ministrant. Ich war Ministrant, bis ich zwölf Jahre alt war. Das war dann 1963. Dann war ich bei der Kolping-Gruppe und mit fünfzehn hatte ich genug gesehen von der ganzen Geschichte und verweigerte mich der Kirche. Da war mir zu viel Bigotterie dabei.
In meinem Elternhaus ging es sehr religiös zu. Als ich nicht mehr in die Kirche ging, war zu Hause immer ein Kampf. Auch in mir war ein Kampf, aber ich hatte mich entschieden, nur meine Eltern akzeptierten diese Entscheidung nicht. Wenn dann am Sonntag die Glocken läuteten, saß ich in meinem Zimmer: „Ich gehe jetzt nicht! Ich gehe jetzt nicht!" Dann kam meine Mutter rein: „Die Glocken rufen dich!", und was weiß ich alles. Das war immer so ein Psycho-Druck. Aber ich stand das durch und ging seither nicht mehr in die Kirche.
Später ging ich sehr oft in leere Kirchen und führte da auch ernsthafte Gespräche mit Gott und Jesus. Ich schalt auch ziemlich mit denen rum. Aber das war meine private Sache. Ich finde, dass es in der Kirche einfach zu viele bigotte Leute gibt, und als Ministrant und im Kolpingverein habe ich hautnah erlebt, wie sie in der Kirche waren und wie sie draußen waren. Das war für mich einfach eine zu große Diskrepanz zwischen dem gelebten Leben und der Kirche.
Wenn du eine Weile erträgst, dass du als Ministrant an den Haaren oder an den Ohren gezogen wirst oder die Ungerechtigkeiten, die da ständig vorkamen, oder

wenn du auch mal verprügelt worden bist ... oder, wie mein Bruder, der wurde da ja ziemlich durch die Mangel gedreht.

Vor dem großen Ostergottesdienst standen alle zwanzig Ministranten aufgereiht in der Sakristei. Man schwätzte noch ein bisschen, bevor man raus ging. Da wollte der Stadtpfarrer, im vollen Ornat und als Priester bereit für die Messe, allen an die Haare und verteilte Ohrfeigen. Das fand ich einfach widerlich. Nur, weil man gesprochen hat. Da hatte Ruhe zu sein. Fertig! Aber bei Sechsjährigen oder Achtjährigen gibt es immer etwas zu erzählen. Man lästerte ja nicht oder schrie herum, man flüsterte nur. Aber das reichte schon. Der schlug um sich. Und das war mir zu viel. Die Diskrepanz von Sanftmut und Toleranz predigen, aber gleichzeitig draufzuschlagen, das stieß mir immer auf. Diese Erfahrungen waren für mich zu viel des Guten.

Eine leere romanische Kirche bedeutet mir heute noch sehr viel. Oder wenn ich durch eine Landschaft laufe, dass ist so etwas Erhebendes. Unglaublich! Da kannst du nur an Gott glauben. Irgendwie spürst du, dass da etwas ist, was du nicht greifen kannst.

„Hier ist das Kässle"

M: Weil wir nette Menschen waren, und weil der Pfarrer das gesagt hatte, haben wir für die Caritas eine Haussammlung gemacht. „Guten Tag, wir sind von der Caritas. Wir bitten um eine kleine Spende. Hier ist unser Ausweis und hier ist das Kässle." – „Macht, dass ihr Land gewinnt! Für die Schwarzen gebe ich kein Geld! Ihr gehört doch verdrescht!" – Der schmiss die Caritas in einen Topf mit der CDU. Bitte, das darf er ja! Zu der Zeit gab es solche Kartonpistolen, da war so ein Gummi dran, und da waren solche kleinen Räder dran, die sahen aus wie Münzen. Und auf diesen Rädchen stand SPD oder CDU. Auf jeden Fall konnte man damit schießen.

Klauen

M: Der V. war zwei Jahre älter als ich und wohnte um die Ecke. Ich hasste ihn, weil er aus meinen Kölnflocken-Alben mit einer Rasierklinge die Bilder rausgetrennt hatte. Ich hatte ihm diese zwei Bücher über Nacht geliehen und am nächsten Tag sah ich, dass er mit einer Rasierklinge die Bilder herausgetrennt hatte, die er brauchte.

Aber bevor das passiert war, kam dieser Bursche irgendwann zu mir und fragte: „Hast du Lust, ein Abenteuer zu erleben?" – „Immer." – „Dann komm mit!" Wir gingen die Wiesenstraße lang, dann über die B 3-Brücke, dann am Emmendinger Müllplatz lang, und irgendwann kamen wir ins Gelände. Dort ist ja eine Gärtnerei. Auf einmal schnappte der zwei Rotkohlköpfe und packte sie in eine große Tasche und sagte: „Und jetzt musst du rennen!" Und wir rannten natürlich. Jetzt hatte der mich sozusagen bei seinem Diebstahl mit dabei. Wir kamen heim zu seiner Mutter, und die sagte: „Ja, hast du nur zwei mitgebracht?" Also: Der hatte im Auftrag geklaut! Das war ein Auftragsdiebstahl. Der war dreizehn und ich war elf Jahre alt.

Körper

M: Wir waren in der Umkleidekabine und zogen uns um, und auf einmal entwickelte sich ein Gespräch zwischen dem H. und noch jemandem: „Was hat der? Der hat überhaupt keine Haare am Körper?" Der andere: „Nein, der hat keine Haare am Körper." – „Auch dort nicht?" Daraufhin der H.: „Man weiß nichts Genaueres." Und bei diesem Satz „Man weiß nichts Genaueres", fingen alle an zu lachen. Das war irgendwie ein Witz. Der H. war verbal ganz schön kreativ. Er hat viele Begriffe geprägt, die dann jahrelang im Umlauf waren.

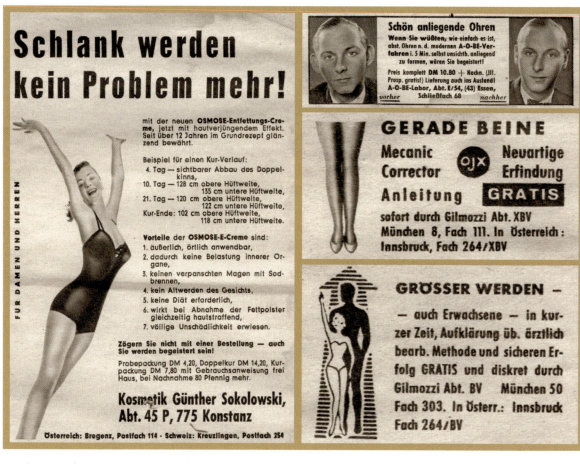

Anzeigen aus der Bravo Nr. 52, Dezember 1963

M: Einmal habe ich meine Freundin mit nach Hause gebracht. Ein hübsches, nettes Mädchen. Mein Vater betrachtete sie mit Argusaugen. Hinterher sagte er zu mir: „Das ist ja ein ganz nettes Mädchen, aber geht die nicht ein bisschen in die Breite, wenn sie älter wird?" Auf so etwas kannst du einfach nichts mehr sagen.

M: Ich hatte eine starke Brille und litt sehr darunter. Ich kannte zwei Jungs, die abstehende Ohren hatten, die brachten sich beide um. Wahrscheinlich nicht deswegen, aber da war ein Knacks, ein Minderwertigkeitsgefühl. Das spürte man. – Oder ein Junge mit roten Haaren war arm dran. Oder ein Junge, der vom Wuchs her klein blieb. Solche Eigenheiten wirkten sich auf das Ansehen und Selbstwertgefühl aus, von Kindesbeinen an.

F: Dicke Brille, abstehende Ohren. Das mit der Abwertung ist etwas, was ich für diese Lebensjahre ganz prägend finde. Ich hatte einen netten jungen Mann kennen gelernt und brachte ihn mit nach Hause. Nachher hieß es, der sei unmöglich, „'ne dicke Brille, abstehende Ohren" usw. Ich dachte: „Es geht überhaupt nicht darum, wie ich mich mit ihm fühle, sondern nur um Äußerlichkeiten und Abwertung." Also genau das, was in der Schule schon so war. Ist man nicht so, wie man sein soll, dann wird man abgewertet. Da habe ich dicht gemacht. Ab einem bestimmten Punkt habe ich wenig von mir gezeigt.

Krieg

F: Der Krieg war schon Gesprächsstoff bei uns. Es wurde erzählt, was es im Krieg nicht gab und wie wenig es gab, und dass mein Vater in Gefangenschaft war. Er war ja in zwei Weltkriegen, weil er Jahrgang 1898 war. Er war zwar in Gefangenschaft, kam aber recht früh wieder zurück. Meine Mutter hatte keine Geschwister, aber einige Cousins. Sie war mit denen wie mit Geschwistern aufgewachsen. Von ihnen waren einige im Krieg gefallen, und das hat sie immer wieder sehr herausgehoben: „Der ist gefallen, und der ist gefallen." Das fiel uns erst später auf, dass da ganz viele ledige Tanten waren. Diese Männergeneration ist entweder im Ersten Weltkrieg oder im Zweiten Weltkrieg gefallen. Da gab es viele, die verlobt waren und deren Partner gefallen sind. Die zählte man dann zur Familie. Unter diesen ledigen Tanten litt man entweder, weil sie überall waren und aufpassten oder sie adoptierten einen mehr oder weniger. Das war von Person zu Person eher unterschiedlich.

M: Damals waren in der Anstalt mindestens drei oder vier Gebäude von den Franzosen als Lazarett requiriert. Da marschierten diese Verwundeten – es waren selten Franzosen, das waren meistens Soldaten aus Afrika – den Arm in der Schlinge oder mit Krücken usw. Und zu dieser Zeit gab es noch diese schweren Vergitterungen vor den geschlossenen Abteilungen und die Patienten waren noch richtig laut. Da gab es einen, der hing am Fenster und brüllte raus: „Allez, allez, travaillez! Auf nach Korea!" –

Früher haben alle nur vom Krieg geredet. Da kamen natürlich auch Schicksale zusammen. Menschen, die den Krieg psychisch nicht verkraftet haben, die verrückt geworden sind, sind in der Psychiatrie gelandet. Als kleiner Knirps habe ich da massenweise solche Leute erlebt. Immer wenn zwei oder drei Männer zusammen waren, wurde vom Krieg geredet: Der Apotheker L. war im Krieg im Feldlazarett gewesen. Oh, hat der Sachen gesehen. Grauslich, grauslich – z. B. wie man sich am besten umbringt. Ich kannte zwei Ärzte, die im Krieg in Lazaretten gearbeitet haben. Die waren beide irgendwie am Ende. Die haben ihr Leben nicht mehr wie früher weitergeführt. Die haben alles abgebrochen. Einer brachte sich dann um. Der eine hat beschrieben, wie es da zuging. Gerade diese Schmerzensschreie, die von überallher zu hören waren. Und da dann noch konzentriert zu arbeiten ... dann der dauernde Wechsel ... und gleich der Nächste wieder ... Das war ein wahnsinniger Stress für die Ärzte und die Schwestern.

M: Bei uns wurde über Krieg nicht gesprochen. Das war tabu, weil der Bruder meiner Mutter schon lange vermisst war. Mein Vater hat auch nichts erzählt. Selbst wenn man ihn fragte, wollte er nicht darüber sprechen. Dabei wollte man doch wissen, wie es war im Krieg, ob der Vater schon einmal jemanden erschossen hat, ob er mutig, ob er ein Held war, was er erlebt hat. Die Kriegszeit war, so schien es zumindest, nicht negativ besetzt. Dennoch war eine Kriegsangst da, das habe ich als Kind deutlich wahrgenommen, und das hat sich auch auf mich übertragen.

Pilot im Krieg

F: Mein Vater war Pilot im Zweiten Weltkrieg. Er muss irgendein Erlebnis gehabt haben. Ich war eine von denjenigen, die dabei saßen, wenn er erzählte, obwohl ich noch klein war. Und dann sagte er immer: „Und wenn einer vor dir steht, und er will heim, und

Am 6. August 1945 um 8.15 Uhr morgens wurde die US-amerikanische Atombombe „Little Boy" vom amerikanischen Flugzeugbomber „Enola Gay" in knapp 600 Metern Höhe zur Zündung über Hiroshima gebracht. Die Detonation tötete vermutlich mehr als 70.000 Menschen sofort und zerstörte ca. 80 % der Stadt. Bis Ende 1945 stieg die Zahl der Todesopfer auf etwa 140.000 an. Bis heute kommt es aufgrund der Spätfolgen der Verstrahlung zu Erkrankungen, wodurch sich im Laufe der Zeit die Zahl der Todesopfer offiziell auf über 245.000 erhöhte.

du willst heim, was machst du dann?" Er muss einmal in eine Situation gekommen sein, die er nie verkraftet hat. Über Krieg wurde nur gesprochen, wenn er zu viel getrunken hatte. Für mich war es schlimm, wenn die Leute vom Krieg erzählten. Wenn mein Vater erzählte, träumte ich oft davon. Ich hatte Angst, dass wir das auch erleben. Er hat nie viel erzählt, ich musste mir mehr zusammenreimen.

Von Hiroshima wurde immer gesprochen. Aber so direkt hat man nichts mitbekommen. Du hast das ja nicht im Fernsehen gesehen. Man las es mal in der Zeitung, aber das war eigentlich weit weg. Alles war weit weg.

M: Der F. war ein interessanter Mann. Wenn der mal ein bisschen Bier getrunken hatte, wurde er redselig. Dann zeigte er uns immer, wie er alleine eine Gruppe Engländer umstellt hatte.

F: Mein Mann war sechs oder sieben Jahre alt, als der Vater aus dem Krieg heimkam. Der war lange in Russland in Gefangenschaft gewesen. Er fragte sich, was der fremde Mann jetzt da auf dem Hof wolle. Sie hatten einen polnischen Zwangsarbeiter. Für ihn war der eine Art Vater. Nicht dass der etwas mit der Mutter gehabt hätte, nur vom Bezug her. Er bekam nie das innige Verhältnis zu seinem Vater. Sie verstanden sich zwar, aber ...

Lebenszusammenhänge

„Richtiggehend autoritär"

M: Ich wurde 1950 im Westend geboren. Kurz bevor ich in die Schule kam, sind wir in die Brunnenstraße gezogen. Dort haben wir gewohnt, bis ich etwa zehn war, dann sind wir in die Bechererstraße gezogen. Das war 1960. An diesen drei Stationen habe ich meine Kindheit und Jugend verbracht. In der Bechererstraße waren viele Kinder, es gab mehrere, die etwa in meinem Alter waren. Wir waren eine Clique von Kindern. Wir haben überwiegend in der Straße gespielt. Ab und zu waren wir auch mal am Schlossberg. Das ist ja eine relativ lange Straße. Wir waren immer in den Hinterhöfen. Dort hat man sich getroffen.

Ich war bis zur sechsten Klasse in der Karl-Friedrich-Schule, und dann kam ich in den letzten beiden Klassen in die Meerwein-Schule. Ich bin nicht gern in die Schule gegangen. Wir haben Tatzen oder Ohrfeigen bekommen. Damals war das normal. Ich war kein Superschüler, eher Durchschnitt. Ich komme aus einer Arbeiterfamilie. Das Gymnasium und die Kosten, die später daraus hätten entstehen können, das stand gar nicht zur Debatte. Warum ich nicht in die Mittelschule gegangen bin, kann ich nicht sagen. Die schulischen Leistungen wären ausreichend gewesen. Meine Eltern haben sich wenig um uns und die Schule gekümmert. Sie ließen uns einfach wursteln. Sie hielten uns nicht dazu an, besser zu werden. Sie kümmerten sich zu wenig um uns.

Mein Vater war im Bauhof bei der Stadt beschäftigt. Meine Mutter hat auch immer gearbeitet. Zu der Zeit war sie in der Kantine im Wehrle-Werk beschäftigt. In der Zeit hat sie öfters mal Reste vom Mittagessen mit nach Hause gebracht. Dadurch, dass sich die Eltern gar nicht so um uns gekümmert haben, hat man auch keine große Vorstellung gehabt, was man einmal

werden könnte. Es war so, dass der Vater bestimmt hat: „Du gehst jetzt ins Wehrle-Werk und lernst da Maschinenschlosser!" So war das. Mein Vater hat bestimmt, wo und was ich lerne. Das habe ich gemacht, obwohl ich keine Ahnung hatte, was das überhaupt für mich bedeutet.

Am Anfang der Lehre war es auf jeden Fall schwierig, weil ich keine Ahnung hatte, was da auf mich zukommt. Ich weiß nicht mehr, wie ich mich dann zurechtgefunden habe. Wir waren in unserem Lehrjahr 14 oder 16 Lehrlinge. Insgesamt waren über 30 Lehrlinge in der Lehrwerkstatt. Als Maschinenschlosser musste man dreieinhalb Jahre lernen. Meine Lehrzeit begann im Frühjahr 1965 und endete im Herbst 1968. Der Lehrmeister war ein alter autoritärer Knochen. Man hat sich nichts getraut, weil

Lehrlingsausflug am 12. September 1968

der sofort durchgefahren ist. Es war schwierig, obwohl man es ja nicht anders gekannt hat, schon von der Schule her. Da hat man ja auch an die Löffel bekommen.

Ich war irgendwann Jugendvertreter, während der Lehrzeit schon, am Ende der Lehrzeit oder kurz danach. Ein älterer Gewerkschafter ist gekommen und hat mich einfach in die Gewerkschaft aufgenommen, obwohl ich zu der Zeit noch keine Ahnung von „Gewerkschaft" hatte. Über Freizeitaktivitäten bei der Gewerkschaft hat es sich ergeben, dass ich langsam ein bisschen Ahnung von Politik bekam. Das war eine ganz neue Erfahrung für mich. Es hat mir Spaß gemacht, weil ich unter andere Leute gekommen bin und andere Sachen gehört und gesehen habe. Das war einfach interessant.

Wir waren ein Jahr lang in der Lehrwerkstatt. Das hieß damals: Grundlehrgang. Dann sind wir durch die einzelnen Abteilungen geschickt worden. Damals war das ja alles viel größer, vielleicht 500 Mitarbeiter. Die ganzen Abteilungen waren vollgestopft mit Leuten.

Anfang oder Mitte der Sechziger Jahre hatten wir einen Fernseher. Ich weiß noch, dass ich vorher oft zum C. gegangen bin, um fernzusehen. Ich war damals Beatles- und Stones-Fan. Aber in der Familie interessierte sich niemand dafür. Die hatten davon keine Ahnung. Das war meine Welt, in die ich mich verkrochen habe. Bis vierzehn, fünfzehn hatte ich kein eigenes Zimmer. Ich habe im Elternschlafzimmer geschlafen. Erst als meine Schwester das Mansardenzimmer räumte, hatte ich ein eigenes Zimmer. Ich weiß, dass mein Vater nicht so scharf darauf war, aber ich habe schon immer Freunde mit nach Hause gebracht. Als ich noch kein eigenes Zimmer hatte, hielten wir uns in der Küche oder im Wohnzimmer auf. Die Küche war relativ groß, und als ich noch kleiner war, hat man die meiste Zeit des Tages in der Küche verbracht. Nur wenn Besuch kam, ging man ins Wohnzimmer. Erst später, als der Fernseher kam, war man auch öfters im Wohnzimmer. Und später, als ich mein eigenes Zimmer hatte, waren wir mehr in meinem Zimmer. Da musste ich nicht einmal durch die elterliche Wohnung gehen, da konnte ich durchwitschen.

Als ich kleiner war, habe ich ab und zu Schläge bekommen, aber als ich etwa zwölf war, kam das im Elternhaus nicht mehr vor. Viele meiner Freunde wurden viel später immer noch geschlagen. Als ich mit fünfzehn, sechzehn abends weggehen wollte, machte ich das einfach. Wenn ich später als 24 Uhr heimkam, stand die Mutter gleich da und schimpfte. Am anderen Tag schimpfte auch der Vater. Er schimpfte und schimpfte. Und dann war es wieder gut. Und am nächsten Wochenende machte ich es eben wieder. Im „Scotch" war ich auch. Es war eine Erfahrung von Freiheit gegenüber vorher. Wir gingen da hin und erlebten Dinge, die vorher unvorstellbar gewesen waren. Es war nichts Schlimmes, aber es war vorher einfach unvorstellbar. Es ging nicht mal um Alkohol, aber es war eine gewisse Freiheit. Da konnten wir machen, was wir wollten. Keiner hat uns bevormundet.

Im Falkenkeller war ich auch mal, ich kann mich noch dunkel daran erinnern. In dieser Zeit waren wir öfter in der Hebelstraße. Da hatten wir einen Raum, wo sich die Gewerkschaftsjugend traf.

Lehrlingsausflug

Freundinnen habe ich erst später mit nach Hause gebracht. Das war eigentlich kein größeres Problem, weil ich ja das Mansardenzimmer hatte, sodass meine Eltern das gar nicht wussten. Manchmal sagte meine Mutter: „War wieder eine da?" Aber das war nichts Dramatisches.

Hobbys hatte ich keine. Ich habe gern gesungen und obwohl ich gerne Gitarre gespielt hätte, habe ich nie eine bekommen. Geld hatte man als Jugendlicher keines. Die paar Kröten, die man als Lehrling bekommen hat, musste man zum Teil zu Hause abgeben. Es war sicherlich die finanzielle Situation, als Arbeiterfamilie hatten wir nicht viel Geld. Es war eine finanzielle Sache und auch die Interesselosigkeit der Eltern. Ich weiß nicht, ob sie selbst so interesselos waren oder ob sie nur uns gegenüber so waren. Sicherlich wussten sie nichts anderes. Sie haben es ja selbst auch so erfahren. Die Eltern meiner Mutter waren Landwirte. Sie machten nichts anderes wie Hofwirtschaft.

Ich war eher schüchtern oder zurückhaltend. Das liegt an der Erziehung, weil keiner mal gesagt hat: „Jetzt mach mal dieses oder jenes, und ich helfe dir dabei!", oder „Ich zeig dir, wie es geht!"

Ich war Ministrant, obwohl wir keine besonders gläubige Familie waren. Meine Eltern sind selten in die Kirche gegangen. Ich weiß nicht, warum ich zu den Ministranten gegangen bin. Der C. war unser Ministrantenpfarrer. Wir haben uns in einem Raum getroffen, ich weiß nicht mehr wo. Ich habe positive Erinnerungen daran. Natürlich war der C. ein strenger Hund, aber das hat man ja gekannt. Da war er nicht anders als mein Vater und mein Lehrmeister. Ich musste ein bisschen Latein lernen. Ich hatte ja von Tuten und Blasen keine Ahnung. Dementsprechend ist es mir schwergefallen, und ich hatte keine große Lust dazu.

Unfall mit dem NSU-Prinz am 28. September 1969

Ich habe immer nur das Nötigste gemacht. Wir sind abgehört worden, und wenn wir es nicht konnten, wurden wir immer zusammengeschissen. Das ganze Pipapo an der katholischen Kirche hat mich einfach gestört. Als Ministrant habe ich irgendwann aufgehört. Als ich sechzehn geworden bin, habe ich erkannt, dass das ja furchtbar war: die katholische Kirche an sich, die Zusammenhänge mit dem Papst, dass der bestimmt, und dass man kuschen muss. Ich habe das so empfunden. Das war der Grund, warum ich aus der Kirche ausgetreten bin. 1972 bin ich ausgetreten, als ich politisch ein bisschen engagierter war.

Wir waren in der Unterstadt eher für uns. Wir sind mit der Oberstadt am Anfang gar nicht in Kontakt gekommen. Nach Freiburg bin ich erst gekommen, als ich gewerkschaftlich aktiv war und ein eigenes Auto hatte. Gleich mit 18 machte ich den Führerschein und erlangte so ein Stück Freiheit. Mit achtzehneinhalb war ich mit der Lehre fertig.

Die Sechziger Jahre waren keine schöne Zeit für mich. Das Elternhaus war nicht so besonders, die Lehre war nicht so besonders. Bis 23 bin ich Jugendvertreter gewesen, aber es gab nie den großen Konflikt bei uns. Das hat sich erst später abgespielt, als ich als Betriebsrat aktiv war. Das war weit in den Siebzigern. In den Sechzigern war nichts Weltbewegendes oder Dramatisches.

„Was passiert da?"

M: Als ich in die Schule kam, bauten meine Eltern das Haus am Kurzarm. Ich war zuerst in der Markgrafenschule. In der Volksschule war ich gut. Dann kam ich auf das Gymnasium. Da kam ich allerdings in die Bredouille, weil von mir erwartet wurde, dass ich genauso gut bin wie meine Geschwister. Ich habe mir im Nachhinein wahnsinnig viele Gedanken gemacht, warum ich auf dem Gymnasium so hoffnungslos absegelte. Das war einfach eine Zeit, in der es bei uns zu Hause absolut drunter und drüber ging. Da gab es Auseinandersetzungen zwischen den Eltern. Und ich saß tagsüber in der Schule und dachte nur daran, was jetzt wohl gerade zu Hause passierte. „Was passiert da?" Und ich bin total abgesegelt. In der Quarta blieb ich sitzen. Meine Eltern hörten von den Eltern eines Mitschülers: „Ihr müsst den nach Freiburg auf das Rotteck-Gymnasium schicken. Die sind da mit dem Lehrstoff weit hinterher, da wird er besser." Die Quarta wiederholte ich erfolgreich und sollte trotzdem auf das Rotteck-Gymnasium. Das war für mich der absolute Untergang. Ich kannte dort keinen Menschen. Dieses Jahr war schrecklich für mich. Meine Leistungen wurden immer schlechter, und dann hieß es: „So, jetzt musst du vom Gymnasium runter!" Dann war die große Frage: „Was macht man nun?" Gravierend für diese Zeit war, dass meine Eltern an keinem Sprechtag und bei keiner Elternversammlung anwesend waren. Erst als das Kind in den Brunnen gefallen war, wurde aufgeschrien: „Was machen wir jetzt?" Ich hatte keine Ahnung, was ich beruflich machen wollte. Ich dachte: „Irgendwie wird das mit der Schule schon weitergehen." Aber es ging nicht weiter. – Mein Vater holte mich von der Abschlussversammlung auf dem Rotteck-Gymnasium ab und machte mir im Auto von Freiburg bis Emmendingen die Hölle heiß und sagte: „Egal was passiert, jetzt wird eine Lehre gemacht! Überleg dir kurz und schmerzlos, was du werden willst." Ich hatte keine Ahnung! Dann überlegten die für mich: „Ja, du hast doch schon einmal Radios gebastelt." – „Ja, schon, aber, hm ..." Dann überlegte ich mir wirklich, was ich gerne machen wollte. Früher hatten wir im Keller eine kleine Werkstatt, und ich dachte daran, dass ich wahnsinnig viel mit Holz gemacht hatte. Ich wäre gerne Schreiner geworden. „Schreiner? Bist du verrückt? Die Zukunft liegt bei der Elektronik!" – „Ja, aber ich wäre gerne Schreiner." – „Schreiner? – Schreiner, das gibt es nicht!" Dann fragte mein Vater, was ich noch gerne werden würde. „Fotograf!" – „Fotograf? – Brotloses Gewerbe! Gibt es nicht." Dann sagte mein Vater, dass das eigentlich ganz gut passen würde: Der L. wird Maschinenbauer, der K. wird Werkzeugmacher, und du wirst Elektroniker. Und das gibt einen tollen Familienbetrieb. Ich hatte gar keine Wahl, das wurde bestimmt. Mein Vater schrieb Betriebe an, um in Erfahrung zu bringen, wo Lehrstellen frei waren. Wir brachten dann eine Tour hinter uns, die ging tagelang. Und das war Wahnsinn, weil ich an Radio- und Fernsehtechnik überhaupt kein Interesse hatte. Ich wäre zu jedem Schreiner gegangen und hätte sofort angefangen. Aber nein, ich musste Radio- und Fernsehtechniker werden. Da waren wirklich quälende Momente dabei. Ich weiß noch, wie das bei der Firma Intermetall in Freiburg war. Da musste ich in ein Zimmer rein, mich hinsetzen und aus dem Stand eine Prüfung machen, die sich gewaschen hatte. Und draußen wartete mein Vater. Und das war eine Katastrophe! Das war wirklich eine Katastrophe! Ich hatte doch von der Materie überhaupt keine Ahnung. Auf jeden Fall nahm mich die Firma Radio Lauber als Lehrling, unter der Bedingung, dass ich ein halbes Jahr als Anlernling für einen lächerlichen Lohn arbeitete. Mein Vater sagte zu, und ich musste das machen. Ich zog das durch und machte meinen Gesellenbrief noch nicht einmal so schlecht. Aber Spaß machte mir das nie. Das war die Situation, in der ich damals aufwuchs. Bei uns zu Hause war es einfach problematisch. Ich habe nie richtig durchschaut, warum das so war, und was da so alles passierte. Ich ergriff oft die Flucht und ging zu Freunden und Kumpels. Einfach weg. Und meine großen Geschwister handhabten das genauso. Die schnappten ihre Jacken und gingen weg. Darüber konnte ich mit niemandem reden. Mein Vater sprach mit mir nie über seine berufliche Situation. In der Grundschule wurde ich, wie alle anderen auch, gefragt: „Was ist dein Vater von Beruf?" Ich wusste nicht, was ich sagen sollte. Ich kam nach Hause und sagte: „Ich müsste wissen, was du von Beruf bist." – „Wer will das wissen?" – „Ich muss denen halt etwas sagen." – „Dann sag: Technischer Kaufmann." Und das sage ich bis heute. Was er wirklich einmal gelernt hatte oder war, davon habe ich keine Ahnung. Darüber wurde nicht gesprochen. Und als Letztgeborener lief ich da einfach so mit. Und so empfand ich das auch. Da ist einiges schiefgelaufen. Das war ein riesiger Druck, dem ich da ausgesetzt war. Dass das nicht spurlos an mir vorübergegangen ist, merkte ich erst später. Ich war froh, als ich von zu Hause ausziehen und für mich sein konnte. Darauf hatte ich mich wahnsinnig gefreut. Da lebte ich erst einmal das, was ich damals unter Leben verstand. Ich musste mir gleich ein Auto leisten, den ersten VW-Käfer. Ich hatte manchmal nichts zu essen, aber es war trotzdem klasse. Auch wenn ich gerade noch eine Dose Erbsen mit gelben Rüben für zwei Tage hatte, war mir das echt wurst. Das nahm ich in Kauf. Als ich später die H. kennengelernt hatte, unterstützte die mich manchmal so ein bisschen. Das war die erste große Liebe. Und das war die Zeit, in der ich anfing so richtig zu leben. So kann man das sagen. Das war 1966, da war ich neunzehn.

„Heute wieder 5.000 abgehauen!"

M: Ein Großteil der Verwandtschaft väterlicherseits lebte ja in der DDR, darunter auch mein Großvater. Der war Förster. Und 1961 war ich mit drei Geschwistern beim Großvater in Ferien im Thüringer Wald. Das ist eine sehr schöne Gegend. Der 13. August, als der Mauerbau anfing, war ja ein Sonntag. Und wir sahen das im DDR-Fernsehen. Das wurde übertragen. Wir sahen am Sonntagmorgen, wie sie am Brandenburger Tor anfingen, die Straßen aufzureißen und die Fundamente für die Mauer zu legen. Aber plötzlich wurde die Übertragung unterbrochen. Wir dachten uns nicht viel dabei, aber meine Eltern hatten einen Riesenhorror.

Die Bildzeitung veranstaltete damals eine Riesenkampagne. Ich möchte fast sagen, dass die versuchten, den Dritten Weltkrieg herbeizuhetzen. Und das war sicher auch einer der Gründe für den Mauerbau. Damals gab es ja diese Massenflucht aus der DDR über Berlin. Das war ja ganz einfach. Man musste nur von Ostberlin aus mit der U-Bahn in den Westen fahren. Wenn ich mich richtig entsinne, gab die Bildzeitung jeden Morgen eine Zahl von Flüchtlingen bekannt: „Heute wieder 5.000 abgehauen!" Und das jeden Morgen in einer großen Balkenüberschrift. Ich glaube, wir sollten zwei oder drei Tage später wieder zurückkommen. Meine Tante, die damals reisen durfte, sollte uns zurückbegleiten. Der Großvater musste daheim bleiben, als Garantie dafür, dass sie zurückkehrte. Aber die durfte plötzlich auch nicht mehr ausreisen. Wir sind dann alleine gefahren. Und meine Eltern wussten nicht, was los war, bis wir endlich zurück waren. Es gab keine Möglichkeit zu telefonieren oder zu schreiben. Da waren sämtliche Verbindungen gekappt.

In Berlin fuhren die amerikanischen Panzer auf. Man dachte damals, dass es einen Atomkrieg geben würde, wenn die Amerikaner versuchen würden, den Mauerbau zu verhindern. An die Rückreise erinnere ich mich nicht. Das ist viele Jahre her. Erst als wir sahen, wie unsere Eltern sich freuten, als wir wieder da waren und als uns erzählt wurde, was sie in den paar Tagen, also zwischen dem Sonntag des Mauerbaus und dem Mittwoch unserer Rückkehr durchgemacht hatten, wurde uns klar, was da los war und welche Ängste sie ausgestanden hatten.

Da gibt es noch meine gleichaltrige Cousine, die Tochter meiner Tante im Thüringer Wald. Und diese Cousine wollte damals weg aus der DDR. Die hatte einen eigenen Kopf und war nicht in der FDJ und auch sonst nirgends mit dabei. Weil sie aber sehr talentiert war, bekam sie trotzdem einen Studienplatz in Kunstgeschichte in Berlin. Wir schrieben uns immer Briefe. Aber über politische Dinge oder dass man von da abhauen wollte, konnte man ja nicht schreiben. 1972 war ich mit dem B. und dem R. in Berlin. Wir gingen nach Ostberlin, und da traf ich meine Cousine. Sie erzählte mir, dass sie abhauen wolle und das möglichst bald. Sie war in Gefahr von der Uni zu fliegen, weil sie das Maul nicht gehalten hatte. Da dachte ich: „Warum nicht?" Dann haben wir das geplant, und ich fand den Plan gar nicht so schlecht. Ich habe gleich Passbilder von ihr mitgenommen. Und der R. erzählte mir, dass er über einen Bekannten die Möglichkeit hätte, an einen falschen Pass zu kommen. Die Idee war gar nicht so dämlich. Wir wollten natürlich nicht über die DDR-Grenze, die war ja hermetisch abgeriegelt. Da gab es kein Durchkommen. Aber die Grenze von Ungarn, wohin die ja reisen durften, nach Jugoslawien war nicht sehr dicht. Also wenn man sich nicht allzu blöd anstellte, konnte man nachts nach Jugoslawien, aber die Jugoslawen sperrten an der Grenze natürlich jeden ein, der keinen gültigen Pass hatte und schoben ihn ab. Deshalb bestand der Plan darin, sich einen westdeutschen Pass mit einem jugoslawischen Einreisevisum und ihrem Passbild zu kaufen. Da wir nicht telefonieren und nicht schreiben konnten, fuhr ich mit dem K. und der N. an Ostern 1973 nach Ungarn. Dort trafen wir meine Cousine. Ich hatte die Absicht, mit ihr die Details zu besprechen. Die Geschichte sollte in den Sommerferien, wenn viele Touristen unterwegs waren, über die Bühne gehen. Damals machte ja halb Westdeutschland in Jugoslawien Urlaub. Als wir da hinkamen, war meine Cousine mit ihrem Freund da und war in totaler Panik. Sie stünde kurz davor, von der Uni zu fliegen, und sie würde jetzt abhauen, und ihr Freund würde das Gleiche tun. Außerdem wüsste sie, dass es ganz einfach wäre, über die Grenze zu kommen. Das Einzige, was sie von uns wollte, war, dass wir sie in die Nähe der Grenze brächten. Dann sollten wir rüber fahren und auf der anderen Seite warten. Wir dachten: „Warum nicht?" – Budapest ist ja eine sehr schöne Stadt. Das war ein lustiges Osterwochenende, aber wir wurden längst überwacht. Meine Cousine hatte in Budapest eine Wohnung für uns alle bei Privatleuten gemietet. Aber man musste den Pass abgeben, wenn man sich als Ausländer einmietete. Der wurde zur Polizei gebracht. Die ahnten schon, dass wir irgendwas im Schilde führten. Wir hatten relativ viel ungarischen Wein getrunken und fuhren in feucht-fröhlicher Stimmung los und brachten sie bis kurz vor die Grenze. Später, im Knast, erfuhr ich, dass in der Nacht von Ostersonntag auf Ostermontag halb Ungarn versucht hatte, über diese Grenze zu kommen. Und diese Leute, die das versucht hatten, traf ich alle im Knast. Das heißt, dass die Grenze komplett abgeriegelt war. Das heißt, dass die auch Leute wie uns, die gültige Pässe hatten, zur Vorsicht festhielten. Wir wurden erst einmal im Zollgebäude festgehalten. Die haben uns einfach aus dem Auto geholt, setzten uns in einen Raum, nahmen uns die Pässe ab und sagten, wir sollen einen Augenblick warten. Wir warteten drei oder vier Stunden, und in der Zeit haben sie meine Cousine geschnappt. Ihr Freund hatte das am Nachmittag an derselben Stelle schon probiert. Das war in Sopron am Neusiedler See an der österreichisch-ungarischen Grenze. Die Grenze war keineswegs leicht zu überqueren. Ich war später mit Ungarn in der Zelle, die es auch versucht hatten und schlauer anfingen als wir. Auch die wurden erwischt. Die haben mir genau aufgezeichnet, wie die Grenze aussah. Die war mit Hunden und allem Möglichen, wie einem Elektrozaun, gesichert. Da konnte man nicht einfach die Reisetasche nehmen und zu Fuß rübergehen. Irgendwann haben sie uns offiziell verhaftet. Für mich hat die Haft ein halbes Jahr gedauert. Ostern lag spät in diesem Jahr, Ende April. Ich saß bis Ende Oktober ein. Die N. hatte daheim ein kleines Kind, die ließen sie nach zwei, drei Wochen, nachdem die ersten Verhöre abgeschlossen waren, nach Hause. Den K. verurteilten sie zu fünf Monaten und mich zu sechs. Meine Cousine wurde in die DDR abgeschoben und da zu zwei Jahren verurteilt. Meine Eltern haben sich um ihren Freikauf über diesen Rechtsanwalt Vogel bemüht. Die Bundesrepublik kaufte ja jeden Monat mehrere Busladungen von – meist wegen Fluchtversuch verurteilten – DDR-Häftlingen frei. Meine Cousine hatte bei ihrer Gerichtsverhandlung in der DDR zu den Richtern gesagt, dass sie nach ihrer Haft gleich wieder versuchen würde, in den Westen zu kommen. An solchen Leuten hatte die DDR wenig Interesse; die DDR bekam dreißig- oder vierzigtausend Mark aus Bonn, je nach Ausbildung des Betreffenden. Ich war Ende Oktober daheim, und meine Cousine kam noch vor Weihnachten zu uns. Und so gesehen ging das eigentlich relativ gut aus.

Ich musste ein halbes Jahr in Ungarn im Knast absitzen, und das war nicht lustig. Die haben uns gut behandelt, das muss man schon sagen. Aber trotzdem: Knast! Das Schlimmste war, nicht zu wissen, wann man rauskommt. Das war alles unsicher. Wir hatten zwei Verhandlungen. Bei der ersten Verhandlung wurden wir zu fünf und sechs Monaten verurteilt. Der Staatsanwalt ging aber in Berufung. Von Mitgefangenen erfuhren wir, dass eine zweite Verhandlung in der Regel eine doppelt so lange Strafe bedeuten würde. Aber wir hatten Glück, dass das zur Zeit der Entspannungspolitik passierte. In Ungarn gab es damals keinen Botschafter, sondern nur eine Handelsmission, die uns ein bisschen betreut hat. Aber ich muss sagen, dass die das sehr schlecht machten. Es hieß immer, dass es bald eine Amnestie geben würde. Das war unsere Hoffnung. Die Ungarn orientierten sich an den Verhandlungen mit der Tschechoslowakei, und die waren sehr schwierig wegen des Münchner Abkommens. Deswegen zog sich das sehr lange hin.

Die Haftbedingungen waren sehr unterschiedlich. Wir sind fast in ganz Ungarn herumkutschiert worden. Zuerst waren wir in Sopron, danach wurden wir nach Györ gebracht. Das ist die Bezirkshauptstadt. Das liegt ungefähr auf der halben Strecke zwischen der Grenze und Budapest. Da waren wir in Dreier-Zellen. Ich war mit einem Jugoslawen, so einem Mafia-Typen, und einem kleinen Ungarn, der wegen einem Fluchtversuch einsaß, in einer Zelle. Nein! Moment. Langsam. Von der Grenze kamen wir erst nach Budapest in einen ganz berüchtigten Knast, die Fö Utca. Utca heißt Straße. Wie ich so nach und nach erfahren habe, hatte dieses Gefängnis 1956 beim Aufstand der Ungarn eine große Rolle gespielt. Da drin sind sehr viele Leute verschwunden. Die Ungarn nannten dieses Gefängnis Fleischwolf, weil da so viele Leute reingekommen waren, von denen man später Leichenteile in der Donau fand. Solche Geschichten gab es da. Das war ein total durchorganisierter Knast wie in „1984" von George Orwell. Das Ziel war, dass der Insasse niemanden sieht, außer den zwei oder drei Leuten, die ihn verhören und den drei Wächtern, die sich in einem Acht-Stunden-Rhythmus abwechselten. Da war man in einer Einzelzelle. Es gab ein System mit Lampen: Wenn ein Wächter mit einem Gefangenen auf dem Flur war, drückte er irgendwo auf einen Knopf, dann blinkte in den anderen Treppenhäusern ein Licht. Und während dieses Licht blinkte, wurde kein anderer Gefangener herausgeführt. So sah man als Insasse nie einen anderen Insassen, sondern nur die Wächter. Man durfte nur auf dem Rücken schlafen. Andauernd wurde man geweckt. Die Hände mussten auf der Decke liegen. Wenn sie dich auf der Seite liegen sahen, wummerten sie gegen die Tür. Wenn sie dich zwei oder drei Mal dabei erwischten, wie du auf der Seite lagst, machten sie einen Scheinwerfer an, der über der Tür hing, und der leuchtete einem genau ins Gesicht. Da konnte man überhaupt nicht mehr pennen. Es war so schon schwer genug. Es gab nachts Verhöre. Die müssen ja ziemlich schnell gemerkt haben, dass wir harmlose kleine Knaben waren. Aber die zogen trotzdem dieses ganze Programm durch, wahrscheinlich aus Routine. Die wollten irgendwelche Hintermänner herauskitzeln, oder sie wollten wissen, ob wir bei einer Fluchthilfeorganisation tätig wären. Ich habe da außer den Wächtern niemanden gesehen. Das war Isolationshaft. Das ging sechs Wochen lang. In der Zeit hatte ich nur ein Buch. Das las ich in der Zeit ungefähr

25 Mal. Das war eine Biographie der Isabella von Spanien, die die Reconquista vollendet hatte. Das heißt, sie hat die Mauren aus Spanien vertrieben. Auf jeden Fall weiß ich seither ziemlich viel über diese Dame. Damals rauchten wir ja, und von dem Untersuchungsoffizier bekam man zehn Zigaretten, wenn man schön brav in seinem Sinne ausgesagt hat. Aber Feuer gab es keines. Man musste dann von innen an die Zellentür klopfen. Es gab ein Guckloch mit einem Gitter, da musste man die Zigarette dranhalten. Der Wächter draußen hielt einem ein brennendes Streichholz dran, wenn er Lust hatte. Wenn er nicht wollte, kam er nicht. Mit den zehn Zigaretten teilte man sich den Tag ein. Die haben uns ganz früh geweckt. Um halb fünf mussten wir aufstehen und durften nicht mehr auf dem Bett liegen. Das war verboten. Wie Albert Speer unternahm ich Wanderungen durch die Zelle. Die Zelle war ziemlich lang und schmal. Vielleicht fünf oder sechs Meter. Dann stellte ich mir vor, wie lange der Weg von Windenreute nach Emmendingen zur Schule ist, oder so etwas Ähnliches, und ging in Gedanken diesen Weg. Das sind dreieinhalb Kilometer. Und das konnte man ausrechnen: sechs Schritte. Wie viele Schritte muss ich machen, bis ich dreieinhalb Kilometer gelaufen bin? Dann stellte ich mir vor, wie ich durch das Dorf laufe, dann am Brettenbach entlang, solche Sachen. Man muss einfach die Zeit herumkriegen. Ich habe die Bilder aus dem Gedächtnis geholt, einfach um da weg zu sein. Man konnte auch nicht aus dem Fenster sehen, weil es mit einem sehr dichten Gitter versehen war. Man hörte nur die Tauben und Straßenlärm. Ich wusste nicht, wo ich bin, und was da ist. Dann haben sie uns nach Györ verfrachtet. Da waren wir in dieser Dreimann-Zelle. Wir waren getrennt. Mein Freund war in einer Zelle am anderen Ende des Flurs. Da ging es ebenfalls streng und sehr militärisch zu. Vormittags mussten wir im Gefängnishof eine Stunde militärisch im Karree laufen. Alle Gefangenen im Gleichschritt mit Kommandos wie bei der Bundeswehr. So ähnlich war das. Aber irgendwie war das nicht richtig organisiert. Die haben uns ganz streng auseinandergehalten, dann wurden wir aber zur Verhandlung wieder nach Budapest gefahren, und da haben sie uns zusammengekettet, sodass wir Gelegenheit hatten, miteinander zu reden. Die Transporte waren übrigens das Schlimmste, was ich da erlebt habe. Wir wurden in grauen Kästen im glühendheißen Sommer durch Ungarn gefahren. Die fuhren noch zu anderen Gefängnissen und stopften den Wagen immer voller. Da war in der Ecke nur ein Eimer, in den man pinkeln konnte. Das stank dementsprechend. Wenn die eine Pause machten, ließen sie den Gefangenentransporter einfach in der prallen Sonne stehen. Da drin hatte es dann fünfzig Grad oder mehr. Diese Gefangenen kamen in ein zentrales Gefängnis bei Budapest. Gyütö hieß das. Das muss in der Nähe des Flughafens gewesen sein, man sah dauernd Flugzeuge starten und landen. Das war ein Knast wie „Sing Sing" in New York, so sternförmig. Da war es unglaublich dreckig, zu essen gab es nichts. Von dem Gefängnis, aus dem man abtransportiert worden war, hatte man eine Tagesration mitbekommen. Speck, der nur aus Fett bestand und eine Art Marmelade in Blockform, die steinhart war, und ein Stück Brot. Manchmal ging der Transport nicht weiter, dann saß man ohne Verpflegung irgendwo in einem unglaublich verlausten, verwanzten, verdreckten Knast. Die elektrisch gesteuerten Türen knallten auf, man bekam einen Krug Wasser, mehr gab es nicht den Tag über. Das war eine große Scheiße. Da sah ich viel Elend, wie die Ungarn ihre eigenen Landsleute sehr schlecht behandelt haben. Ich habe da einen Suizidversuch mitangesehen und lauter ziemlich üble Geschichten. In Sopron wurden wir dann in einer ersten Verhandlung verknackt und kamen nach Vac, ein altes Kloster am Donauknie. Dort hatten sie eine Ausländerabteilung eingerichtet, weil es vorher

mit Amis und Kanadiern irgendwelche Skandale gegeben hatte. Die Gefangenen mussten in der Landwirtschaft arbeiten und waren ziemlich übel hergenommen worden. Und dass die Ungarn Gefangene misshandeln, hatte in den Sechziger Jahren weltweit Aufsehen erregt. Daraufhin haben sie diesen Ausländerknast eingerichtet. Das war eine Abteilung in einem riesigen Gefängnis mit mehreren tausend Gefangenen. Ein Teil der Gefangenen hatte blauweißgestreifte Anzüge an, wie die Gefangenen in Auschwitz. Es gab vier verschiedene Kategorien, zu denen man verurteilt werden konnte: Gefängnis, Kerker, schwerer Kerker, wie die letzte hieß, weiß ich nicht mehr. Und je nachdem, wozu man verurteilt worden war, hatte man einen entsprechenden Anzug an, sodass die Wächter die Leute unterscheiden konnten. Den einen Anzug nannten sie makós, das heißt Mohn. Die waren so krisselig eingefärbt, ein bisschen wie eine Jeans, mit mehr weiß drin. Davon gab es zwei Varianten, und dann gab es noch einen mit schmalen Streifen und den mit den breiten Streifen. Das waren die, die zu schwerem Kerker verurteilt worden waren. Das war die schlimmste Kategorie. Daran hingen auch die Vergünstigungen. Wie oft man Besuch bekommen, ob man Päckchen erhalten durfte usw. Es gab je nach Schwere der Strafe verschiedene Einschränkungen. Die Gefangenen arbeiteten zwar zusammen, aber der eine durfte für 120 Forint (damals ca. 12 DM) einkaufen, der andere vielleicht nur für 40 Forint.

Wir waren nur zu Gefängnis verurteilt worden. Der Oberkalfaktor in Vac war ein Schwabe, der für die Amis spioniert hatte. Den hatten sie 1956 erst zum Tode verurteilt, und diese Strafe wurde dann zu zwanzig Jahren umgewandelt. Der sollte 1975 oder 1976 rauskommen. Der hatte sich auf Kosten anderer Gefangener Vorteile verschafft, um selber zu überleben. Den haben dann hier einige Verfahren erwartet, von ehemaligen Mitgefangenen, die Klage gegen ihn eingereicht hatten. Ich kann das verstehen, er musste das einfach machen, sonst wäre er längst tot gewesen. Zu uns war er eigentlich ganz nett. Wir hatten ziemlich lange Haare, und den Ehrgeiz, sie nicht schneiden zu lassen. Wir hatten das auch in beiden Verhandlungen angesprochen. Wir sagten, dass wir in einer Rockband spielten, und dass das unser einziger Lebensunterhalt wäre. Und wir schafften es in beiden Verhandlungen, dass sie uns die Haare nicht abschnitten. Ich saß drei Mal auf dem Friseurstuhl und bin jedes Mal wieder „ungeschoren" davon heruntergestiegen. Wegen der langen Haare durften wir auch in Zivil bleiben. „Hooligans" nannten uns die Wächter. So eine Matte passte nicht zu ihrer schönen Gefängnisuniform. Und deshalb mussten wir auch nicht arbeiten. Aber eigentlich war das schlecht, weil man besser unter Leute kam, wenn man arbeitete. Die Ausländer hatten ganz leichte Arbeiten, die mussten Briefmarkenspiegel kleben. Die konnte man damals in jedem Schreibwarenladen kaufen. Das ist so eine Pappe, darauf kleben gebrauchte Briefmarken und hinten ist eine Plastiktasche, in der noch hundert Stück drin sind. Das schenkte man Kindern, die mit einer Briefmarkensammlung anfangen wollten. Die anderen Gefangenen waren tagsüber in einem Raum und machten die Briefmarkenspiegel, mit denen hätten wir zusammen kommen können. Außerdem bekam man Vergünstigungen. Wenn man hundert Prozent vom Arbeitssoll erfüllt hatte, durfte man z. B. zwei Mal in der Woche duschen, oder man durfte öfter einkaufen. Das war ja wichtig, wegen der Zigaretten. Wir wurden ständig hin- und hertransportiert und kamen selten zum Einkaufen. Im einen Knast war der Einkauf morgens, aber da wurden wir abtransportiert und wenn wir dann im nächsten ankamen, war der Einkauf gerade vorbei. Für die 120 Forint, für die man einkaufen durfte, hat man sehr viele Zigaretten gekriegt. Das Geld kam von den Eltern, sie haben das überwiesen. Sie haben uns auch einmal besucht. Sie sind mit dem Auto da hingefahren, und dann konnte ich eine halbe Stunde mit ihnen reden. Das meiste Geld ist verschwunden. Wichtig war auch, dass die Handelsmission uns Pakete schickte. Da waren Marlboro drin und für ein Päckchen Marlboro konnte man 40 Päckchen der billigsten ungarischen Zigaretten eintauschen. Die hießen Munkas, das bedeutet Arbeiter. Da gab es ein sehr hartes Klopapier und damit konnte man sehr gut Zigaretten drehen. Um den Hintern damit abzuwischen, war es weniger gut geeignet, weil es so glatt war. Die Zigaretten waren ungefähr doppelt so stark wie Roth-Händle ohne Filter. Das war ein übles Kraut. Die Kippen haben wir dann aufgedröselt. Den Tabak haben wir ein paar Tage eingeweicht und in der Zelle auf dem Fenstersims getrocknet. Dann haben wir daraus wieder Zigaretten gedreht. Das war unser eiserner Vorrat. Wir wussten ja nie, wann wir wieder einkaufen können. Wir haben auch unsere Jeans verkauft für Zigaretten.

Wir wurden im August wieder nach Budapest zur zweiten Verhandlung transportiert. Zuerst waren wir ja in Budapest in Fö Utca, dann wurden wir nach Györ gebracht. Die erste Verhandlung war dann in Sopron, an dem Ort, wo unser Vergehen passiert war. Dann wurden wir wieder nach Györ gebracht, und von dort kamen wir nach Vac in den Ausländerknast. Die Berufungsverhandlung war dann wieder in Györ. Also: Budapest, Györ, wieder Budapest und dann waren wir bis zum Schluss in Vac. Mein Freund durfte dann nach fünf Monaten nach Hause. Mit seinem schönen alten Karman-Ghia waren wir nach Ungarn gefahren. Und in der Zwischenzeit war die ungarische Polizei fast ein halbes Jahr lang damit herumgefahren. Der Auspufftopf lag auf dem Rücksitz usw. K. fuhr dann ohne Auspufftopf bis nach Deutschland. Er wurde natürlich alle fünfzig Kilometer angehalten. Am Anfang bestand er wohl darauf, dass sie ihm das reparierten. Die sagten, ja, das könnten sie wohl machen, aber da er aus Ungarn ausgewiesen worden sei, müsse er so lange im Knast warten, bis das Auto repariert worden sei. Wir waren auf Lebenszeit aus Ungarn ausgewiesen worden, mit dem entsprechenden Stempel im Pass. Er fuhr dann lieber mit dem kaputten Auspuff heim. Nach der Berufungsverhandlung war eigentlich klar, wann ich rauskomme, aber ich traute denen nicht mehr. Da war so viel, was da versprochen, dann aber nicht eingehalten worden war. Für mich war die Entlassung meines Freundes schon ein Hoffnungsschimmer, obwohl ich ja nicht wusste, ob er tatsächlich heimkam. Er hatte unsere Zelle verlassen und dann habe ich nichts mehr von ihm gehört. Kurz vor meiner Entlassung besuchte mich dann einer von der deutschen Handelsmission und sagte mir, dass mit meinem Freund alles glatt gelaufen wäre, und dass er daheim sei. Da hatte ich schon Hoffnung, aber wie gesagt: Man wusste ja nie. Jeden Tag konnte politisch etwas passieren. Man hat kein Vertrauen mehr in die Verlässlichkeit der Welt, wenn man so etwas erlebt hat. Am Anfang hatte es Verständigungsprobleme gegeben, aber als ich dann mit Ungarn zusammen war, lernte ich sehr schnell, mich auf Ungarisch zu verständigen. Ungarisch ist eine sehr schwierige Sprache. Da gibt es keinerlei Bezug zur deutschen oder anderen europäischen Sprachen. Ich glaube, mit Finnisch ist Ungarisch verwandt. Aber ich konnte mich gut verständigen. Meine Mitgefangenen machten immer das Bett für mich, weil ich nicht so gut Betten bauen konnte. Das war da wie beim Militär. Wenn das Bett nicht gut gebaut war, konnte man großen Ärger bekommen. Gerade dieser kleine Ungar, mit dem ich in Györ einsaß, kümmerte sich rührend um mich. Ich musste ihn halt immer beim Schachspielen gewinnen lassen, sonst redete er drei Tage lang nicht mit mir. Ich musste es so anstellen, dass er nicht merkte, dass ich ihn gewinnen ließ. Ich hatte nichts! In Györ gab es keine deutschen Bücher, wohingegen es in Vac eine richtige Bibliothek gab. Da gab es die ganze Weltliteratur. Ich las enorm viel und spielte Schach mit meinem Freund. Irgendwann gingen wir uns natürlich gegenseitig schwer auf den Geist. Wenn man von morgens bis abends zusammenhockt! Da gab es schon Tage, an denen wir kein Wort miteinander wechselten. Das passiert halt. Wir verstanden uns eigentlich prächtig, aber in so einem Rahmen bekommt man die Wut, wenn man im Schach verliert. Irgendwann fängt jede Bewegung, jede mimische Marotte des anderen an, einen aufzuregen. Die Zelle war klein. Nicht mal aufs Klo konnte man alleine. Na ja. Seither war ich nicht mehr in Ungarn. Vielleicht fahre ich ja mal hin. Budapest ist eine wunderschöne Stadt. Ich habe nichts gegen die Ungarn. Das waren ja auch nur Opfer, auch die Wächter. Das waren arme Schweine, die selber unter der Knute von irgendjemandem standen.

Ja, es ging gut aus, aber ich brauchte ein oder zwei Jahre, bis ich darüber hinweg war. Ich machte erst einmal zwei Jahre fast gar nichts, dann wechselte ich das Studienfach. Ich fing zum Wintersemester 1975 an, Psychologie zu studieren. In der Zwischenzeit jobbte ich herum. In diesen zwei Jahren war ich sehr deprimiert. Ich hatte das Bedürfnis, ein bisschen von dem zu erzählen, was da passiert war. Aber der K. hatte schon alles erzählt, und wenn ich davon anfing, hieß es: „Hör bloß auf mit dem Scheiß!" Von den Kumpels war niemand da, der gesagt hätte: „Komm, erzähl mal!" Die haben sich natürlich über meine Rückkehr riesig gefreut, aber das Interesse verflog schnell. Mein Studium war ein Versuch, mich selbst zu heilen: „Vielleicht finde ich da den Weg." Ich hatte zu der Zeit viele depressive Strecken zwischendurch. Bis dahin war ja alles super gelaufen. Die Sechziger Jahre waren für mich ja toll, aber die Haft war für mich ein ziemlicher Knacks im Leben. Das hat mich schon aus der Bahn geworfen.

Lehrjahre

„Fang bei mir am Montag an!"

M: Die Volksschule habe ich nicht abgeschlossen, weil ich in Niederwinden bei einem Pfadfinderlager einen Unfall hatte, bei dem ich einen komplizierten Beinbruch erlitt. Ich lag vom 2. Januar bis zum 12. Oktober 1964 im Krankenhaus. Ich hatte die Aufnahmeprüfung bei der Firma Siemens in Freiburg gemacht und hatte da eine Lehrstelle als Elektromechaniker. Aus Krankheitsgründen wurde das hinfällig. Am 12. Oktober musste ich noch an Gehstöcken laufen. Ich ging die Moltkestraße und die Hochburger-Straße hoch. Das war meine Trainingsecke. Da sah ich zu, wie bei der Firma Ludwig Maurer Maschinen aufgeladen wurden. Ich stellte mich an die Wand und stützte mich ab. Da kam der Ludwig Maurer auf mich zu und sagte: „Was ist? Warum gehst du an Stöcken?" Ich erwiderte: „Ja, dies und jenes, und die Lehrstelle ist auch weg." Dann sagte er: „Fang bei mir am Montag an!" Bis zum Montag waren es noch vier oder fünf Tage. Bis dahin lernte ich, an einem Stock zu gehen. Am Montag, dem 15. Oktober, fing ich da an. Meine erste Arbeit war, den Lüfter von der Sekretärin zu putzen und ein neues Kabel dranzumachen.

Ende November zog die ganze Firma nach Malterdingen um. Damals habe ich 96,– Mark im Monat verdient. Und am Heiligen Abend standen wir Lehrlinge um acht Uhr abends noch in der Firma. Ich werde nie vergessen, wie der Ludwig Maurer mir hundert Mark in die Hand drückte und sagte: „Du kriegst dasselbe wie die anderen auch, du hast auch mitgearbeitet."

Die Lehrzeit war toll, eine lockere Zeit. Die Gesellen waren gut. Ich musste am Anfang zwar fegen, aber dadurch hatte ich einen gewissen Nutzen. So schlau war ich schon, dass ich mich da nicht gewehrt habe.

Das ging ja reihum, und ich fegte halt auch. Wir waren zwei oder drei Lehrlinge. Und für mich war das eine Selbstverständlichkeit. Oder Bier holen. Auf der anderen Seite des Riegeler Bahnübergangs gab es so einen kleinen Laden, wo man das Vesper holte. Manche sagten: „Ich mache das nicht!" Ich verdiente damals nur 96,– Mark, und ich bekam immer Trinkgeld. Das war für mich wichtiger, als wenn jemand über mich lachte, weil ich Vesper holen ging.

Man lernte gut. Man hat alles mitgekriegt, was den Maschinenbau betraf. Wenn um halb eins die Gewerbeschule aus war, und um zwei oder halb drei der Zug von Emmendingen nach Malterdingen fuhr, dann war man vielleicht noch zwei Stunden im Betrieb und fuhr dann wieder heim. Man durfte nach der Schule nicht heimgehen. Von meiner Seite aus war das in Ordnung. Der Meister war auch gut.

Nach dreieinhalb Jahren war man Geselle, und dann habe ich als Geselle gearbeitet. Mir gefiel es da. Es gab in den Bereichen Hydraulik und Maschinenbau immer etwas zu lernen. Interessant war auch der Übergang von der Elektrik zur Elektronik im Maschinenbau. Den habe ich voll mitgekriegt. Dabei gab es unweigerlich Fehlschläge und es war toll, wenn etwas geklappt hat. Da wurde Tag und Nacht gearbeitet. Vom Ludwig Maurer konnte man alles haben, aber wenn die Arbeit da war, dann musste man schaffen. Man wurde immer gut versorgt mit Cola und Häppchen.

Da gab es auch Festlichkeiten im Betrieb oder in der Abteilung. Das wurde damals groß geschrieben. Der Zusammenhalt war viel besser. Wenn da einer irgendwie etwas nicht schaffte – es gab so eine Art Prämiensystem –, dann half man ihm halt. Oder umgekehrt half der dir mal wieder. Das gibt es heute alles nicht mehr. Das ist halt so. Ich kenne diese Seite auch. Da ist oftmals sogar eine Art Schadenfreude da. Da wird gelacht, wenn es einem schlecht geht. Das gab es früher nicht. Wirklich nicht!

Im Januar 1971 kam der Konkurs. Ich arbeitete noch mit vier Kollegen unter dem Konkursverwalter. Ich habe mit denen die restlichen Maschinen zusammengebaut. Wir haben den Betrieb dann besetzt. Wir haben uns gesagt, dass eine Firma, die von den Lieferanten ausgeräumt worden war, schwierig weiterzuverkaufen ist. Wir besetzten den Betrieb Tag und Nacht und ließen immer nur einen Lastwagen rein. Und den hielten wir natürlich hin. Ganz schließen, durften wir nicht. Irgendwann hieß es, die Verhandlungen wären gescheitert. Und einen Tag später rief mich der damalige Meister an: „Komm! Wir müssen schauen, dass wir die Leute wieder zusammenkriegen. Es geht weiter. Unterm Klöckner." Zuerst war ich Vorarbeiter, später Meister in der Elektrofertigung, Kabelfertigung und am Ende bei der Elektronik. Ich führte die Abteilung. Das waren bis zu sechzig Männer und Frauen.

Eine klar festgelegte Ordnung

M: Nach der Schule hatte ich keine Vorstellung davon, was ich machen wollte. Da hieß es: „Entweder du lernst Werkzeugmacher oder Zahntechniker." Die Lehrstelle als Werkzeugmacher lag am nächsten, deshalb lernte ich Werkzeugmacher. Wir waren zwölf Stifte vom ersten Lehrjahr bis zum vierten Lehrjahr. Da waren jüngere Gesellen da und ältere Mitarbeiter. Man wusste, dass man sich bei einem Jüngeren mehr erlauben konnte, als bei einem Älteren. In dem Betrieb herrschte eine klar festgelegte Ordnung: Die Azubis im ersten Lehrjahr machen sauber, die Azubis im zweiten Lehrjahr beaufsichtigen die im ersten Jahr, die im dritten Jahr beaufsichtigen die im zweiten Jahr und die im vierten, die beaufsichtigen das Ganze.

„Hier verblöden viele Genies."

M: Der letzte Schultag war der 25. Juli 1968. Ich hatte eine Sehbehinderung. Die war damals noch nicht so stark ausgeprägt wie heute. Und da hieß es: „Ja, du musst halt was lernen!" – „Ja, was?" Das lief über Beziehungen meines Vaters. „Ja, der soll halt kommen. Der soll hier die Lehre machen." Am 2. September fing ich beim Staubach (Geschirr-, Werkzeug-, Eisenwaren in Emmendingen) an. Aber mit Überzeugung habe ich das nicht gemacht. Ich war siebzehn und nicht so revolutionär drauf, dass ich gesagt hätte: „Das will ich nicht!" Was mein Vater machte, war in Ordnung. Ohne jetzt darüber nachzudenken. Aus der damaligen Sicht war das für mich in Ordnung. Er hat mich schließlich auch vor der Sonderschule gerettet.
Die Firma Staubach, 25 bis 30 Angestellte, ein Fahrer, Groß- und Einzelhandel, Eisenwaren. Der Chef war schon relativ alt. Er war damals fünfundsiebzig oder so. Der war der Ladenchef ganz vorne. Es waren die üblichen Strukturen: Du warst der Stift und musstest drei Jahre Ausbildung machen. Da wurden große Warenkenntnisse verlangt. Die Mitauszubildenden waren genauso drauf wie man selbst, und irgendwann fingen wir an, uns für Frauen zu interessieren. Und da gab es halt auch die üblichen Alkoholexzesse, z. B. nach der Inventur gab es immer Kognak. – Dann wollte da auch jeder glänzen, was er für tolle Klamotten hat. Aber mich interessierte das nicht. Ich konnte mir das gar nicht leisten. Ich habe im ersten Lehrjahr 132,– Mark verdient. Und davon musste ich fünfzig Mark zu Hause abgeben. Fünfzig durfte ich unter der Bedingung behalten, dass ich einen Bausparvertrag abschließe. Und 32,– durfte ich behalten. Das war eine Mark pro Tag. Ich sammelte die Märkchen (Rabattmarken) von den Arbeitskollegen, wenn ich für die einkaufen musste. Das Verhältnis zwischen den Lehrlingen und den Älteren war wie überall. Diejenigen, die durch den Krieg geprägt worden waren, waren in der Überzahl. Das waren die harten Jungs: „Jetzt ladet ihr mal die paar Gitterroste auf und ab, das gibt lange Seckel!" In diesem Stil ging das da ab. Oder: „Nimm noch ein paar Schluck, dass du ein richtiger Kerl wirst!" Oder: „Hol mal zehn Heiße auf dem Markt!" Dann holte ich die zehn Heißen. Das war ja in Ordnung. Einer hat mal einen Satz geschrieben, den habe ich heute noch irgendwo: „Hier verblöden viele Genies." Und genau so fühlte ich mich da. „Das ist doch idiotisch, den ganzen Tag Schrauben und Nägel zu verkaufen." Dieses System hatte man ja gleich geblickt. Und diese Warenkenntnisse hätte ich mir in drei Wochen aneignen können. Ohne anzugeben. Also bitte! Ich war wirklich unterfordert in dieser Firma. Ich hatte schnell die Spielregeln raus, wo man sich abseilen konnte, und dass man zu dem

Sonnenbad in der Mittagspause

und zu dem immer schön freundlich sein muss. Und zu dem kannst du „Du" sagen, aber bei dem musst du vorsichtig sein und immer nur buckeln. Das ist halt so, das hast du gleich raus. Unser Chef hat Lotto gespielt, und immer fünf vor halb sieben rief er unten an, einer soll hochkommen und den Tippschein für ihn in der Lotto-Annahmestelle abgeben. Der wusste genau, dass ich dann eine Minute vor halb sieben dort ankomme, dann in der Schlange stehen muss und um Viertel vor sieben Feierabend habe. Irgendwann machte ich diesen Schein in einen Umschlag; als ich den Umschlag öffnete, zerriss ich den Lottoschein versehentlich. Aber es war zum Glück mein eigener. Der Schein vom Chef blieb ganz. Stell dir vor, ich hätte den Lottozettel vom Chef zerrissen, und der hätte sechs Richtige gehabt, aber er hätte nicht teilgenommen! Ich dachte: „Das passiert mir nicht noch mal." Am Freitag ging ich immer zehn Minuten vor halb sieben auf die Toilette. Das habe ich jahrelang praktiziert. Wenn ich einen Kunden hatte, war ich so zehn vor halb sieben mit ihm fertig. Dann sagte ich ganz laut, damit es wirklich auch jeder hörte: „Jetzt muss ich ganz dringend aufs Klo!" Auf der Toilette konnte ich hören, wie der Chef unten anrief. Dann musste ein anderer Lehrling gehen: „Ja, ja, ich schicke den Alfons." Der Alfons war weg, und ich ging wieder rein und arbeitete weiter. – Warum machte der Chef das nicht am Donnerstag? Der machte das immer fünf vor halb sieben! So gibt es viele kleine Sachen, die da passiert sind. Ich entwickelte für jede Schikane ein Gegenkonzept. Und das erfolgreich. Zum Beispiel: Die Mittagspause dauerte zwei Stunden und fünfzehn Minuten. Wir waren drei oder vier Lehrlinge und setzten uns immer vorn in den Laden und vesperten da. Wir schwätzten, ich las Perry Rhodan und Kommissar X oder einen Fledermaus-Krimi. Der Mittag ging vorbei und um drei machten wir den Laden auf.

Einmal klopfte es an der Seitentür, und da stand ein Fahrer draußen. Wir hatten gerade mal seit fünf Minuten Mittag und waren am Essen. „Ich komme von der Firma soundso und muss hier abladen." Ich sagte: „Ja, kommen Sie rein, wir sind gerade beim Essen. Noch fünfzehn Minuten, dann sind wir fertig, dann helfen wir Ihnen." – „Keine Zeit! Keine Zeit!" Der ging dann ins Büro hoch. Die fingen erst um zwei an zu arbeiten, aber der Prokurist war zufällig da oben: „Was?! Ihr wollt nix schaffen?!" Ich meine, wir hatten Mittagspause und zehn Minuten später hätte ich wirklich geholfen. Das war ja nicht so, dass wir da nicht helfen wollten. „Sofort! Sofort!" – „Wir sind mitten am Essen!" – „Sofort aufstehen! Sofort!" So etwas macht man nicht. Auch nicht bei einem Auszubildenden. Als Chef würde ich das nie verlangen. Und dieser Fahrer grinste. Meinst du, ich bin noch einmal in der Mittagspause im Laden geblieben? Ich lief jeden Mittag eine halbe Stunde heim auf die Bleiche und eine halbe Stunde wieder zurück. Einmal

Perry Rhodan: Ein Mutant verschwindet.

„Peng!" Und danach musst du wieder etwas Neues entwickeln.

Als Vierzehnjähriger wäre ich gerne Tierarzt oder Tierpfleger geworden. Tiere füttern und den Mist wegräumen oder auf irgendeiner Farm Pferde striegeln, das hätte mich interessiert. Die Lehre dauerte ja eigentlich drei Jahre, aber weil ich die mittlere Reife hatte, arbeitete ich im dritten Lehrjahr voll für 150,– Mark netto im Monat. Der Chef honorierte das nicht auf irgendeine Art. Ich arbeitete bis zum 25. November 1975, dann war endgültig aus mit der Firma. Aus der heutigen Sicht war der Staubach vollkommen in Ordnung. Man lernte da Warenkenntnisse, den Umgang mit Menschen und all das, was man damals als Kaufmann lernte.

war ich fünf vor drei beim Emmendinger Tor und sah diesen Lkw vor dem Geschäft stehen. Ich: „So, Bubi! Ich warte, bis es zwei Minuten vor drei ist." Ich ging an dem Fahrer vorbei, pfiff ein Liedchen vor mich hin. Das Männchen sagte: „Ah, es ist drei, wir können wieder etwas schaffen." Er merkte genau, um was es ging. So ein Lumpenseckel! Bestimmte Sachen passieren einem nur einmal im Leben. Und das ist mein Lebensprinzip: „Ich lasse mir etwas ein Mal gefallen, vielleicht auch zwei Mal, aber dann entwickle ich etwas dagegen."

Mein Berufswunsch wäre es gewesen, etwas mit Chemie zu machen. Ich fing 1966 an, Science-Fiction-Romane zu lesen und dachte immer, dass ich gerne irgendetwas mit Chemie machen würde, wo es kracht und „bum!" macht. Einfach, dass man irgendwelche Flüssigkeiten mischt, und dann passiert etwas. So wie man sich das typische Experiment vorstellt. Hier hast du den Experimentaufbau auf einem Tisch, und du bist in einem Schutzraum, und dann macht es:

Lesestoff

„Ein Buch, das kann nicht schaden."

M: Ich war eine Leseratte. Ich habe über meinen Bruder das erste Buch von Erich Maria Remarque in die Finger bekommen. Und von dem besorgte ich mir alle Bücher. Wenn mich ein Schriftsteller faszinierte, dann besorgte ich mir seine Bücher bzw. versuchte, sie zu bekommen und zu lesen.
Allerdings in der Zeit, in der ich verliebt war, saß ich nicht zu Hause und las ein Buch, da zog ich lieber mit der Freundin rum. Aber zwischendrin gab es Phasen, in denen ich ein ganzes Wochenende oder Tage alleine verbrachte. Und da las ich nur. Da las ich wahnsinnig viel. Bücher, die sich mit Musik beschäftigten, gab es nicht viele.
M: Von zu Hause aus bin ich nicht sehr zum Lesen animiert worden. Das war in den schlechten Zeiten. Man hatte fast keine Bücher. Aber an ein Buch kann ich mich erinnern, das war so ein Wald- und Wiesenbuch, da waren Tiere und Pflanzen drin. Aber viel

Mit Kon-Tiki, einem Floß aus Balsaholz, segelte der Norweger Thor Heyerdahl mit fünf Wissenschaftlern 1947 über den Pazifik, um zu beweisen, dass die Besiedlung Polynesiens von Südamerika aus möglich war. Sie legten 6.980 km in 101 Tagen zurück.

gelesen habe ich nicht, und zwar einfach deswegen, weil nichts da war, was ich hätte lesen können.

F: Ich habe schrecklich gern gelesen. Ab und zu musste ich unterm Deckbett lesen. In den ersten vier Klassen las ich Schneider-Bücher und die üblichen Serien, alles, was mir unterkam, was lesbar war. Oder auch alte Bücher, die herumstanden. Später Tatsachenberichte. Meine Tante in Berlin war Lektorin. Sie schickte die interessanteren Bücher. Kon-Tiki von Thor Heyerdahl war gerade herausgekommen. Das bekamen wir in loser Bindung. Für uns, die nicht am Meer wohnten, war das unvorstellbar, dass man auf einem Floß so weit kommen könnte. Über Höhlenforschungen und solche Sachen habe ich gern gelesen. Die anderen Bücher hast du halt durchgelesen. Damit war es erledigt.

M: Lexika und Kataloge gehörten zu meinen Lieblingslektüren. Mein Großvater hatte eine Brockhausausgabe, sechs oder acht dicke, schwere Bände.

M: Micky-Maus-Hefte waren für mich die Währung. Das waren für mich die erstrebenswertesten Güter dieser Welt. Das Nonplusultra, weil mein Vater erst, als ich zehn oder elf Jahre alt war, einen Fernseher kaufte. Als Kind und als Jugendlicher las ich viel. Irgendwann habe ich ein Buch in die Hand bekommen, wie die Märchen aus Tausendundeiner Nacht, das war für mein Alter nicht das Richtige, das war ein erotisches Märchen. Aber ich durfte alles lesen, weil: „Ein Buch, das kann nicht schaden."

M: Das war in der vierten Klasse, also 1960. Die Lehrerin war eigentlich nett, und es war ein schöner Ausflug auf den Mauracher Berg. Auf dem Rückweg kaufte sich ein Schulkamerad in Denzlingen am Bahnhofskiosk ein Micky-Maus-Heft. Das riss sie ihm aus der Hand, zerriss es und schmiss es in den Papierkorb. Der wusste nicht, wie ihm geschah. Und wir anderen waren perplex, weil das so eine heftige Reaktion war. Ich wusste, das ist Schund, das soll man nicht lesen, aber für ihn war das nicht klar. – Das war eine junge Lehrerin, höchstens Mitte zwanzig.

„Eine andere Denke"

F: Bei mir ist es immer so gewesen, meine Welt sind die Bücher. Bei Filmen habe ich oft keine Möglichkeit mehr, meine Fantasie, meine Vorstellungen zu spüren. Aber wenn ich ein Buch lese, dann habe ich meine Bilder im Kopf. Bücher waren für mich wie Ansprechpartner. Da hatte ich plötzlich das Gefühl, die Welt öffnet sich. Es gibt noch etwas anderes, außerhalb meiner Familie, außerhalb der Schule – einfach eine andere Denke. Ich merkte, ich bin mit meinen Gedanken und meinen Gefühlen nicht allein. Da gibt's Menschen ... der Autor hat Ähnliches erlebt oder er hat solche Gefühle. Und das war für mich oft ein Trost.
Max Frisch habe ich viel gelesen. „Homo Faber" fand ich spannend. Dürrenmatt! Böll weniger. Ich habe querbeet gelesen. Ich könnte jetzt gar nichts Spezielles sagen. Wir hatten eine große Bibliothek zu Hause. Als ich kleiner war, hatten wir auch die Schulbibliothek. Die habe ich leer gelesen. Mein Vater war im Bertelsmann Lesering, wo es immer diese Vorschlagsbücher gab. Er hat auch viele gekauft. Und die habe ich alle gelesen.

Angélique und Jerry Cotton

F: Fünf-Freunde-Bücher habe ich viel gelesen. Karl May habe ich verschlungen. Wir haben auch immer Räuber und Gendarm gespielt. Ich war immer ein Indianer. Was ich später gelesen habe? Ich muss zu meiner Schande gestehen, ich liebe ja solche Kitsch-Bücher wie „Angélique" und so.
M: Mein Vater hat lange Zeit versucht, zu kontrollieren, was ich lese. Er sagte aber nicht: „Zeig mir, was du liest!", sondern: „Sag mal, musst du nichts lernen?" Dadurch wusste ich, am Lesen ist etwas dran. So etwas wie Schundromane durfte man nur im Geheimen lesen: „Jerry Cotton", „Billy Jenkins",
„Tom Prox". Ich hatte mir eine geheime Höhle auf dem Speicher gebaut. Da lag ich mit Taschenlampe und habe „Jerry Cotton" gelesen.
Meine ältere Schwester brachte Bücher mit nach Hause. Irgendwann kam „Ansichten eines Clowns" an mich dran. Ich war eine Woche lang nicht ansprechbar. Das war das erste Mal, wo mich Literatur in einer Art und Weise ergriffen hat, dass ich mich auch entsprechend verhalten habe. Karl May war mir zu langweilig. Eher die Lederstrumpfgeschichten oder Tom Sawyer und Huckleberry Finn. Bücher waren meine Welt jenseits der Wirklichkeit.
Bei „Ansichten eines Clowns" war es so, dass es nicht diese Fantasiewelt in Wäldern Nordamerikas oder am Amazonas war, sondern das war ich. Das hat mich ergriffen und auch eine ganze Zeit lang nicht mehr losgelassen. Auf einmal war diese neue Art zu lesen da. Lesen als innere Erfahrung, in die Gefühlswelt von jemandem zu schlüpfen und zu empfinden wie er, und die Welt so zu sehen wie er. Auf einmal fing ich an, die Welt mit den Augen eines anderen zu sehen.
Durch die ablehnende Haltung meines Vaters wusste ich, Literatur ist etwas ganz Besonderes, etwas, das Fragen aufwirft, andere Welten eröffnet, manchmal auch Antworten gibt.

„Der Kaiser von Kalifornien"

F: Ich habe, bis ich vierzehn oder fünfzehn Jahre alt war, bei meiner Oma im Schlafzimmer geschlafen. Sie hat mir oft religiöse Geschichten, solche Familiengeschichten erzählt.
Mit 15 bekam ich noch Märchenbücher, weil ich gerne Märchen gelesen habe und auch Schlösser- und Burgensagen. „Der Kaiser von Kalifornien" war für mich ein beeindruckendes Buch. Es ging darum, wie Kalifornien, San Francisco entstanden ist. Auch die Karl-May-Bücher habe ich alle gelesen.

Liebe und Sexualität

„Mädchen, pass auf!"

F: Aufgeklärt wurde ich von meiner Freundin. Ich war entsetzt. Ich wusste ja von nichts! – Meine Großmutter sagte einmal zu mir: „Mädchen, pass auf! Schon manches Mädchen hat sich in fünf Minuten ins Unglück gestürzt!" Ich wusste nicht, was sie damit meinte!
Einen Freund hatte ich erst so mit siebzehn. Aber vorher? Da habe ich vielleicht von Weitem ein bisschen geschwärmt. In der Schule gab es schon welche, die sich als mal trafen, oder man sah auch schon mal zwei Händchen halten. Das musste alles heimlich passieren.
Gut, man hatte so seine Schwärme, aber das war alles mehr so von Weitem. Meinen Mann habe ich auf dem Skiklubball kennen gelernt. Wir haben 1963 geheiratet, da war ich 23 Jahre alt. Freitags war die standesamtliche Trauung, samstags die kirchliche in dem Bergkirchle in Nimburg. Nach der standesamtlichen Trauung ging mein Mann heim und schlief dort, und ich schlief zu Hause bei meinen Eltern. Erst nach dem kirchlichen Segen war es erlaubt ... Als wir heirateten, hatten wir noch nicht mal eine Wohnung. Die war noch nicht fertig, und bis die fertig war, wohnten wir noch an die zwei Monate bei meiner Schwiegermutter.

Angehimmelt

M: Ich wurde nicht aufgeklärt. Man hat darüber in der Clique geredet. Während der Hauptschule war die C. die Schönste in der Klasse. Und wie die halbe Klasse auch, war ich in sie verliebt. Einmal habe ich sie dazu überredet, mit mir am Elzdamm spazieren zu gehen. Dort gab es damals noch das alte Fußball-

stadion. Da wollte ich sie küssen und sie mich vermutlich auch. Wir gingen Händchen haltend mindestens fünf oder sechs Mal von der Wassermer Brücke bis zur Brücke beim Sportplatz rauf und runter, das ist ungefähr ein Kilometer eine Strecke, und keiner traute sich. Keiner hat sich getraut! Damals war ich zehn.

M: Durch die Band hatte man natürlich Verehrerinnen. Da bekam man in der Schule nach der Pause, im Treppengedrängel kleine Briefe zugesteckt, in denen Treffen vorgeschlagen wurden. Aber ich war ein bisschen schüchtern und traute mich da gar nicht hin. Ich habe das den Kumpels gezeigt, und wir amüsierten uns sehr darüber. Aber man war schon geschmeichelt. Irgendwann, so mit dreizehn, vierzehn fängst du halt an, dich zu verlieben. In irgendein Mädchen aus deiner Klasse oder von der Schule. Die himmelst du erst einmal an, aber traust dich nicht, sie anzusprechen. Ich kann mich daran erinnern, dass ich todtraurig war, als die großen Ferien anfingen, weil ich wusste, dass ich sie jetzt sechs Wochen lang nicht sehen würde. Einfach sie jeden Tag zu sehen, war da schon … Ich muss sagen, dass hauptsächlich die Mädels die Initiative ergriffen. In der Biologie sagen sie, dass es immer das Weibchen ist, das sich den Partner aussucht, mit dem es Kinder kriegen will.

Wir luden die Mädels in unseren Feten-Keller ein. Dann gab es Knutschereien und solche Geschichten. Aber eine feste Freundin hatte ich erst relativ spät. Das erste Mal Sex hatte ich mit der Freundin meines älteren Bruders auf einer Fahrradtour. Die hat mich abends in der Jugendherberge verführt, als mein Bruder schlief. Sie war zwei oder drei Jahre älter als ich, so siebzehn oder achtzehn. Damals war ich fünfzehn. Dann kam aber lange nichts mehr. Da hat sicher diese Bandgeschichte eine Rolle gespielt. Wenn du jede Menge Angebote kriegst, dann lernst du nicht, wie du das selber anfängst. So ein Flirtverhalten, oder wie ich mich jetzt an ein Mädchen heranmache, das lernte ich gar nicht. Mir genügte es ja schon, auf dem Heimweg angehimmelt zu werden. Mein Fahrrad war ja immer kaputt und im Sommer ging ich oft am Brettenbach lang zur Schule. An der Realschule hat mich immer ein Mädchen abgepasst und ging dann mit mir bis zum Bürkle, dort wo der Eingang von der Psychiatrie ist. Damals genügte mir das. In dem Alter hat man eine unglaubliche Angst, einen Korb zu kriegen. Das ist so! Das ist die schlimmste Hemmung. Und gerade die, in die man verknallt ist, und die man gerne näher kennen lernen würde, gerade bei denen hat man den Eindruck, dass sie sich nicht für einen interessieren. Und dann hat man Angst, sie anzusprechen. Es gibt ja auch kaum etwas Schlimmeres, als wenn eine zu dir sagt: „Hau doch ab!", oder „Lass mich in Ruh!" Und durch diese Bandgeschichte und als Langhaariger war man eh beliebt und begehrt. Also der Typ, der auf Mädchen zuging und gesagt hat: „Dich will ich!", oder egal, wie er das gesagt hat, den gab es kaum. Ich habe nur ganz wenige gekannt. Der H. war so einer. Dann gab es in der Parallelklasse den F. Der hatte im Schwimmbad immer jede Menge Mädels um sich herum. Diese Jungs habe ich immer bewundert. Oder dieser D., der hatte auch immer an jedem Finger zehn. Und die machten das ganz locker, die quatschten die einfach an. Dazu konnte ich mich nie überwinden. Und das ging den meisten Kumpels genauso. Die zogen in der Clique oft über die Mädels her, aber da habe ich mich immer ein bisschen herausgehalten. Es war auch schwierig, in dieser Clique eine Freundin zu haben. Die machten dir die immer schlecht. Mit achtzehn hatte ich das erste Mal eine feste Freundin, und die haben sie mir natürlich madig gemacht, wo es nur ging. Clique und Beziehung gleichzeitig zu haben, ging nicht, weil die anderen immer irgendwie stänkerten.

F: Die Buben haben mir schon immer gefallen. Das fing schon recht früh an. Aber so eine richtige Freundschaft war natürlich da oben (in Freiamt) auch wieder schwierig. Dann muss ja jemand hoch kommen. Manchmal sind welche mit dem Fahrrad hoch gefahren, in der Sexta und Quinta. Später, als ich fünfzehn war, sind auch mal welche, die schon älter waren und ein Auto hatten, mit dem Auto hoch gekommen. Aber es war natürlich schwierig, viele hatten ja kein Auto.

M: Meine erste Liebe habe ich ein, zwei Jahre erfolglos angehimmelt, dann ging sie mit meinem besten Freund. Vermutlich ging ihr die Anhimmelei irgendwann auf die Nerven, und sie hat es so arrangiert, dass ich ein anderes Mädchen kennen lernte: „Sie heißt B., kannst du sie auf dem Fahrrad mitnehmen?"

In der Zeit begannen die Partys in Kellern oder auf Schöpfen: Musik hören, auf Matratzen liegen, rumknutschen, Cola trinken und Erdnussflips essen. Die Erdnussflips waren gerade erfunden worden. Alles schmeckte süß und erdnussig. Alkohol hat damals

keine Rolle gespielt. – Probieren, wie weit man sich zu gehen traut oder wie weit man gehen darf.

Meine erste richtige Freundin W. war ein super Mädchen. Aber, wie das halt damals war: Wir konnten uns weder bei ihr noch bei mir treffen. Meistens verbrachten wir den Nachmittag im Café Hartmann. Da haben sich viele Schüler nachmittags getroffen. Man konnte vor einer Cola oder einem Glas Tee einen ganzen Nachmittag verbringen. Vor allem im Herbst und Winter war es gut, einen warmen Platz zu haben. Einmal waren ihre Eltern an einem Samstagnachmittag weg. Da hat sie mich zu sich nach Hause eingeladen. Sie hatte ein blaues Courrège-Kleid mit roten Borten an, und sie hatte „Revolver" von den Beatles. Dass ein Mädchen „Revolver" hatte, war außergewöhnlich. Und das war sie auch. Wir haben Musik gehört und uns unterhalten, Tee getrunken, Kuchen gegessen. Ihre Eltern waren sehr streng. Sie hatte allerdings ein Theaterabo. Wir fuhren zusammen mit den anderen Abonnenten mit dem Theaterbus nach Freiburg, verbrachten den Abend im P7,

einer Diskothek im Scotchman-Stil beim Hauptbahnhof, und fuhren dann mit dem Bus wieder heim. Eine Freundin besorgte ihr das Programmheft, damit sie am nächsten Morgen beim Frühstück erzählen konnte, was sie im Theater „gesehen" hatte.
Leider hat sie später mit mir Schluss gemacht. Sie war einfach reifer, und weiter, da konnte ich nicht mithalten. – Leider ist sie an den Falschen geraten. Der war in einen schweren Einbruch verstrickt. Sie hat ihm ein Alibi besorgt, er habe die besagte Nacht mit ihr verbracht. Die Eltern waren konsequent: „Dann müsst ihr heiraten ..." Ich habe sie Jahre später noch einmal getroffen, ihr Leben war ein Albtraum geworden. Vor ein paar Jahren ist sie tödlich verunglückt.
M: Die erste richtige Liebe war die H. Ich hatte sie kennen gelernt, als ich einmal mit ihrem Bruder zusammen im Keller Musik machte. Ich spielte auf einer zwölfsaitigen Gitarre mit Tonabnehmer und klampfte ein bisschen rum. – Wir waren relativ lange zusammen. Das ging über ein paar Jahre. Und sie war oft mit dabei, wenn wir Musik machten, und begleitete uns manchmal zu unseren Auftritten. Und wie das damals halt so war: Wir hatten zwar eine feste Beziehung, aber wenn man mal irgendwo war, und da gab es jemand anderen, das ging dann auch. Diese Beziehung war relativ offen. Wobei ich dazu sagen muss, dass ich ein stinkeifersüchtiger Typ war. Auf meine erste Liebe war ich furchtbar eifersüchtig. Viel zu sehr. Die H. wird sich ziemlich eingeengt gefühlt haben. Aber ich konnte ja nicht aus meiner Haut. – Es war eine tolle Zeit. Weil ihre Eltern mich nicht mochten, mussten wir vieles geheim halten und vieles musste versteckt passieren. Da war es nicht selbstverständlich, dass man die Freundin mit nach Hause brachte, oder dass ich bei ihr übernachtete. Das musste alles heimlich passieren.
Mir wird es ewig in Erinnerung bleiben, dass mir meine Mutter jedes Mal die Präservative aus dem Hemd klaute, wenn ich es vergessen hatte, sie rauszunehmen. Aber sie sagte nie etwas dazu. Gar nichts. Ich musste mir immer neue kaufen.
Aber als ich die erste Wohnung hatte, war das kein Problem mehr. Es wurde nur dann zum Problem, wenn ihre Eltern bei mir vor der Tür standen und sie abholten.

Meine Beziehung zum anderen Geschlecht

M: Meine Eltern waren beide total verklemmt, Gott habe sie selig. Sie ließen mir über diese katholische Schiene eine Aufklärung zuteil werden, indem sie mir da irgendwie so ein Büchlein zusteckten, in der das alles aus der Sicht der Kirche drin stand. Grässlich! Das hieß: „An klaren Wassern". Ganz grausam! Ganz grausam!

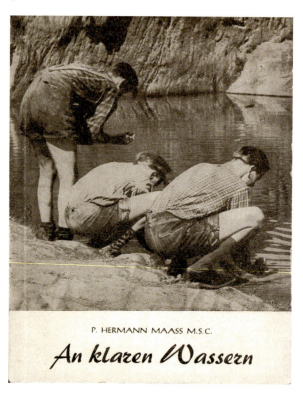

...un, die Luft mancher Filmlokale ist mit seelenmordenden Bazillen [ge]schwängert. Aus manchen Büchern und Illustrierten weht ein ver[g]ifteter Hauch. Wenn du gesund bleiben willst an Leib und Seele, [we]nn du dir Kämpfe und Versuchungen ersparen willst, so meide [d]as! Das Leben wird es dir lohnen!

[S]o pendelt das Herz in Zwiespältigkeit hin und her. Im eigenen [K]örper steht eine Welt auf, die du bislang nicht kanntest. Schreck[h]aftes Grauen und doch auch wieder ein lockendes, sehnendes [W]ünschen und Suchen. Innere Qual und Angst vor der Sünde. [D]enn das steht vielfach aus Unterweisung und Erziehung vor dir: [W]as mit diesem Gebiet zusammenhängt, ist sündhaft. Auf der

[W]ie es aber in Gott keinen Widerspruch geben kann, so kann auch [z]wischen Gottes Werk und Gottes Wort kein Gegensatz sein. Und [we]nn einmal ein Widerspruch zwischen einer Glaubenswahrheit der [B]ibel und der Naturwissenschaft bestehen sollte, dann irrt nicht die [B]ibel, sondern die Naturwissenschaft. Sie ist dann noch nicht tief [g]enug in Gottes Schöpfungswelt eingedrungen, um die ganze Wahr[h]eit zu erkennen.

[D]ie aufsteigenden Regungen sollen dir nur Warnungssignal sein: „Halt! Vorsicht!" Da hat alles unnötige Getändel und Spiel auf[z]uhören. Denn du weißt ja, wenn es allein um des Lustgefühls [g]eschieht, setzt die Sünde ein.

[A]m besten hilft in solchen Fällen, wo das Blut aufrauscht, das kalte [W]asser. „Raus aus der heißen Wanne und unter die kalte Dusche." [S]olche Abhärtung bekommt auch deinem Körper gut.

[U]mgekehrt gilt es aber auch. Ein zu lebhaftes Beschäftigen mit der [g]eschlechtlichen Sphäre, unnötige Spielereien und Tändeleien, un[z]ähmbare Neugier, Herumlaufen mit Mädchen, alles das wirkt [h]emmend auf die geistige Entwicklung und Reifung zum Mann.

[D]enn Mannesart besteht nicht im Schimpfen und Poltern und Leute[ä]rgern. Mannesart ist zuchtvoll und beherrscht, hat sich in harter [S]elbstzucht zu verwirklichen. Das geht nicht, ohne daß man sich [s]elbst Gewalt antut.

[W]enn du gar durch irgend welche Reizungen und Berührungen, [a]llein oder mit Hilfe anderer, eine Erregung und Entspannung frei[w]illig herbeiführen würdest, um des Lustgenusses willen, von dem sie [b]egleitet ist, so wäre das sündhaft. Es wäre das die Sünde der [U]nkeuschheit, weil du freigewollt in diesem Bereiche eine Lust[e]rfüllung suchst, die außerhalb der von Gott gesetzten Ordnung [h]erbeigeführt wird.

[g]eschehen soll. Ein Junge, der sich nur von den Lüsten seines [L]eibes leiten läßt, verspielt seine Menschenwürde, weil nicht [d]er Geist ihn bestimmt, sondern der Körper. Ja, der Leib mit [s]einen Trieben ist so sehr von der Steuerung der Seele ab[h]ängig, daß, wenn dieses Steuer nicht da wäre, der Leib sich [s]elbst ruinieren würde durch die Maßlosigkeit seiner Begierden.

[S]elbstbefriedigung! Wie treffend ist doch der Name. Nicht [u]m das Verkosten der Lust allein ist es dir zu tun. Das bereitet [d]ir hinterher ja doch nur Ekel und Überdruß. Befriedigung [d]eines gekränkten Ehrgeizes, deines Selbstgefühls, deines Geltungs[d]ranges, das suchst du hier.

„Haltet euer Blut in Zucht! Ihr wollt auf die Fahne schwören. Euer Leben gehört dem König. Euer Leib und Blut gehört nicht mehr euch. Wer von euch seinen Leib krank macht, der zerbricht einen Degen in der Hand des Königs."

So läßt Walter Flex in einem seiner Bücher einen jungen Offizier zu seinen Soldaten sprechen. Wenn wir auch heute dem Militär und Soldatentum gegenüber eine andere Haltung haben als die Jungen früherer Jahrzehnte, so spüren wir aber doch heraus, welch formende Kraft eine solche Idee für junge Menschen haben konnte. Aber all diese Dinge: edles Menschentum, Sport, Beruf, Vaterland sind letzten Endes Werte, die rein der diesseitigen Welt angehören. Wenn der Glaube an sie schon eine solche Wirkkraft auf junge Menschen auszuüben vermag, wie muß es erst sein, wenn die übernatürliche Welt des Glaubens wirkend und formend das Leben des Menschen ordnet!

Schärfste Bremsen möchte man auch dem Zuge der Zeit geben. Mit ungeheurer Geschwindigkeit, fast hemmungslos rast er abwärts ins Untermenschliche. Alle Schranken, die Sitte und Gewohnheit vor dem Abgrund aufgebaut haben, sind niedergerannt. Man kennt fast allgemein keine Ehrfurcht mehr vor dem Bereich des Geschlechtlichen. In verhüllter und unverhüllter Nacktheit bietet es sich dar.

In ganz schwierigen Fällen muß sogar der Arzt kommen und mit dem Messer die Öffnung erweitern, damit das Kind nicht verletzt wird. Eine solche Operation nennt man Kaiserschnitt, so genannt, weil der große römische Feldherr Cäsar auf diese Weise aus dem Leibe seiner bereits toten Mutter herausgeschnitten werden mußte.

In zwei hintereinanderstehenden Bettchen liegt je ein Kleines. Beide sind etwa sieben Wochen alt. Zwillinge. Und die Mutter? Eine Fünfzehnjährige, die gleich draußen mit den anderen Mädchen des Heims Völkerball spielen wird. Und der „Vater"? Ein siebzehnjähriger Bursche irgendwo in einer anderen Stadt!
An einem anderen Bettchen bleiben wir stehen. Zehn Wochen ist das Kleine alt. Und die Mutter? Eine Unterprimanerin. Der „Vater" drückt noch die Schulbank und macht im nächsten Jahre das Abitur!
So hätte jedes Bettchen seine eigene grausige Geschichte. Und wie hat sie begonnen? Daß da junge Menschen waren, die ihre geschlechtlichen Kräfte mißbrauchten, die damit spielten, die, wie sie meinten, sich liebten. Aber es war eine Liebe ohne Ordnung und ohne Zucht, Un-Zucht! Sie alle haben d a s nicht gewollt, vielleicht nicht einmal geahnt. Was wird vielfach aus solchen Kindern?

Geh in ein Fürsorgeheim für Jungen oder Mädchen. Lies die Personalakten der einzelnen. Bei vielen wirst du den Vermerk finden: „Unehelich!"

Wandere im Gefängnis oder Zuchthaus von Zelle zu Zelle. Frage die Männer oder Frauen, woher sie kommen! Und viele werden sagen: „Unehelich!"

Wer trägt die Verantwortung für solches Schicksal? Jene, die dieses Leben zeugten im Rausch einer gottvergessenen Stunde. Möchtest du solche Verantwortung tragen? Nun, dann halte in Zucht und Ehren, was dir Gott gegeben als Erweis höchsten Vertrauens: deine geschlechtlichen Kräfte.

Auszüge aus: An klaren Wassern

Was zu den aufwühlendsten Erlebnissen in den Sechzigern gehörte, war natürlich meine Beziehung zum anderen Geschlecht. Das war der Wahnsinn! Zu der Zeit durfte man sich ja nicht Händchen haltend auf der Straße sehen lassen! Das lief ja alles heimlich ab. Und ich kannte damals schon meine erste Frau, meine Jugendliebe. Wir konnten uns nicht in der Öffentlichkeit umarmen oder küssen.
Mit vierzehn oder fünfzehn Jahren hatte jeder ein Präservativ in der Hosentasche. Zum Angeben! Das wurde nie benutzt. Es wusste ja kein Mensch, wie das geht. Auf jeden Fall fand meine Mutter eines Tages dieses Präservativ bei mir in der Hose. Da war natürlich die Kacke am Dampfen. Da wurde dann sofort ausfindig gemacht, wen ich als Freundin hatte. Das war ein Mädchen aus Elzach. Da fuhr die ganze Familie nach Elzach und hat dieser Familie den Umgang ihrer Tochter mit mir verboten! – Ich konnte denen erzählen, was ich wollte. Zunächst wollte ich auch nicht zugeben, dass ich dieses Präservativ nur zum Angeben hatte. Irgendwann habe ich das dann doch zugegeben, um die von diesem Besuch in Elzach abzuhalten. Und zu der Zeit gab es lauter solche Sachen.

Einfach eklig

F: Irgendwann hatte mein Bruder beschlossen, dass er mich aufklären müsse. Er und sein bester Freund muteten sich das zu und klärten mich auf. – Ich fand diese Vorstellung vom Sex so eklig und unappetitlich. Ich war völlig fertig! Ich hatte einen regelrechten Schock. Ich weiß nicht mehr, wie alt ich war, aber ich hatte lange Zeit daran zu knapsen.
Es kam dazu, dass für Zärtlichkeiten oder unbeobachtete Momente kein Raum war. Ich hatte kein Kinderzimmer. Bis ich fünfzehn oder noch älter war, hatte ich kein Zimmer. Ich habe im Elternschlafzimmer und mein Bruder hat im Esszimmer geschlafen. Er hatte ein Klappbett mit einem Vorhang davor. Meine Mutter war ja nachmittags immer zuhause. Nicht das Gefühl haben zu können, du kannst bei dir oder deinem Gegenüber bleiben, sondern du hängst mit einem Ohr immer an der Tür, ob gleich jemand kommt. Das sind prägende Erinnerungen an die Zeit der ersten erotischen Gehversuche. Grauslig.

Von Tieren und Menschen

M: In den Ferien war ich ja immer auf dem Bauernhof. Und als Zwölfjähriger sah ich, wie eine Kuh ein Kalb kriegt. Durch eine Ritze im Dachboden des Stalls. Da war mein Cousin dabei. – „Das dürft ihr nicht sehen!", hieß es. „Das dürfen wir nicht sehen? Das wollen wir doch einmal sehen!" Wenn etwas verboten ist, dann muss es ja gut sein. Das ist wie Zigarettenrauchen. Es war schon ein bisschen komisch für uns, aber ich habe keinen Schaden davongetragen.

Ich weiß noch, der I. fragte mich einmal, ob ich weiß, wie die Kinder geboren werden? Ich antwortete dann: „Eigentlich nicht, aber ich habe es schon einmal bei einer Kuh gesehen." Da sagte er: „Genauso ist es auch beim Menschen." Da hatte man ja immerhin Vergleichswerte.

M: Meine Tante, bei der ich ab und zu in Ferien war, holte mich einmal in den Stall, damit ich zusehen konnte, wie ein Kalb zur Welt kommt. Ich fand das ziemlich eklig. Da war ich dreizehn oder vierzehn Jahre alt. Sie hatte ein offeneres Verhältnis dazu. Aber sonst? Das Thema Sexualität war in unserer Familie absolut tabu. Einmal sagte meine älteste Schwester: „Die Mutti kriegt bald ein Baby." Ich konnte es überhaupt nicht fassen. Dieses Thema war bei uns – obwohl da ein Kind nach dem andern kam – tabu. Und zweitens war die Vorstellung, dass ein Baby aus dem Bauch der Mutter kommt, einfach schockierend.

Gefreut wie ein Schneekönig

F: Ich bin nicht aufgeklärt worden. Ich holte mir aus der Bibliothek meines Vaters die Medizinbücher. Damit habe ich mich aufgeklärt. Es war ein blaues Buch, und da gehörte noch ein kleines Extrabuch über Sexualität dazu, was aber fehlte. Ich musste es erst suchen.

Mit Freundinnen hat man nicht über Sexualität gesprochen. Übers Küssen schon, aber über alles andere wurde nicht geredet. Von Homosexualität z. B. hatte ich überhaupt keine Ahnung. Dann haben die nur mal erzählt: „Der wichst." – „Was ist das?", dachte ich. Ich hatte keine Ahnung. Also ich war bis zwanzig ziemlich unbedarft. Meine Schüler heute, was die in der 1. und 2. Klasse für Ausdrücke haben, und was die alles wissen, das habe ich damals nicht gewusst. Ich habe meine Mutter öfters gefragt; für sie war es ein großes Problem, darüber zu sprechen. Aber sie hat mich dann über die Schwangerschaft, und wo die Kinder herkommen aufgeklärt. Aber alles, was darüber hinausgeht, hat sie mir auch nach mehrmaligem Nachfragen nicht erzählt.

Einmal hatte ich in der Schule schreckliches Bauchweh. In der Zeit hatte ich mit einer bestimmten Lehrerin immer Probleme. Weil die Schmerzen so schlimm waren, hat mich ein Lehrer zu einem Frauenarzt gefahren. Der Arzt fragte mich, ob ich schon einmal meine Periode gehabt hätte. Ich sagte: „Was ist das?" Er sagte nichts. Dann bin nach Hause gegangen und habe am Tisch beim Mittagessen erzählt: „Stellt euch vor, was mir passiert ist, ich hatte so furchtbares Bauchweh, und dann kam ich zum Arzt, und der hat mich gefragt, ob ich schon mal meine Periode gehabt hätte. Was ist das?" – Tiefes Schweigen am Tisch. Stille. Nichts. Meine Mutter hat mir dann gesagt, was das ist. Als ich dann meine Periode bekommen habe, habe ich mich gefreut wie ein Schneekönig. Das fand ich toll. Das war eine richtige Freude. Darüber haben wir Mädchen schon geredet. Viele fanden das lästig. Und ich fand es immer schön. Einfach so, vielleicht so ein Ausdruck: „Ich bin jetzt eine Frau!"

Eine zwiespältige Sache

M: Mein Vater fragte mich einmal, ob ich weiß, wie das so ist. Da sagte ich ihm: „Das weiß ich." Mein Vater hat mir dann Kondome gegeben. Das war eine Fürsorglichkeit, weil er einfach nicht wollte, dass ich in jungen Jahren ein Mädchen schwängere.

Aber sonst: Aufklärung? Schmusen, ausprobieren!

Wahrscheinlich war das viel besser für uns. Viele Nacktfotos oder so etwas gab es ja nicht. Da gab es den Beate-Uhse-Katalog oder FKK-Heftchen. Und mehr gab es nicht. Das andere musste man selbst erforschen und kennen lernen. Aber es war eine spannende Zeit. Bei uns hat sich das entwickelt. Erst einmal am Baggersee oder nachts mal nackt im Schwimmbad. Dann umarmte man sich halt mal. Das war aber nicht nur in der Clique so, sondern auch während der Tanzschule, beim Tanz. Oder bei Fasnachtsfesten. Da wuchs man langsam rein. Natürlich gab es die Ratschläge in der Clique: „Jetzt geh mal ran! Die ist doch scharf auf dich." Das muss man auch erst einmal lernen, was die einzelnen Augenaufschläge und die einzelnen Berührungen bedeuten.

M: Das erste Mal, dass ich auf das andere Geschlecht aufmerksam wurde, war 1962. Warum? Da gab es eine Zeitschrift, die hieß Neue Revue und brachte 1962 einen Bericht über das Nacktbaden auf Sylt. Und meine Großmutter kaufte diese Zeitschrift. Und meine Eltern merkten irgendwann, dass ich mich besonders für diese Zeitschrift interessiere. Die wurde dann immer versteckt. Sexualität ist immer heimlich praktiziert worden. Da war immer unterschwellig dieses „Das macht man nicht" oder „Da redet man nicht darüber." Erst in der Lehre kamen da Sachen zur Sprache: „Hast du schon einmal ein Mädchen ...?" „Ja, natürlich!" – „Wie viele?" – „Drei oder vier!" Das war natürlich nicht der Fall. „Und sonst? Machst du es auch mit der Hand?" – „Ja, ja natürlich. Jeden Tag." So war das.

M: Sex war so eine Sache, die man sich gar nicht richtig traute. Man wollte zwar. Und mit sechzehn wusste man auch, wie das geht, aber so richtig traute man sich nicht. Das war immer so eine zwiespältige Sache. Man knutschte halt rum. Heavy Petting in etwa. Aber mehr traute man sich nicht, mehr lief da auch nicht.

Das erste Mal

M: Wir hatten zu der Zeit kein Kinderzimmer. Die Eltern lagen in einem Bett, und wir lagen im anderen. Meine Mutter kannte da keine Grenzen. Sie meinte, dass wir schliefen, und das ging leise vonstatten. Aber wir kriegten alles mit.

Wenn die Eltern am Wochenende weggingen, nahmen sie für uns ein Kindermädchen. Das war fünfzehn oder sechzehn. Ich war neun oder so. Da machte ich die allerersten Erfahrungen. Die lag in einem Bett, und ich und mein Bruder lagen im Bett daneben. Und das Kindermädchen meinte dann: „Komm mal rüber!" Und nach dem zweiten oder dritten Mal brauchte sie nicht mehr zu sagen: „Komm mal rüber!" Da ging ich von mir aus. Und wenn ich nicht von mir aus rüberging, sagte mein Bruder: „Geh jetzt rüber! Geh jetzt rüber!" – „Lass mich doch in Ruhe!" Heute hätte man vor solchen Geschichten mehr Angst als damals. Was früher auf dem Dorf alles passiert ist! ... Um Gottes willen! Was da alles geschehen ist! Das kann ich nicht erzählen, das ginge zu weit. Das gehört in eine andere Kategorie. Es gab viele Dinge, die man nicht verraten durfte, und die man auch heute nicht erzählen kann. Früher hat man halt nichts erzählt. Das war eine schweigende Übereinkunft.

Jungs, die zwei, drei oder vier Jahre älter waren als wir, zwangen den L. und mich dazu, mit irgendwelchen ausgesuchten, furchtbar aussehenden Mädchen, die ein bisschen blöde waren ... Die standen rum und sagten: „Jetzt, los!" Das war ein Druck, das war ein richtiger Gruppenzwang. Da musste man mehr oder weniger. Man wusste gar nicht richtig, wie das funktioniert. Und die Mädels, die waren so blöde ... Die eine oder die zwei, die da mitmachten ... Die machten mit. Diese Treffen fanden in einem Tabakschuppen statt. Damals war ich zehn, elf oder zwölf. Die Älteren haben sich da einen Spaß erlaubt.

Ja, das war für die ein Spaß. Ich hatte kein Problem damit, das zu verarbeiten. Wenn die sich jetzt gewehrt hätte, dann hätte ich gesagt ... Aber die hat ja mehr oder weniger gelacht dabei.

O je, ich weiß noch, wie meine Mutter mich aufklären wollte. Ich merkte genau, wie sie sich überwinden musste, zu sagen: „Komm mal her, setz dich." – Und ich wusste schon alles. Ich half ihr: „Mama, das brauchst du mir nicht erzählen. Ich weiß Bescheid. Das ist alles klar." Und sie hatte bestimmt Stunden gebraucht, um sich zu überlegen, wie sie es formulieren könnte. Wenn die gewusst hätte, was wir alles schon hinter uns hatten.

M: Zur Konfirmation habe ich ein neues Fahrrad bekommen, ein Rixe-Fahrrad. Damals hatte ich am Fahrrad einen Fuchsschwanz und Seitentaschen, damit man etwas mitnehmen konnte, wenn man zur Freundin fuhr. Abends traf ich mich manchmal mit der B. Dann fuhren wir zum Judenfriedhof, wo wir in den Büschen verschwanden. Ich weiß nicht mehr, was wir da so alles getrieben haben.

Als ich dieses Fahrrad hatte, hatte ich auch einmal eine Freundin aus Kollmarsreute. Die hatte ich auf einem Naturfreundehaus kennen gelernt. Nach der Arbeit fuhr ich jeden Abend mit dem Fahrrad zu ihr hin, auch wenn ich sie nur einmal kurz sehen und ein paar Worte mit ihr wechseln konnte. Dann ging es mit dem Fahrrad wieder zurück. Also mit dem Fahrrad unternahm man da schon einiges.

M: Ich bin nicht aufgeklärt worden. Das erfragte man im Lauf der Zeit, noch bevor man eine feste Freundin hatte und von der was wollte, bei den Leuten, die schon Erfahrung hatten. „Sag mal, du ...!" Ganz primitive blöde Sachen. Aber das waren Dinge, die wusste man halt nicht. Am Anfang brachte mich vieles total durcheinander. Zum Beispiel Dinge, die mir andere Jungs erzählt haben, darüber, wie der Körper einer Frau aussieht. Und was die da alles haben usw. Und ich dachte: „Hey, der verkohlt mich doch. Das gibt es doch gar nicht." Aber es stellte sich als wahr heraus.

Dennoch: Meine ersten sexuellen Erlebnisse waren super! Ich habe da gute Erfahrungen gemacht. Das war schön! Wahrscheinlich war ich am Anfang der totale Tollpatsch. Aber bei den Mädchen war das oft auch nicht anders. Klar.

M: 1962 ist das passiert: Ich war vierzehn und sie dreizehn Jahre alt. Ich war in der Mittelschule in der 8. Klasse. Sie war neu zu uns in die Klasse gekommen. Der Vater eines Freundes hatte eine Gartenhütte. Wir haben mit den Mädels da ein bisschen gefeiert, Wein getrunken und halt auf dem Heustock herumgelegen. Die ganze Clique ist dann gegangen und der, dem die Hütte gehörte, hat die Zauntüre abgeschlossen. Ich bin mit ihr geblieben. Wir mussten hinterher über den Zaun klettern und beim Herunterspringen hat sie sich das Bein gebrochen. Ich packte sie auf den Gepäckträger meines Fahrrades und fuhr sie nach Hause. Sie kam fünf, sechs Wochen lang nicht in die Schule. Und eines Tages, als wir nachmittags Werkunterricht hatten, war die Polizei da. Ihre Eltern hatten anscheinend Anzeige erstattet. Und so kam die ganze Sache ins Rollen. Wir wurden einzeln aufgerufen. Sie wollten halt wissen, was da los war und wie das war. Dann sagten sie noch, sie würde ein Kind kriegen. Das stimmte überhaupt nicht. Ich bin nicht gerichtlich belangt worden, aber wir sind beide von der Schule geflogen. Ich ging dann nach Freiburg in die Mittelschule und sie kam in eine andere Schule.

Es ging das Gerücht in herum, sie würde ein Kind bekommen. Darauf hat mich natürlich jeder angesprochen. Ganz klar! Mit meinen Eltern hatte ich deswegen keine Schwierigkeiten. Mit ihren Eltern hatte ich nie Kontakt. So war das halt.

Die Pille

M: Als ich vierzehneinhalb war, kam die F. zu uns in die Klasse. Mit ihren langen schwarzen Haaren war sie die Schönste in der Klasse. Und da gab es viele, die anbändeln wollten. Aber nach vier oder sechs Wochen war entschieden, dass ich sie hatte. Sie war ja auch ein bisschen verrückt und schwamm auf dieser Beatles-Welle mit. Sie war hochbegabt, musikalisch und zeichnerisch. Der konnte man jedes Instrument in die Hand geben, und sie konnte sofort darauf spielen.

Mit vierzehn hatte ich ein Velo-Solex und mit diesem Elendsding fuhr ich zu ihr. Wenn es im Herbst oder Frühjahr Wind hatte, dann stand dieses Ding auf der Straße, und ich kam kaum vorwärts. Für die Strecke brauchte ich so um die eineinhalb bis zwei Stunden. Ein Bekannter hatte eine Mobylette, die war ein bisschen frisiert. Mit dem tauschte ich, wenn ich nachmittags schnell zu ihr fahren wollte. Da war ich eine halbe Stunde schneller da und auch wieder zurück.

Das war ganz normal, dass man mit dem Sex anfing. Man spielte rum ... Ihre Zimmertür haben wir verrammelt. Ihre Eltern waren sehr aufgeschlossen. Ihre Mutter schickte sie gleich zum Frauenarzt. Ihr Vater hatte nichts gegen meine langen Haare. Die sagten gleich: „Wenn ihr schon zusammen seid, gehst du zum Arzt und lässt dir die Pille verschreiben." Die haben offen über dieses Thema geredet.

Rote Stiefel

M: Selbst als ich achtzehn war, wurde über Sex nicht geredet. – Einmal an Fasnacht, als ich schon den Führerschein und das Auto hatte, schleppte ich eine von diesen Tänzerinnen ab, ein Funkenmariechen mit roten Stiefeln und rotem Kostüm. Normalerweise brachte ich ein Mädchen, das bei mir geschlafen hatte, ganz früh nach Hause, bevor mein Vater etwas mitgekriegt hat. Aber in diesem Fall haben wir verpennt. So gegen zwölf geht die Schiebetür zu meinem Zimmer auf, ich blinzle verschlafen und sehe den Schädel meines Vaters in der Tür, dann macht er die Tür dezent wieder zu. Dieses Bild habe ich noch vor Augen, als ob es heute wäre: Ihr Kleid liegt am Boden und daneben stehen die roten Stiefel. Ich weckte sie auf: „Ich muss dich heimfahren." Und mit den Jahren kennt man ja jeden Ton einer Wohnung. Von meinem Zimmer aus ging es direkt in den Flur. Und als ich die Küchentür zugehen hörte, wusste ich, dass mein Vater in die Küche gegangen war. Sie hat sich angezogen, und ich ging schnell mit ihr durch den Flur, die Treppe runter, ins Auto. Eine halbe Stunde später war ich wieder daheim. Meine Mutter hatte mir in der Zwischenzeit das Frühstück zubereitet. Da kam der Vater zur Tür rein und schaute mich an, dann ging er zu meinem Zimmer, machte die Tür auf, schaute rein, machte die Tür wieder zu, kam zurück in die Küche und sagte: „Du, ich habe da vor einer Stunde schon mal reingeschaut. Vorher standen noch so rote Stiefel in deinem Zimmer." Und dazu grinste er. Das war sein ganzer Kommentar zu diesem Thema. Das Thema war damit für ihn erledigt. Aber dass er nachgefragt hätte, wer das war? Nein!

Heirat mit achtzehn

F: Ich lernte früh meinen Mann kennen. Da quartierte mich meine Mutter erst einmal ein Jahr lang in einen Lehrbetrieb an den Bodensee aus. Mein Mann ist acht Jahre älter als ich. Sie wollte nicht, dass ihre Töchter verbuttert würden. Am Bodensee bin ich siebzehn Jahre alt geworden. Die Familie hatte sechs Jungen. Einer war ganz verliebt in mich. Er hat mir immer in der Mittagspause ein Pferd gerichtet. So konnte ich reiten. Das war schön. Für mich war es eine ganz tolle Zeit.
Da sah ich zum ersten Mal, wie ein Kälbchen auf die Welt kommt. Das war bei uns immer ein Tabuthema. Da wurde die Stalltür zugemacht. Das muss man sich mal überlegen! Bei uns war das Thema Sexualität absolut tabu. Gerade auch unter uns Mädchen. Als es soweit war, dass du deine Tage bekommen hast, drückte dir die älteste Schwester etwas in die Hand. Aber worum es da geht, da hatte man keine Ahnung.

In der achten Klasse kam mal so eine Phase, wo die Mädchen ein bisschen aufgeklärt wurden. Das war in der letzten Schulwoche, damit man ja nicht zu viel fragen konnte. Das war 1963, 64. Die Lehrerin hatte uns auch einen Film gezeigt. Ich kann mich noch erinnern, dass der Eisprung bildlich gezeigt wurde. Das muss man sich mal vorstellen: Dann hast du plötzlich mit einem Mann zu tun und weißt überhaupt nicht, worum es geht. Also, so war es bei mir. Wir hatten nicht eine Nacht vor der Hochzeit miteinander verbracht, nie. Ich kann nicht behaupten, dass wir nicht das Bedürfnis gehabt hätten. Und trotzdem war ich an meiner Hochzeit schwanger.

Mit achtzehn heirateten wir. Der Opa meines Mannes sagte zu uns, wenn wir an seinem 83-sten Geburtstag heiraten, bezahle er uns die Hochzeit. Das machten wir. Meine Mutter und die Schwiegermutter suchten das Essen aus, der Opa bestimmte den Ort, und ich fragte ganz vorsichtig, ob es Eis als Dessert geben könnte. Viel mitreden durften wir nicht. Meine Schwester ging mit, um das Kleid auszusuchen. Sie sagte: „Das nehmen wir!" – Wir hatten eine tolle Hochzeit. Die Musik spielte, aber ich hatte nichts davon organisiert.

Als ich von daheim weg war, schnitt ich als Erstes meine Haare ab. Meine Mutter hatte immer Wert darauf gelegt, dass ich die Haare lang lasse.
Hintereinander kamen drei Kinder. Als ich auf den Hof kam, waren da der Opa von meinem Mann, die Mutter meiner Schwiegermutter und meine Schwiegereltern. Und da kam ich mit meinen achtzehn Jahren. Ich war das Gehorchen gewohnt. Keine eigene Stube, keine eigene Küche. Ich bin krank geworden. – Ich meine: Es funktionierte! Und ich bin froh, dass wir keinen richtigen Streit bekamen; denn meine Schwiegermutter war eine gute Seele. Sie hatte drei Brüder im Krieg verloren. Und ihre Mutter war dadurch richtig böse geworden. Sie hat geschimpft, als wir die Kinder bekamen. Es war nicht einfach.

Männlich/weiblich

M: Die Beatles hatten lange Haare, da ließ man sich die Haare halt auch lang wachsen. Lange Haare, Blümchenhemden, Samthosen, das sind ja weibliche Attribute und Accessoires. Das hat Aggressionen ausgelöst. Manche erwachsenen Männer hätten dich am liebsten verprügelt oder dir mit Gewalt die Haare geschnitten.

Es war unheimlich spannend, wie man mit dem Thema Sexualität Erwachsene verunsichern konnte. Man hat intuitiv Themen herausgefunden, die bei denen Angst auslösten. Angst, die sofort in Aggression umschlug. So sehe ich das heute: Da sind diese Männer, die ja alle soldatisch erzogen worden waren, deren eigene weibliche Anteile massiv unterdrückt worden waren. Und auf einmal, genau in dem entsprechenden Alter, tauchen diese Typen auf, haben lange Haare, sagen: „Wir gammeln rum." Zu mir hat einmal ein Mann gesagt: „Bei der Hitlerjugend haben wir gerade laufen gelernt." Und rumgammeln oder rumhängen ist ja genau das Gegenteil davon.

F: Ich sollte ein Junge werden. Das war von meinen Eltern gewünscht, und so bin ich aufgewachsen und erzogen worden. Ich war die Größte, ich war kräftig, habe immer mit Jungs gespielt, bin auf Bäume geklettert, habe mit Messern geworfen, Fußball gespielt. Ich ging mehr in die männliche Richtung. Ich hatte nur wenige Freundinnen. Ich hatte drei ältere Schwestern. Eine war die Dame, die andere war das sehr aufgeweckte Mädchen, und ich war die Sportlerin, die Kameradin und bin eher mit Jungs umhergezogen.

In einem gewissen Alter bin ich als Junge durchgegangen. Ich sah auch aus wie ein Junge mit den Pilzhaaren und diesen Klamotten. Da hat man gar nicht gemerkt, dass ich einen Busen habe. Einmal hat sich eine Frau in mich verliebt, weil ich so toll tanzen konnte.

In der Clique haben wir Englisch gesprochen und uns Namen gegeben. Ich hieß Ben. Ich hatte Jungenhosen an. Allerdings bin ich dafür gerügt worden. Hosen mit Hosenladen hätte man nicht anziehen dürfen.

M: In meiner Klasse war ein Junge, der sich schminkte. Das war 1967, 68, 69. Er hatte Make-up im Gesicht und die Wimpern getuscht. Es kann sein, dass sich die Mädchen manchmal über ihn lustig machten: „Hast du eine neue Wimperntusche?", aber von uns Jungen und auch von den Lehrern wurde er nicht aufgezogen. Es war, wie wenn er nicht da wäre. Er hatte auch eine sehr feminine Mimik und Gestik, und seine Stimme war sehr weich. Ich glaube, die Hälfte der Klasse hat das gar nicht bewusst wahrgenommen. Er wollte immer Dressman werden.

M: Den Jungs hat man so ein gewisses Recht eingeräumt, ein bisschen aufmüpfig zu sein, aber den Mädchen ... In der Regel waren sie fleißig, entweder fleißig oder dumm. Das war so die Klassifizierung. Dass es auch intelligente Mädchen gibt, so etwas war im Denken vieler Erwachsener überhaupt nicht vorhanden.

F: Meine Freundin und ich liefen immer in den gleichen Klamotten rum. Sie hatte einen Badeanzug in Rot und ich hatte den gleichen in Blau. Im Schlafzimmer ihrer Mutter übten wir vor dem Spiegel tanzen, da waren wir vierzehn, fünfzehn. Manchmal hielten

Der Boß einer großen Rinderherde MacLintock (John Wayne) braucht eine feste Hand. Daß er das auch seiner Frau Kathrine (Maureen O'Hara) spüren läßt, ist nicht fein. Foto: United Artists

Aus der Bravo Nr. 52, Dezember 1963

Nach „Bonny und Clyde" ist ein Banküberfall keine Domäne des Mannes mehr.

In Berlin in einem Museum „... wie vom Donner gerührt."

die Leute mich für ihren Freund. Wir hatten uns in Freiburg Hosen gekauft. Was es an Mädchenhosen gab, war ja nichts. Wir haben uns also Männerhosen gekauft, knapp auf der Hüfte sitzend, eng und unten mit Schlag. Und vorne hatten die Schlitze, damit sie über die Schuhe fielen. Und im Army-Shop in Freiburg kauften wir uns grüne Army-Jacken und zogen dann Händchen haltend als Freundinnen durch die Lande. Und manchmal sagte jemand: „Du, deine Tochter läuft auch schon mit einem Freund durch die Gegend!" Die Mutter meiner Freundin erwiderte dann: „Wie sieht der denn aus? ... Ah, ja, den Freund kenne ich." Als wir im richtigen Alter waren, fuhr uns mein Vater immer in diese Festzelte, wenn die Starfighters spielten. Wir waren ganz verrückt auf die Starfighters. Wir waren dann vorne, und mein Vater saß irgendwo hinten im Zelt. Oder er wartete sonst irgendwo.

Medien, Kunst und Kultur

Bis ins Mark

F: Früher bekamen die Abiturklassen in Baden-Württemberg ein halbes Jahr oder ein Jahr vor dem Abi eine subventionierte Berlinfahrt. Wir sind also nach Berlin gefahren. Ich kam aus einem Haushalt, wo niemand etwas mit Malerei am Hut hatte, und ich war bis zu dem Zeitpunkt noch nie in einer Kunstausstellung gewesen. Als wir mit unserer Deutschlehrerin durch dieses Museum gingen, setzte ich mich erst mal auf einen dieser Ledersessel in der Mitte des Saales. Ich war wie vom Donner gerührt und hatte plötzlich das Gefühl, es macht etwas mit mir. Ich hatte plötzlich das Gefühl, irgendetwas berührt mich bis ins Mark. Es war ein Erlebnis, das ich all die Jahre nicht verloren habe. Auch wenn ich heute eine Ausstellung anschaue, dann denke ich: Das ist ein Geschenk, sich mit etwas zu verbinden, was einem gut tut, was man schön findet, was einen berührt. Es ist so etwas Nichtverbales, was einfach etwas mit einem macht. Es zu entdecken, war eine ganz wichtige Erfahrung. Zum ersten Mal spürte ich: Ich entdecke etwas für mich alleine, das ich mit niemandem geteilt habe, und ich dachte: Es gibt Dinge im Leben, die ich noch entdecken werde.

Das war ja Gift, dieses Ding.

M: Wir bekamen einen Fernseher zu den Olympischen Spielen in Innsbruck 1964. Den konnte man abschließen. Das war ja Gift, dieses Ding. Man schaute mal etwas an, dann wurde dieses Ding wieder zugeschlossen. Dass man während des Essens geschaut hätte, das gab es nicht. Nie! Das wurde so konsumiert, wie wenn man eine Schallplatte auflegen und zuhören würde. Und es hat lange gedauert, bis dieser Schlüssel stecken blieb. Sodass man auch mal dran konnten.
Was meine Eltern immer geschaut haben, waren Komödien und Kabarett. Die Stachelschweine, die Lach- und Schießgesellschaft. Und meine Eltern gingen auch oft zu solchen Vorstellungen. Meine Eltern gingen von den Fünfziger Jahren bis in die Sechziger Jahre auch ab und zu ins Kino. Mit ihnen ging ich z. B. in den Film „Das Wirtshaus im Spessart" und solches Zeug.

Sorayas Husten

F: Mein Vater las den „Spiegel" und meine Mutter die „Bunte". Ob Soraya gehustet hat oder nicht, das wusste man. Ich las jahrelang nur Arztromane. Was den Familienfrieden in die Schräglage brachte, war, wenn wir von Freunden Micky-Maus-Heftchen ausgeliehen hatten. „Was hab ich hier für geistige Tiefflieger großgezogen?", ging es dann los vom Vater. Da musste man zusehen, dass man die las, wenn er es nicht mitkriegte. Es waren diese Sprechblasen die einen so angeturnt haben. Und wir fanden das so witzig, dass wir uns dann so unterhalten haben: „Gulp!" – „Ploing!" – „Plaps!" Dann ist der ausgerastet. Es gab per Kommentar sofort eins auf die Nase.
M: Ich kann mich an eine Geschichte aus dem Stern erinnern: „Jimmy und das Gummipferd". Das durfte ich lesen. Das waren echt irre und gute Geschichten. An Zeitschriften gab es sonst das Konradsblatt, Stadt Gottes, Katholischer Digest, den Michaelskalender, und noch irgendeinen Frauenkalender. Bergeweise lagen die Zeitschriften bei uns rum, weil mein Onkel Fridolin diese ausgetragen hat, und der hatte immer Freiexemplare.

Meinungsfreiheit

M: Mein Vater war im Krieg gewesen und hatte nach dem Krieg eingesehen, dass das Nazi-Regime nicht richtig war. Wobei er natürlich diesen alten Spruch abließ: „Es war aber nicht alles schlecht, was der Adolf gemacht hat." Wenn ich das schon höre! Ich habe oft in Wirtschaften mit älteren Leuten, auch mit Wildfremden, darüber diskutiert. Aber wenn mir heute einer, auch einer von den Jungen, so einen Spruch setzt, dann sehe ich rot. Dagegen bin ich heute noch allergisch. Unsere Elterngeneration sah das ja aus ihrem Blickwinkel: In den dreißiger Jahren gab es Millionen Arbeitslose und plötzlich gab es Arbeit. Die sahen aber nicht, dass es dafür keine Meinungsfreiheit gab. Die war für diese Generation eigentlich unwichtig. Wichtig waren Arbeit, Geld und Wohnung oder solche Sachen wie das Kinderreichen-Programm, durch das mein

Mode

Cowboyhosen

M: Bei uns hießen Jeans nicht Jeans, sondern Cowboyhosen. Cowboyhosen hätte man schon gerne gehabt. Die kamen dann auch ins Haus. Dann der obligatorische Parka, die hohen Lederstiefel mit Fransen. Nachdem man John Mayall und diese Jungs in ihrem Baumhaus gesehen hat und das, was die so trugen. Aber ansonsten …? Stiefel, auch mal eine Riberlihose (Cordhose), und die wurde in die Stiefel gesteckt. Man hat sich eine alte Lederjacke organisiert. Man war ja schließlich auf der Werbetour für sich. Das war so die Kleidung, die mir gefallen hat.

M: Dann kam der Tanzkurs, das war in der Untersekunda, Obersekunda. Den machten wir alle beim Frese in Freiburg oben im Friedrichsbau. Der Frese mit seinem steifen Kreuz. Das war alles organisiert. Es gab den Theaterring, wo man einmal im Monat in der Winterzeit ins Theater ging. Und ich glaube, dass es noch üblich war, dass man einen Anzug und eine Krawatte anhatte. Das war so ein gewisser Übergang. Es fing bei den Mädchen mit dem Minirock an, und die Jungs haben keine Krawatte und kein Hemd mehr angezogen, sondern trugen einen Rollkragenpullover unter dem Sakko. Das war zwar immer fürchterlich heiß. Aber schick war es.

F: Miniröcke – ich weiß gar nicht, ab wann es die gab. Und – das war etwas ganz Tolles – die Erfindung der Strumpfhose. Früher sind wir ja mit Leible (Leibchen) und Wollstrümpfen herumgelaufen. Ach, das war so furchtbar! Das hat immer gekratzt. Dann konnten wir wenigstens eine Strumpfhose anziehen. Allerdings waren das nur ganz dünne. In dem Alter muss das anscheinend so sein.

Großvater bauen konnte. Es wurde immer so erklärt, dass man anstelle der Meinungsfreiheit Arbeit hatte, und dafür musste man dann halt in die Richtung laufen. Das ist wahrscheinlich auch der Grund, warum sie keine anderen Meinungen akzeptieren konnten. Sie selber wurden ja so erzogen und indoktriniert.

Neue Kleider

F: Meine älteste Schwester nähte uns Sachen. Neue Kleider gab es bei uns nicht. Meist trugen wir gebrauchte Kleider. Einmal waren eine Cousine und ich zu Besuch bei einer Tante in Nürnberg. Da bekamen wir ein Paar Schuhe und ein Dirndl. Das war neu gekauft.
Ich war schon verheiratet, als ich meinen ersten neuen Mantel und meinen ersten neuen BH bekam. Das ist so! Heute glaubt einem das keiner mehr, aber das war so.
M: Ich hatte den Vorteil, dass meine Berliner Verwandtschaft mich immer mit dem Modernsten eingekleidet hat. Ich habe zum Beispiel 1966 oder 1967 signalgrüne, gelbe und rote Hemden gekriegt. Die hatten schwarze Knöpfe und so einen Kragen, der mit einem Knopf festgemacht wurde. Und die durfte ich von meiner Mutter aus nicht anziehen. „So was gibt es hier nicht." Erst als ein Hemd in dieser Farbe beim Kleiderhaus Müller aushing, wurden die genehmigt. Oder die Hosen mit Schlag, oder die Krawatten, als die dann breit wurden, da hatte ich die, aber die durfte ich erst Monate später anziehen. Da gab es diese marmorierten Tücher (Paisley) und solche Sachen. In Berlin war das gang und gäbe, und hier in der Provinz hat man uns scheel angeschaut. Heimlich habe ich diese Sachen schon mal angezogen und ging damit aus.
M: Wir trugen eine Zeit lang Beat-Stiefel. Das waren die Schuhe, wie sie die Beatles trugen, mit hohen Absätzen und waffenscheinpflichtiger Spitze. Dann Röhrenhosen, möglichst eng, aus schwarzem Stoff oder schwarzem Cord. Und wir trugen ähnliche Klamotten wie die Beatles. Aber das hielt sich nicht so lange. Dann war etwas mehr Originalität gefragt. Aus dem Zwang heraus, sich von den anderen abzuheben oder um sich irgendwo dazugehörig zu fühlen, zog man sich manchmal total verrückt an. Ich kann

mich entsinnen, dass ich einmal nach Freiburg in die Mooswaldstube zum Schwof ging. Da hatte ich extreme Schlaghosen an, ein Hemd von meinem Vater, ein altes Gilet darüber und eine bunte Krawatte. Das war total schrill. Dann hatte ich noch so eine angedeutete Langhaarfrisur. Schulterlange Haare hatte damals kaum jemand.
Die Zeit mit diesen Stiefeln und Hosen brachte uns manchen Ärger ein. Damals haben wir uns immer im Café Lotalla getroffen und waren alle auf diese Tour angezogen. Danach spazierten wir durch Emmendingen. Und da eckte man mit dem Rest der Jugendlichen an. – Für uns waren das Rocker bzw. Halbstarke. Da gab es manche Beinah-Klopperei.

Wenn man nach Freiburg ging, in einen Klub oder so, da war das nicht so schlimm. Aber auf dem Land war das gravierend.

Wenn du mit irgendetwas Schrägem auftauchtest, konnte es sein, dass das alle toll fanden. Beim Musikmachen trug ich ein Jahr lang eine abgetragene Cord-Jacke von meinem Bruder. Die war schon ganz kaputt. Als ich die verschlampt hatte, war ich sehr traurig. Für Klamotten war ja kaum Geld da. Ich erinnere mich gut an die erste Zeit als Geselle, als ich das erste Geld verdiente. Das war nicht viel, aber ich genoss das so. Ich fuhr nach Freiburg und kaufte mir Klamotten. Ich kam nach Hause und war beladen mit Tüten. Und die fragten mich: „Was hast du gemacht?" Ich sagte dann: „Ich habe jetzt erst mal Klamotten eingekauft." Und das war grottenfalsch. „Jetzt gibst du erst einmal zu Hause ein bisschen Geld ab." Aber ich hatte nichts mehr. Ich hatte es ausgegeben. Oft improvisierte ich einfach mit den Klamotten, die ich hatte. Bei uns in der Band gab es das nicht, dass alle gleich angezogen waren. Nur wenn man ausging, stellte man plötzlich fest: „Ah, der hat jetzt ein Janker wie die Beatles, und der hat ein Janker." Ich konnte mir so ein Ding nicht kaufen. Da hat mir meine Mutter eine Jacke umgenäht. Die machte mir auch so Leder dran. Ja, das war schon gut. Aber Klamotten waren mir weniger wichtig.

M: Ich habe von einem Cousin Hemden und Hosen bekommen. Vom Modegeschmack her war das nicht so mein Ding. Außerdem hatte die Tante diese Kleider immer stark parfümiert. Diesen Geruch hat man überhaupt nicht mehr rausbekommen. Das war absolut unangenehm. Weil ich als Junge auf einmal parfümiert war. Es kam zu unangenehmen Situationen mit Freunden: „Hast du dich parfümiert?" – „Du spinnst wohl!" – „Ich riech es doch!" ... Aber da Geld knapp war, blieb mir nichts anderes übrig, als diese Klamotten anzuziehen. Einmal war eine Pepitahose dabei, die sah aus wie eine Bäckerhose und einmal ein lachsrotes Hemd. Einmal habe ich eine sogenannte Windjacke der Hitlerjugend auf dem Speicher gefunden und habe sie angezogen. Ich wusste nicht, dass sie von der Hitlerjugend war. Als meine Mutter mich in dieser Jacke sah, hat sie sich wirklich aufgeregt, und ich durfte die Jacke nicht anziehen, obwohl ich sie total schick fand.

Einmal im Winter musste ich die grünen Wildlederschuhe meiner älteren Schwester tragen, weil ich echt keine Winterschuhe hatte. Obwohl es wahrscheinlich niemand gemerkt hat, dass das Mädchenschuhe waren, fand ich das total peinlich. Grüne Wildlederschuhe! Ein paar Jahre später hat man solche Schuhe geradezu gesucht. Ich weiß noch, es gab von Clarks dunkelblaue und weinrote und, ich glaube, auch grüne Wildlederboots. Das war total schick.

M: Die Freundin meiner Schwester hatte bestimmt zwei Jahre lang die gleichen Klamotten an. Ihre Mutter hat schier Zustände bekommen, weil die Kleider abends schnell noch gewaschen und am Morgen wieder trocken sein mussten. Statt Unterwäsche trug sie ihren Badeanzug. Sommer wie Winter.

M: 1964 oder 1965 habe ich mir die ersten Jeans gekauft. Das heißt: Ich bekam sie gekauft. Eine Nietenhose! Dann trug ich diese Nietenhose und einen Parka. Da wurde man als Gammler beschimpft: „So etwas zieht man nicht an!" Da lernte man alle Meinungen kennen, die von Kollegen, die wirklich Scheuklappen vor den Augen hatten, aber auch solche, die offener waren. Mein Geselle in der Lehrzeit war ganz konservativ eingestellt: „Gammler!" Wenn man nur einen Parka trug, wurde man so beschimpft. So etwas zu tragen, wurde als unmöglich empfunden. Und ich weiß noch gut, wie der meinte: „Nietenhosen? So etwas zieht man doch nicht an!"

M: Das war ein Lebensgefühl: Musik, Klamotten, Haare. Ein bestimmtes Benehmen, auf eine gewisse Art durch die Stadt zu latschen. Sich im Western Store eine Kampfjacke aus Vietnam kaufen, in der angeb-

lich Einschusslöcher drin waren. Und so ein Zeug eben. Im Westend in dem Western Store an der Ecke. Es gab eine Auseinandersetzung mit meinem Vater. Der hat uns immer im Kleiderhaus Müller eingekleidet. Das war ein sehr konservativer Laden. Und der Verkäufer war auch so ein Typ, der meinem Vater natürlich immer zustimmte. Stabil und konservativ mussten die Sachen sein. Einmal hat mir mein Vater gesagt, er würde mir ein Paar Jeans kaufen. In der Mittagspause trafen wir uns bei diesem Western Store, und ich wollte eine Levi's. Die haben damals 24,- DM gekostet. Das war viel Geld. Und der Verkäufer versuchte, meinem Vater eine Wrangler aufzuschwatzen. Und das Problem bei der Wrangler war, dass da Synthetik drin war. Das heißt, dass sie nicht einliefen beim Waschen. Und das Wichtigste an einer Jeans war, dass sie einläuft. Nach dem Kauf setzte man sich gleich mit der Jeans in die Badewanne, und dann hatte man das Gefühl, dass die sich an den Körper anpasst. Dann schrubbte man mit Salz und Wurzelbürste, damit die Farbe ein bisschen abging und die Hose nicht mehr so neu aussah.
Es war damals sehr schwer, gegen meinen Vater aufzumucken, und er setzte sich durch. Am Schluss hatte ich dann eine Scheiß-Wrangler-Jeans.

Der erste Jeans-Shop in der Lammstraße in Emmendingen (ca. 1964)

Mordversuch

„In 20 Jahren kommen wir wieder!"

M3: Es gab diesen Burschen, der seine Mutter entweder totgeschlagen oder schwer verletzt hatte. Danach legte er einen Zettel auf den Tisch, auf dem stand: „In zwanzig Jahren kommen wir wieder!" – Da kam die Polizei ins Klassenzimmer, jetzt soll sich bitte jeder melden, der irgendetwas vermisst, Geld oder sonst etwas. Und der S. stand auf und sagte: „Und mir haben sie meine Schreckschusspistole geklaut."

M2: Der X. war eigentlich ein netter Typ. Er hat mich einmal vor einem Schläger beschützt. Er war ein

Jungschar-Kumpel. Wir waren einmal über Pfingsten auf dem Hünersedel und übernachteten da. – Die Polizisten wollten wissen, ob jemand eine Idee hatte, wo sich der X. versteckt haben könnte. Ich bin dann mit denen im Polizeibus auf den Hünersedel gefahren. Es war schon dunkel, als wir auf die Bergkuppe stiegen. Die Polizisten hatten so große, schwere, schwarze Lampen dabei, womit sie den Weg beleuchteten. Wenn der S. auf dem Hünersedel gewesen wäre, dann hätte er uns sicher gehört oder gesehen. – Es ist mir heute noch unverständlich, weshalb ich mich da gemeldet habe. Die Polizisten hätten ja auch wissen müssen, dass man in so kurzer Zeit gar nicht auf den Hünersedel kommen kann. – Ich glaube, ich war so geschockt, dass der Freund, der mich beschützt hatte, ein Dieb und fast ein Mörder war. Ich wollte irgendetwas tun. Wobei ich ein total schlechtes Gewissen hatte.

Seine Mutter arbeitete Schicht. – Es wurde erzählt: Er wartete hinter der Tür auf sie mit der Axt in der Hand. Als sie rein kam, versuchte er, sie zu erschlagen. Er hat sie wohl auch getroffen, aber die Axt glitt ab und fuhr in den Kamin. Dann haute er ab. Die Mutter überlebte.

Das war eine schlimme Geschichte. Das konnte ich gar nicht fassen. Vielleicht zwei Jahre später hatte ich Konfirmadenunterricht im evangelischen Pfarrhaus in der Hebelstraße, und wir warteten auf den Dekan. Und da dachte ich, der X. stünde auf der anderen Straßenseite und schaute zu uns herüber. Ich dachte immer, wenn der wüsste, dass ich mit der Polizei auf den Hünersedel gefahren bin, würde er sich möglicherweise an mir rächen. Das beschäftigte mich über Jahre immer wieder.

M3: Mich hat das auch sehr beschäftigt. Und zwar aus dem einfachen Grund, weil ich mich fragte, wie einer dazu kommt, mit einer Axt auf seine Mutter loszugehen. Ich kann mich daran erinnern, dass der Lehrer L. noch einen Satz dazu sagte. Den habe ich allerdings vergessen.

Musik

Total peinlich

M: Klavier spielen lernen, das war auch so ein Kapitel. Ich fing damit in der zweiten, dritten Klasse an. – Einmal im Jahr war der große Gesellschaftsabend, an dem wir vorspielen mussten. Das war bei unserer Klavierlehrerin in der Wohnung. Da konnte man zwei Zimmer durch eine große Schiebetür verbinden. In dem einen Zimmer saßen die Eltern, und im anderen mussten wir Klavier spielen. Das war total peinlich für uns. Das war fürchterlich! Der einzige, der gut war, war der M. Der hat das ja gekonnt. – Das mit dem Klavierspielen ging von meinen Eltern aus. Ich glaube nicht, dass Kinder mit zehn, elf oder zwölf sagen: „Ich will jetzt Klavier spielen lernen." Ich glaube auch, dass die, die nachher anfingen, Gitarre zu spielen und sich sagten, das will ich jetzt tun, das erst so mit vierzehn, fünfzehn anfingen.

„I buy you a Chevrolet ..."

M: 1962, 1963 fing das an, dass du mal was von den Beatles hörtest. In dieser Zeit organisierte man in der Clique gewisse Feste, auch mit Alkohol. – Früher hörte man Abi und Esther Ofarim. Hoch und runter. Bert Kaempfert, das war auch um die Zeit. Dann Jacques Loussier „Play Bach" und so ein Zeug. Und die Platten, die man viel angehört hat, die gingen auf irgendwelchen Partys irgendwann verschütt.

F: Ich war in der Haushaltungsschule und bin mit meinen Schulfreundinnen öfters mal in diese Eisdiele gegangen. Die hatten eine Musikbox mit Beatles-Titeln darin. Der Eisdielenbesitzer Santini brachte jedes Jahr neue Italiener-Kerle mit. Sie mussten erst Deutsch lernen. In dem Sommer sagten sie immer: „Bolle koscht 10." Vorher hatte die Kugel immer 5 Pfennige gekostet.

 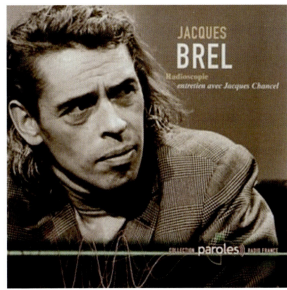

M: Donovan fand ich toll und Bob Dylan, vielleicht mehr Donovan als Bob Dylan. „I Buy You a Chevrolet ..." und diese Sachen. Das waren Protestlieder oder Klampfenlieder. Vielleicht kam das aus dieser Pfadfindergeschichte, dass man diese Liedart mochte. Abi und Esther Ofarim hatten auch nur eine Gitarre dabei. Und die Byrds. Im Vordergrund stand die Gitarrenmusik. Nur dass die jetzt elektrisch verstärkt war. Diese Diskussion, die es bei Bob Dylan gab, als er auf einmal eine Band dabei hatte, war krass. Das war ja wirklich ein Riesenstreitthema, ob der das jetzt bringen könne: Bob Dylan elektrisch verstärkt?! Es gab eine Zeit, in der das Lyrische mehr im Vordergrund stand. Diese französischen Sachen! Frankreich war ja ein Riesenvorbild. Ganz egal, ob Michel Polnareff oder Jacques Brel, das hast du dir alles reingezogen. Und ich würde sagen, dass die französische Musik mit der englischen gleichbedeutend war, zumindest in der ersten Hälfte der Sechziger Jahre. Und in Frankreich! Was hatten die an Diskotheken! Was tanzten die da! Was sind wir manchmal ins Elsass rübergegangen, nach Colmar oder Schlettstadt, um in diese andere Art von Tanzen reinzukommen. Frankreich faszinierte uns, das bedeutete für uns Freiheit.

Kinski spricht

F: Kinski haben wir viel gehört. Kinski spricht François Villon. Meine Mutter hatte diese Platte, sie war ein rechter Feger. Und Knef haben wir gehört. Wir haben viele Platten gehört. Zum Beispiel von Helen Vita – die war ja verboten. Sie war eine Diseuse. Sie hatte sehr frivole und anzügliche Texte, und die standen auf dem Index. Meine Mutter hatte die Platte. Das haben wir daheim angehört. Evelyn Künecke genauso. Das waren teilweise auch Texte, die unter die Gürtellinie gingen.
M: Für mich waren es die Beatles und Jimi Hendrix. Ohne die wäre ich ein Idiot geworden. Da spürte ich: Irgendwo gibt's noch etwas anderes als das bekannte Leben. Wir sind 1966 mit den Falken nach England

gefahren. Das war genau die Zeit, als „Yellow Submarine" bekannt wurde und „Wild Thing" von den Troggs: „Wild thing, you make my heart sing ..."
Die Erwachsenen haben das gehasst: „Negermusik" oder „Beatles-Musik"! Es war ja nicht nur die Musik, es war die ganze Kultur – die Haare, die Klamotten, die Haltung, der Umgang mit anderen.

M: Als Stu Sutcliff von den Beatles starb (10. April 1962), kam unser Klassenlehrer ins Klassenzimmer und die C. weinte. Er fragte: „Warum heulst du denn?" – „Der und der ist gestorben, das ist einer von den Beatles." – „Ja, das ist schlimm. Aber wenn hinten im Tal irgendein armes altes Männchen oder Weibchen stirbt, das vieles im Leben geschafft hat, da heulst du nicht. Aber diese Person hat es genauso verdient, dass man da heult."

M: Wie man so schön sagt, hatte ich damals ein Schlüsselerlebnis. Das muss 1965 gewesen sein, und die Beatles sind zu der Zeit in Hamburg gelandet. Da kam in der Tagesschau, wie die aus dem Flieger aussteigen. Da hatten sie ja noch relativ kurze Haare. Und im Hintergrund lief einer ihrer Hits. Von dieser Minute an interessierte mich das, auch die langen Haare. Ich war auch sofort Feuer und Flamme für diesen Menschentypus. Ich hatte in meinem Zimmer eine Musiktruhe. Damals kaufte ich überwiegend Singles. Dann mit fünfzehn, sechzehn auch die ersten LPs. Da bekam man ja von daheim mehr Taschengeld.

M: Meine ersten Musikerfahrungen entsprechen dem, was damals viele von uns durchmachten: Blockflötenunterricht in der Schule und dann Blechmusikverein. Als ich vierzehn war, liefen beim Geschirrabtrocknen die ersten Beatles-Sachen im Radio, aber auch Roy Black und diese ganzen Schlager. Ich bin mit Musik aufgewachsen und bin ihr verhaftet geblieben. Bei mir hängt das wahrscheinlich auch damit zusammen, dass ich nicht nur meine Persönlichkeit in der Musik verwirklicht habe, sondern dass ich auch wahnsinnig gerne singe. Ich singe auch mal einen deutschen Schlager. Und damals lief das so nebenher. Ich weiß nicht mehr, wie der Sender hieß. Auf jeden Fall war es ein Sender, den meine Mutter auch hörte. Sie war ja relativ aufgeschlossen.

Diese Musik begeisterte mich, und ich weiß noch, wie ich meine erste LP „The Best of Beat" gekauft habe, im Kaufhof in Freiburg. Ich war mit meiner Mutter unterwegs, das war 1966, da war ich vierzehn. Auf jeden Fall waren auf dieser ersten LP zwei Titel von den Byrds. Dann gab es diesen farbigen Underground-Sampler: „That's Underground". Da sind gute Sachen drauf: Blues, Rock. Und ich war schwer beeindruckt. Ich war damals völlig weg von der Musik.

F: Wenn mein Bruder und ich den Popshop angehört haben, machte mein Vater die Tür auf und sagte: „Was hört ihr da für Negermusik?" Er machte das Radio aus und ging wieder.

M: Meine persönlichen Tophits? – Von den Beatles „I Want to Hold Your Hand", „She Loves You, Yeah, Yeah, Yeah". Dieses „Yeah, Yeah, Yeah" war damals sehr wichtig. Dass war ein Ausdruck, der neu war und richtig etwas hergab. Dann von den Stones eines der schönsten Stücke „Carol". Dann kamen später noch die Beach Boys mit „Surf'n the USA". Dann gab es Underground-Bands, wie Pretty Things. Ein Stück fällt mir da ein: „Yes, I Need LSD". Dann Procol Harum mit „A Whiter Shade of Pale", Santana, „Black Magic Woman", Jimi Hendrix, „Redhouse Blues". – Von The Move, „Lemon Tree", sagenhaft schön, das hörte ich tagelang. Nur dieses eine Stück. Immer wieder, immer wieder. Da kommst du über die Klänge ins Träumen, in eine friedliche, unangefeindete Welt, wie du das in der Zeit oft gebraucht hast, um gegen die Leute, die dich ablehnten, zu bestehen.

M: Es gibt Hendrix-Stücke, die ich zu abgefahren fand, weil ich halt auf so etwas Grooviges stehe. Und da gibt es „Hey Joe" und die ganzen Sachen, und da

kriege ich Gänsehaut. Das zog ich mir damals voll rein, und das fand ich genial, jenseits von Gut und Böse. Aber da muss ich eine Grenze ziehen zu vielen abgefahrenen Sachen von Jimi Hendrix, z. B. die amerikanische Hymne. Das hörte ich mir nie an. Wenn ich eine Platte von Jimi Hendrix hatte, suchte ich mir die Stücke heraus, die mir gefielen: „Stonefree", „All Along the Watchtower". Bob Dylan spielte zwangsläufig eine Rolle, weil viele von den Sachen, die man von anderen hörte, von ihm waren. Dylan selber entdeckte ich erst viel, viel später. Diese Musik funktioniert mehr über Texte. Der I. war ein absoluter Bob-Dylan-Fan. Der hatte Abitur und verstand die Texte. Der sammelte Dylan wie verrückt. Ich hatte keine einzige LP von Bob Dylan.

Das Cover einer LP spielte eine große Rolle. Das Cover anzuschauen, mit möglichst vielen Fotos von der Gruppe drauf. Da konnte man sich so ein bisschen damit identifizieren. Früher hat man viel zu wenig von den Musikern gehört. Man wusste wirklich nichts. Man sog sich da selbst was aus den Fingern und entwickelte Wunschvorstellungen. So richtige Veröffentlichungen über ihre Musikproduktionen gab es damals nicht. Man wünschte sich, dass es gleichzeitig zum Erscheinen vom Album mehr Informationen darüber gäbe. Ich fand das wahnsinnig wichtig. Ich habe oft dieses Cover vor mir gehabt und angeschaut. Ich stellte mir vor, wie diese Typen sich bewegen.

M: Musik war ein ganz anderes Erlebnis als heute, weil es auch nicht so viel gab damals. Es kam alle paar Wochen eine neue Band aus England raus: „Hast du das schon gehört!?" Und dann stand man am Plattenspieler und konnte es kaum fassen.

M: Wenn die Musik nicht gewesen wäre, würden drei Viertel der Wirkung fehlen, die von den Sechzigern ausgehen. Musik gehörte einfach dazu. „Whole Lotta Love", „Hey Joe", das Album von Pink Floyd „A Saucerful of Secrets". Diese Musik war auch Politik: diese Befreiung, diese Möglichkeiten, die sich einem da eröffneten. Was man alles machen kann, wenn man will, und wenn man die Initiative ergreift.

Sgt. Pepper's Lonely Hearts Club Band

Wobei man unterscheiden muss! Ich vergleiche das mit naiven Gemälden: Da gab es „No Milk Today" von Herman's Hermits und „To Love Somebody" von den Bee Gees. – Aber die Sachen, die man für die persönliche Entwicklung gebraucht hat, das waren die Sachen von Jimi Hendrix, Pink Floyd, Traffic: „Dear Mr. Phantasy". Vanilla Fudge war für mich eine wichtige Band, Spooky Tooth, die Beatles natürlich! Ganz wichtig! „Help", „Paperback Writer", „Rain" usw.

Dann amerikanische Bands: Steppenwolf, Crosby, Stills, Nash and Young. Santana war sehr wichtig, aber auch Greatful Dead. Später die Doobie Brothers. Bob Dylan erst später. Bei Bob Dylan hätte ich mich mit den Texten befassen müssen, damit ich hätte sagen können, dass mir die Musik gefällt.

Im Internat in Meersburg kam ich in Kontakt mit der Musik von Miles Davis. Diese Musik war nicht unbedingt mein Ding, aber sie gehört zu den Sachen, die mich geprägt haben. Und von Meersburg aus machten wir vieles in musikalischer Hinsicht. Wir besuchten regelmäßig die Donaueschinger Musiktage. Da sah ich ganz tolle Sachen: Softmachine und Ravi Shankar sah ich da, und zur Musikwoche in Staufen gingen wir auch.

Da hörte ich dann irgendwann einmal eine LP von Bob Dylan, die war ausnehmend gut. Da ist er auf dem Cover als Porträt abgebildet. Ich glaube, da spielte er schon elektrifiziert. Da ist ein Superstück drauf, überhaupt finde ich die LP dermaßen geil. Da ist auch ein schöner langsamer Blues drauf. Die Byrds natürlich. Die Byrds waren auf einer meiner ersten Schallplatten drauf: „Turn, Turn, Turn" und „Mr. Tambourine Man". Fleetwood Mac war für mich wichtig. Da trampte ich mit dem L. nach Stuttgart, da trat Fleetwood Mac zusammen mit Stan Webb's Chicken Shack auf: „They Call Me the Poor Boy" und „I'd Rather Go Blind", dieser langsame Blues. Als Stan Webb an der Bühne vorne mit geschlossenen Augen rum tanzte, machte er einen Schritt zu viel und fiel in den Orchestergraben. Jesus! Er hat sich aber nicht verletzt. Und die ganze Anlage brummte und machte und tat ...!

Das Konzert war vorbei: „Jetzt: wo übernachten wir?" Wir fanden in einer Unterführung Müllcontainer, die großen mit dem Schiebedeckel, und in denen waren nur kleine Styroporkügelchen. Wir zwei da rein, und am Morgen früh ging es: „Rumpeldipumpel, Rumpeldipumpel!" – „Oh!?" Wir machten die Deckel auf. Die Müllcontainer wurden geleert. Die waren gerade bei den zweien angelangt, die unmittelbar vor unseren standen. Wir sprangen aus diesen Müllcontainern raus, wie von der Tarantel gestochen. Das müsste 1967 oder 1968 gewesen sein.

Ten Years After habe ich auch gehört und Led Zeppelin. Ich versuchte, so nah wie möglich an der Band zu sein. Aber ich habe sie leider Gottes von hinten oben gehört, direkt hinter der Bühne. Nach einer Stunde bin ich gegangen. Ich war so was von enttäuscht. Vielleicht lag es auch daran, dass ich sie von hinten gesehen habe ... Das war keine schöne musikalische Erfahrung.

Led Zeppelin: Robert Plant, Jimmy Page

„A Whiter Shade of Pale"

M: Ich war auf Fehmarn, beim letzten Jimi Hendrix-Konzert. An Fehmarn habe ich wenige und keine guten Erinnerungen. Wahrscheinlich weil es total verregnet war. Es war kalt. Ich bekam wenig davon mit. Deshalb gibt es auch wenig zu erzählen. Worüber ich gut erzählen kann, ist ein Konzert in Germersheim, auf der Rheininsel. Mit dem Porsche bin ich da runter gefahren, das muss in den Siebziger Jahren gewesen sein. Das war ein kleines Woodstock, drei Tage über Pfingsten. Davon war, genau wie in Woodstock, ein Tag verregnet. Da war Schlammbaden und Schlammrutschen angesagt. Da spielten Gruppen wie Uriah Heep, Ekseption, Pacific Gas and Electric, das war unglaublich. Die Pacific Gas and Electric waren mit der ganzen Family da. Das war eine Hippie-

Kommune aus California, und die waren mit dem Schiff den Rhein hoch gekommen. Und die Kinder machten quasi den Soundcheck mit dem Schlagzeug. Der Alte saß unten am Mischpult und die kleinen Kropfen waren oben und spielten die Instrumente ein. Und die machten alles zusammen. Frauen, Kind und Kegel waren alle auf der Bühne, als sie Musik machten. Das war ein unglaubliches Erlebnis. Da machte sich ein Gemeinschaftsgefühl breit. Das war California Dreaming vorgelebt. Auch in den Songs. Blues vom Feinsten. Dann Procol Harum, das vergesse ich nie. „A Whiter Shade of Pale", da geht mir heute noch eine Gänsehaut runter. Als der Organist anfing das zu spielen, kam hinter der Bühne die Morgensonne hoch, eine rote Scheibe. Man sah den Rauch von den Lagerfeuern vom Abend vorher kerzengerade nach oben steigen. Ganz dünne Rauchfäden. Man sah, wie die Leute verschlafen aus den Zelten herauskrochen, und der fing an „A Whiter Schade of Pale" zu spielen.

Da hat es mir schier den Vogel raus gehauen. Das war Romantik pur! Romantik pur! Ein sehr friedliches Fest. Da gab's nur ein paar Drogenfälle, aber keine Schlägereien. Die Hell's Angels waren mit ihren Motorrädern da, und wenn es laut wurde, sorgten die für Ordnung. Da war nicht eine einzige Hauerei, die ich mitgekriegt hätte. Dann haben Leute ihre Shitkugeln auf Obstkisten mit Preisschildern angeboten. Die kostet so und so viel, die so und so viel, und die Sheriffs liefen vorbei und lachten. Das war da vermutlich in Richtung Deeskalation ausgerichtet.

Das war ein sehr, sehr starkes Erlebnis, so ein kleines Woodstock. – Uriah Heep kam nicht gut an. Als das Publikum nicht so richtig mitging, fingen sie an, die Leute zu beleidigen. So in Richtung: „Get fucked, the German people. Heil Hitler!" usw. Dann flogen die ersten Cola-Flaschen! Keine Dosen! Flaschen! Die mussten sich zurückziehen und ihr Konzert abbrechen. Das war ein bisschen zu straight.

The Rolling Stones, mit Brian Jones (links)

M: Bob Dylan, The Beatles, The Rolling Stones, so lange Brian Jones dabei war, The Who, The Kinks, Jimi Hendrix, Steppenwolf, „The Super Session" mit Mike Bloomfield, Al Cooper und Stephen Stills, Procol Harum, Moody Blues, Eric Burdon, Vanilla Fudge „Keep Me Hanging on", The Walker Brothers, James Brown, Aretha Franklin, Miriam Makeba, Sam and Dave, Ben E. King, Percy Sledge, The Byrds, Moby Grape, und ... und ... und ... Es gab so tolle Musik. Wenn ich zufällig Otis Reddings „Sittin' on the Dock of the Bay" höre, berührt es mich heute noch, wie damals, als ich es zum ersten Mal hörte. Oder „Stand by me" von Ben E. King. Unglaublich! Damals habe ich mich nicht mit den Texten befasst, brauchte ich auch nicht, weil die Musik, die Stimme, die Atmosphäre des Songs, den Inhalt komplett rüberbrachte.

M: Von der Musikrichtung her bildeten sich sehr schnell zwei Fraktionen: die Beatles-Fans und die Stones-Fans. Wir kauften viele Platten zusammen. Oder es hieß: „Du kaufst die, und ich kaufe die!", so dass man alles hören konnte. Damals trafen wir uns nachmittags beim S. Wir diskutierten da natürlich auch rum. Mit vierzehn, fünfzehn kam dann der „Rebstockkeller". Das war ein Treffpunkt, der einen starken Einfluss auf uns ausübte. Da spielten dann „The Pretties".

Bands

Total vom Hocker

M: Der Vater war Lehrer, die Mutter war Lehrerin. Und ich musste erst mal Instrumente spielen lernen, die der Klassik zugehören: Cello, Querflöte usw. Leider Gottes habe ich den Klavierunterricht aufgegeben, weil ich so eine strenge Lehrerin hatte. Die bedachte einen mit Ohrfeigen, wenn man nicht geübt hatte.

Ich habe Radio Luxemburg gehört, und als die Beatles rauskamen, wollte ich unbedingt Gitarre lernen. Aber meine Eltern wollten das nicht. Als ich zwölf, dreizehn war, haben mich meine Eltern in ein Schülerwohnheim in Freiburg gesteckt, und dort gab es einen Gitarrenkurs. So ein Massenkurs mit fünfzehn Teilnehmern. Den veranstaltete ein Lehrer. Und daran habe ich teilgenommen. Ich übte irre viel. Irgendwann erzählte ich meinen Eltern, dass ich jetzt Gitarre spielte.

Dass diese Gitarrenmusik so präsent und so modern war, gab mir den Anstoß. Ich hatte aber noch einen anderen Anstoß: Wir hatten Verwandte, ein Arztehepaar, die in den Fünfziger Jahren in die USA ausgewandert waren. Und die haben uns zu Geburtstagen und zu Weihnachten Pakete geschickt, in denen immer eine oder zwei Langspielplatten aus dem Jazz-, Blues- oder Boogie-Woogie-Bereich drin waren. Diese Musik riss mich total vom Hocker. Ich saß stundenlang vor dem Plattenspieler. Ich brachte mir auf der Gitarre einiges selbst bei, hatte später auch klassischen Gitarrenunterricht. Das war von meinen Eltern gefordert.

Irgendwann bin ich in eine Band reingeschlittert. Das waren die Gamlers in Waldkirch. Wir probten in einem alten Holzschuppen.

Ich ging zur Tanzmusik, weil mich das Geld gereizt hat. Die Veranstaltungen mit der Beat-Musik waren

Ich übte irre viel.

sehr schlecht bezahlt. Da wurde nur ganz wenig Eintritt verlangt. Diese Veranstaltungen waren hier in Waldkirch anfangs im katholischen Pfarrsaal. Aber mit den Gamlers spielten wir später von Lörrach bis Offenburg. Es gab ja an ganz vielen Orten diese Beat-Festivals. In Freiburg war eine Szene: Die Features, die Fenders, die Monks, und wie die alle hießen. An den Festivals nahm man teil und war wahnsinnig aufgeregt, welchen Platz man da belegen würde. Zwischen den Bands gab es eine sehr starke Konkurrenz.

M: Da war ein Beat-Festival mit gekauften Juroren. Es war vorher schon klar, wer gewinnen würde. Irgendwie hat das eine Band aus Freiburg spitzge-

171

The Fenders in der Stadiongaststätte in Emmendingen

kriegt. Dann gab es Zoff, die machten Ärger. Um unseren Arsch zu retten, schnappten wir die Kasse und hauten damit ab nach Italien. Wir machten eine Woche lang Highlife. Außer den Bandprämien war alles bezahlt. Schräge Sachen in der Art liefen da einige ab.

M: Man fuhr zu Musik-Bertram in Freiburg und beschaffte sich mit geliehenem Geld die Instrumente, oder man nahm einen Kredit auf, um sich ein Instrument kaufen zu können. Die Instrumente waren anfangs natürlich nicht hochwertig, weil das Geld dazu nicht reichte. – Wir haben mit meiner ersten Band mit diesen alten großen Röhrenradios in der Waschküche geprobt. Diese Apparate hatten ein paar Watt und hinten konnte man mit einem Bananenstecker die Gitarre einstöpseln und vorne kam dann was raus. Meine erste E-Gitarre war eine Höfner-Halbakustik. Alle diese Gitarren hatten eine fürchterliche Saitenlage. Die Saiten lagen dermaßen hoch über dem Griffbrett, dass man sich schier die Finger wund spielte. Danach hatte ich eine Fender Stratocaster. – So eine durchschnittliche E-Gitarre kostete 400.– Mark. Das war wahnsinnig viel Geld, aber es war noch erschwinglich. Die Fender-Gitarren kosteten damals schon um die 1.000,– Mark.

Ich selbst hatte nie so lange Haare. Aber ich kann mich an eine Episode erinnern, das war wirklich ein Spießrutenlauf! Von meiner ersten Band, die damals nicht lange in Freiburg existiert hatte, kam der Bassist mit zu den Gamlers. Und der hatte ganz lange Haare, die fielen bis über die Schultern. Außerdem hatte er einen grünen Parka, auf dem hinten drauf mit Filzstift geschrieben stand: „Leckt mich alle am Arsch." Er kam mit dem Bus zur ersten Probe von Gundelfingen nach Waldkirch, und ich holte ihn an der Post vom Bus ab. Unser Proberaum war am anderen Ende der Stadt. Er hatte seine Bassgitarre im Koffer dabei, und wir marschierten durch Waldkirch. Die Leute blieben mit offenem Mund stehen und schüttelten den Kopf oder zeigten mit Fingern auf ihn. Mein Vater stellte mich am nächsten Tag zur Rede und fragte mich, mit wem ich durch die Stadt gegangen wäre. Die Leute wären völ-

lig entsetzt gewesen, mit was für einem vergammelten, heruntergekommenen Typen ich durch Waldkirch gelaufen wäre. Das muss 1963, 1964 gewesen sein. Ich war damals sechzehn.

Es gab zu der Zeit noch nicht so viele bekannte Bands. Es gab ein paar herausragende, von denen man einfach etwas spielen musste. Die Stones und die Beatles natürlich, ganz klar, dann war in der Zeit Spencer Davis ziemlich angesagt. Dann die Kinks! Bestimmte Stücke waren Pflicht. „Satisfaction" von den Stones, da schrie jeder danach. Wir hatten ein Repertoire, das zu achtzig Prozent aus Stücken von den vier Gruppen bestand. Dann noch ein paar Stücke von anderen Gruppen. Das wollten die Leute hören und das spielte man auch.

Der Sänger und Gitarrist ist immer der Frontmann. Und dementsprechend waren auch die Mädels hinter einem her. Das war natürlich ein Status, den man genossen hat. Gerade wenn man auf dem Land in den Hallen Tanzmusik machte, war man ein Star.

In der Beat-Zeit in den Sechziger Jahren gab es wenig Schlägereien. Die Schlägereien gab es später auf dem Land beim Dorfschwof.

Ganz am Anfang war die ganze Band untereinander befreundet. Man fuhr zusammen in Urlaub und machte auch sonst viel miteinander. Wir waren quasi

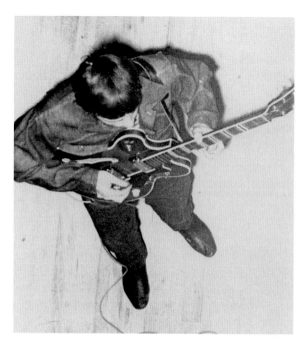

„Wieso lässt du dir keine langen Haare wachsen?"

Leidensgenossen. Man litt ja wahnsinnig unter dem Elternhaus. Diese Eltern, die damals ja alle noch das Dritte Reich erlebt hatten und teilweise in dieser Zeit erzogen worden waren, konnten sich mit dieser neuen Musikwelle nicht anfreunden. Dementsprechend wurde diese Musik abgestempelt. Und wenn die Eltern so konservativ waren, war es für die Jungen ganz schwierig. Meine Eltern waren auch noch stinkkatholisch. Und das passte alles nicht. Da wurden einem Steine in den Weg gelegt, wie es schlimmer nicht sein konnte. Es gab auch Eltern, die das akzeptierten. Die Kumpels von mir, die solche Eltern hatten, beneidete ich immer. Diese Musik war revolutionär, und als dann noch die langen Haare kamen, war es halt ganz aus. Ich konnte mich daheim einigermaßen durchsetzen, indem ich diesen Gammellook nicht mitmachte. Von meinen Freunden wurde ich zwar gefragt: „Wieso lässt du dir keine langen Haare wachsen?" Aber dann hätte ich daheim wahnsinnige Schwierigkeiten gekriegt. Und ich war froh, dass die daheim das zumindest einigermaßen akzeptiert haben, was ich machte.

Ich gab das damals natürlich nicht zu, aber die Schule hat mit Sicherheit darunter gelitten. Wobei ich nicht weiß, ob es ohne Musik besser gewesen wäre. Und ob mein beruflicher Werdegang in eine andere Richtung gegangen wäre, das weiß ich auch nicht. Aber eines weiß ich mit Sicherheit: Nämlich, dass ich diese Zeit wahnsinnig genossen habe, und dass viele Leute immer wieder von dieser Zeit erzählen!

Wie Sex

M: Wenn man Sänger ist und gern singt, dann gibt es auch Sachen, die nicht jedem in den Kram passen, die aber von der Melodie und von dem Gefühl her, das man beim schönen Singen hat, einfach geil sind. Das ist wie Sex! Ich weiß nicht, wie ich es sonst ausdrücken soll. Aber diese Erfahrung kann man nur haben, wenn man selber singt.

M: Ich bekam bereits mit fünf Jahren ein Klavier. Und das gab mir diesen Funken zur Musik. Mein Vater kaufte sich damals einen Plattenspieler. Das war so etwa 1952 oder 1953. Und weil er ja ein Klassikfreak ist, kaufte er sich die Werke von Mozart, von Haydn usw. Und damals merkte ich, dass ich ein spezielles Gedächtnis habe, das so funktioniert, dass ich Musik reproduzieren kann. Ich hörte mir ein paar Mal ein Musikstück an, dann hatte ich das im Kopf und konnte es auf dem Klavier spielen. Natürlich nicht hundertprozentig, aber das Thema konnte ich auf dem Klavier nachspielen, obgleich ich überhaupt nie Klavierunterricht hatte. Das habe ich mir innerhalb kürzester Zeit selbst beigebracht.

Die Volksschule war in musikalischer Hinsicht nichts Erhebendes. Das erste Ereignis, das für mich wichtig war, war auf dem Gymnasium. An Ostern war immer der Schlussakt, da war ja das Schuljahr zu Ende. Und dafür hatten sich die Schüler mit allem Möglichen beschäftigt: Manche spielten Theater, andere machten Musik. Und ein Freund aus meiner Klasse konnte schon ziemlich früh sehr gut Geige spielen, weil sein Vater ihm das beigebracht hatte. Und bei einem dieser Schulakte, 1961 oder 1962, spielte er verschiedene Sätze des a-Moll-Konzerts von Vivaldi. Und mein Vater war zutiefst ergriffen und dachte: „Was der kann, kann mein Sohn auch." Also kaufte er mir eine Geige. Und aufgrund meiner Musikalität nahm mich mein Musiklehrer schon nach der dritten Geigenstunde ins Schulorchester. Leider war ich damals noch nicht so weit. Ich konnte die Musik zwar spielen, aber ich konnte nicht im Takt mitspielen. Ich schummelte da ein bisschen, indem ich so tat als ob. Aber im Schulorchester wurde das nie etwas. Zu Hause übte ich immer, weil meine Eltern darauf bestanden. Ich kam bis zur dritten Lage. Und dann sagte meine Schwester eines Tages: „Du, ich bin gerade in Geldnot." Meine Schwester hatte eine Gitarre, die aber immer an der Wand hing. „Okay, ich kaufe dir die Gitarre ab." Und von dem Augenblick an stand die Geige in der Ecke. Ich beschäftigte mich von da an mit der Gitarre. Ich kaufte mir ein Pfadfinderbuch, weil da ja die Pfadfinderlieder drin waren und im Anhang eine Grifftabelle für Gitarre. Und so fing das an. Dann konnte ich mit der Zeit dermaßen gut Gitarre spielen, dass ich mich mit dem Gedanken getragen habe: „So, jetzt suche ich mir ein paar Leute, mit denen ich Musik machen kann." Da waren zwei Freunde, die auch Gitarre spielten. Aber daraus wurde nie etwas Richtiges. Danach fing ich mit einem anderen Schulfreund an, Musik zu machen. Der spielte Akkordeon. Und ein anderer hatte sich ein Schlagzeug gekauft. Dann machten wir in der Krone in Kenzingen Musik. Ich war sechzehn oder siebzehn, und wir durften abends eigentlich wegen des Jugendschutzes gar nicht spielen. Wir machten das aber trotzdem, wohl wissend, dass es Schwierigkeiten geben könnte.

Das war mehr so „Juheisassa" – Stimmungsmusik eben. Da kamen immer so belgische oder französische Gruppen, die wollten einen lustigen Abend mit Musik haben und der Wirt stellte uns dafür ein. Und so ging das Bandleben los.

Dafür bekamen wir Geld. Es war nicht viel, aber für die damalige Zeit ... 1961, 1962 bekam jeder von uns 25,– oder 30,– Mark pro Abend. Für uns war das ein Haufen Geld.

Nebenher ging ich weiter aufs Gymnasium. Und bei so einem Schlussakt bildete sich eine Gruppe. Damals spielte ich noch Gitarre in dieser Gruppe, im nächsten Jahr stieg ich auf das Schlagzeug um. Wir betrieben das dann richtig kommerziell. Wir spielten an Fasnacht im „Schieble" in Kenzingen und vor allem im „Hirschen". Später auch zu einem Oktoberfest in der großen Halle. Die Veranstaltungen wurden immer größer. Wir hatten immer mehr Fans. Am Schluss hatten wir an die vier- oder fünfhundert Fans. Und die kamen alle angereist und die Bude war voll. Und wenn irgendwo voll ist, dann kommen noch mehr. Die Qualität unserer Band stieg immer mehr. Und am Schluss machten wir sogar Abschlussbälle von Tanzschulen. Das waren dann Standard- und Lateinamerikanische Tänze, und da muss man so ziemlich alles bringen, was überhaupt geht.

Das war etwa 1964 oder 1965, da ging in Emmendingen das Gespräch, dass im „Rebstockkeller" etwas läuft, dass sich da ein paar junge Leute einen Keller einrichten. Wir gingen einfach mal da hin und schauten uns das einmal an. Und das war ein supertoller Keller. Nur fehlte es da an allem. Am Anfang hatten sie da Ölfunzeln und so ein Zeug. Und ich fing ja 1964 an, bei der AEG zu lernen, und da brachte ich mir im Schnellverfahren bei, Kabel zu legen, Steckdosen zu montieren usw. Ich ging dann da hin

The Cave-Ghosts

und sprach mit denen. Ich sagte: „Okay, wir finanzieren das so: Jeder legt da ein bisschen Geld hin, und dann kaufen wir uns Kabel und Steckdosen usw. und elektrifizieren diesen Keller." Das machten wir auch. Danach bauten wir aus Brettern und Balken eine kleine Bühne. Und dann war der Treffpunkt für die Jugend geboren. Damals spielte ich in einer Formation, die sich Cave-Ghosts nannte. Und mit diesem Namen hatten wir auf diesen Keller Bezug genommen. Ganz am Anfang, hieß die Band Henry and the Peacemakers. Und da haben wir dann eine Weile gespielt. Vor allem Beatles-Songs, dann Rolling Stones und dann alles, was Rang und Namen hatte.

„Needles and Pins" von den Searchers usw. Später spielten wir dann „The House of the Rising Sun", oder auch Stücke von den Beach Boys, den Small Faces und ganz am Schluss auch von den Tremeloes. M: Wir planten einfach mal, eine Band zu gründen. Das waren damals der I., der H., der X. war noch mit dabei, der spielte Bass, und ich sollte Schlagzeug spielen. Ich hatte aber keinen Übungsraum, und zu Hause durfte ich nicht spielen. Der H. stellte seinen Keller zur Verfügung. Aber insgesamt war das eine ziemlich fiese Machenschaft: Ich sollte in seinem Keller Schlagzeug spielen, und er wollte auch in der Band Schlagzeug spielen. Irgendwo war das schon link. Er besorgte sich ein Schlagzeug. Er hatte einfach ein bisschen Geld auf der Seite, und ich hatte noch keines. Das war ein Hickhack! Aber es war der erste Anfang, in einem Weinkeller mit gestampftem Lehmboden. Beim Gitarrespielen musste man Gummistiefel anziehen. Wenn du keine anhattest, bekamst du vielleicht am Mikrophon oder an der Gitarre einen elektrischen Schlag. Das war echt gefährlich.

Am Anfang hatten wir noch keine Verstärker. Der Erste, der ein richtiges Instrument hatte, war der U. Der hatte von zu Hause aus immer Geld. Der hatte einen originalen Beatles-Bass. Traumhaft! Wir bauten Tonabnehmer in Wanderklampfen ein. Und damit ging es los. Wir spielten die ersten Beatles-Songs nach. Ich löste immer häufiger den H. am Schlagzeug ab, aber das passte mir nicht so. Dann hieß es: „Wir besorgen uns einfach einen anderen Übungsraum, und du musst schauen, dass du ein Schlagzeug kriegst." Ich besorgte mir eines. Da bekamen wir einen Proberaum bei der Papierfabrik Sonntag. Da fingen wir richtig an und zwar in folgender Besetzung: Bass, Schlagzeug, Gitarre und Keyboard.

Der M. war der Einzige, der eine elektrische Orgel hatte. Und die schleppten wir bei jeder Probe von ihm zu Hause weg und bauten sie bei uns auf. Eigentlich sollte der I. Orgel spielen, aber der M. hatte halt die Orgel. Und das war immer so eine Trickserei, aber es ging irgendwie. Gesungen hat der X., der machte Saxofon und Gesang. Das war eine gute Zeit. Das war klasse. Wir spielten Stücke von Them, Stücke von den Moody Blues. Was mir immer noch im Ohr hängt, ist „Gloria" von Them. Wenn ich heute mal die alten Them-LPs durchhöre, weiß ich wieder, was wir spielten. „Mensch, das spielten wir auch." Viele Sachen ... „Summer in the City" von den Lovin' Spoonful. Manchmal war das eine sehr eigenwillige Musik. Es war nicht so die Schwofmusik. Natürlich waren da Stücke wie „Gloria", die sehr rhythmisch und toll waren. Aber es waren auch viele für damalige Begriffe ein bisschen intellektuellere Stücke, die wir spielten. Und das kam ein bisschen vom X. und vom U. Die hoben sich immer ein bisschen ab von dem Ganzen. Ich hätte gerne mehr Stücke von den Kinks und solche Dinge gespielt. Das setzte ich auch durch, dass wir so etwas auch spielten.

Ich lernte Schlagzeug, indem ich mir oft Bands in Freiburg anhörte. Ich fuhr in den „Fuchsbau" oder in den Hades. Und dort stand ich Abende lang nur neben dem Schlagzeug. Das war so eine Gefühlssache. Ich hatte noch nie Schlagzeug gespielt, und ich setzte mich ans Schlagzeug und spielte. Ich spielte einfach. Natürlich am Anfang nicht perfekt, aber ich konnte prima den Rhythmus halten, und ich wusste, wie man alles bediente. Das hatte ich mir abgeschaut. Für das, was wir da machten, reichte mein Können vollauf. Die Freiburger Bands – das waren die Features, die Rockets, die G-Men, das waren die, die vorwiegend im „Fuchsbau" spielten.

Die ersten Platten waren von den Beatles, von den Rolling Stones kaufte ich mir dann auch welche. Sehr zum Ärger meiner Bandmitglieder. Das war zu proletarisch, dabei waren die Stones Kunststudenten gewesen. Womit ich immer Probleme hatte, war die englische Sprache. Ich verstand vieles, was gesungen wurde, nicht richtig. Heute verstehe ich das alles, eigentlich jeden Text. Woher das kommt, weiß ich nicht. Auf die Texte hörte eigentlich kaum jemand. Es war dieses Gefühl, das man bei der Musik bekam. Und die Leute kamen, wenn wir im „Rebstockkeller" spielten, um zuzuhören, oder um ein bisschen zu tanzen, oder um rumzuhängen. Aber die Texte hörte sich eigentlich niemand an.

Das war ein harter Kampf, bis der Name stand. „In" oder „In-Group". Ich sagte mir: Ja, gut. Der Name war eigentlich saublöd, weil es nicht die „Ins" waren, sondern „The In". Es wusste keiner, was er damit anfangen sollte. Es spielen „The In"! Wir machten manchmal in Lokalen Musik, in denen die Leute die Musik überhaupt nicht mochten. Der „U-Bahnhof" in Lahr, da war ein Rocker-Publikum. Oh, das war richtig gefährlich. Die waren mit der Musik überhaupt nicht einverstanden. Ein paar Stücke – okay. Aber so Sachen mit wechselnden Rhythmen und langen Parts mit Gesang, bei denen sich der U. austoben konnte, damit konnten nichts mit anfangen. Die wollten, dass es fetzt. Wir hätten Stones-Titel spielen müssen.

Als es mit der Band auf das Ende zuging, weil die Leute auseinanderdrifteten, war es für mich schwierig, weil die Ansprüche immer größer wurden. Ich hätte lieber bei einer Band aus Spaß an der Freude gespielt. Manche Sachen waren mir zu abgehoben. Da haben wir einen Abend lang an einem Stück probiert und kriegten es nicht hin. Da wurden an den Drummer Ansprüche gestellt. Mit ganz komplizierten Sachen. „Oh, Mann!" Die verzweifelten schier. Es gab einen Zeitpunkt, wenn da eine andere Band gekommen wäre und gesagt hätte: „Machst du bei uns mit?" Da wäre ich gegangen. Diese Selbstverherrlichung ging mir tierisch auf den Keks. Es ging nur darum, Stücke auszusuchen, bei denen dieses Saxofon und der U. mit seiner Stimme vorteilhaft rauskamen. Hin und wieder hatte ich einen Anflug, dass ich in eine andere Band wollte. Die Scatters aus Teningen haben mich einmal zu einer Probe in ihre Scheune eingeladen und gefragt: „Möchtest du einmal probeweise bei uns drummen?" Und das machte ich einen Abend lang. Und die fragten: „Kommst du? Hast du Lust, bei uns mitzuspielen?" Und dann dachte ich: „Nein!" Denn es war ja nicht nur die Band, das war ja die Clique. Das wäre ein Verrat an der ganzen Clique gewesen. „Nein, das kannst du nicht machen." Der persönliche Umkreis wäre weg gewesen. Und ich muss dazu sagen, dass das für mich mehr als eine Clique war. Das war ein Familienersatz, überall, hinten und vorne. Das war so! Und das riskierte ich nicht, obwohl es mich gereizt hat. Dann machten wir halt so weiter.

M: Dann ging das los, dass jeder eine Band gründete. Es gab die Pretties, dann gab es eine Band von der Mittelschule, die Earls. Wir machten die Eves, wir fanden einfach, dass es gut klingt. Dieser Name ergibt gar keinen Sinn. Wir übten da hinten im Schuppen. Da rief dann immer eine Nachbarin an, wann denn der Lärm endlich aufhöre. Wir sind einmal im katholischen Pfarrsaal aufgetreten. Da lief alles prima. Damals waren alle vierzehn Tage im katholischen Pfarrsaal und im Falkenkeller Veranstaltungen.

Zu der Zeit war ich fünfzehn, und da war ich auch in der Tanzstunde. Am selben Abend sind die Pretties im Falkenkeller aufgetreten, und wir hatten mit denen ausgemacht, dass wir spielen, wenn die Pause machen. Ich düste von der Tanzstunde in Freiburg nach Emmendingen und musste mich schnell umziehen. Ich konnte ja nicht in den gleichen Klamotten in den Falkenkeller gehen. Als ich da hinkam, waren die Pretties total zugedröhnt. Der eine warf schon alles Zeug durcheinander. In der Pause hängten wir unser ganzes Zeug an einen Verstärker und spielten. Dem Sologitarristen riss mitten in „Ruby Tuesday" eine Saite, und ab diesem Moment wurde das ziemlich chaotisch. Ich versuchte, mit dem Schlagzeug noch ein bisschen mehr zu machen, um das zu übertünchen, aber das wurde nur noch katastrophaler. Die meinten alle, es wäre besser, wenn wir aufhören würden. Das war der große Auftritt im Falkenkeller.

M: Meine Eltern hatten mit Musik überhaupt nichts am Hut. Mein Onkel dagegen war sehr musikalisch und hatte auch in seiner Studentenzeit Klavier gespielt. Ich fing an, Akkordeon zu spielen, ich hatte zwei Jahre Unterricht. Da war ich so acht bis zehn Jahre alt. Aber das machte mir keinen großen Spaß. Als dann die Beatgruppen aufkamen, die Beatles, die Stones und die Kinks, da waren die Beatles meine Favoriten und meine Vorbilder. Und das brachte mich zur Musik. Es gab hier keine Sender, die

The Scatters: „Okay, wir machen eine Band."

diese Musik gespielt haben, aber es gab Radio Luxemburg. Das bekam man auf Langwelle. Man konnte kaum etwas hören, wegen der Verzerrungen, die es immer gab. Aber da wurde diese Musik gespielt. Und das hat mich total begeistert. Das war wie ein Virus.

Wir haben beim X. im Keller einen Partyraum ausgebaut. Und da hörten wir immer Musik. Und eines Abends komme ich da runter und der X. sagt: „Du, ich habe eine Wahnsinnsscheibe!" – „Von wem, wie heißen die?" – „Rolling Stones." – „Die kenne ich nicht." – „Doch!" – „Und das Stück?" – „Satisfaction." Dann kamen die anderen dazu und wir hörten uns dieses Stück an. „Mensch, wahnsinnig!" – „Wahnsinnig!" Und irgendwie wurde da die Idee geboren, eine Band zu gründen, obwohl keiner ein Instrument spielen konnte. „Okay, wir machen eine Band." Den Bandnamen fanden wir irgendwie. Das waren die Scatters. Nein ... zuerst waren wir die Lazy Bones.

Dann saßen wir zusammen und haben überlegt: „Wer spielt jetzt was?" Der X. sagte: „Ich spiele Schlagzeug!" – „Okay!" Ich sagte: „Gut, ich spiele Gitarre." F. spielte dann Bass. Das Ganze war erst einmal fiktiv. Dann hatten wir noch den I. mit dabei, der spielte auch Gitarre. Mit anderen Worten: Wir hat-

ten unsere Band gegründet, aber noch keiner konnte etwas spielen.

Dann ging es erst einmal um die Instrumentenbeschaffung. Ich hatte eine alte Konzertgitarre. Das kam über meinen Onkel, der viel unterwegs war. Er war fünf Jahre als Lehrer in Chile gewesen, und auf dem Rückweg legte das Schiff in Ecuador an und dort hat er auf einem Markt diese Gitarre gekauft. Die hatte er zu Hause an der Wand hängen, aber ich traute mich nicht, offen zu sagen: „Du, was ist mit der Gitarre da?" Und irgendwann einmal sagte er: „Die hättest du gerne, oder?" – „Klar." Er schenkte mir die Gitarre. Das war der Anfang. Dann brachte ich mir das Gitarrespielen selber bei. Jetzt hatten wir das Glück, dass neben dran der U. wohnte. Der spielte bei der Tanzkapelle Ilona, das war die Vorläufergruppe der Starfighters. Und der kam ab und zu rüber und zeigte uns irgendwas. Er war ein paar Jahre älter als wir und konnte schon gut spielen. Er kam rüber mit seiner Gitarre. Ich glaube, er hatte damals schon eine Fender Jazzmaster. Das war natürlich ein Trauminstrument. Dann spielte er uns etwas vor, und das hat uns noch mehr beflügelt. Wir übten wie die Besessenen, stundenlang. Nach der Schule nahm ich gleich die Gitarre in die Hand und übte. Wir übten und hörten selbst die Sachen heraus, und letzten Endes brachte uns das viel, dass wir uns das selbst erarbeitet haben.

Die Eltern waren nicht so begeistert. Es ging viel Zeit drauf, und dadurch gingen die schulischen Leistungen zurück. Später, als Verstärker dazu kamen, war es noch extremer. Da war die Lautstärke, die Lärmbelästigung noch zusätzlich da. Aber das ging weiter. Wir hatten Stücke im Programm und konnten auch spielen. So recht und schlecht natürlich. Dann gab es schon die Starfighters, und bei denen durften wir in den Pausen spielen. Das war natürlich ein

Eine gebrauchte Fender Stratocaster für 900.- Mark

Highlight. In Teningen in der Halle, vor tausend Leuten.

Für meinen Verstärker habe ich in den Ferien in der FRAKO gejobbt. Meine Eltern haben mir das Geld vorgestreckt. Ich habe damals schon von Bertram den ersten Verstärker gekauft, einen „Fender Deluxe Combo". Und später kaufte ich mir dann eine Gitarre, eine Fender, gebraucht für 900,– Mark.

900,– Mark waren mehr als ein halber Monatslohn von einem normalen Angestellten. Dass ich eine Stratocaster haben wollte, das war für mich absolut klar. Alle berühmten Gitarristen spielten eine Strat. Das ist eine Kultgitarre, auch heute noch.

Ich habe mir einen Prospekt geholt und habe diesen Prospekt unter das Kopfkissen gelegt. Und vor dem Einschlafen habe ich mir die angeschaut. „Ah, das ist die." Die anderen Gitarren, Jazzmaster, Jaguar, und was es sonst noch alles gab, haben mich nicht interessiert. Was mich interessiert hat, das war nur die Strat. Sunburst! Das war die Gitarre. – Leider habe ich sie nicht mehr.

Wir haben ein paar Sachen von den Stones gespielt wie „Under the Boardwalk" und solche Sachen oder auch langsame Stücke. So getragene Balladen haben die Stones ja viele herausgebracht, „Lady Jane" und solche Sachen. Aber dieses Typische, „Satisfaction", eben nicht. Ich weiß nicht warum. Das Problem war: Das wurde mit unheimlich viel Hall produziert, das war bei den ganzen Stücken damals so. Und das kriegst du live nicht hin. Aber wenn man das so ganz normal spielt, dann klingt das einfach nicht so. Und die Leute haben eine Soundvorstellung von dem Titel. Damals konnte man das nicht so ausfeilen.

Die Texte waren ein Stiefkind. Ich habe nicht alle verstanden. Ich verstehe heute noch nicht alle. Wenn wir heute Tanzmusik machen, und ich studiere einen neuen Titel ein, den spielt man vielleicht fünf oder sechs Wochen, dann ist der wieder weg. Und die Texte? Da gehe ich nicht so bis ins letzte Detail. Natürlich versteht man im Prinzip den Sinn, aber das war damals gar nicht so wichtig. Für mich war immer die Musik das Wichtigste. Aber ich habe viel gelernt. Die englische Aussprache, das ging über das Texte lernen oder Texte heraushören. Am Anfang hat man das mit dem Plattenspieler gemacht, das war ätzend. Immer wieder manuell die Nadel auf der Platte zurücksetzen, wieder zuhören, wieder zurücksetzen ... Später hatte man das Tonband, und da konnte man immer wieder zurückspulen. Früher war das eine Arbeit von Stunden. Nur der Text! Stunden ist man dagesessen!

Es gab damals die Bravo und es gab den Music Express. An die Redaktion vom Music Express haben wir einmal geschrieben: Wir bitten um eine Spende. Die Beatles sollen uns sponsern. Das ist kein Witz, das haben wir wirklich gemacht. Wir bräuchten eine Anlage, und wir wären mit viertausend Mark zufrieden. Das war sehr naiv, aber eigentlich war es ja ein Jux.

In Waldkirch gab es die Gamlers, die waren eine ganz andere Klasse. Das waren Profis im Vergleich zu uns. Absolut! Die Gamlers, die Fenders, die waren zwei, drei Stufen höher. Ich bin dann später aus der Gruppe ausgeschert, weil die Schwörers mich holten. Die merkten: Okay, der kann was.

In einer Band zu spielen hieß: Man hatte Anerkennung, man hatte auch Möglichkeiten, die andere vielleicht nicht hatten. In Bezug auf Mädchen. Gut, ich war immer eher ein bisschen der schüchterne Typ. Man fühlte sich schon ein bisschen als etwas Besseres. Das war so.

Ein Highlight war der Falkenkeller in Emmendingen. Wir sind von Teningen mit drei Fahrrädern nach Emmendingen gefahren, da hingen drei Leiterwägelchen hinten dran, die waren vollgepackt mit unserem Equipment. Das waren alte Röhrenradios, eine Gesangsanlage hatten wir damals noch gar nicht. Und da kam immer dieser blöde Polizist. Der ver-

Tanzkapelle „Schwörer"

teilte Knöllchen. Und mindestens zwei oder drei Mal hielt der uns an und drohte uns einen Strafzettel an. Im Falkenkeller haben wir gespielt.

Ein Highlight war unser Auftritt in Baden-Baden, im Talentschuppen beim Dieter Bröttel. Eigentlich sollten die Earls da hin fahren. Aber bei denen war irgendjemand krank geworden und wir sprangen ein. Und da war noch der X. dabei, der spielte Hammondorgel. Wir fuhren mit einem VW-Bus, der gehörte seinem Vater. Wir waren total nervös. Damals hatten wir schon richtige Verstärker, die bauten wir auf. Dann stimmten wir die Gitarren. Dann kam der Herr Bröttel und sagte, er hätte noch nie eine Band gehört, die so laut Gitarren stimmen würde, wie wir. Das waren Probeaufnahmen. Wir haben unsere zwei, drei Stücke gespielt, das war es dann. Das war eine Vorausscheidung, wer in die Sendung kommt und wer nicht.

Dadurch, dass wir bei den Starfighters in den Pausen gespielt hatten, fragten die Schwörers bei mir an, ob ich Lust hätte, bei ihnen mitzumachen. Das muss man sich einmal vorstellen: Die Schwörers waren damals die Band. „Und die wollen mich haben!" Wir machten einen Termin, abends mit meinen Eltern, dann kam der Peter vorbei: „Wir hätten gerne, dass ihr Sohn bei uns mitspielt." Mein Vater gleich: „Nein! Das ist ausgeschlossen! Schwörer? Von denen habe ich schon einiges gehört! Das ist also ... Hm ... Ja, und mit der Schule und so?" Irgendwann sagte mein Vater, er wäre einverstanden, aber nur am Samstag. Der nächste Termin war am Samstag, aber ich spielte natürlich auch am Sonntag. Da war ich siebzehn.

Die Schule litt darunter. Ich ging ein Jahr vor dem Abitur von der Schule ab. Das ging irgendwie nicht mehr. Einerseits bereue ich das, aber auf der anderen Seite muss ich sagen, dass ich dafür musikalische Erfahrungen gesammelt habe, die ich sonst wahrscheinlich nicht hätte.

Für mich waren die Sechziger Jahre eine tolle Zeit. Ich möchte sie nicht missen. Und ich wünsche jedem, der heute aufwächst, dass er ähnliche Erfahrungen macht.

M: Wir haben Stücke von den Pretty Things gespielt. Und von denen gab es dieses legendäre Album: „Get the Picture". So heißt auch das Titellied. Und dann spielten wir ja relativ viel Rolling Stones. Von den Beatles weniger, die langsamen Stücke. „All My Lovin'", solche Sachen. Die Entwicklung der Beatles hat mich immer fasziniert und tut es immer noch. Meiner Meinung nach war kaum jemals eine Band so kreativ wie die. Innerhalb von acht oder neun Jahren haben die zwanzig Musikstile entwickelt. Mit jeder LP kam etwas völlig Neues. Während die Stones immer noch die Musik von 1965 machen. Die Stones spielen quasi immer dasselbe Lied.

Das war ja das Tolle: Du bist jeden Morgen aufgewacht, und es war etwas Neues da. Es wurde nie langweilig. Die Bands schossen aus dem Boden wie Pilze im Sommerregen. Und alle waren gut. Die Kinks spielten wir viel, die schnellen harten Stücke. Da war viel Gitarre mit drin. „Where Have All The Good Times Gone", das war immer unser Anfangsstück.

M: Wenn man Gitarre spielt, kommt man an Jimi Hendrix nicht vorbei. Man versuchte immer, das nachzuspielen. Und bis zu einem gewissen Grad konnte man das auch machen. Aber man kann das nicht ganz genau so machen, weil die Musik dermaßen von Gefühlen bestimmt ist. Und wenn man sich manche Sachen anhört, weiß man genau: Der war total vollgekifft. Das, was er gesehen hat, quasi, hat er gespielt.

Aber meine Favoriten waren eindeutig die Beatles. Als die Beatles auseinandergingen, das war für mich ganz schlimm. Ich habe das wirklich sehr, sehr bedauert.

M: Einen Ton wirklich so zu spielen, dass er Gefühl vermittelt, das ist schwierig. Das ist eigentlich die Kunst.

M: Wir hatten ziemlich bald die Idee, selbst Musik zu machen und fingen mit der Band an. Das leierte der H. an. Er arbeitete auf dem Bau, als in Teningen dieses Hochhaus gebaut wurde, und für den Lohn konnte er sich eine schöne Höfner-Gitarre kaufen. Der X. und der H. sind einmal im Musikunterricht aufgetreten. Die hatten so zwei oder drei Stücke mit zwei Gitarren eingeübt. Sie spielten etwas von den Lords, „Seven Golden Daffodils" (eigentlich von Lonnie Donegan). Das war so ein langsames Stück. Die Lords waren eine katastrophale Band. Aber

Auch Jimi Hendrix spielte meist Stratocaster.

damals fand man alles, was auf einer Elektrogitarre spielte, super. Mit dem Differenzieren fing man erst später an. 1965, 1966 gingen die Pläne mit der Band los. Schon ein Jahr vorher hatten wir uns mit der Erlaubnis der Eltern einen Partykeller ausgebaut. Das wurde unser Proberaum. Wir nagelten Eierkartons an die Wand. Auf alten Röhrenradios fingen wir an zu schrummeln. Der D. spielte Bass, der X. spielte Rhythmus-, der H. Sologitarre, und ich spielte auf einem geliehenen Schlagzeug. Dann gab es plötzlich die Möglichkeit für 400.– Mark, das war damals ein Wahnsinns-Geld, ein schönes Pearl-Schlagzeug zu bekommen. Wir fuhren an den Kaiserstuhl zur Oma. Die war Lehrerwitwe und hatte eine relativ gute Pension. Wir bearbeiteten die einen ganzen Nachmittag und fuhren mit einem Scheck von der Badischen Beamtenbank über 400.– Mark wieder heim. Am nächsten Tag konnten wir dieses Schlagzeug kaufen. Ein gebrauchtes, aber ein ziemlich gutes Schlagzeug. Die besten waren die von Ludwig, und dieses war von Pearl. Die Becken mussten wir noch dazu kaufen. Das war super, hinter so einem Ding zu sitzen. Das fühlt sich an, wie wenn man Pilot wäre. Man hat den Überblick und etwas zwischen sich und den anderen. Ich übte im Keller wie ein Verrückter. Wenn ich von der Schule kam, ging ich gleich in den Keller und trommelte, anstatt Hausaufgaben zu machen. Wir hatten da unten einen Plattenspieler, und ich versuchte irgendwelche Sachen von den Beatles oder den Stones nachzuspielen. Es gab schwierigere Sachen. "Friday on My Mind" von den Easybeats. Das ist unglaublich schwierig zu spielen. Das haben wir sehr, sehr lange geprobt, aber wir haben es nicht hingekriegt. Später auch Stücke von Jimi Hendrix und solche Sachen. Oder Cream. Der Ginger Baker gab einem ja auch wahnsinnig viele Probleme auf. Da gibt es dieses eine Stück, wie heißt das noch mal, auf dem er die ganze Zeit im Gegentakt spielt? „Sunshine of your Love". Einmal hat einer aus unserer Klasse ein Tonbandgerät mitgebracht und uns aufgenommen. Als wir das anhörten, waren wir total deprimiert. Wenn man mitten drin ist, hört man ja nicht, wie das klingt. Das war fürchterlich! Wir spielten „Midnight To Six Men" von den Pretty Things. Das war für lange Zeit unser bestes Stück. Als wir das auf dem Tonband gehört hatten … natürlich, bei der Akustik in diesem Kellerloch da unten! Aber so etwas spornte uns an, weiter zu üben. Wir organisierten erste Auftritte. Zunächst waren das Gastspiele bei den Auftritten anderer Bands. Aber auf Dauer hat das nicht gut funktioniert, weil man in der kurzen Zeit seine besten Stücke spielen konnte und damit der anderen Band die Schau stahl. Erst hießen wir „Untitled" und irgendwann nannten wir uns Pretties, nach den Pretty Things. Das war damals richtige Avantgarde. Wenn man Pretty Things hörte oder spielte, fühlte man sich als etwas Besseres. Gerade dieses „Midnight To Six Men" … und dann dieses „LSD" … Das war keine Musik, die man einfach so kannte und mitpfiff, wie die Songs von den Rolling Stones. Das war immer ein bisschen zu holprig, zu schräg. Das waren ja auch irrsinnige Typen. Dieser Schlagzeuger, Vivian Prince, der verwandelte damals schon Hotelzimmer in Kleinholz, wenn die auf Tournee waren. Irgendwann haben den sogar die Pretty Things rausgeschmissen. Die sahen auch irgendwie irre aus. Dieser Phil May, der Sänger, sah aus wie ein Pirat.

Wir hatten natürlich immer riesiges Lampenfieber. Das bekämpften wir mit Bier. Das führte einmal zur Katastrophe. Die Earls spielten im „Rebstocksaal", und wir hatten mit denen ausgemacht, dass wir in der Pause spielen dürfen. Wir hatten das mit dem Bier übertrieben. Das war ein katastrophaler Auftritt. Ich kann mich noch sehr gut daran erinnern, dass wir „Off the Hook" von den Rolling Stones spielten. Dieses Stück spielten wir aber ein bisschen schneller als die Stones, weil es uns so besser gefiel. Da fängt erst einmal die Gitarre an, und dann setzen das

Schlagzeug und die anderen Instrumente ein. Aber der H. fing viel zu schnell an, und ich kam einfach nicht mehr mit. Irgendwo in der Mitte warfen wir dieses Lied vollkommen über den Haufen. Nach diesem katastrophalen Auftritt gingen wir in uns und sagten: „Wir müssen jetzt erst einmal ein halbes Jahr üben, üben, üben." Der D., der Bassist, ging auf ein Internat. Dann spielte der U. Bass. Dann nahmen wir noch den S. als dritten Gitarristen mit rein. Der hatte einen schönen Fender-Verstärker. Dann kam noch der Glücksfall: Wir nahmen den X. an der Orgel mit rein. Und der war hochmusikalisch. Der war damals schon ein ziemlicher Freak und hat die ganze Sache ziemlich bereichert. Bei ihm im Haus haben wir viel gemacht: Pommes-frites-Feten. Er hatte eine riesige Hammondorgel da stehen. Seine Mutter hat ihm aber eine tragbare gekauft. Die Hammondorgel war ja fast so schwer wie ein Klavier. Wir übten wie die Besessenen.

An Fasnacht 1966 hatten wir unseren ersten Auftritt in der neuen Formation im Falkenkeller. Der war triumphal. Danach waren wir richtig etabliert. Wenn wir spielten, war der Keller immer voll. Da haben achtzig oder neunzig Leute reingepasst. Das war ein Superkeller, abgesehen davon, dass es nach Pferdepisse roch. Durch den Krach löste sich hin und wieder ein Stück Putz vom Deckengewölbe, und ich hatte dann immer irgendwelche Brocken auf der Snaredrum liegen. Wir waren plötzlich die Stars in der Gegend und machten auch eigene Auftritte. Finanziell war das immer katastrophal. Wir mussten GEMA-Gebühren bezahlen. In der Stadiongaststätte machten wir eigene Auftritte, die Plakate malten wir selbst. Das waren so Pop-Art-Plakate mit diesen komischen Buchstaben, so ein bisschen schnörkelig. Der H. konnte diese Buchstaben malen. Wir fühlten uns enorm toll. Im Schwimmbad kamen manchmal irgendwelche Teenies mit Plakaten, die sie abgehängt hatten, auf die wir Autogramme schreiben sollten.

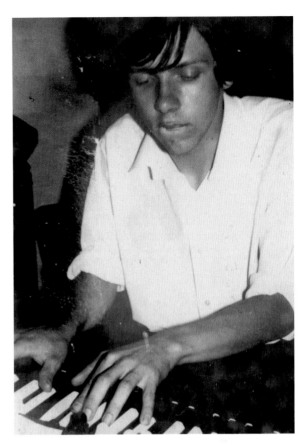

Der Glücksfall an der Orgel

Das war eine super Zeit. Ich machte zwar nicht mehr viel für die Schule und hatte deswegen Ärger mit den Eltern, aber ich kam trotzdem gut durch die Schule. Als die Band auseinanderging, war ich ziemlich traurig. Der X. ging, als er in die Oberstufe kam, aufs Internat am Bodensee. Der Organist hatte Angebote von Freiburger Bands wie Powerhouse, bei denen er dann mitspielte. Das war eine andere Klasse. Das waren richtig gute Leute. Ich fand es schade, weil mir das unheimlich viel Spaß gemacht hatte, auf der Bühne zu stehen und Musik zu machen, die den Leuten gefiel, und zu sehen, wie die sich freuen.

Nachdem der X. gegangen war, versuchten wir es noch einmal. Der „Ochsen" in Wyhl war so ein Nahkampfschuppen und da spielten die Schwörer. Wir hatten eine längere Pause gehabt und wollten sehen, ob wir noch einmal ins Geschäft kommen könnten. Das wurde ziemlich gefährlich. Irgendwelche Typen wollten dem H. mit dem Stilett die Haare schneiden. Seltsamerweise hat uns da der „J." rausgehauen, dieser Schläger aus Berlin. Der hat plötzlich für uns Partei ergriffen, sonst hätten die uns vermöbelt. Vor lauter Angst haben wir so gut gespielt, dass wir den Großteil des Saales auf unsere Seite bekamen. Wir sollten nur ein Mal spielen, aber wir traten in der nächsten Pause noch einmal auf, weil das Volk uns hören wollte. Solche Sachen sind immer die besten. Wenn du keinen ganzen Abend bestreiten musst, kannst du deine zehn besten Stücke spielen. Das ist immer gut. Und die Schwörers waren so etabliert, die juckte das nicht groß. Nachdem wir unsere Band aufgelöst hatten, spielte ich noch eine Weile bei einer anderen Emmendinger Band. Das war die Zeit, in der ich mit der Musik auch ein bisschen Geld verdiente. Die waren geschäftstüchtig und spielten auch Schlager und Tanzmusik. Wir spielten zum Beispiel am Kaiserstuhl in einem Winzerkeller, da bekam jeder von uns 200.- Mark. Bei den Pretties wäre uns nie in den Sinn gekommen, Schlager und Tanzmusik zu spielen, das hätten wir für Verrat an der Sache gehalten. Ich war immer froh, wenn ich meine Felle und die Stöcke vom Erlös unserer Konzerte kaufen konnte. Diese Eigenauftritte waren fast immer ein finanzielles Desaster.

Einmal hatten wir in Kenzingen eine Halle gemietet, und gerade zwei Tage vorher war dort ein Junge in unserem Alter gestorben. Da kam niemand, weil an dem Tag die Beerdigung war. Da wollte keiner auf ein Rock-Konzert. Wir spielten vor zehn Leuten, die von Emmendingen mitgekommen waren. Damals hatte ja auch nicht jeder ein Auto. Da fuhren die Leute mit dem Mofa oder mit dem Fahrrad irgendwohin. Bei solchen Geschichten mit Halle mieten und so, machten wir dann halt ein Minus. Aber da in der Stadiongaststätte in Emmendingen hatten wir immer relativ voll, und da haben wir auch immer ein paar Mark verdient.

Einmal hatten wir das Schlagzeug auf Tischen aufgebaut und die drifteten während des Spielens auseinander und mitten im Lied sackte mir das ganze Schlagzeug vorne weg. Die Fußtrommel und alles, was da dran hing, lag am Boden, und ich saß dahinter und … Da gab es immer so witzige Geschichten. Das zeichnete die Pretties aus, dass da immer irgendwas passierte, wo man dachte: „He, was ist denn mit den Jungs los?" Der W. schaukelte seine Orgel immer vor und zurück, sodass man immer Angst haben musste, dass das Ding umkippt. Aber er beherrschte das. Wir tranken relativ viel, um das Lampenfieber zu bekämpfen, oder weil wir das Gefühl hatten, lockerer zu sein. Wir durften es halt nicht übertreiben, weil es sonst daneben ging. Die Auftritte im katholischen Pfarrsaal waren immer gut. Da war eine gute Akustik, und da herrschte auch eine sehr gute Atmosphäre. Aber da konnte man auch nie viel verlangen. Das gab zwanzig oder dreißig Mark pro Kopf. Das war damals so viel, wie heute hundertundfünfzig. Also viel zu verdienen war mit der Musik nicht.

F: Es war schon recht ungewöhnlich, dass ein Mädchen in einer Band gespielt hat, wobei ich mich schon mehr wie ein Junge angehört habe. Ich hatte eine ganz tiefe Stimme. Ich konnte gar nicht richtig singen. Ich habe eher geschrien. Das war so die Schreizeit. Aber es war okay. Ich wollte immer Sängerin werden, beziehungsweise ich wollte auf die Bühne – immer schon. Mit vierzehn habe ich an einem Schlagerwettbewerb teilgenommen. Das war in Kirchzarten, und dann war ich noch einmal in Ludwigsburg. Ich bin nicht weitergekommen, weil das ein ganz anderes Genre ist. Ich bin für solche Schlagerheinis eigentlich nicht geartet. Es gab dann auch die Szene in Freiburg. Es gab zwei Lokalitäten, wo Bands gespielt haben: Der „Hades" war in Herdern, so ein Fünfziger-Jahre-Flachbau. Vorne war ein Kindergarten, und ganz unten hinten war der „Hades", unglaublich versifft, aber schön. Der „Fuchsbau" war in der Wiehre, da haben die Features gespielt. Es gab zwei Bands. Ich habe immer mal gefragt, ob ich mitsingen könnte. Die waren aber nicht so dafür. Dann habe ich in Waldkirch die Gamlers gefunden. Die sagten: „Okay, du kannst bei uns mitmachen." Als zweiter Leadsänger. Das war 1964, da war ich fünfzehn Jahre alt. Ich habe immer gesungen. Immer! Ich habe meine Familie damit furchtbar genervt. Ich wollte auch Schlagzeuger werden und habe dauernd getrommelt, mit Stricknadeln und so. Sie sagten: „Hör auf damit! Hör auf!" Ich habe die genervt.

Ich kam eigentlich zuerst zum Tanz. Ich war im Ballett und wollte Primaballerina werden. Dann habe ich angefangen, Rollschuh zu laufen. Das war ja sozusagen meine erste Karriere. Ich bin dann später

„Das war so die Schreizeit. Aber es war okay."

Leistungssportlerin geworden. Ich wurde Deutsche Meisterin und Dritte bei den Weltmeisterschaften im Rolltanz. Ich wollte immer tanzen. Ich war auch Gogo-Girl; da hatten wir in der Schule eine Gruppe gegründet. Das ging immer einher mit der Idee, auf die Bühne zu wollen. Ich fand es immer toll; singen und tanzen waren immer toll.

Ravi Shankar in Berlin

M: Ich habe an der Technischen Universität in Berlin studiert und habe weiter auf dem Cello Klassik gemacht. Dann wurde ich gegen meinen Willen zu einem Sitarkonzert mitgenommen, zu dem vermutlich ersten Konzert von Ravi Shankar in Berlin. Wann wird das gewesen sein? 1962 hatte ich Abitur gemacht, dann kam der Wehrdienst 1964. Das wird 1968 gewesen sein. Ich kam aus diesem Konzert mit der glasklaren Vorstellung heraus, dass das meine Musik ist. Ich war völlig fasziniert. Es gibt da so viele Gestaltungsmöglichkeiten, die wir in der europäischen klassischen Musik nicht haben und nicht haben können, weil die Polyfonie eine Normierung der Tonschritte verlangt. Wenn diese nicht existiert, kann man keine Polyfonie machen. Das war sozusagen der Preis, den der europäische Geist für die Entwicklung der Polyfonie bezahlen musste. Und die ursprüngliche traditionelle Hörweise, die sich innerhalb der modalen Musik weiter erhalten hat, insbesondere in Indien, gibt dagegen Ausdrucks- und Modulationsmöglichkeiten, die sehr viel flexibler sind. Die haben nicht diese vorgefertigten Tonschritte, sondern das Klangmaterial ist wie eine Tonmasse. Man kann das richtig kneten und durchformen und eigenständig und kreativ gestalten. – Ich bin in diesem Konzert gesessen und sagte mir: „Was? Wie ist das? Mein Gott, das kann man auf dem Cello ja gar nicht machen." Und dann spürte ich, wie mein Atem darauf reagierte. Und das kannte ich aus unserer Musik nicht. Die ganze innere Bilderwelt war angesprochen, und das kannte ich in dem Ausmaß auch nicht. Und das fand ich so fabelhaft und zum Ende des Konzerts war ganz klar: Das ist mein Instrument. Damals gab es keine Instrumente und keine Lehrer. Das hat alles gedauert und brauchte verschiedene Stufen. Aber dann habe ich mir das angeeignet. Ich hatte Unterricht in

Ravi Shankar, * 7. April 1920 in Varanasi, indischer Sitarspieler und Komponist

Australien, in Indien, in den USA. Ich reise überall hin, wo für mich interessante Lehrer waren. Der Jazz hat keine Rolle mehr gespielt. Auch die Klassik habe ich ganz sein lassen. – Ich muss zwar noch jedes Jahr meine ein, zwei Konzerte Brahms, Mahler usw. haben, aber sonst? Alle diese unglaublichen Klanggebilde, die innerhalb der Polyfonie entwickelt worden sind, sind ja etwas Einzigartiges, Großartiges. Aber um mir das andere auf einem gewissen Niveau zu erschließen, musste ich mich total konzentrieren; denn das war ja nicht mein Brotberuf, und der war ja auch relativ anspruchsvoll. Ich musste jeden Tag die Minuten zusammenkehren, damit ich meine Übungszeit hatte, und damit ich vier Wochen im Jahr frei hatte, um nach Indien gehen zu können. Ich habe alles radikal aus meinem Leben rausgeschmissen: kein Theater, kein Film, kaum ein anderes Konzert, keine anderen Hobbys. Und so bekam ich die Zeit zusammen, um in diese Musik hineingehen zu können und sie auch als Gesamtkultur ergreifen und begreifen zu können. Diese klassischen indischen Stücke beruhen auf Improvisation. Das ist eine sehr viel ältere und sehr viel tiefere Wurzel als der Jazz, und der Jazz hat sich in der Begegnung mit der klassischen indischen Musik sehr befruchtet. Das Interessantere für mich – auch philosophisch, geistesgeschichtlich, historisch, religiös – ist die klassische indische Musik. Der Jazz hat ja in gar keiner Weise diese Dimensionen. Das ist ja eine Kunstform, die sich in der Gegenwart bildet und abspielt und nicht diese Tiefe von viertausend Jahren Tradition hat. Nicht nur Musiktradition, sondern auch die geistesgeschichtliche Tradition. Die hinduistische Kultur ist die Kultur in der Welt, die ungebrochen am weitesten zurückgeht. Alle anderen sind gebrochen.

Was dann Mitte, Ende der Sechziger Jahre kam, die Beat-Musik, die Beatles – Musik zum Tanzen war das, zur Fete war das klasse. Na, die hatten ja auch wieder ihre Inspiration von Ravi Shankar usw. und haben diese Dinge verarbeitet und zum Hören in der gesamten Welt gebracht.

Discjockey oder die Libido bei 120 Hertz

M: Ende der Sechziger, Anfang Siebziger Jahre fing das mit der Tanzmusik an. Da war diese Beat-Geschichte vorbei. Vorher war es ja so, dass alle diese Beat-Gruppen volle Säle hatten. Rappelvoll! Das hörte Ende der Sechziger auf, weil immer mehr Diskotheken aufkamen.

M: Den ersten Beatles-Song hörte ich auf Radio Caroline. Ich baute ein altes Radio um, indem ich die Frequenz verlängerte, sodass ich Radio Caroline nachts empfangen konnte. Radio Caroline war ein Piratensender und strahlte Musik aus, die von keinem der legalen Sender angenommen wurde. Über diesen Sender bekam ich die neuesten Songs der Beatles mit. Ich schlug mir manchmal die Nächte um die Ohren, erst einmal, um diesen Sender zu suchen – je nach Wetterlage kriegte man ihn, dann verschwand er wieder, dann kam er wieder. Das mit Radio Caroline war der Tipp eines Berliners, der in einer Bar in London gearbeitet hatte. Der war hier im Urlaub und irgendwie kamen wir da drauf, und ich probierte das aus. Zuerst hatte ich keinen Erfolg. Aber auch von anderen Leuten hörte ich, dass man diesen Sender bei uns empfangen kann. Ich bemühte mich noch einmal intensiv darum, und dann kam das wirklich zustande.

Radio Caroline war das erste Privatradio in Großbritannien und ist für die Entwicklung der Popmusik in den Sechziger Jahren von zentraler Bedeutung. Radio Caroline wurde 1964 von dem irischen Musikproduzenten Ronan O'Rahilly als Piratensender gegründet und sendete bis 1990 von See aus. Der Musikproduzent Ronan O'Rahilly konnte die Bands seines Labels weder bei der BBC, noch bei Radio Luxemburg unterbringen und beschloss daraufhin, seinen eigenen Sender zu gründen, obwohl private Radiostationen in den Sechziger Jahren in Großbritannien noch illegal waren. Radio Caroline sendete daher von einem Schiff aus, der „MV Fredericia", die unter panamesischer Flagge in der Nordsee, drei Meilen vor Essex, ankerte. Drei Meilen vor der Küste galt auf Schiffen das Recht der jeweiligen Nation, unter deren Flagge es fuhr.

Radio Caroline ist nach John F. Kennedys Tochter Caroline benannt. Ronan O'Rahilly kam die Idee angeblich, als er ein Foto sah, auf dem das Mädchen im „Oval Office" spielte und dabei den US-Präsidenten in seiner Arbeit störte, das heißt die Regierung störte. Das traf das Image, das O'Rahillys Meinung nach zu dem Sender passte. Mehrmals musste Radio Caroline in den 40 Jahren seines Bestehens das Programm einstellen. Mal wegen staatlicher Repressionen, mal wegen der schwierigen Bedingungen auf See. Das erste Sendeschiff, die „MV Fredericia", wurde zeitweise zwangsverlegt und sank später. Radio Caroline startete jedes Mal neu und verfügt seit Mitte der 1990er Jahre über eine offizielle Sendelizenz.

Der „Scotchman" in Emmendingen: grün-rot-schottisch-kariert, die beste Musik des Universums

Irgendwann kamen auch die normalen Radiosender nicht mehr darum herum, die Beatles zu akzeptieren und vorzustellen. Es gab im SWF 1 nachmittags eine Dreiviertelstunde Popshop mit Walter Krause, und das war so unser Ding. Parallel dazu kam der Beatclub von Radio Bremen, da klebten wir fast mit der Nase am Bildschirm. Und ich war in der Lage, die kommenden Musiktitel vorauszusagen, weil ich Radio Caroline hörte. Später kamen die Leute immer wieder zu mir und fragten, was zum Beispiel Platz Nummer 1 in England sei, usw.

Als der Underground als Strömung der Beatmusik entstand, da wollte man sich schon abheben. Man musste sich abgrenzen. Über die Musik fanden die entsprechenden Identifikationen statt. Da sagte man z. B.: Das da ist mehr ein Dandy-Typ, das ist mehr der Intellektuelle, das ist mehr der politisch Interessierte. Da konnte man genau die Geschmäcker ablesen. Da gab es verschiedene Eitelkeiten, die gepflegt wurden. Wenn man Pretty Things-Fan war, konnte man Dandy-Geschichten nicht akzeptieren. Am Anfang war das Dandytum verpönt. Zumindest in meinen Kreisen. Später brachten die Kinks ein paar gute Texte, die wurden dann akzeptiert. Ich hatte einen der ersten Kassettenrekorder von Philips, mit dem Schieber nach oben, nach rechts, nach links für vorwärts und zurück. Das war das Gerät! Das benutzte ich auch, um Schlagzeug zu üben. Ich baute mir ein Gestell und postierte den Rekorder auf Ohrenhöhe und ließ die Stücke laufen, die ich lernen wollte, und spielte dazu. Wir hatten ja keine Noten. Vorher hatte ich Akkordeon gelernt. Das verscherbelte ich und kaufte für das Geld ein Schlagzeug. Die Eltern akzeptierten das nicht. Die Mutter schon, der Vater aber nicht. Das war ihm einfach zu laut. Es gab ja keine Übungsmöglichkeiten, und da musste halt die Waschküche im Keller herhalten. Und das dröhnte, bumste und krachte nur so. Das muss nervig gewesen sein. Irgendwann mussten sie es akzeptieren, weil es nicht mehr abzustellen war. Sie probierten es immer mit dummen Witzchen und Diskriminierungen, aber je mehr sie dagegen waren, umso schärfer waren wir darauf.

Neue Wege zu gehen, etwas Neues erfinden, das war sehr wichtig für uns. Die Welt verbessern! Es gab die Love-and-Peace-Bewegung, die ganzen Hippie-Geschichten ... Das war wichtig, das nach außen zu demonstrieren. Und dazu dienten verschiedene Zeichen, Symbole und auch die Musikgeschmäcker.

Irgendwann kam ich mit dem Schlagzeug an eine Grenze, an der es nicht mehr weiterging. Ich arbeitete damals schon und hatte wenig Zeit. Abends war ich kaputt. Geld hatte ich nicht viel. Noten gab es keine und das Wahnsinns-Rhythmustalent war ich auch nicht. Es gab welche, die besser waren, und ich zog mich so peu à peu zurück und besann mich auf die Sachen mit Radio Caroline. Das machte mir Spaß. Ich wurde quasi der Informationsträger und konnte die musikalischen Trends weitergeben. Ich sammelte Platten und legte bei den Partys auf. Das war der Anfang. Das waren zunächst Singles und dann die ersten LPs. Und es gab Schallplatten mit jeweils zwei Stücken auf jeder Seite. Über einen Brieffreund bekam ich die ersten Platten von den Beatles aus England.

Hier entstanden dann die ersten Diskotheken. Und ich merkte, es lohnt sich nicht, weiter Schlagzeug zu üben, in der Diskothek rockt der Bär. Ich konzentrierte mich lieber auf diese Sache. Ich konnte halt noch nicht gut reden, weil ich ein bisschen ein Langsamschwätzer bin. Ich machte Sprachübungen, damit das halbwegs gut rüberkam. Am Anfang hörte sich das komisch an und die Leute lachten sich halb tot: „Der Mao ist wieder am Mikro!" Aber ich war hartnäckig, ich blieb dran. Eigentlich ging es darum: Ich hatte die beste Musik. Nach einem halben Jahr kam das auch so langsam mit dem Sprechen. Ich war selbst Gast im „Scotchman", und da waren DJs, die ich kannte. Manchmal sagte der DJ: „Du weißt doch, wie das geht. Mach mal schnell ein Stündchen für mich. Ich komme gleich wieder!" So fing das an. Ich sprang ein, wenn die was zu erledigen hatten. Dann interessierte ich mich mehr und mehr dafür und legte in den Tanzpausen auf, um mich mit der Technik vertraut zu machen. Die Einstellungen von den Schiebereglern und das ganze Pipapo. Dann fingen die ersten Selbstversuche am Mikrofon an. Es gab zwei Plattenteller und zwei Schieberegler zum Überblenden und ein Mikrofon, das man lauter und leiser stellen konnte. Dann gab es noch einen Höhen- und Tiefenregler. Das war eine professionelle Anlage von Thomson. Ein sehr teures Teil. Man konnte sogar Quadrofonie einstellen. Da ich Elektriker war, war die technische Barriere schnell überwunden. Ich trat in die deutsche Discjockey-Organisation ein, weil man dadurch Info-Platten bekam. Außerdem bezog ich Platten über den Musik-Amann in Basel und meinen Brieffreund in England.

Der Discjockey war derjenige, der allen etwas voraus hatte, weil er in Bezug auf die Musik on Top war. Er wusste, was es Neues auf dem Markt gab, und er gab die Trends vor. Er musste sich natürlich auch an der breiten Masse orientieren. Im Grunde erzog jeder DJ den Leuten seinen eigenen Musikgeschmack an. Und wenn die Zuordnung zu verschiedenen Gruppen stimmte, war man der King. Da durfte man dick, doof und breit sein, wenn du DJ warst, warst du einfach der King. Ich konnte auf diese Art mein Geltungsbedürfnis befriedigen, das Angenehme mit dem Nützlichen verbinden. Das machte nicht soviel Mühe, wie wenn ich ein Instrument gelernt hätte. Diese Sache lief mir gerade so rein. Ich erkannte, dass das Publikum der Faktor ist, der das Ding zum Gelingen bringt. Man musste ein breiteres Spektrum anlegen, als das, was man eigentlich wollte, weil eine gewisse Abhängigkeit von den Umsätzen da war. Ich sagte mir: „Gut, der hat auch das Recht, sein Stückchen zu hören." Er bekam es vielleicht nicht gleich, weil es gerade nicht in die Musikstilrichtung passte und es die Tanzrunde versaut hätte. Oft war der Betreffende sauer, wenn es erst eine Stunde später kam, aber es kam. Bei den Tanzrunden ging es um Stilrichtungen, die Musik musste abgestimmt sein. Das war ein Talent, das ich hatte. Wenn jemand zur Tür hereinkam, konnte ich mit fast neunzigprozentiger Sicherheit sagen, was derjenige für Musik hört. Anhand seiner Kleidung, seiner Haartracht usw. konnte ich genau sagen, dass der das oder das hören will. Und wenn eine größere Gruppe einer bestimmten Art von Leuten da war, dann bevorzugte ich die. Das brachte mir den Erfolg. Dass man für die Leute ansprechbar war, gehörte dazu. Man konnte es nicht jedem recht machen, und ich hatte auch nicht alle Musikrichtungen. In einer bestimmten Zeit fing ich an, deutsche Schlager rigoros rauszuwerfen. Auch mit dem Gerede hörte ich auf, dieses ewige Geschwafel stellte ich einfach ab, und begann harmonische musikalische Übergänge zu gestalten. Ich wollte, dass die von alleine zum Tanzen kamen und von alleine weitertanzten, einfach durch rhythmische Übergänge. Was heute in Discos üblich ist, dass da nur noch ein Rhythmus durchgängig gepoltert wird, das führte ich damals ein. Ich warf zwar den deutschen Schlager raus, machte aber trotzdem Tanzmusik. Ich führte englischen Fox ein, usw. Und ich war dann auch derjenige, der viel Fox gespielt hat.

Der Stil der Titelansage war vom Radio her vorgegeben. Aber mit der Zeit bildete sich die eigene Persönlichkeit heraus. Erfolg war Umsatz, Erfolg waren Mädchen, Erfolg war der Zuspruch von den Leuten. Zu der Zeit gab es ein absolut gemischtes Publikum. Das ging vom Schüler über den Studenten, den Arbeiter, den Lehrling bis zum Bauarbeiter. Alle sozialen Schichten waren vertreten. Das führte streckenweise zu Konflikten. Da fand ich mit der Zeit auch heraus, wie man Aggressionen schlichtet oder vermeidet, und wie man das über die Musik steuern konnte. Ich beschäftigte mich speziell damit. Über verschiedene Studios und andere Informationsquellen wusste ich, dass bestimmte Frequenzen aggressiv machen und andere wiederum die Libido ansprechen, die Bässe zum Beispiel. Bei Versuchen war festgestellt worden, dass mit den Bässen bei 120 Hertz die Bauch- und Genitalregionen sehr stark durchblutet werden. Dieses Wissen um die Wirkung der Frequenzen machte man sich bei Rock-Konzerten zunutze. Wenn zum Beispiel in Berlin die Stones spielten, wurden aggressive Frequenzen verwendet, so, dass die Leute irgendwann nicht mehr an sich halten konnten und aggressiv wurden – was sie vielleicht vorher in ihrem Leben nie waren – und regelmäßig die Stadien zerkleinerten. Das war kalkuliert. Am Anfang wusste man das nicht, aber irgendwann beschäftigten sich Soziologen damit und fanden heraus, dass das mit bestimmten Frequenzen und der Lautstärke zu tun hatte.

Für die unter sechzehn Jahren gab es Sonntagmittag die so genannte Cola-Party. Da richteten wir um zwei Uhr mittags achtzig Coca-Colas vor, weil die draußen schon Schlange standen. Das war die einzige Möglichkeit für die Jugendlichen unter sechzehn in dieses Geschehen reinzuschnuppern, ohne gegen das Jugendschutzgesetz zu verstoßen.

Ich hatte Elektriker gelernt, und ich machte eine Zeit lang Waschmaschinen-Kundendienst im Glottertal usw. Wir machten damals viele Umstellungen von 110 auf 220 Volt. Das war mir irgendwann zu anstrengend, und als ich als DJ abends erfolgreicher war als am Tag, stieg ich hauptberuflich ein. Die Verdienstmöglichkeiten lagen beim Dreifachen. Als DJ war man absoluter Spitzenverdiener. Je nachdem wie du deine Arrangements ausgehandelt hattest, konntest du etwas auf Umsatzbasis machen. Ich hatte Monate, in denen ich vierzigtausend Mark umsetzte, und davon kassierte ich meine zehn Prozent. Und das war mehr Geld, als ein Ingenieur verdiente. – Ich verdiente gut, hatte meinen Porsche. Das war ein Klacks für mich. Ich schaute mir in Basel im „Atlantis" die Trends an. Ich arbeitete später im „Scotchman" in Freiburg und in Donaueschingen. Ich war in Waldshut-Tiengen in der „Blauen Grotte". Da legte ich mit Frank Laufenberg zusammen auf. Das war eine tolle Zeit. Am Rande dieser ganzen Szene gab es schon komische Typen: Schläger, Kriminelle, Verbrecher. Es war für mich oft schwierig, mit denen klarzukommen. Aber ich schaffte es, die kleinzuhalten. Ich hatte als DJ oft deren Vertrauen und erfuhr, wenn sie z. B. einen Bruch machen wollten, oder wenn irgendeine Schlägerei war, oder wenn sie jemanden ausguckten. Und ich sagte: „Freunde, wenn ich da bin, ist Ruhe im Schuppen, oder es könnte sein, dass irgendwann einmal einer plaudert." Wenn sie zu frech wurden, erpresste ich sie auf diese Art. Und so konnte ich das Ding im „Scotchman" relativ ruhig halten.

Der Besitzer einer anderen Diskothek schoss einmal mit einem Derringer (kleine Handfeuerwaffe) auf mich. Zum „Scotchman" hoch gab es eine steile Steintreppe. Ich stand oben, er stand unten. Er sagte: „Du hast vorhin meine Platte nicht aufgelegt, obwohl ich dir eine Flasche Whisky bezahlt habe." – „Ich habe sie zwei Mal aufgelegt, wenn du besoffen bist, und das nicht mehr weißt, kann ich nichts dafür." Er fing an zu wüten und zu fluchen in seinem Suff und schoss auf mich. Da zischte der Querschläger bei ihm selbst am Ohr vorbei, und er bekam Schiss und steckte das Ding wieder ein. Ich kann dir sagen ...!

Drogen wurden probiert. Ich hielt mich ziemlich raus. Ab und zu rauchte ich Marihuana. In der ersten Zeit nahm ich auch einmal einen Trip, einen Sunshine oder Purple Haze. Aber das war mir zu heftig. Und alle anderen Sachen, Heroin usw., fasste ich nie an. Das war mir zu heiß. Es kamen Leute auf mich zu, ich könne Dealer werden, weil ich als DJ das Zeug hätte verteilen können. Das habe ich immer abgelehnt. Ich war ein strikter Gegner von harten Drogen. Im Großen und Ganzen hatte ich mit der Drogenszene wenig zu tun. Das war mir einfach zu kriminell. Und man entwickelte ein Bewusstsein, wenn man sah, wie der Betreffende ausgesehen hat oder wo der gelandet ist, nämlich in der Anstalt (Psychiatrie), wenn es ihm den Vogel herausgehauen hatte. Das musste man sich nicht unbedingt selber antun. Mit Alkohol und Shit begnügte man sich. Ich habe mehr dem Alkohol zugesprochen als dem Shit.

Propagandamarsch durch Emmendingen 1934

NS-Zeit

F: Das Thema „Nationalsozialismus" ist in den Sechziger Jahren viel diskutiert worden. Ich fand es wichtig, dass es ein öffentliches Thema war, dass darüber gesprochen wurde, und dass es nicht unter den Teppich gekehrt wurde. Man muss eine Auseinandersetzung mit der Vergangenheit haben, sonst kann man in der Gegenwart nicht gut leben. Man muss allerdings auch mit sich ins Reine kommen. Also eine Kollektivschuld von meiner Generation würde ich verneinen, weil wir ja später geboren sind. Also ich hätte nicht in der Haut meiner Mutter stecken wollen oder in der meines Vaters. Ich hätte auch nicht gewusst, wie ich da reagieren soll. Ich weiß von meiner Mutter, dass sie schon vor dem Krieg mit ihren damals zwei Kindern in den Schwarzwald geflohen ist. Sie war in einem Bauernhof. Dort hat sie zwei Franzosen versteckt, Kriegsgefangene und Flüchtlinge. Sie hatte aber mit dem Ortsgruppenleiter ein gutes Verhältnis. Der steckte ihr heimlich, dass es dann und dann eine Razzia geben würde. Also der wusste davon. Sonst wäre sie aufgehängt oder erschossen worden. Solche Sachen hat sie uns erzählt. Und auch Kriegseindrücke hat sie schon erzählt. Dass man in den Bunker musste und solche Geschichten und immer mit den Kindern, und auf dem Land Kartoffeln sammeln.

195

M: Als ich bei den Jungsozialisten war, da hatten wir einige in der SPD, die im KZ gewesen waren. Aber wir haben die Zeit damals nicht genutzt, um mit den Leuten einmal so etwas auszugraben. Wir führten die aktuellen Diskussionen und stellten uns eher gegen die Alten, wenn es sein musste.

M: In Emmendingen war ein Gauturnfest und abends ein Fackelzug auf die Hochburg. Wir waren eine Clique und hatten mit den Turnern nichts zu tun, aber wir waren auf der Burg. Dieser befackelte Zug von Turnern ist hochgezogen wie ein Lichterwurm. Über dem Burgzugang gibt es eine Brücke. Als die Turner unter der Brücke durchkamen, standen wir da oben. Der C. konnte – ich weiß nicht woher – die „Internationale" singen. Das war 1967. Der stand auf der Brücke und hat die „Internationale" gesungen. Der Lehrer T. ist von unten hochgespurtet und hat dem C. links und rechts an die Backen gehauen. Dass derselbe Lehrer T. in der Nazizeit bei Umzügen hinter der Hakenkreuzfahne hergelaufen ist, und Leute am Straßenrand geohrfeigt hat, weil sie die Fahne nicht gegrüßt haben, habe ich erst viel später erfahren.

M: Für mich war es schwierig, meine Eltern zu fragen: „Wie war das im Nationalsozialismus? Wart ihr darin verstrickt?" Auf dieser Zeit lag ein Tabu. Natürlich versuchte man immer wieder mal, darüber zu reden. – Auch wenn du die Studentenbewegung nimmst: Der Holocaust war kein Thema. Vietnam war ein Thema, Lateinamerika war ein Thema. Aber der Holocaust nicht! Außer in der Parole: „Trau keinem über dreißig!" Man hat sich den hintersten Winkel der Welt ausgesucht, Vietnam. Natürlich war da die Auseinandersetzung zwischen den Supermächten USA, Sowjetunion und China. Aber trotzdem, es gab so viele andere Konflikte, z. B. die Apartheid in Südafrika, der Kolonialismus in Afrika.

Das, was den großen politischen Konflikt zwischen den Generationen hier in Deutschland ausmachte, die Nazivergangenheit, das wurde nicht thematisiert.

F: Über das Dritte Reich, klar, haben wir diskutiert. Ein bisschen ist in der Familie darüber gesprochen worden. Andere Freundinnen und Freunde hatten mit ihren Eltern damals sehr viel Zoff. Mein Vater war sehr jung, als er in den Krieg musste. Er war siebzehn. Er war eigentlich ein Gegner des Nazi-Regimes. Er war in Emmendingen der Einzige, bzw. sie waren zwei, ein Mädchen noch, die keine Uniform getragen haben und die nicht in dieser Hitlerjugend waren. Sein Vater war Pfarrer. Er war eigentlich, wie er erzählt hat, immer dagegen. Und ich habe dann so für mich gedacht: „Na ja, er hat halt mitgemacht." Später, als ich älter wurde, habe ich angefangen, das ein bisschen zu hinterfragen. Da kommen ja in Gesprächen so bestimmte Äußerungen. Da hatte ich mit ihm richtig heftige Diskussionen. Da habe ich ihn angegriffen. Das hat schon gestimmt, was er erzählt hatte, aber er hatte plötzlich so schreckliche Einstellungen, wo ich das Gefühl hatte, das passt ja gar nicht mit dem zusammen, wie er früher war, und dass er dagegen war. Er hat mir dann dieses Hitler-Buch „Mein Kampf" gezeigt, wo er als Jugendlicher Notizen gemacht hatte. Die gingen nur dagegen und handelten davon, warum die Sachen schlecht sind. Das habe ich ja alles gesehen. Er hat einfach solche rechtsgerichteten Äußerungen getan, auch gegen Juden, wo ich so das Gefühl hatte, auch bei meiner ganzen Familie: Sie waren irgendwie doch infiltriert von diesem Gedankengut. Und heute, wo sie älter sind, kommt es immer wieder mal raus. Ich habe jetzt meinen Frieden geschlossen. Aber es gab schon heftige Diskussionen, später aber dann, da war ich dreißig oder vierzig, also nicht in den Sechziger Jahren.

Klassenparty bei Frank (1964)

Partys und Feten

M: Hier war eine Französin, die hat bei uns an der Schule hospitiert. Das war etwas ganz Neues. Da haben wir diesen Klassenabend mit Musik veranstaltet. Das war die Rock'n'Roll-Zeit und wir tanzten Rock'n'Roll bis zum Umfallen. Und die Lehrer saßen nur da und schauten zu. So ein Klassenabend war ein ganz wichtiges Ereignis. Und dann machten wir auch mal einen Hausball. Das nannten wir Bottleparty, da hat jeder etwas mitgebracht. Was zum Trinken oder zum Essen. Da legte man zusammen. Wir hatten ja große Räume. Da machten wir ein kaltes Büffet. Da hat sich meine Mutter große Mühe gegeben. Da durften wir Freunde einladen und auch tanzen.

M: Unsere Feten machten wir am Eulenhäusle oder in Tennenbach. Wenn man beim „Engel" diesen kleinen Bach lang Richtung Allmendsberg geht, tiefer ins Tal rein, in dieses Wasserschutzgebiet, da kommt so eine Gebüschkette. Der Platz hinter dieser Gebüschkette war nicht einzusehen. Da feierten wir unsere Feten, und da machten wir unsere ersten sexuellen Erfahrungen. – Beim Eulenhäusle war immer das Problem, dass mehrere Cliquen gleichzeitig dort feiern wollten. Aber das Ding da oben haben wir eigentlich ziemlich beschlagnahmt. Nachts ging man dann noch ins Schwimmbad. Man kletterte über den Zaun und schwamm noch eine Runde, bis dann der Bademeister einen Schäferhund hatte, den er da draußen rumlaufen ließ. Dann war das vorbei.

F: Wir waren nie oder sehr selten in Kneipen. Ich hatte auch ganz wenig Geld. Ich gab Nachhilfeunterricht, um Taschengeld zu haben. Das reichte gerade so für Wimperntusche und solchen Krempel. Im Café war ich nie. Ich erinnere mich an die Tanzgeschichten im Pfarrsaal. Wer Eltern hatte, wo es großzügiger zuging, durfte Feten machen. Manche hatten auch einen Partykeller. Da schwoften und knutschten wir dann herum. Der K. hatte ganz großzügige Eltern. Sie hatten vier Jungs. Sie hatten beschlossen, den Überblick aufzugeben. Die hatten resigniert und sich keinen Kopf gemacht um Kontrolle.

Rauchen

„Kinder dürfen das nicht!"

M1: Die Zigaretten hat da der N. organisiert. Es war ja verboten. „Kinder dürfen das nicht!" Die Mutter vom N. hatte einen Laden und der N. hatte da zwei Packungen Zigaretten geklaut. Der muss die geklaut haben! Da war ich dreizehn oder vierzehn. Er kam an: „Mensch, ich habe Zigaretten. Kommst du mit?" – „Das geht bei mir nicht, ich habe kein Geld." – „Ich habe die Zigaretten doch schon!" Das eine war Peter Stuyvesant, das andere Lord Extra. Streichhölzer hatte er auch dabei. Mein Vater rauchte Bali und später Reval ohne Filter.
Wir gingen runter in dieses Bachbett und rauchten eine nach der anderen. Wir zündeten die an und zogen und pusteten wie die Verrückten, bis sie weg waren. Lungenzüge machten wir keine. Wir zogen nur so, dass die Zigaretten abbrannten.
Auf einmal hörten wir von oben vom Elzdamm her eine Stimme. Da stand ein Erwachsener. Ein Mann mit einem Fahrrad. Er ließ das Fahrrad stehen und schrie herunter: „Dich kenne ich! Du bist der N." Und mit dem Finger zeigte er auf den N. „Und, wenn du mir zwei Zigaretten gibst, dann sage ich deinen Eltern nichts." ... Nachdem wir die beiden Packungen aufgeraucht hatten, holte der N. eine Stange Vivil heraus, und jeder musste eine halbe Stange Vivil schlotzen, damit der Geruch wegging.
M2: Der Rektor hat einmal ein paar Jungs beim Rauchen erwischt. Die waren bestimmt vierzehn oder fünfzehn. Das ging durch die Schule und war ein Skandal. Die wurden mit Arrest und mit einem Brief an die Eltern bestraft.
M1: Ja, daran kann ich mich erinnern. Das war ein Riesenskandal.
Ich habe mit siebzehn, da war ich schon in der Lehre, diese P 4 superlong geraucht. Die waren besonders billig. Man hatte etwas zum Rauchen dabei und konnte etwas anbieten. Alkohol interessierte uns nicht. Das waren keine Welten, in die wir uns flüchten mussten. Für mich waren das mehr Bücher oder Comics. Das war so meine Droge, wenn man es so nimmt.

Reisen

M: Alle zwei Jahre machten meine Eltern alleine Urlaub meistens in Spanien oder in Griechenland. Meistens zu viert in einem Auto mit irgendwelchen Freunden. In der Zeit waren mein Bruder und ich für vier Wochen in einem Kinderheim. Einmal in Lenzkirch, dann in Breitnau oder auf Amrum. Was weiß ich, wo wir noch alles waren. Wir sahen das als Kur. Da wurde jeden Tag gewandert. Am Anfang wurde man gewogen und am Ende wurde man gewogen. Das Allerwichtigste war, dass man zugenommen hat. Man hatte immer drei oder vier Kilo zugenommen. Aber das war in den Fünfziger Jahren.
Von daher war ich gewohnt, alleine oder ohne Eltern Urlaub zu machen oder mal wegzugehen. Mitte der Sechziger Jahre, da war ich fünfzehn oder sechzehn, war ich in England. Von Basel ging ein

Postflugzeug und das nahm vierzig Passagiere mit. Das ging nach Gatwick und von Gatwick fuhr man mit dem Zug nach Brighton oder Eastbourne. Dieses Postflugzeug werde ich nie vergessen. Das hatte keinen richtigen Druckausgleich. Als das in London runterging, hattest du das Gefühl, du platzt. Du hast so eine kleine Erbse auf deinem Körper und dein Körper sieht aus wie ein Michelin-Männchen. Wahnsinn! Aber das war spottbillig.

England! Die Platten waren nur halb so teuer, wie bei uns. Man brachte Schallplatten mit zurück. Irgendwie war es ziemlich steif in England. Aber vielleicht war es gerade dieses Zwischending zwischen steif und auf der anderen Seite diese Pop-Sachen und diese Mini-Röcke. So kurze Miniröcke hast du bei uns gar nicht gesehen. Da war ja der Gürtel noch breiter als der Rock. Und ja, die Frauen waren schon heiß.

In den Sechziger Jahren war ich in den Ferien mehrmals in England. Das erste Mal 1965 oder 1966. Ich habe die Kinks gesehen, die Who habe ich gesehen, da habe ich Donovan gesehen, deswegen war ich Donovan-Fan.

Und dann gab es solche Schnulzensänger, zu denen musste ich mit meiner englischen Gastfamilie hingehen. Da war so ein Wechsel zwischen Beat und solchen Leuten wie Cliff Richard, den Shadows, den Spotnicks. Und in England gab es ja auch solche Schlagersänger. Die waren natürlich rockiger als unsere Schlagersänger, auf die fuhren die Mütter und Austauschschüler ab. Ich war zwei Mal in einer Familie. Die hatten einen gleichaltrigen Sohn. Die machten immer einen Ferienaustausch. Immer zwei Jugendliche. Einmal war ich mit einer Schweizerin, und einmal mit einem Iraner dort. Mit der Schweizerin hatte ich eine schöne Zeit. Ich war vier Wochen in dieser Familie. Ich hatte nie Angst davor, von zu Hause wegzugehen. Das war eher ein Bedürfnis, rauszugehen. Dass ich Heimweh hatte, daran kann ich mich nicht erinnern.

The Who

Donovan

Nach der Konfirmation mit Dekan Hörner (Emmendingen, 28. März 1965)

Religion

Im finsteren Tal

M: Die Konfirmation war ein schreckliches Erlebnis. Vorher lernte man den Katechismus auswendig, anschließend wurde man vor versammelter Mannschaft in der Kirche über Bibel- bzw. Katechismusverse abgefragt. Das war für mich unheimlich schlimm, da überhaupt was zu sagen!
M: Ich hatte einen Horror vor dieser Prüfung. Im Grunde saß man da und schaute, wer noch nichts gesagt hatte und hoffte nicht der Letzte zu sein. Als Dritt- oder Viertletzter habe ich mich gemeldet und sagte irgendwas. Ich glaube: „... und ob ich auch wanderte im finsteren Tal ...", einen Psalm.

M: Die Konfirmation bezeichnet ja den Vorgang, bei dem die Leute als mündige Gemeindemitglieder in die Gemeinde aufgenommen werden. Diese ganze Prüfung erweckte den Eindruck, als ob man ein gutes Gemeindemitglied wäre, wenn man den Katechismus gut aufsagte, und wenn man den Katechismus schlecht aufsagte, würde man kein Mitglied der Gemeinde.
M: Immer war so ein Druck da, egal ob in der Jungschar, im Religionsunterricht, im Konfirmandenunterricht und auch später in der Christenlehre. Ich weiß nicht, wie das bei den Katholiken ist, aber dieser evangelische Ernst ... Alles, was mit Gott, der Bibel, der Kirche, den Pfarrern zu tun hatte, war ernst. Selbst als wir in Religion eine Zeit lang einen jungen Vikar hatten, war der so unglaubwürdig fröh-

lich. Es wurde Ernst und Gehorsam verlangt, als würde man in den Dreißigjährigen Krieg ziehen. Das Leben schien eine lebenslange Prüfung zu sein, um nach dem Tod in den Himmel zu kommen. – Dann dieses riesige Kreuz, das in der Emmendinger Stadtkirche hing und wahrscheinlich immer noch hängt. Dieser bläuliche, adrige Leichnam, und du hockst da als Knirps im Kindergottesdienst, versuchst deine kalten Füße zwischen den Heizungsrohren zu wärmen, die vor den Fußablagen der Kirchenbänke verliefen. Mein Blick ist oft ins Blau und Rot der Kirchenfenster geflüchtet, ohne etwas Tröstliches zu finden. Wenn ich mir einen Gott vorstellen könnte, was ich nicht kann, dann müsste der humorvoll sein und lachen können. Kann der evangelische Gott lachen? Mit Sicherheit nicht! Entweder er ist streng oder beleidigt. So ähnlich wie mein Vater. Aber der war katholisch.

M: Der H., der immer verrückte Ideen hatte, kam einmal auf die Idee, man könne mit den Bibeln kegeln. Unsere Tische standen damals im Karree, so dass sich eine durchgehende Tischreihe von der Rückwand des Klassenzimmers bis zur Klassenzimmertüre zog. Wir sammelten in der Pause vor dem Religionsunterricht alle Bibeln ein, bauten direkt vor der Türe einen Bibelturm mit zwanzig Bibeln auf und versuchten nun mit einer Bibel, wie beim Kegeln, diesen Turm zu treffen, indem wir sie über die Tischreihe schlittern ließen. In dem Moment, als der Turm fiel, betrat der Dekan das Klassenzimmer und alle Bibeln stürzten vor seine Füße. – Er war geschockt, dass wir so wenig Respekt vor dem ‚Wort Gottes' hatten!"

„Gott ist tot, Gott ist tot."

M: Ich wurde sehr christlich (katholisch) erzogen. Das ist durch meine Mutter geprägt. Mein Vater war auch bekennender katholischer Christ. Aber meine Mutter forcierte das sehr: dass wir unser Nachtgebet sprachen, dass wir Weihwasser nahmen, bevor wir aus dem Haus gingen, dass wir am Sonntag in die Kirche gingen. Bis ich siebzehn war, ging ich regelmäßig in die Kirche, auch jeden Feiertag, und das war so langweilig. Aber ich ging da hin, weil wir da hingehen mussten, da gab es nichts!

Wenn ich abends zu meiner Mutter gehe, da gibt es vor dem Essen ein Tischgebet. Sie blickt es nicht mehr so, aber das muss sein. In der Zwischenzeit mache ich das freiwillig, weil es für sie wichtig ist. Das gibt ihr etwas, das weiß ich.

Ich war siebzehn und der Messdienst war damals am Samstagabend in der Vorabendmesse in der Pausenhalle der Fritz-Boehle-Schule. Im Eingangsbereich dieser Pausenhalle hatten sie einen Behälter auf einen kleinen Tisch gestellt, in dem Hostien drin waren. Daneben stellten sie einen leeren Behälter. Dann konnte jeder, der zur heiligen Kommunion gehen wollte, mit einer Zange eine Hostie herausnehmen und in den leeren Behälter legen. – Das war 1968, und ich sah damals schon relativ schlecht. Auf jeden Fall schmiss ich diesen Tisch um. Das war mir so peinlich! Das war ja noch kein geweihtes Brot, aber das war mir so peinlich. Da kam dann einer, der mir half. Er sagte: „Das ist doch überhaupt nicht schlimm. Die schmeißen wir weg, und dann machen wir da neue rein und fertig." Aber von da an ging ich nicht mehr in die Kirche. Das war für mich schlimmer als für die Leute, die da waren. „Der sieht halt schlecht!" Aber für mich war das absolut furchtbar, ein richtiger Einschnitt. Da gehe ich nicht mehr hin, wenn mir das noch mal passiert ... Ich fühlte mich richtig schlecht.

Ich ging dann heim und sagte: „Ich gehe nicht mehr in die Kirche." Darauf meine Mutter: „Dann wasche ich deine Wäsche nicht mehr!" – „Ich gehe da nicht mehr hin. Fertig!" Und ich ging dann auch nicht mehr hin.

Das Hinterfragen hatte ich schon. So 1973 oder 1974, da war ich schon relativ alt. Da gab es ein Lied, das ich auf Tonband aufgenommen hatte. Und da singt die Frau auf Französisch „Gott ist tot, Gott ist tot." Da fing ich an, darüber nachzudenken. In dem Lied ging es darum, dass das Weltall unendlich ist, und dass Gott tot ist. Ein französisches Chanson.

Durch meine Erziehung bin ich sehr christlich geprägt. Ich würde nicht meinen Glauben anzweifeln. „Wie kannst du so einen Scheiß glauben ...", oder so. „Die Gottesmutter Maria und Jungfrau ..." – Da lachen sie dich aus: „Das sind ja schöne Märchen!" Ich sage darauf nichts. Ich denke, dass das deren Meinung ist, und wenn sie ihre Witze machen wollen, sollen sie die doch machen.

Reviere

Meine Insel

M: Da waren einmal drei oder vier Jungen, die hatten einen Aal entdeckt. Sofort nahm jeder einen Wacken (Wackerstein), und die warfen sie so lange auf den armen Aal, bis der tot war. Einer nahm ihn dann mit heim. Ich dachte nur: „Wie kann man so ein Vieh in die Hand nehmen?" Wahrscheinlich haben sie ihn gegessen.

Es gab viele, die fingen Fische und schlugen sie tot und ließen sie einfach liegen. Das war halt so ein Spiel. Und irgendwann lag da so ein großes Vieh von Forelle! Die nahm ich mit heim, einfach nur um zu zeigen, was es da an Fischen gibt. Da kam meine Tante zu uns. „Was hast du da?" – „Einen Fisch. Frisch aus der Elz." – „Was willst du dafür?" – „Den kannst du haben." – „Ich geb dir zwei Mark." Für einen Zwölf- oder Vierzehnjährigen waren zwei Mark ja vier Micky-Maus-Hefte. Ich kassierte für eine kriminelle Tat eines anderen. Das war mir damals bewusst. Ich fühlte mich nicht gut mit diesen zwei Mark. Das ist die Erziehung.

Als ich so vierzehn, fünfzehn war, baute ich im Sommer aus riesigen Wacken eine Insel zusammen. Da kam einer, der meinte, ich würde Fische fangen, der schrie vom Elzdamm herunter. Ich sagte dann: „Ich fange keine Fische, ich bau mir eine Insel." Das glaubte er mir nicht. Ich baute mir eine Insel, die war vielleicht einen Quadratmeter groß. Das war meine Insel! Da las ich meine Karl-May-Bücher im Sommer. Ich hatte die Badehose an, las im Karl-May-Buch und aß ein Stück Brot. Mitten in der Elz. Da hatte ich meine Ruhe.

Eldorado

Auf dem Müllplatz waren wir oft. Der war mit einem hohen Zaun eingegrenzt und stand unter städtischer Verwaltung und Bewachung. Das war der Schuttwärter, der das machte. Der war unser Todfeind. Der hatte eine Hütte, und alles, was er an

Metall gefunden hat, schloss er in diese Hütte ein. Einmal in der Woche kam der Altmaterialhändler, dem gab er dieses Metall und verdiente sich so jede Menge Bares dazu. Aber abends um fünf oder sechs Uhr hatte der Feierabend. Und wir gingen rüber und holten, was wir brauchen konnten: Comics, Romanhefte, Bücher, Aluminium, Kupfer, irgendwelches halbkaputtes Spielzeug. Alles, was von Wert war, nahm man mit. Stell dir mal vor, du fandest einen Stapel Comics! Da warst du der King. Oder so drei oder vier Aluminiumtöpfe. Das Kilo Aluminium wurde damals mit einer Mark fünfzig bezahlt, und das war viel Geld!

Ich war vierzehn, ich wollte unbedingt die Karl-May-Bücher haben. Ich durfte ja nichts ausleihen. Das war eine strikte Order von meinem Vater: „Es wird nichts ausgeliehen!" – Ich ging abends immer auf den Müllplatz und holte ein paar Kilo Altpapier. Für hundert Kilo bekam ich drei Mark. Hundert Kilo sind zehn große Bündel. Und um die zusammenzukriegen, schaffst du richtig! Dann lief ich mit so einem zweirädrigen Wägelchen zum Altmaterialhändler in die Unterstadt und verkaufte dort das Papier. Und als Vierzehnjähriger durfte man das schon. Aber Kupfer durfte man nicht verkaufen, das war Edelmetall, und das musste mein Vater hinbringen. Damit habe ich mir vierzig Karl-May-Bücher, die Taschenbuchausgabe, erarbeitet. Das waren, hundert Kilo – drei Mark – das waren vier Tonnen Altpapier!

Richtig gebundene Bücher habe ich Winnetou I und Winnetou II. Old Surehand hatte ich von der Frau L. geschenkt bekommen. Da hatte ich meine Nase reingesteckt, und ich konnte nicht mehr aufhören! Ich fragte, ob es noch mehr davon gäbe. – Dann wollte ich auch die anderen haben. „Karl-May-Bücher! Du mit deinen blöden Karl-May-Büchern!" – „Lies etwas Gescheites! Mathematik, Physik ..." Aber das interessierte mich nicht. Es ist immer gut, wenn einer freiwillig Bücher liest. – Und wer half mir schon? Da half mir keiner! Und Altpapier sammelte der Müllwärter nicht. Das war dem zu blöde. Der zündete das an.

An einem Freitag brannte ein riesiges Feuer und der Müllplatzwärter war nicht da. Da lagen Fotos, Tausende von Fotos! Und Negative. Mein Bruder und ich nahmen zwei Bananenkartons und stopften die voll mit Fotoalben und Bildern. Und schon kam der Müllplatzwärter: „Bleibt ihr da stehen!" Und: „Lasst ihr das Zeug da liegen!" Irgendwie sind wir durch die Holunderbüsche entwischt. Diese Bilder habe ich heute noch. In einem Album sieht man, wie sie am 1. Mai 1933 stramm durchs Emmendinger Tor marschieren, die Herrschaften, und auf solches Zeug waren wir natürlich scharf. Der Mann hat mit einer Leica gearbeitet. Manchmal steht dabei, welche Kamera er verwendet hat.

Als Kind oder als Jugendlicher willst du Bilder sehen. Solche Sanella-Alben oder solche Sachen. Das waren Beutestücke. Das war das Eldorado.

Als Fünfzehnjähriger bist du auf etwas scharf, aber du triffst auch die Leute, die aus anderen Gründen da hingehen. Das waren z. B. auch Alkoholiker. Die suchten nur Edelmetalle, Metalle, so wie der Müllwärter. Die verklopften sie und setzten das Geld gleich wieder um. Ich kann mich erinnern, dass einer eine Dose Rollmops, die noch verschlossen gewesen war, mit seinen dreckigen Händen aufgemacht hat und die Rollmöpse gegessen hat.

1967, 1968 war meine Kindheit fast vorbei, da wurde Anisgebäck in Plastiktüten auf den Müll gefahren. Das war nach Weihnachten. 500 Beutel oder 1.000 Beutel. Ich packte den ganzen Rucksack voll. Die schmeckten gut. Ich habe die Kekse auch an die Kinder von den Upat-Blocks verteilt. Und die fielen darüber her, und ich lachte mich fast tot darüber, dass die Müll fressen. Das waren für mich ja die Reichen. Einmal schmissen sie Bananen weg. Eine alte Frau hat einen ganzen Leiterwagen mit sechs oder acht oder zehn Bananenkartons heimgefahren. Die Bananen waren noch grün. Wir aßen Wochen lang Bananen. Jeden Tag drei oder vier oder zehn Stück. Ich weiß nicht, warum die weggeworfen wurden, vielleicht waren die chemisch vergiftet. Vielleicht hatten sie zu viel davon und mussten die einfach wegschmeißen.

Ich kann mich erinnern, dass da so riesige Klötze aus Textilien waren, die man wahrscheinlich nicht weiterverwerten konnte. Miederwaren und alles Mögliche. Da kamen Zigeuner, die Zigeunerkinder liefen barfuß über die Glasscherben. – Ein Klotz maß 1,50 Meter mal 1,50 Meter und bestand aus zusammengepressten Alttextilien. Die rissen diesen Klotz auseinander und schnitten alle Knöpfe weg. Wahrscheinlich verkauften sie die Knöpfe weiter.

Für mich war es immer ein Riesenabenteuer da hinzugehen und ich war da immer in Goldgräberstimmung, weil ich genau wusste: „Irgendetwas findest du." Und irgendetwas fand ich da auch immer, was ich brauchen konnte, und das war so. – Ja, so war das.

Schule

Volksschule

> „Die Tränen rollen wie die Geißenbollen."
> Kommentar eines Lehrers, nachdem
> er einen Schüler fertiggemacht hatte.

M: Ich kann mich noch genau an den Geruch meiner Schultüte vom ersten Schultag erinnern. Und ich kann mich noch an den Geruch von diesem Klassenzimmer erinnern, in das man reingeführt wurde.

Schulweg

M: Morgens verabschiedete man sich von der Mutter: „Hast du auch Weihwasser genommen und ein sauberes Taschentuch dabei?" Das hat sich festgesetzt, und das regte mich auch auf. Die Kleidung war durch die Jahreszeiten bedingt, sie war sehr einfach. Ich trug immer Second-Hand-Klamotten von anderen Kindern. Ich ging oft mit älteren Kindern, aber die nahmen mich nicht für voll. Ich las als Zehnjähriger schon über Vulkane und wollte mit denen darüber reden, aber da kam nur: „Ach du bist doch noch klein!", und: „Was soll das jetzt!"

Dann gab es den I. Dieser Typ war sozusagen mein Idol. Der hatte immer irgendwelches Zeug im Kopf. Einmal ging er mit mir direkt bei der Schule über die Eisenbahnschienen, um schneller daheim zu sein. Ich erzählte das zu Hause. Okay, es gab keine hinter die Löffel, und ich durfte das nicht mehr machen. An unserem Schulweg stand eine Judenkirsche. Ob man das so noch sagen darf, weiß ich jetzt nicht. So nannte man diesen Baum auf jeden Fall. Das ist eine sehr saure Kirsche, die man aber essen kann. Wenn wir auf dem Heimweg waren, aßen wir von den Judenkirschen.

Einmal sagte er: „Und jetzt zeige ich dir etwas Besonderes." Unser Weg führte an einem Acker vorbei, und da waren so große Erdschollen. Er schob eine

Scholle beiseite. Da lag ein kleiner Sarg, der war zwanzig Zentimeter lang, da hatten die eine Maus, die sie in einer Mausefalle gefangen hatten, beerdigt. Das war ganz schräg. Und genau auf dem gleichen Weg rief einmal einer ganz laut: „Eine Schlange! Eine Schlange! Ich schlage sie tot!" Er nahm einen Stein und machte sie tot. Das war eine Blindschleiche, die war vielleicht 15 Zentimeter lang. Für die war das ein Ungeheuer.

Einmal stieg der I. auf einen Baum und räumte ein Amselnest aus. Da fielen die Eier runter, und im Dotter konnte ich die schon fast fertigen Vögel erkennen. Dieser Lumpenseckel! Ich sagte aber nichts, weil ich ja nicht wollte, dass er nicht mehr gut mit mir ist. Aber bei mir dachte ich schon: „Wie kann man so etwas machen?"

Und der C. hatte einmal ein Gipsbein. Das war Anfang der Sechziger. Der hatte einen Unfall gehabt. Der C. fiel deswegen auf, weil er am Montag immer vom „Fuß der Blauen Berge" (einer Fernsehserie) erzählte. Der sagte immer, dass er dort gewesen sei und die getroffen habe. Er hatte eine Riesenfantasie. Und dieser C. ging mit seinem Gipsbein zu Fuß nach Hause. Er machte einen Schritt und zog dann das Bein nach. Einmal hielt ein Autofahrer an und fragte ihn, ob er ihn heimfahren solle. Und der fuhr ihn dann tatsächlich nach Hause. Aber sonst lief der seinen Schulweg mit dem Gipsbein.

Als ich in der dritten oder vierten Klasse war, 1961 oder 1962 muss das gewesen sein, hatte der N. Streit mit dem X. Und ich dachte mir, ich muss dem N. helfen und versuchte, die beiden auseinander zu bringen: „Jetzt hört doch auf!" Da schrie der X.: „Und du mischst dich nicht ein!" Und haute mir voll eine in die Fresse. Da flog mir die Brille davon und war kaputt. Und mein Vater: „Zum Streiten gehören immer zwei. Du brauchst gar nicht versuchen, dich da rauszureden!" Aber das stimmt nicht. Ich wollte einfach, dass die aufhören zu streiten.

Lieber am Fuß der blauen Berge reiten, als in die Schule gehen

Dieser Schulweg ging an einer Bäckerei vorbei und da hingen Automaten, sowohl mit Zigaretten als auch mit Süßigkeiten. Und daran zogen wir immer, und wir drückten auch immer auf diesen Geldrückgabeknopf. Und vielleicht jedes hundertste Mal kamen zwanzig Pfennig heraus. Einmal zog ich eine Packung Zigaretten.

Beim „Hirschen" stand ein Pfirsichbaum im Garten. Auf einmal höre ich, wie da jemand schreit. Der Wirt hielt einen Jungen am Schlafittchen und brüllte: „Das sind meine Pfirsiche! Du hast mir die Pfirsiche geklaut!" Der Junge daraufhin: „Die schmecken mir auch." – „Wie heißen deine Eltern? Ich schlage dich!" – „Das dürfen Sie gar nicht!" Er hat seinen Namen nicht gesagt. Irgendwie entwischte er und rannte davon. Das war für mich auch interessant, wie einer ganz frech Contra gab: „Das dürfen Sie gar nicht!"

Hinter dem Schrankenwärterhäuschen war ein kleiner Park und da stand eine kleine Bank. Da malte der I. mit Wachsmalkreide ein Schild mit Pferdekopf. Und zu jedem, mit dem er daran vorbeiging, sagte er: „Das habe ich gemalt. Das ist mein Zeichen." Damit hatte er sozusagen sein Revier markiert.

Im Sommer hatte man natürlich immer Durst. Das war ja auch ein langer Schulweg. Als Zweit- und Drittklässler brauchte ich dafür eine halbe Stunde. An der Upat hatten sie diese Rasensprengeranlagen. Da trank ich von diesem Wasser. – Wenn man Durst hat ... Und wenn man Geld hatte, ging man zu diesem Kiosk an der Ecke. Und was kaufte man da? Prickelpitt. Das kostete fünf Pfennig. Das war manchmal drin. Oder eine Wundertüte. Die kostete zehn Pfennige. Da waren diese Plastikfiguren drin, Indianer usw. Und Puffreis, aber ganz wenig und der war eingefärbt. Das war ein Scheißdreck! Die Figuren waren besser. Außer Wundertüten und Prickelpitt kaufte ich mir da nichts.

Einmal sagte der I. zu mir: „Heute müssen wir über das Bürkle heimlaufen, weil die anderen was vorhaben. Die wollen mich abschmieren (verprügeln)." Das war 1961, in der dritten oder vierten Klasse. „Dann gehen wir halt übers Bürkle." Und das war irgendwie blöd und auch länger. Auf einmal kamen sie aus den Büschen und von den Bäumen herunter. Die waren zu sechst oder acht und wollten uns abschmieren. Die hatten spitzgekriegt, dass wir da durchgehen. Ich fing an zu rennen! Und ich konnte rennen. Ich hatte ja auch einen Schulranzen und keine Aktenmappe. Da war man schneller als alle anderen. Und der I. wollte den Helden spielen. Ich lief so ungefähr fünfzig Meter, die mir vorkamen wie 500 Meter, und drehte mich dann erst um, um zu sehen, ob ich in Sicherheit war. Da sah ich, wie alle den I. gepackt hatten und ihn in Richtung Kanal drückten. Später hat er behauptet, dass sie ihn reinschmeißen wollten.

Auf dem Schulweg passierte so viel ... und die ganzen Leute, die da unterwegs waren! Aber in der dritten Klasse hatten viele ein Fahrrad. Da war ich alleine unterwegs. Das war halt so.

Klassenzimmer

F: Das war 1964. Die Karl-Friedrich-Schule war zu klein und die Meerwein-Schule erst im Bau. Die Notschule war in einer Holzbaracke untergebracht, die zur Schuhfabrik Maja gehörte. Da ging man eine Treppe hoch, da hatten wir das erste Klassenzimmer. Auf dem gleichen Flur waren auch Zimmer von italienischen Gastarbeitern. Ab elf, halb zwölf roch es nach Spaghetti und Tomatensoße.

Die Sache mit dem Lotsendienst war genial. Wir mussten von der Notschule nach vorne zur Karl-Friedrich-Straße zum Lotsendienst gehen. Wir hatten Unterricht bei der Verkehrswacht gehabt und trugen ganz stolz diese Uniformen. Wir kamen immer später zum Unterricht und hatten eine Viertelstunde früher die Schule aus. Denn wir mussten die jüngeren Schüler sicher über die Straße geleiten. Das hat Spaß gemacht. Immer wenn wir Lotsendienst hatten, haben wir uns am Kiosk Nippon gekauft. Das waren diese schokoladenüberzogenen Rhomben, die mit rotem und blauem Silberpapier eingepackt waren.

M: Die ersten fünf Klassen in der Volksschule waren für mich prägende Jahre. Ich war mit Kindern vom Himmelreich und vom Kurzarm befreundet, den Kindern der Reichen und Kindern vom Ramiehof, den Arbeiterkindern, und ich habe erlebt, wie unterschiedlich die in der Schule behandelt wurden. Bei uns war der Sohn eines stadtbekannten hohen

Schülerlotsen vor der Karl-Friedrich-Schule (Emmendingen)

Beamten in der Klasse. Das war ein lustiger Typ, und der konnte sich alles erlauben: Er stand vorne bei der Lehrerin am Pult und hatte einen Pullover an, den zog er immer länger bis an die Knie. Er machte den Kasper. Die ganze Klasse lachte. Die Lehrerin hat das wahrgenommen, aber nicht reagiert. – Der F. vom Ramiehof hatte einen Reizhusten, und wenn der sich nur räusperte, ging diese Lehrerin an die Decke, und er musste das Klassenzimmer verlassen. Insofern hat der Begriff Klassenzimmer durchaus seinen doppelten Sinn. Und das waren solche Sachen, bei denen ich zwar nicht revoltiert habe, die ich aber wahrgenommen habe.

Ein erhöhtes Pult

M: 1946 kam ich in die Schule. Da hatte ich eine uralte Lehrerin, eine autoritäre Person. Vor der hatten wir Angst. Sie hatte ein erhöhtes Pult, und wenn man die Hausaufgaben vorgezeigt hat, musste man ihr die ganz schnell vor die Nase legen und sofort wieder zurückziehen: „Geh weg! Ich habe Angst vor ansteckenden Krankheiten!" Das war eine ganz fürchterliche Lehrerin, eine böse Frau! Meine Schwester hatte mit der Blase ein bisschen Schwierigkeiten. Sie musste im ersten Schuljahr ab und zu mal auf die Toilette. Wenn man sich deswegen ge-

meldet hat, hieß es: „Du kannst gehen, aber wenn du zurückkommst, kriegst du Tatzen." So war das! Da hat keiner von den Eltern auch nur einen Finger gerührt. Das hat man einfach hingenommen. Ein anderes Beispiel: Meine Schwester ist ein Jahr älter als ich, und die wollte der Lehrerin gefallen und ihr etwas Gutes tun, weil sie so große Angst vor ihr hatte. Mein Großvater hatte einen schönen großen Fliederbusch im Garten und von dem schnitt sie sich einen schönen Strauß, nahm ihn in die Schule mit und wollte ihn dem Fräulein L. schenken. Aber bevor der Unterricht begann, musste sie wieder zur Toilette, und das sah die Lehrerin. Diesen Strauß hatte sie aber jemandem gegeben, der ihn so lange halten sollte. Als sie zurück war, wollte sie der Lehrerin diesen Strauß schenken: „Nein, den will ich nicht! Du warst damit auf der Toilette!"
Oder auch dieses Fräulein T. – Damals sprach man ja nur von „Fräuleins". – Das war die Handarbeitslehrerin. Wenn man mal eine Masche fallen ließ, bekam man das Strickzeug um die Ohren geschlagen. Da hatte man Angst!

„Sprich hochdeutsch!"

M: Sie war vielleicht vierzig oder fünfzig. Für mich war die uralt! Von heute aus betrachtet, würde ich sie als sehr gepflegt bezeichnen. Und ich war ein nervöses Kind und habe mit dem Federhalter geschrieben und natürlich auch gekleckst. Und ich quäkte im breitesten Dialekt: „Guten Tag, Frau Lehrerin. Dieses Wort kenne ich nicht, können Sie das noch einmal sagen?" – „Sprich hochdeutsch!" Für die war ich ein Depp! Wenn man da nicht die richtige Sprache benutzt hat, war man ein Depp. Ich sprach in einem ziemlich breiten Dialekt. Den hatte ich von meiner Mutter, sie stammte vom Kaiserstuhl.

Lieblinge und Prügelknabe

M: In der Volksschule hatten wir bis zur dritten Klasse den Lehrer L. Er hatte einen Stock, mit dem er Tatzen verteilte. Der F. und ich waren seine absoluten Lieblinge. Wir bekamen nie welche. Bei uns in der Klasse war auch der Q. Der war etwas zurückgeblieben. Früher musste man sich die Füße vor der Schule abtreten, damit das Klassenzimmer sauber blieb. Und wenn es geregnet hatte, und das Klassenzimmer war nass und dreckig, schnappten wir uns den Q. und wischten mit ihm den Boden auf. Normalerweise, wenn in der Pause Randale war, kam der Lehrer L. sofort ins Klassenzimmer und verteilte Strafarbeiten. Aber immer, wenn er an die Tür kam, weil es laut war, und wir putzten gerade mit dem Q. den Boden, drehte er sich um und ging wieder weg. Das war in der dritten Klasse. Als Kind denkt man: „Es ist ein Scherz!" Man weiß nicht, was man seinem Mitschüler antut.
Negativ von der Volksschule habe ich auch den Lehrer T. in Erinnerung. Er war Sportlehrer. Ich war kein Turnass, weil ich nie Sport gemacht habe. Der warf immer mit dem Schlüsselbund, und dieser Schlüsselbund war ja so ein Kawenzmann. Sonst habe ich kaum noch Erinnerungen an die Grundschule.

„Blümleskunde" und „der erste Aufmüpf"

F: In der Grundschule hatten wir drei Jahre lang die gleiche Lehrerin, das Fräulein T. Sie war eine Seelenverwandte – eine Gärtnertochter. In meinem früheren Leben war ich garantiert Gärtnerin. Sie kam morgens mit einem kleinen Blümchen, steckte es in ein Senfglas mit Wasser, das auf dem Lehrerpult stand, und sagte: „Das ist der Kriechende Günzel!" und „Das ist das Wiesenschaumkraut!" usw. Ich lernte in den drei Jahren alle Blumen der

Region kennen. Zuhause erntete ich dafür viel Spott: „Die Blümleskunde ist das Unwichtigste auf der Welt! – Wenn du gescheiter rechnen könntest, wäre es uns lieber." Als klar war, dass es in der vierten Klasse einen Lehrerwechsel gibt, dachte ich, das würde ich nicht überstehen, so große Verlustängste hatte ich. Es kam ein Mann als Lehrer, zu dem wollte ich nicht. Das war eine ganz, ganz große Umstellung.

Es gab zwei Riesenkonflikte während der Grundschulzeit: Der eine war, dass man uns zumutete, vor der Klasse vorzusingen, um die Note in Musik zu bekommen. Ich fand das eine Zumutung. Wir durften uns ein Lied aussuchen, das wir singen wollten. Ich habe nicht falsch oder schlecht gesungen, aber ich fand es einfach entblößend. Ich weigerte mich: „Das mach ich nicht!" Dann mussten alle anderen Schüler rausgehen, und ich habe ganz allein leise dem Lehrer ins Ohr gesungen. Das war der erste Aufmüpf. Die andern Aufmüpfe kamen erst Jahrzehnte später.

Das zweite, was ich ganz schrecklich fand: Wir sollten alle zur Tafel vorkommen und zeigen, was wir geschrieben hatten. Ich war so aufgeregt, weil ich aufs Klo musste. Ich traute mich aber nicht zu fragen, ob ich gehen dürfe. Dann meinte ich, ich hätte schon gefragt und ging völlig verwirrt aus dem Klassenzimmer aufs Klo. Als ich wieder ins Klassenzimmer kam, hat die mich angebrüllt. Das war ganz furchtbar.

Diese Lehrer waren völlig unfähig, kindgerecht mit einem umzugehen. Da wurde nicht gefragt, wie es einem geht, sondern man bekam erst mal eins verbrezelt. Ich war in den ersten vier Jahren unheimlich angepasst und lieb. Bis auf diesen Zwergenaufstand beim Singen war ich eine gute Schülerin und gern in der Schule. Da war die Welt noch relativ in Ordnung.

M: In den ersten vier, fünf Schuljahren, war ich sehr bemüht, ein guter Schüler zu sein, stieß aber schnell und immer wieder an meine Grenzen. Ich war überfordert, was den Umgang mit Lehrern anging. Grauenhafte Menschen! Wichtiger als die Schüler war der Status der Eltern.

Viele Lehrer waren eine Zumutung, die einem das Letzte an Geduld und Selbstbeherrschung abverlangt haben. Dass wir Kinder waren, war für sie nur insofern von Bedeutung, als sie die Macht hatten und wir keine.

Ich hatte in der vierten Klasse eine Lehrerin im Rechnen, Fräulein T., die hatte so einen Naturfimmel. Auf ihrem Pult lag immer ein Haselnussstock: „Waldmedizin" – so hießen die Schläge auf die Finger. Ich bekam in jeder Rechenstunde „Waldmedizin". Ich war feinmotorisch einfach unterentwickelt, und hatte deshalb eine furchtbare Schrift. Dann sollte ich mit meinen geschwollenen Fingern schön schreiben. Ein Jahr lang! Das war der blanke Horror. Sich den Eltern anzuvertrauen, ging bei uns nicht.

F: Ich hatte immer das Gefühl, ausgeliefert zu sein. Ich bekam oft Schläge, weil ich nicht ruhig sein konnte. Und wie die einen gewamst (geschlagen) haben! Es gab einen Lehrer, der alles wusste. Er hat uns ganz viel beigebracht, aber er war total streng. Er war aus Ostpreußen und fühlte sich von der Bevölkerung nicht richtig behandelt. Er hatte es schwer. Er bezeichnete sich immer als den „Dahergelaufenen".

Kriegerfriedhof

M: Bei der Q. musste ich zwölf Mal das „Vaterunser" schreiben, weil ich es nicht auswendig konnte. Auf den nächsten Tag hätte ich das nicht hingekriegt. Meine Mutter hat mir eines geschrieben, und darunter schrieb sie: „So. Und jetzt ist genug!" Wie das ausging, weiß ich nicht mehr.

Schulklasse mit dem Modell des Kriegerfriedhofes vor dem Ostflügel der Markgrafenschule in Emmendingen

Unsere Klasse hat ein Modell des Kriegerfriedhofes gebastelt. Anlass war irgendein Jahrestag der Kriegsgräberfürsorge. Und die kleine Kapelle haben mein Vater und ich als Kasse gebastelt. Damit wurden Spenden für die Kriegsgräber gesammelt. Das war eine Mordsarbeit, aber es hat Spaß gemacht. Mir zumindest. Dann war eine Ausstellung in der Markgrafenschule.
Es gab Lehrer, die waren vom Dritten Reich so leicht angehaucht. Das kann man heute ja sagen.
Es gab einen Lehrer, der mit uns auch mal ein bisschen Blödsinn gemacht hat. Der kam mit dem Moped zur Schule. Da durfte jeder einmal draufsitzen. Nicht fahren, aber draufsitzen. Das war eine tolle Sache. Beim Rektor T. wäre das undenkbar gewesen. Der hatte ja ein Fahrrad, da draufzusitzen oder es auch nur anzufassen …

Gute Erinnerungen

F: Ich war im Januar sechs und wurde im April 1956 eingeschult. Wir waren im ersten Obergeschoss, da war ein riesiges Klassenzimmer mit großen Fenstern. Und das Fräulein X. setzte den B. immer auf den Fenstersims, weil er so klein war. Und wenn wir brav waren und gut gelernt hatten, bekamen wir Fleißbildchen. Das war lustig. Ich habe gute Erinnerungen an die Schulzeit.

Die schlechteste Erinnerung ist die an die fünfte Klasse beim Fräulein P. Ich glaube, dass sie die Noten nach den Päckchen machte, die die Schüler brachten. Wir mussten Pakete für die Ostzone machen. Die P. war so ungerecht zu uns. Vor der hatte man Angst. Ich war eine Wirtstochter, das kam dazu. Obwohl ich nie negativ aufgefallen bin. Oder dass ich mir irgendetwas erlaubt hätte, dazu war ich viel zu ängstlich. Von der bekam ich die schlechtesten Noten, die ich je hatte. Damals stand die weiterführende Schule an, und ich wollte nicht auf die Realschule, sondern aufs Gymnasium. Aber mein Vater sagte immer: „Nein, nein, Gymnasium kommt nicht in Frage. Da verlierst du die ganzen Geschäftsinteressen." Diesen Satz habe ich noch in Erinnerung. Auf die Mittelschule wollte ich nicht, weil meine Freundinnen da nicht hingingen. Die Hauptschule hatte zu der Zeit einen ganz anderen Stellenwert als heute.

Es ist wirklich so, dass ich nie Sehnsucht nach etwas anderem hatte. Meine Eltern waren ja so alt, dass sie meine Großeltern hätten sein können. Aber ich war das einzige Kind. Ich bin in der Wirtschaft aufgewachsen, und ich hätte mir gar nichts anderes vorstellen können. Ich machte nach der Volksschule noch zwei Jahre Handelsschule und ein Jahr hauswirtschaftliche Berufsfachschule für Mädchen. Und danach war ich im Geschäft, wo meine Eltern mich brauchten. So war das einfach. Bei mir war es natürlich nicht so, dass ich morgens fortgehen konnte und abends wieder heimkommen. Am Sonntag konnte ich gehen, wenn die Essenszeit vorbei war. Das war schon als Zehn-, Elf-, Zwölfjährige so. Und um sechs Uhr, wenn die Essen abends aus der Küche raus gingen, musste ich wieder zurück sein. Aber ins Schwimmbad konnte ich immer gehen.

Im Westen nichts Neues

M: Man durfte sich ein Buch aussuchen und sollte daraus vorlesen. Ich kümmerte mich nicht groß darum und nahm ein oder zwei Tage vor dem Vorlesetermin ein Buch aus dem Bücherschrank meiner Eltern. „Das lese ich jetzt vor." Ich hatte keine Zeit, in dem Buch zu lesen und ging damit einfach zur Schule. Ich schlug irgendeine Seite auf ... – Das Buch war „Im Westen nichts Neues" von Remarque. Und in dem Buch gibt es eine Stelle, da beschreibt Remarque eine Zeit, als er beim Wachpersonal eines Gefangenenlagers dient, in dem Russen interniert sind. Und da erzählt er, wie er abends, als er am Zaun entlanggeht, das kollektive Stöhnen der Russen beim Onanieren hört. Das las ich vor. Der Rektor T. verlor jede Gesichtsfarbe. Ich musste das Buch zuklappen und mich hinsetzen. Ich wusste nicht, was los war. Ich hatte keine Vorstellung davon. Aber das war der Moment, in dem ich dachte: „Dieses Buch musst du jetzt lesen!" Beim Lesen wurde mir nach und nach klar, was da passiert war. – Damals war ich vierzehn. Und das war der Zeitpunkt, an dem ich mich entschied, zu lesen. Das wurde ein Buch, das mich wirklich geprägt hat.

> Ich bin öfter auf Wache bei den Russen. In der Dunkelheit sieht man ihre Gestalten sich bewegen, wie kranke Störche, wie große Vögel. Sie kommen dicht an das Gitter heran und legen ihre Gesichter dagegen, die Finger sind in die Maschen gekrallt. Oft stehen viele nebeneinander. So atmen sie den Wind, der von der Heide und den Wäldern herkommt.
>
> Die Landsturmleute, die sie bewachen, erzählen, daß sie anfangs lebhafter waren. Sie hatten, wie das immer ist, Verhältnisse untereinander, und es soll oft mit Fäusten und Messern dabei zugegangen sein. Jetzt sind sie schon ganz stumpf und gleichgültig, die meisten onanieren nicht einmal mehr, so schwach sind sie, obschon es doch damit sonst oft so schlimm ist, daß sie es sogar barackenweise tun.
>
> Sie stehen am Gitter; manchmal schwankt einer fort, dann ist bald ein anderer an seiner Stelle in der Reihe. Die meisten sind still; nur einzelne betteln um das Mundstück einer ausgerauchten Zigarette.

In einer ganz dunklen Zeit

M1: An die Schulzeit habe ich keine guten Erinnerungen. Die war teilweise geprägt von Lehrern, die in einer ganz dunklen Zeit mal eine Ausbildung gemacht hatten, die teilweise auch noch darin verhaftet waren.
Einer ließ uns beim Turnen immer endlos im Kreis herumlaufen. Dann gab es diese Wettbewerbe, an der Stange hochklettern usw. Wer ist der Beste? Wer ist der Schnellste? Das war von der Zeit geprägt, in der es ganz dunkel war in Deutschland, und das konnten die nicht ablegen. Die konnten nicht aus der eigenen Haut herausspringen. Da wurde stur nach einem Schema vorgegangen.
Andererseits muss ich sagen, als ich nach der Volksschule eine Werkzeugmacherlehre gemacht habe, da hatte ich einen Berufsschullehrer, der aus derselben Zeit kam, aber ganz anders war. Er war wesentlich toleranter, wesentlich offener, und er ging auf die Jugendlichen ein. Und das war eine schwierigere Aufgabe, als der Umgang mit Siebt- oder Achtklässlern. Irgendwann machte ich die mittlere Reife nach, dann die Fachhochschulreife, danach kam das Studium, weil mich der Beruf als Werkzeugmacher nicht ausfüllte.
M3: Wir hatten mal den T. in Vertretung. Ich bekam so eine von ihm gescheuert, dass ich unter der Bank lag.
M2: An den damaligen Rektor habe ich ganz schlechte Erinnerungen. Es gab ein paar jüngere Lehrer, die versucht haben, uns gegenüber offen zu sein. Aber unter der Regie von diesem Rektor kamen die kaum durch damit.
M1: Das war ein autoritärer Sack ersten Ranges. Ein alter Nazi.
M2: Die waren um die fünfzig, sechzig und konnten auch nicht anders. Die wurden in einer Zeit groß, in der es nur autoritär zuging.

M1: Aber bei ihm hatte ich den Eindruck, dass er ein richtiger Sadist war. Dem machte es Spaß, Kinder zu verprügeln. – In der Zehnuhrpause stand er am Fenster und wartete darauf, dass im Pausenhof was passierte. Dann pfiff er durch die Finger, und man musste zu ihm kommen, um sich eine Ohrfeige abzuholen. Und der schlug zu! Gleichzeitig war er ein honoriger Bürger der Stadt.
Damals kamen diese Vollgummibälle neu heraus. Und der L. und ich standen vor dem Eingang zum Ostflügel und spielten mit dem Ball. Und der L. hat nicht verstanden, wie schnell dieser Ball fliegt. Ich traf seine Brille und ein Brillenglas war kaputt. Einfach rausgeschossen. Das war ein Versehen, und mir war das arg, ich war ja selber Brillenträger. Der Rektor beobachtete uns vom Flurfenster aus, sofort gab es Ohrfeigen. Ob dem K. etwas passiert war, hat ihn gar nicht interessiert.
M2: Es wäre alles besser gelaufen, wenn man gemerkt hätte, dass die einem ein bisschen Toleranz und Offenheit entgegenbringen. Diese ganze Aufmüpfigkeit und Rebellion kam im Grunde daher, man wollte diese Autorität einfach nicht mehr akzeptieren. Man wollte aus dem Käfig ausbrechen. – „Hört her! Wir sind auch jemand! Wir haben auch eine Meinung! Wir haben auch bestimmte Bedürfnisse! Es wird langsam Zeit, dass darauf Rücksicht genommen wird." Und das war ein sehr starker Beweggrund.

Da hat keiner was gesagt!

M: Am Mittwochnachmittag hatten wir Turnen. Im Vorraum zur Turnhalle stand ein Schrank, in dem der Hausmeister immer sein Zeug aufbewahrt hat. Und auf dem Schrank stand ein Milchfläschchen. Damals gab es ja immer Milch oder Schoki in der Schule. Und der L. pinkelte in dieses Milchfläschchen. Als der Hausmeister das bemerkte, ging

er sofort zum Rektor. Wir waren zu viert oder zu fünft, und es war klar, dass es einer von uns gewesen sein musste. – Das war das einzige Mal, dass ich erlebte, dass es Solidarität gab, dass kein Einziger, auch auf Androhung sämtlicher Strafen wie Karzer usw., gesagt hätte, wer es gewesen war. Da hat keiner was gesagt!

F: In der sechsten und siebten Klasse hatten wir in Musik den Herrn V. Der hatte immer weiße Jacken an. Er war krank und schluckte solche Silberkügelchen. Er hatte eine Stimmgabel und eine Geige. Er schlug die Stimmgabel an und nahm die Geige zur Hand. Die Jungs waren ihm gegenüber richtig brutal. Die spritzten ihm Tinte auf die Jacke oder schossen mit Papierkügelchen nach ihm. Der Mann war mit unserer Klasse nicht glücklich. Die Buben merkten, wie sie den provozieren konnten. In der siebten Klasse wurde der richtig krank. Als Vertretungslehrer bekamen wir dann den Herrn L. Der war ein toller junger Lehrer. Wir schwärmten alle für ihn.

Mittelschule

Unter der Jacke verstaut

M: Ostern 1963 hieß es Abschied nehmen. Ich hatte mit der Interpretation des Sprichwortes „Du sollst den Tag nicht vor dem Abend loben!" die Aufnahmeprüfung in die Mittelschule geschafft. Das war am Ende der fünften Klasse, da muss ich zwölf gewesen sein. Der L. vom Ramiehof schlug mir und einem Klassenkameraden vor, wir könnten in den Osterferien mit dem Fahrrad zu seiner Tante nach Ettenheim fahren und dort eine Woche verbringen. Seine Tante wäre sicher damit einverstanden. Wir fuhren mit den Rädern, und als wir dort ankamen, wusste die Tante von nichts, und gefreut hat sie sich nicht. Geschlafen haben wir in einem alten Auto. Es war bitterkalt. Zu Essen gab es bei der Tante auch nichts. Jeder hatte ein paar Mark Taschengeld für diese Woche, das haben wir zusammengelegt und Proviant gekauft. Und wir haben geklaut. Wir sind

Vor der Mittelschule (Emmendingen (1964)

zum Beispiel zu dritt in eine Bäckerei. Bis die Bäckersfrau im Laden war, vergingen ein paar Minuten. In der Zeit hatten wir schon ein paar Brezeln oder Süßigkeiten unter der Jacke verstaut. Die beiden hatten Erfahrung im Klauen, aber ich war völlig unbedarft und voller Skrupel. Aber die verflogen mit zunehmendem Erfolg. Am letzten Tag habe ich im Raiffeisenlager eine Taschenlampe geklaut. Meine Mutter entdeckte die nach meiner Heimkehr und stellte mich zur Rede. Alle Ausreden halfen nichts: „Ich hab' sie geklaut!" Meine Mutter war echt schockiert und verlangte, dass ich sie zurückbringe. Ich habe das vor mir hergeschoben, bis sie es vergessen hatte. Es war eine Lektion.

M: Als ich in der Mittelschule war, war in Emmendingen einmal eine Bundeswehrausstellung. Da wurde ich von einem jungen Soldaten angesprochen, ob ich eine hübsche ältere Schwester hätte und wenn ja, solle sie abends zum Tanz erscheinen.

Der H., der S. und der X. und ein paar andere fuhren zum Köndringer Baggersee. Da konnten sie mit der Bundeswehr Sturmboot fahren. Anschließend kamen sie eine halbe Stunde zu spät zum Werkunterricht. „Wo wart ihr?" – „Wir waren beim Sturmboot fahren, und wir möchten uns entschuldigen, dass wir zu spät kommen." Der Lehrer sagte: „Okay. Okay." Er schrie nicht groß herum und bestrafte die auch nicht: „Das ist jetzt in Ordnung, aber das nächste Mal sagt ihr mir bitte vorher Bescheid." Einmal hat eine Mitschülerin ihr Deutschheft vergessen. Der Lehrer hat ihr nicht abgenommen, dass sie die Hausaufgaben gemacht hatte. Er hat sie heimgeschickt, sie solle das Heft mit den Hausaufgaben holen. Sie kam nach zehn Minuten mit dem Heft zurück, die Hausaufgaben waren gemacht. Eine andere Mitschülerin hat einmal am Samstagmorgen eine Bisamratte in die Schule mitgebracht. Und X. brachte einmal einen ausgestopften Alligator mit. Dieses hässliche Teil! Das waren solche Sachen, wo jeder irgendwie glänzen wollte, indem er irgendetwas Außergewöhnliches mitbringt.

M: Wir brachten mal eine tote Schlange mit. Die stank aber schon so, dass der Z. nur die Tüte aufgehalten hat, und sie wieder zu machte. Dann sagte er: „Jetzt geht ihr runter und vergrabt sie irgendwo oder werft sie in den Bach." Da fühlten wir uns schlecht behandelt.

M: Und der I. kam einmal mit einem toten Hasen in die Schule. Der züchtete ja Hasen, um sich ein Pferd kaufen zu können. Und diesen toten Hasen hat er im Biologieunterricht ausgenommen. Da durfte jeder schauen, wo die Leber und das Herz und die anderen inneren Organe liegen. Die Biologielehrerin bewilligte das. Ich kannte das ja, wir hatten ja auch Hasen. – Von der Schule fallen mir immer wieder solche Sachen ein.

Ein Strauß Rosen

M: Die Frau S. ging einmal aus der Klasse und weinte. Irgendetwas war passiert. Dann kaufte ihr jemand ein paar Rosen und legte sie mit einem Zettel ins Lehrerzimmer, um sich zu entschuldigen. Und bei diesem Klassentreffen, das auch schon wieder über zehn Jahre her ist, gestand der Betreffende, dass er das war. Er war damals vielleicht vierzehn oder sechzehn und schon eine Art Gentleman. Das muss man einmal festhalten.

M: Einmal musste der Joe eine Strafarbeit schreiben: Hundert Mal „Ich soll irgendetwas nicht" oder so ähnlich. Und dann hat er gepaust. Heute ist er Professor für Ökonomie.

Einmal hat eine Schülerin die Zeugnisse der ganzen Klasse geklaut. Die hat den ganzen Stapel Zeugnisse aus dem Schrank genommen. Der Schrank war nicht abgeschlossen. Und dann gab sie sich eigene Noten. Sie wurde erwischt, aber dann passten sie besser auf die Zeugnisse auf. Das sind ja Dokumente, und die gehören ja wirklich unter Verschluss.

„Du bist ein totaler Versager."

M: 1957 wurde ich eingeschult. Ich war der Schüler, und da waren die Lehrer, und da spurte man halt. Fertig! Der Hausmeister war da, und da spurte man halt auch. Das war alles reglementiert, und da gab es auch für kleine Vergehen einen ziemlichen Anpfiff. Am Haupteingang war ein Schild: „Jede Verunreinigung ist verboten!" Da fragte ich mich immer: „Was heißt das eigentlich?"

Den Lehrern gegenüber gab es keine Unmutsäuße-

An der Bachkreuzung, im Hintergrund die Markgrafenrealschule (Emmendingen)

rungen. Natürlich gab es Mitschüler, die in den späten Sechzigern ein bisschen eine andere Einstellung zeigten. Ich persönlich war immer der Duckmäuser. Das gebe ich zu. Und wenn man das weiß, kommt man am besten weiter. Das sind Erfahrungen, die man macht. Irgendwann merkst du, dass du durch Stillschweigen weiterkommst, als wenn du dich irgendwo einschleimst. Oder du beobachtest die anderen: „Was machen die?", und übernimmst das dann.

Ich kann mich sehr gut an einzelne Lehrer erinnern. Ich fange da mal bei der ersten Klasse in der Hauptschule an. Da hatte ich das Fräulein T. Das war eine über fünfzigjährige Dame. Die ließ ein riesiges Bild kleben. Hänsel und Gretel, das war zwei Meter mal zwei Meter groß. Man musste Buntpapier in kleine Stücke reißen, und daraus klebten wir dieses Bild. Das Buntpapier musste man sich vorne an der Tafel holen. Alle drängten nach vorne, ich auch. Aber dann dachte ich mir, lass sie einfach mal drängeln, und setzte mich wieder an meinen Platz. Als die anderen ihr Papier geholt hatten, ging ich nach vorne und wollte auch Papier holen. In dem Moment sagt das Fräulein T.: „Du warst doch vorher schon da!" Ich sagte: „Ja." – „Und wo ist dein Papier?" – „Ich ..., ich ..., ich ..." Und schon hatte ich eine Ohrfeige im Gesicht.

Dann in der zweiten Klasse: Ich hatte keinen Füllfederhalter. Meine Eltern waren arm. Ich hatte einen Federhalter und ein Tintenfass. Dementsprechend war meine Schrift. Ich verhielt mich da ja total geschuckt (ungeschickt). Ich war immer nervös und fahrig. Und die Frau T. sagte, ich solle auf die Sonderschule. Auf die Sonderschule gehen, hieß früher, zu den „Dubeln" zu kommen. Und: „Auf die Dubel-Schule gehe ich nicht!" Mein Vater ging zum Rektor, und dem sagte er: „Entweder der Junge geht weiter auf die richtige Schule oder er geht nach J.!" – In J. lebte meine Tante. – Dann ging ich weiter auf die richtige Schule, und acht Jahre später machte ich die mittlere Reife. Das war also eine Fehleinschätzung einer Pädagogin. Da habe ich meinem Vater viel zu verdanken. Der hat hier Durchsetzungsvermögen bewiesen. Das kam wohl daher, dass der Rektor und mein Vater im Krieg gewesen waren. Also etwa auf dieser Basis: „Du erzählst mir nichts, ich war auch dabei!"

Die Frau T. ließ uns mal als Hausaufgabe Worte mit „ie" bilden. Aber wir durften das Wort „Krieg" nicht in unser Schulheft schreiben. Das war verboten! – Zwölf Jahre lag der Krieg zurück, und wir durften nicht einmal das Wort „Krieg" schreiben, weil das für sie zu schrecklich war.

In der dritten Klasse kam der Herr T. Der kam aus der DDR und war ein sehr menschlicher Typ, ein absolut sozialer Mensch. Der war der Oberchrist, und das meine ich nicht negativ. Ich dachte immer, wie kann man nur so sein? Ich war zehn Jahre alt, und ich fand das gut, dass ein Mensch zu mir so nett und so lieb ist. Aber ich dachte immer: „Der muss doch auch einmal böse werden!" Irgendeiner pfiff einmal im Unterricht ein Liedchen vor sich hin. Er fragte: „Wer war das?" Ich sagte: „Ich." Da gab er mir eine Ohrfeige. Für mich war das irgendwie befreiend, weil ich merkte, dass das auch nur ein Mensch ist.

Fräulein C. war in der dritten Klasse meine Religionslehrerin. Und ich hatte zu Hause ein Bild entdeckt: Das war natürlich sehr aufregend: zwei nackte Menschen! Sie erwischte mich, als ich das Bild den anderen zeigte. Dann hat sie mir in Betragen ein „Ungenügend" oder ein „Mangelhaft" gegeben. Das war eine zeichnerische Darstellung von Leonardo da Vinci oder jemandem aus seiner Zeit. Es war realistisch.

Und später an der Mittelschule habe ich mich sehr oft ungerecht behandelt gefühlt. Wenn ich ein Elternhaus gehabt hätte, wo ich hätte sagen können: „Das habe ich jetzt nicht kapiert, ich brauche Nachhilfe.", oder: „Das ist eine Note, die habe ich nicht verdient." Aber das traute ich mich nicht. Der Vorteil von der Mittelschule war der Englischunterricht. Eine Sprache zu sprechen, die deine Patin oder dein Pate nicht kann, weißt du? Die meinen dann: „Ja, das ist ein Gescheiter."

Mein Vater hatte eine Unterredung mit meinem Mathelehrer und sagte dann: „Der Herr F. sagt, du bist ein totaler Versager." Es gibt keine totalen Versager! Er konnte mich nicht leiden. Ein Beispiel: Ich habe einmal „natürliche Zahlen" als „richtige Zahlen" bezeichnet, und er hat dann so voller Häme gemeint: „Das heißt natürliche Zahlen!"

Aus der heutigen Sicht war es gut, dass ich damals sitzen blieb. Den Herrn F. hatte ich damit nicht mehr als Mathelehrer. Ich bekam diesen Herrn U., und meine Noten wurden besser. Das lag sicher nicht nur am U., das lag sicher auch an mir.

Meine schlechteste Note im Abschlusszeugnis war eine Vier in Deutsch und eine Vier in Maschinenschreiben und Steno. Aber die zwei Fächer waren ja

Albrecht Dürer: „Adam und Eva"

freiwillig. Die Deutschnote war durch diese Prüfungsnote bestimmt, da hatte ich halt eine Vier. Aber ob ich deswegen jetzt gut oder schlecht Deutsch kann, weiß ich nicht.

Ich war immer sehr hippelig. Neurotisch. Natürlich! Natürlich! Weil jeder an mir herumgemeckert hat! Auch zu Hause! Ich musste in einem Raum mit meinen Geschwistern Hausaufgaben machen. Mein Vater weigerte sich, mir einen Farbkasten zu kaufen. Das war in der fünften Klasse Mittelschule, 1960/1961. „Den kaufe ich nicht! Es gibt doch die Lernmittelfreiheit. Ich brauche den nicht zu kaufen, die Schule soll den bezahlen." Eine Tante erbarmte sich und kaufte mir einen Farbkasten. Aber mir ging es nicht so sehr um den Farbkasten, ich wollte einfach nicht ohne den Farbkasten in die Schule kommen. „Nicht einmal das können sich seine Eltern leisten!" Ich wollte einfach nicht diesen „Makel" haben. Das war ja wirklich Armut. Das Geld für den Farbkasten hätte in der Haushaltskasse gefehlt.

Ich habe gebrauchte Klamotten getragen. Auch die Schuhe und Unterhosen. Die Brille? Ein Kassengestell. Wenn sie kaputtging: „Jetzt holst du den Reparaturschein selber!" Dann musste ich zur AOK, ich kam mir so richtig schuldig vor, weil meine Brille kaputt war.

Ich war vielleicht fünf Jahre alt, da kam ein Junge aus der Nachbarschaft auf mich zu, der war zwei oder drei Jahre älter als ich: „Gell, ihr seid arm!" Ich sagte: „Nein!" – „Ihr seid doch nicht reich! Was seid ihr dann?" Ich sagte dann: „Wir sind mitten drin." Als Fünfjähriger! Ich wollte nicht sagen, dass wir arm sind, obwohl ich genau wusste, dass wir das waren. Aber zugegeben hätte ich das nicht.

„Jetzt wird's ernst!"

M: Als wir in der achten Klasse der Mittelschule einen anderen Mathelehrer bekamen, hatte der in kürzester Zeit drei oder vier Leute auf dem Kieker, und es war klar: Die schaffen das nicht! Der hat Leute in einem halben Jahr von einer Drei oder vier auf eine Fünf gekriegt. Was mir daran so aufgestoßen ist, war, dass es Jugendliche waren, die zum Teil aus einem familiär schwierigen Umfeld kamen. Ein Mädchen wuchs bei ihrer strengen Großmutter auf, bei einem Jungen waren die Eltern geschieden, zwei Jungen kamen aus kinderreichen Familien. Das hört sich heute so unbedeutend an: Aber damals war die Scheidung der Eltern ein Makel, der auf die Kinder überging, oder aus einer Familie mit fünf, sechs oder sieben Kindern zu kommen, da hieß es schnell, man sei nicht richtig erzogen. Oft waren einfach die Umgangsformen nicht so geschliffen. Das waren Kinder bzw. Jugendliche, die das Zeug dazu hatten, die mittlere Reife zu machen.

Ich glaube, wir waren drei Jungs und vier Mädchen, die nach diesem Schuljahr entweder die Schule gewechselt haben, sitzengeblieben sind oder eine Lehre begonnen haben. Es waren persönliche Ressentiments des Lehrers gegen einzelne Schüler. Oft war von vornherein eine gewisse Animosität da, und dann haben die Lehrer geschaut, dass sie diese Schüler möglichst schnell aus der Klasse heraus bekamen. Oft genug beruhte diese Animosität auf Gegenseitigkeit. Aber als Schüler war man machtlos, sieht man von ein paar harmlosen Streichen oder der Leistungsverweigerung ab.

Ich habe auch andere Lehrer erlebt, die sich für Schüler eingesetzt haben. Aber dieser Lehrerwechsel in der achten Klasse, das war wie: „Jetzt wird's ernst!" Die Prügel und Demütigungen in der Grundschule gingen von Lehrern der Elterngeneration aus, jetzt kam eine neue Lehrergeneration, die prügelte nicht, die verunsicherte, wertete ab, machte Schüler verbal fertig. Und bei diesem besagten Mathelehrer bin ich sicher: Der fand das richtig gut.

Die Oberfläche der Leuchtgranate

M: Die folgende Geschichte passierte 1967 im Sommer. Der Rektor T. war musikalisch und liebte klassische Musik. Beatmusik und lange Haare, das schien damals so gefährlich, wie heute al-Qaida. Ich übertreibe, ich weiß. Von meinem Vater hatte ich die Alpha-Order: „Wenn in der Schule gefragt wird, ob irgendeiner an einem technischen Gerät etwas hilft, da meldest du dich nicht! Du meldest dich auf gar keinen Fall. Und wenn sie dich fragen, sagst du: ‚Wenn etwas passiert, muss das mein Vater zahlen!'" Das saß: Er müsste es bezahlen! Der T. war Rektor, und wir hatten bei ihm Musikunterricht. Er hatte die Angewohnheit, immer einen aufzurufen, und der musste den Plattenspieler holen. Dann ließ er irgendein Stück von Beethoven, Bach oder sonst jemandem laufen. Es ging darum, dass auch wir mal so etwas hören und wissen, dass es so etwas überhaupt gibt. – Irgendwann haben der S. und der G. beschlossen – das waren ja die zwei Progressivsten, der G. hatte ja mit sechzehn schon einen sehr starken Bartwuchs – wenn er wieder fragt: „Keiner meldet sich!" Der T. kam rein: „Wer holt den Plattenspieler?" Ich saß da und dachte: „Ich melde mich ja sowieso nicht. Nicht weil ich dem G. hörig bin, sondern weil mein Vater mir das verboten hat." Der T. fing an herunterzuzählen: „Zehn, neun, acht, ..." Irgendwann rief er: „Fünf! Vier! Drei, zwei, eins! – Also keiner!" Da streckte ich im letzten Moment den Finger hoch. Ich dachte mir, bevor das hier ein Theater gibt, hole ich diesen Scheiß-Plattenspieler. Es wird hoffentlich nichts passieren. „Schon zu spät! – Heute Mittag um vierzehn Uhr hat die ganze Klasse anzutreten." Der hatte gespürt, dass die Klasse nicht wollte. Mittags um zwei Uhr bekam jeder ein Stück Papier. Wir sollten einen Aufsatz schreiben mit dem Titel: „Mit dem Hute in der Hand, kommt man durch das ganze Land." Und: „Jeder schreibt seinen Namen drauf und seine Adresse und das Datum. – Das wird die nächsten zwanzig Jahre aufbewahrt." Irgend so einen Spruch ließ er los. Ich schrieb, dass man den Menschen, wenn sie Hilfe brauchen, helfen solle. So ein Gesülze, was die Erwachsenen lesen wollten. Nach zwei Stunden waren wir fertig.

Das ereignete sich 1967. Und das Folgende gehört zu dieser Geschichte dazu: Etwa zwanzig Jahre später treffe ich diesen Herrn T. vor der Goethe-Buchhandlung. Ich ging auf ihn zu: „Tag, Herr T." Ich gab ihm die Hand und sagte: „Herr T., ich möchte Ihnen eine Frage stellen. Können Sie sich noch an die Geschichte mit dem Plattenspieler erinnern?"

Dann erklärte ich ihm, dass mein Vater mir das damals verboten hatte. Er ließ sich diese Geschichte erzählen. Aber er konnte sich nicht mehr erinnern. Für mich war das so eine einschneidende Erfahrung gewesen, und der konnte sich nicht erinnern! Man lässt doch nicht zwanzig Leute antanzen, und dann kann man sich nicht mehr erinnern!

Einmal kam er in den Musikunterricht und erzählte, dass sogar die Bibelforscher – die Zeugen Jehovas hießen früher Bibelforscher – in den Krieg mussten, und dass er auch so einen in der Kompanie hatte, und dass der dann doch richtig kämpfte. Und dass der genau wusste, wie die Leuchtmunition beschaffen war. Die Oberfläche der grünen Leuchtgranate war glatt, und die der roten war rau. Und so ein Zeug erzählte er da. Ich wollte Musikunterricht haben. Aber bitte ... Damals sagte ich dazu nichts, heute würde ich aufstehen und sagen: „Ich will nicht ihre Nazi-Parolen hören!" Und ich würde heute als Vierzehn- oder Sechzehnjähriger Recht bekommen.

Schulversuche

M: Ich hatte zu einigen Lehrern trotz schlechter Leistungen ein gutes Verhältnis. Meine innere Verweigerung war generell, und ein guter Schulabschluss schien mir nicht erreichbar. Natürlich hätte ich gerne gute Noten geschrieben und ein gutes Zeugnis gehabt. Es ist doch beschissen: „Schon wieder eine Fünf!" „Versetzung gefährdet!" „Wird nicht versetzt!" Ich war blockiert. Was haben sich Lehrer und Mitschülerinnen bemüht, mir auf die Sprünge zu helfen. Der Religionslehrer lud mich einmal zu sich nach Hause ein. Er konnte gar nicht fassen, dass ich in anderen Fächern so schlecht war. Religion war ein Diskutierfach, und darin war ich gut. Es gab Tee aus dem Samowar und einen Versuch, über meine Schulprobleme zu reden. Aber damit waren die nicht zu lösen. Diese Phase war eine Wartestation. Aber warten auf was? Dass sich alles zum Guten wendet?

Nach der achten Klasse Mittelschule wechselte ich auf die Handelsschule.

Der Wirtschaftskundelehrer nahm uns ernst, seinen Unterricht ernst, beleidigte niemand, und war zur Diskussion bereit. An eine Diskussion kann ich mich erinnern: Am Abend (3.12.1967) davor war im Fernsehen ein Interview von Günther Gaus mit Rudi Dutschke gesendet worden. Dabei ging es auch um die Frage, ob sich die Außerparlamentarische Opposition an den nächsten Bundestagswahlen beteiligen werde, was Dutschke verneinte. – Mein Wirtschaftskundelehrer sprach mich auf diese Diskussion an, die Beteiligung an der Wahl sei doch ein möglicher Weg für die APO, etwas zu verändern. Ich sah das auch so, aber ich wollte und konnte ihm nicht Recht geben. – Auch war ich von der ganzen Art, wie Dutschke auftrat und redete, abgestoßen. Der quer gestreifte Pullover, diese doktrinäre Art zu sprechen, diese Verbissenheit ... Ich hätte ihm etwas von der Lockerheit eines John Lennon gewünscht, oder etwas von dessen Zynismus, oder Dylans Arroganz. Aber Dutschke war nicht so. – Ich hatte mir mehr erhofft: Charisma, Freude, Liebe. – „All You Need Is Love" hatten die

> Die **APO** (Außerparlamentarische Opposition): In der Bundesrepublik Deutschland verstärkte sich ab Mitte der Sechziger Jahre mit der Studentenbewegung, die insgesamt mit der APO oft synonym gesetzt wird, die bis dahin bedeutendste außerparlamentarische Opposition in Deutschland (die sich selbst im Kürzel APO nannte). Ihre besonders in den Universitätsstädten regen Aktivitäten erreichten in den Jahren 1967 und 1968 ihren Höhepunkt. Die häufig in Bezugnahme auf diese Zeit ihrer Hochphase auch 68er-Bewegung genannte studentische APO wurde im Wesentlichen getragen durch den SDS (Sozialistischer Deutscher Studentenbund).

Rudi Dutschke

John Lennon

Bob Dylan

Beatles ein halbes Jahr zuvor gesungen. Darum ging es doch eigentlich.

Aber von Liebe war an der Schule wenig zu spüren. Dafür gab es Angst. Angst nicht nur bei Schülern, auch bei Lehrern. Eine Lehrerin muss Alkoholikerin gewesen sein, oder sie hat Beruhigungsmittel genommen: maskenhaft, steif, isoliert. Zugleich suchte sie geradezu die körperliche Nähe zu mir, was mir sehr unangenehm war. Eine andere Lehrerin ließ ihren Gefühlen freien Lauf: „Ihr benehmt euch wie die Hottentotten!" oder „... wie die Kaffer!" – Wissbegierig, wie wir waren, bemühten wir Nachschlagewerke. Wir fanden einen Stich, auf dem zu sehen war, wie eine Hottentottenfrau ihre Brust über die Schulter legte, um ihr Kind zu stillen, das sie auf dem Rücken trug. Das war doch was! – Außerdem, wie hatten wir in der Jungschar gesungen:

Wie oft sind wir geschritten
auf schmalem Negerpfad,
wohl durch der Steppe Mitten,
wenn früh der Morgen naht;
wie lauschten wir dem Sange,
dem altvertrauten Klange

Ref.: Der Träger und Askari:
heiha, hei, heiha Safari! Der
Träger und Askari:
heiha, hei, heiha Safari!

Ich hatte das Glück, dass ich durch meine ältere Schwester mit moderner Literatur in Berührung kam. Ich las fast alles, was sie auch las. Kafka: „Die Verwandlung", „Das Urteil", Böll: „Ansichten eines Clowns", Borchert: „Draußen vor der Tür", Tucholsky: „Panther, Tiger & Co." usw. Eine Geschichte habe ich noch im Kopf, da füttert ein Vater seinen schwächlichen Sohn mit Gelee Royal und dieser verwandelt sich langsam in ein bienenähnliches Wesen. Auf jeden Fall interessierten mich solche Texte mehr als „Wilhelm Tell" oder „Kabale und Liebe". Ich schlug vor, wir könnten einen Text von Kafka lesen. Die Deutschlehrerin kannte Kafka nicht, und ich lieh ihr „Die Verwandlung" aus. In der nächsten Deutschstunde ist sie ausgerastet: Das sei doch krank, der Schriftsteller müsse ein Psychopath sein, allein sich so etwas vorzustellen: Ein Mensch verwandelt sich in einen Käfer …
Jemand, der so etwas lese, sei auch krank. Damit war ich gemeint. Also kein Kafka im Deutschunterricht. Der nächste Versuch mit Brecht: „Das ist kommunistische Propaganda …"
Der Geschichtslehrer war Alkoholiker. Er kam manchmal mit der Schlafanzugjacke unter der An-

„Als Gregor Samsa eines Morgens aus unruhigen Träumen erwachte, fand er sich in seinem Bett zu einem ungeheueren Ungeziefer verwandelt. Er lag auf seinem panzerartig harten Rücken und sah, wenn er den Kopf ein wenig hob, seinen gewölbten, braunen, von bogenförmigen Versteifungen geteilten Bauch, auf dessen Höhe sich die Bettdecke, zum gänzlichen Niedergleiten bereit, kaum noch erhalten konnte. Seine vielen, im Vergleich zu seinem sonstigen Umfang kläglich dünnen Beine flimmerten ihm hilflos vor den Augen."

Franz Kafka: Die Verwandlung

zugsjacke. Wenn er sprach, spannte sich ein weißer Speichelfaden von der Oberlippe zur Unterlippe oder wanderte zwischen Ober- und Unterlippe hin und her. Das war widerlich. Meistens hatten wir in der letzten Stunde Geschichte. Er kam zu spät zum Unterricht und überzog die Stunde. Viele Schüler kamen von auswärts und mussten ihren Zug oder Bus erreichen. Oft verpassten sie ihn. Ich war damals Klassensprecher und wies ihn wiederholt und höflich auf diese Tatsache hin. Er fand das unverschämt. Irgendwann haben mein Freund X. und ich nach dem Läuten unser Zeug zusammengepackt, sind aufgestanden und gegangen. In der nächsten Stunde gab es ziemlichen Trouble, aber wir haben uns durchgesetzt. Bei einer Bundestagswahl, 1965 könnte das gewesen sein, kam er auf mich zu: „Bei dir habe ich noch etwas gut! – Du machst Wahldienst für mich!" Ich sollte den Wahldienst machen, für den er eingeteilt worden war. Machte ich aber nicht!

Mein Freund X. kam nach den großen Ferien mit einer rot-grün karierten Hose und einem weißen T-Shirt zur Schule. Auf dem T-Shirt war ein Strichmännchen zu sehen, das seine Haare ins Gesicht gekämmt hatte. Die Augen waren nicht zu sehen. W. hatte exakt die gleiche Frisur. Unser Mathelehrer, eigentlich ein netter Typ, kam ins Klassenzimmer: „Setz dich neben ein Mädchen!" Die beiden haben sich verliebt und sind später zusammen nach Berlin gegangen.

Oder Weihnachten: X. und ich mussten den Christbaum schmücken. Das war als Erziehungsmaßnahme gedacht. Für uns war das eine willkommene Abwechslung. Wir konnten endlich mal kreativ sein. Die Kommentare der Lehrer: „Das hätten wir euch gar nicht zugetraut!"

Noch so eine Sache: Es war den Schülern verboten, während der kleinen Pausen am „Fenster zu hängen." Der Grund? Die Anwohner sollten nicht den Eindruck gewinnen, an der Schule würde nichts gelernt. Vieles war vollkommen absurd.

Oder Sportunterricht: Zuerst gab es keinen Sportunterricht. Das war uns recht. Denn: „Sport ist Mord!" Dann gab es Sportunterricht. Das war uns nicht recht. Der Sportlehrer war jung und hatte Ambitionen. Wir nicht. Für den Sportunterricht waren mehrere Klassen jahrgangsübergreifend zusammengefasst worden. Je mehr er uns antrieb, desto langsamer wurden wir. Einige von uns trugen Jeans, keine Sportkleidung. Dann ließ er uns auf dem Sportplatz Runden laufen. Ein Schüler nahm sein Kofferradio auf die Schulter, und wir drehten Runde um Runde mit Musik. Der Sportlehrer wurde richtig sauer: „Das melde ich dem Rektor!" – „Der Rektor ist ein Arschloch!" – „Das melde ich ihm auch!" – „Ist doch mir egal!" – So lief das. – Zwei Schüler, die als Rädelsführer galten, aber keine waren, wurden am nächsten Tag zum Rektor bestellt. Was da ablief, weiß ich nur aus der Erzählung: Der eine Schüler sollte wiederholen, was er über den Rektor gesagt hatte. Der Rektor verlor die Beherrschung und wollte ihn ohrfeigen oder ohrfeigte ihn. Der Schüler ließ sich rückwärts in einen Glasschrank fallen. Er trug eine Kampfjacke und hat sich nicht verletzt. Die Sache wurde nicht weiterverfolgt. Der Sportunterricht wurde wieder eingestellt. – Das waren solche Highlights, die das Leben an der Schule interessant machten.

Der Vorwurf, ich würde immer nur kritisieren und nichts Konstruktives leisten, stand immer im Raum. Ende der Sechziger Jahre waren Bilder von hungernden Kindern aus Biafra in den Medien zu sehen. Ich initiierte eine Spendensammlung an der Schule. Es kam reichlich Geld zusammen. Mit der Gewissheit etwas Gutes getan zu haben und dem Kleingeld in der Tasche wollten eine Klassenkameradin und ich auf der Post das Geld auf ein Spendenkonto einbezahlen. Der Postbeamte hinter dem Schalter fühlte sich mehr als belästigt: Schüler mit langen Haaren, ein Sack mit Kleingeld für Afrika – das war mehr, als er zu verkraften gewillt war. Wir hatten das Geld sortiert, gezählt, in Papierrollen eingepackt und beschriftet. Wir mussten das Geld auspacken und auf einem Tablett neu sortieren. Noch einmal die gleiche Arbeit. Solche Typen habe ich gehasst. Ein paar Tage später nahm mich Emmendingens Kommunist und Kinobesitzer mit seinem Cadillac ein Stück mit. Zu ihm hatte ich ein entspanntes Verhältnis. Er brachte Filme in die Stadt und war zu uns Jugendlichen immer freundlich. Er war ein freundlicher Mann, nebenbei Konsul von Burundi. Ihm erzählte ich von unserer Sammlung für Biafra. Statt der erwarteten Zustimmung gab er mir einen Einblick in die sozioökonomischen Zusammenhänge des Biafrakrieges mit dem internationalen Ölgeschäft. Seine kleine Lektion schloss er mit dem Hinweis, dass solche Sammelaktionen den Menschen nicht wirklich helfen. Das hinterließ einen bitteren Nachgeschmack. Eine zweite konstruktive Aktion war die Initiative für eine SMV (Schülermitbestimmung. - Wir nannten das so!). Schulsprecher wurden gewählt. Wir haben durchgesetzt, dass Schülervertreter an den Lehrerkonferenzen teilnehmen durften. Der alte Rektor war zwischenzeitlich in Ruhestand gegangen, und es wehte ein liberaler Wind.
Nachdem ich auf das Walter-Eucken-Gymnasium nach Freiburg gewechselt war, hatte ich während der drei Jahre in der Oberstufe einen Klassenlehrer, der für mich der Beweis dafür ist, dass Unterricht funktionieren kann. In diesen drei Jahren gab es bei dem kein böses Wort, weder von ihm noch von uns. Und wir waren eine politisch aktive und kritische Klasse. Aber der sagte einfach: „Gut, wir diskutieren zwei Stunden, danach müssen wir den Stoff aufholen." Dann räumte er uns diesen Freiraum ein. Aber er appellierte dann auch an uns: „Leute, ihr wollt das Abitur machen, lasst uns jetzt mal wieder eine oder zwei Wochen konzentriert arbeiten." – Das funktionierte selbst bei mir.

Aufs Gymnasium

Eine Jungfrauengeneration

M1: Beim Wechsel aufs Gymnasium gab es eine soziale Auslese. Arbeiterkinder, die in einem Jahrgang auf dem Gymnasium waren, kann man an zehn Fingern abzählen.
M2: Es war gerade umgekehrt. Ich kenne Leute, da wollten die Eltern nicht, dass die Kinder aufs Gymnasium gehen. Die P. war keine, die sozial differenziert hat.
M1: Oh doch, gerade sie!
M2: Ich hatte gerade bei der P. das Gefühl, dass sie auch die anderen fördert. Und bei uns waren einige, die später über Umwege das Abitur gemacht und studiert haben. Ich weiß, dass die P. zu manchen Eltern ging und die gebeten hat, dass sie die Kinder aufs Gymnasium oder zumindest auf die Realschule schicken. Es gab Eltern aus der Arbeiterschicht, die das ablehnten.
M1: Wenn ich an diese Frau denke, habe ich ein total ungutes Gefühl.
M:2 Mit Lehrern geht es mir aber durchgängig so. Was für eine Generation haben wir da als Lehrer

gekriegt? Wir hatten eine Jungfrauengeneration als Lehrerinnen auf dem Gymnasium, das war eine Katastrophe. Eine Katastrophe!

M: In der Grundschule war ich ein guter Schüler. Dann kam ich aufs Gymnasium. Vorher musste man eine Aufnahmeprüfung machen. Wir mussten alle um halb acht da sein. Ich war wieder einmal der Jüngste und kam erst um eins dran. Von halb acht bis eins saß ich da. Eingepfercht! Einer nach dem anderen ging nach der Prüfung nach Hause. Ich hatte keine Pause, ich bekam nichts zu essen, nichts zu trinken. Als ich endlich an die Reihe kam, war ich so verschüchtert, dass ich nicht einmal wusste, was zwei und zwei ist. Ich konnte nicht mehr rechnen und auch sonst nichts. Der Mathelehrer sagte: „Das kann doch nicht sein. Der hatte doch gute Noten! Das kann doch wohl nicht sein!" – Die schickten mich erst einmal nach Hause.

Das war auch der Tag, an dem mein Bruder geboren wurde. Action zu Hause, Action in der Schule, und was weiß ich. Die vom Gymnasium riefen bei meinen Eltern an, dass ich noch einmal runterkommen müsste. Da ging mein Vater mit, und ich war irgendwie ruhiger. In der Zwischenzeit hatte ich etwas gegessen und getrunken. Die machten die Prüfungen noch einmal mit mir, und dann war alles klar. Ich war gerade zehn Jahre alt.

F: In der dritten und vierten Klasse hatten wir die Frau W. Der „Ramiehof" saß hinten links. Wir waren 52 Schüler. Es wurde noch geschlagen, und Tatzen gab es noch. Wobei das in unserer Klasse nicht der Fall war. Von Schülern aus anderen Klassen hörten wir das manchmal.

Nach der vierten Klasse kam ich aufs Gymnasium. Ich hatte in der Volksschulzeit keine Schwierigkeiten, aber auf dem Gymnasium gab es Einbrüche. Ich tat mich nie schwer mit dem Lernen. Darum lernte ich auch nie. Ich passte im Unterricht auf, und das, was hängenblieb, hatte ich gelernt. Ich musste jedes Schuljahresende sämtliche Hefte nachschreiben, weil ich keine geführt hatte. Ich sammelte von meinen Mitschülern die Hefte ein und schrieb nächtelang. Ich dachte jedes Mal: „Warum machst du es nicht gleich?" Aber gelernt habe ich eigentlich nicht. Um die Schule kümmerte sich mein Vater nicht so arg. Erstens hatte er keine Zeit, und zweitens war ja die Mutter da. Das Zeugnis schaute er mal an, und er hat auch mal geschimpft, wenn ich nicht so die Noten hatte.

Ich war beschäftigt. Ich habe sämtliche Einkäufe für die Mutter und die Tante erledigt. Die Mutter ist nie einkaufen gegangen. Die Tante machte die Buchführung für die Schreinerinnung. Da musste ich auf die Bank und viele andere Geschäfte erledigen. Schon in frühester Jugend habe ich solche Sachen erledigt.

Es war üblich, dass Kinder einkaufen gingen. Man musste die Straße fegen, dem Vater die Schuhe putzen und solche Dinge. Wenn man es nicht gemacht hat, musste man nachts noch mal aufstehen. Oder wenn am Montagmorgen die Schuhe nicht geputzt waren, musste man eben früher aufstehen. Sachen, die man nicht gern gemacht hat, hat man eben rausgeschoben.

Dann bin ich zum Sport gegangen. Also herumgehängt bin ich nicht. Zuerst bin ich geschwommen. Später spielte ich Handball.

In der Schule schlängelte ich mich gut durch. Frau Dr. I. war gefürchtet. Sie führte ein strenges Aussortierungsregiment. Da musstest du dich einigermaßen ranhalten und freundlich und höflich sein.

Als wir älter waren, gingen die Kerle in den „Ochsen" statt in den Religionsunterricht. Da wechselte man sich ein bisschen ab, dass ab und zu noch jemand im Unterricht war. – Wir haben auf dem Flur gesungen, das war das höchste der Gefühle, Volkslieder oder sonst was. Dann kam ein Lehrer und sagte, das dürfe man nicht. Später hat irgendein Lehrer auf einem Klassentreffen gesagt, wir seien ein harmlo-

Schwimmbundesjugendspiele 1968

ser Jahrgang gewesen. Für uns war das ein Aufstand, aber für die war das relativ harmlos, auch wenn es gegen die Regel war.

In den ersten beiden Jahren auf dem Gymnasium musste ein Schüler die Schule verlassen, weil er ein paar Mal statt des Vaters oder der Mutter selbst unterschrieben hatte.

Es gab Hänseleien, aber kein Mobbing. Dass deswegen einer nicht mehr in die Schule gegangen wäre, daran kann ich mich nicht erinnern. Sicher, wenn einer sich nicht einordnete, wurde er auch nicht aufgenommen. Manche manövrierten sich selber ins Aus. Die interessierten sich nicht für die anderen. Die sind eben heimgegangen, ohne sich nach der Schule noch mit anderen zu treffen. Das war auch dadurch bedingt, dass man nicht so mobil war. Auswärtige mussten sich an den Bus halten. Da wurde kein Kind mit dem Auto abgeholt.

Eine Zweiklassengesellschaft

M: Den Unterschied gegenüber anderen fand ich ungerecht. Da waren die Einzelkinder, die Taschengeld hatten, und wir hatten nichts. Das empfand ich als Zweiklassengesellschaft. Aber ansonsten? Gut, ich war immer der Jüngste, außerdem hatte ich eine Brille. Die Hänseleien waren ziemlich stark. So musste ich mich vor allem im Sport durchsetzen: Immer der Schnellste, immer der Höchste, immer der Erste sein! Ich bekam immer Ehrenurkunden bei den Bundesjugendspielen. Ich machte viel Sport, aber ich lernte zu wenig für die Schule. Und so war ich in der Sexta, Quinta und Quarta ziemlich schlecht. In der Quarta drehte ich eine Ehrenrunde. Damals waren die Kurzschuljahre, sodass ich wieder auf neun Jahre kam. Das war dann gerade dieses eine halbe Jahr, das ich zweimal machte.

> „Z'bled zum kalte Kaffee koche!"
> Kommentar eines Lehrers, wenn
> ein Mädchen etwas nicht wusste.

M: Unser Klassenlehrer bevorzugte die Mädchen. In Französisch war ich eine schlechte Schülerin, und als eine schwierige Klassenarbeit bevorstand, ging ich zu ihm und fragte ihn, was ich nur tun solle, wenn ich eine Fünf schreiben würde. Er erwiderte: „Dann schreibst du in der nächsten Arbeit eine Drei." Und die Drei schrieb ich auch. Da hatte er ein paar Fehler übersehen!
Im letzten halben Jahr vor dem Abitur hatten wir die Frau Dr. I. – Unser Klassenlehrer war vom Dienst suspendiert worden, weil er ein Verhältnis mit seiner Hausangestellten, einem relativ jungen Mädchen, hatte. Die wollten sich beide das Leben nehmen, was aber nicht geglückt ist. – Die Frau Dr. I. brachte uns auf Vordermann, die war sehr kompetent und streng. Im Abitur selbst war sie aber auch sehr nett. Sie wiederum hat die Jungs bevorzugt. Mein Mann hatte auch bei ihr Unterricht, und der hatte bei ihr immer eine gute Nummer. Aber bei ihr waren die Mädchen nicht so gut angeschrieben.

Was ist der Nadir?

M: Bestimmte Lehrer hatten massive Schwierigkeiten mit Mädchen. Der H. kommt ins Klassenzimmer. Er fragt noch an der Tür: „Was ist der Nadir?" Dann geht er zum Pult. Alles ist still. Dann holt er sein Büchlein heraus und blättert. Minutenlang blättert der im Notenbüchlein. Zuerst kommen immer die Schlechten dran. „Was ist der Nadir? – Na?" Er schaut keinen an. Alles ist still. Und dann kam hundertprozentig ein Mädchenname. Dann wartete er ein paar Sekunden. „Na, na! Was ist der Nadir? Na. Muh, muh. Nichts. Setzen. Sechs." Die hätte das wahrscheinlich sogar gewusst. Aber unter diesem Druck ... Und das ging immer gegen die Frauen. Auch bei ein paar anderen Lehrern war das so. Ein Beispiel: Es ging um einen Aufsatz. Ein Schüler hatte politische Sachen geschrieben, die dem X. nicht passten. Er meinte, dass das alles nicht begründet wäre, oder dass keine Argumente verwendet würden. Dann sagte die H., die eher eine Ruhige und auch politisch nicht engagiert war, etwas für den betreffenden Schüler. Da sagte der X.: „So, sagen Sie auch mal was!" Das hätte er sich bei mir oder jemand anderem nicht getraut.

Viel mehr Zucht und Ordnung

M: Ich war zu der Zeit viel in Frankreich. Ich lernte Familien kennen, Familien mit zehn Kindern, da siezten die Kinder die Eltern. Auch die Eltern untereinander siezten sich. In der Schule hatte man Schuluniformen, so eine Art Arbeitskittel. Damals gab es in Frankreich schon die Gesamtschule. Da war viel mehr Zucht und Ordnung als bei uns. Das war ähnlich wie bei den Ministranten. Wenn man sich in Reih und Glied aufgestellt hat, um zum Essen zu gehen, und man redete, gab es auf die Löffel. Als ich am ersten Tag mit meinem Freund in der Schule war, standen wir aufgereiht im Flur. Ich fragte ihn, was wir jetzt machen würden, und prompt kam einer her und scheuerte mir eine. Der Hauslehrer! Ich erklärte ihm, dass ich gar nicht von der Schule sei, dass ich Gast sei. Da fiel der fast auf die Knie und entschuldigte sich. Das war ihm sehr, sehr peinlich. Ich empfand das als viel, viel strenger als an deutschen Schulen. Andererseits gab es mehr Selbstständigkeit. In deutschen Schulen kamen die Lehrer ins Klassenzimmer. In Frankreich war das nie der Fall. Der Mathematikunterricht war im Mathematikzimmer, und da gingen die Schüler hin.

Emmendinger Gymnasiasten 1967

Dann gingen sie ins Biologiezimmer. In Frankreich gab es keine Klassenzimmer, man musste die Räume wechseln. Da hatte man erstens die Möglichkeit, sich zu bewegen und zweitens, sich zu unterhalten.

„Es, es, es … es ist Käs!"

M: Wir hatten eine Schlosserei. Ich war zwar immer bei den Besten in der Klasse, aber ich hätte niemals aufs Gymnasium dürfen, weil alle um mich herum in Teningen zur Schule gingen. Ich wollte weg aus Teningen, weil ich gemerkt habe: „Da gibt's ja noch etwas anderes!" Mein Vater sagte zu mir – ich weiß heute noch genau, wo er stand: „Eins kannst du dir merken, helfen kann ich dir nicht!" Was in seinem Rahmen ging, der doppelte Dreisatz zum Beispiel, da hat er mir schon geholfen. Beim Mathelehrer P. durfte man nicht ohne Hausaufgaben kommen. Da saßen wir manchmal und haben uns den Kopf zerbrochen. Aber in Englisch und Französisch musste ich meinen Weg alleine gehen. Ich ging immer gern in die Schule.

Obwohl ich oft am Samstag wegen Sportveranstaltungen gefehlt habe, war ich immer gut in der Schule. Es gab nie Einbrüche. Das hing mit meiner Fähigkeit zusammen, mich zu konzentrieren, wenn's drauf ankam. Wir setzten uns oft im Dreierteam zusammen, um auf Arbeiten zu lernen. Wir lernten auf die Bioarbeit, wir lernten Vokabeln. Der ältere

Bruder meiner Freundin gab uns Unterlagen, als es aufs Abi zuging. Wir lernten systematisch. Das hat mir geholfen. Oder ich habe unseren Klassenprimus gefragt, ob er mir die Matheaufgabe noch mal erklären könne. Er kam mit dem Fahrrad nach Teningen gefahren. Man schaute einfach, wie man einander hilft.

Ich war immer unscheinbar. Ich habe mich wenig getraut, den Mund aufzumachen, schon gar nicht. Die Frau Dr. I. fand ich sehr ungerecht. Sie war eine strenge Lehrerin. Sie war die Einzige, mit der ich überhaupt nicht klar kam. Sie unterrichtete uns ein halbes Jahr. Damals bin ich in Französisch von Zwei auf eine Fünf abgefallen. Ich weiß nicht, was ich gemacht hätte, wenn wir die behalten hätten. Die hätte meine Schwächen erkannt und sich da festgebissen. Die Frau T. empfand ich auch als ungerecht. Wir waren in der fünften Klasse. Zwei Mädchen aus Köndringen saßen direkt vor mir in der ersten Bank. Die mussten die Schule verlassen. Ich fand das ungerecht. Die Frau T. achtete auf die soziale Herkunft. Als Handwerkerkind konnte man sich nicht so gut ausdrücken, also hatte man schlechtere Karten. Bei diesen beiden Lehrerinnen fiel mir das auf, und ich befürchtete, dass ich das auch nicht schaffen würde. Ich spürte richtig den Gegenwind. „Es, es, es ... es ist Käs!", sagte sie immer, wenn man sich nicht gut ausgedrückt hatte.

Wenn man nicht die Eltern hatte, die mal in der Schule nachgefragt oder sich mal gezeigt haben, hatte man Nachteile. Man war vom Lehrer abhängig, wenn der nicht wollte ...

Wir hatten eine tolle Klasse. Wir hatten auch gute Lehrer, den X., den N., den H., das waren Persönlichkeiten. Den T. hatte ich in Latein. Als es hieß, man könne das kleine Latinum machen, meldete ich mich. Am Anfang meldeten sich viele – drei sind übrig geblieben. Oder der Herr I. hat einmal Russisch angeboten. Das machte ich auch.

Den kürzesten Rock

M: Ich hatte einen Lehrer, der kam ins Klassenzimmer und schaute erst einmal, welches Mädchen den kürzesten Rock anhatte, und die holte er an die Tafel. Dann lehnte er sich auf das Pult und glotzte nur noch. Für uns war das Okay. Der Mann war beschäftigt. Der machte keinen Terror. Der hing geil hinter seinem Pult, und das war's. Aber es war entwürdigend für die Mädchen.

Zwei Flaschen Bier

M: Noch zu unserer Zeit flog jedes Mädchen, das schwanger wurde, von der Schule. Bis die Tochter vom Rektor schwanger war. Ab da nicht mehr.
Als ich in einer der unteren Klassen war, flogen zwei Leute vom Gymnasium. Gegenüber wurde das Altersheim gebaut. Da stand ein Kran, und da waren Bauarbeiter, die Bier tranken. Zwei ältere Schüler waren in der Pause in ihrem Klassenzimmer. Die schauten da runter und machten den Bauarbeitern irgendwelche Zeichen. Ein Mathelehrer und einer von den Physiklehrern sahen nun, wie die Bauarbeiter zwei Bierflaschen in den Krankorb legten, und wie der Korb nach oben ging und dann wieder leer nach unten kam.

Juckpulver

M: Es gab Schüler, die juckte nichts mehr, das waren harte Typen. Und was mich später in der Oberstufe so geärgert hat, war, dass die meisten so sanfte Rebellen waren, die nur dort rebellierten, wo sie einen schwachen Gegner hatten. Sobald ein alter Haudegen kam, kuschten die. Eine große Klappe in der Schule, am Sonntagmorgen durch die Hintertür in die katholische Kirche zum Beichten.
Einmal kam ein Referendar zum ersten Mal in die

Klasse. Da hatten wir Niespulver vorne auf das Klassenbuch gestreut. Dann kam der P. rein, um ihn vorzustellen und fing an zu schnüffeln. Er roch das Niespulver. „Was ist denn das hier? Was erlaubt ihr euch eigentlich?" Der andere stand nur verdutzt daneben, während P. weiter herumschrie. „Wer hat da was?" Der ging durch die Klasse, bis sich ihm Hände mit dem Niespulver entgegenstreckten. Dann schrie er: „Fenster zu!" Dann pustete er das Niespulver in die Klasse, ging raus und nahm seinen Referendar mit. „Wehe, jemand öffnet das Fenster!" So in dem Stil. Das fand ich dann schon wieder witzig.

In der Parallelklasse waren hinter der Wandtafel Anschläge mit Reißzwecken festgemacht. Und da fiel wohl eine Reißzwecke auf seinen Stuhl. Ich glaube nicht, dass die jemand absichtlich hingelegt hatte, weil wir in den höheren Klassen solche blöden Sachen nicht mehr machten. Auf jeden Fall setzte er sich in diese Reißzwecke rein. Was machte er? Er brüllte rum und rannte rüber zum Amtsrichter und stellte Strafanzeige wegen Körperverletzung.

Es gab auch Leute wie den L., den ich in den letzten Jahren hatte, und noch ein paar andere, die das sehr viel differenzierter sahen oder mehr auf konstruktive Ebenen lenkten. Und es gab diese alten Haudegen, die im Krieg gewesen waren und mit der alten Verblendung zu Werke gingen.

Den breitesten Kaiserstühler Dialekt

M: Ich war ein bisschen schüchtern. Wir kamen ja vom Land. Meine ersten zehn Jahre habe ich am Kaiserstuhl gelebt und kam 1960 hierher nach Emmendingen bzw. nach Windenreute. Da war das Haus fertig. Ich hatte den breitesten Kaiserstühler Dialekt drauf. Als ich 1962 auf das Gymnasium ging, waren vier Schüler aus Windenreute. Mein Bruder, ich und zwei andere. Zu der Zeit gab es am Gymnasium zwei Klassen: Eine Emmendinger Klasse und eine, in der die Kaiserstühler und sonstigen auswärtigen Schüler waren, die Endinger, die Amolterer, die Teninger und die Mundinger. Uns haben sie der Emmendinger Klasse zugeteilt. Da waren wir erst einmal extreme Außenseiter. Auch die Lehrer haben uns diskriminiert. Einer der Schüler war ein Bauernsohn, und zu dem sagten die immer, er würde nach Kuhstall stinken und so ein Zeug. Da wurde man von vornherein als einer vom Dorf einsortiert, und die anderen Kinder haben diese Diskriminierung natürlich übernommen. Es war erst einmal schwierig, Freunde zu finden. Die Clique hat sich erst später entwickelt. Fast alle, die zu meinen Kumpels wurden, waren sitzengeblieben. Da blieb schon mal eine halbe Klasse hängen, und die landeten alle bei uns. Durch diese Band-Geschichte wurden wir dann zum Mittelpunkt.

An den Rand des Wahnsinns

F: Ich kam aufs Gymnasium, und da war der Klassenverband weg. Plötzlich hatte man so viele fremde Leute, so viele Fachlehrer, also nicht mehr solche Bezugspersonen wie in der Volksschule.

Ich weiß nicht, ob die Parole damals war: „Wir sieben, und wer hier nicht aufs Gymnasium gehört, der fliegt raus!" Ich fand, dass die Lehrer Kindern gegenüber, die vom Kaiserstuhl oder aus etwas einfacheren Verhältnissen kamen, mit einer unglaublichen Arroganz aufgetreten sind. Ein Lehrer sagte immer: „Du gehörst in die Reben! Was machst du überhaupt hier?" So abwertend und so verächtlich! Das war in der fünften Klasse. Da hatte ich als Zehnjährige schon das Gefühl, dass das nicht Ordnung ist.

Der Geografielehrer sagte zur H., die aus Windenreute kam: „Muh, muh, muh macht die Kuh. Geh doch da vorne in den Kiosk und verkauf Cola, vielleicht kannst du das!" Ich dachte immer nur: Das ist doch

Der Kiosk vor dem ehemaligen Emmendinger Gymnasium

gehässig und gemein. Bis auf zwei, drei, waren die Lehrer nicht unterstützend, sondern hatten einen ganz großen Hang zur Häme, gehässig, abwertend, so mittelklasseorientiert. Bei mir hätten sie sich das nicht getraut. Ich war ja das Kind eines Kollegen.
Also an Wohlfühlen war nicht zu denken. Es gab drei Highlights in neun Jahren Gymnasium. Eines davon war ein Englischlehrer, der mitbekommen hatte, dass sich meine Eltern scheiden lassen, was in den Sechziger Jahren ein Erdrutsch war. Ich dachte, ich höre nicht gut, als er mich fragte, wie es mir geht. In neun Jahren ein Mal solch ein Satz! Das fand ich toll. – Der Deutschlehrer X. hatte mein Leiden unter der T. kapiert, und sah zu, dass er uns als Klassenlehrer bekam. – Das dritte Highlight war der Mathelehrer A., der sagte: „Ich erkläre euch das so oft, bis ihr's verstanden habt." Er blieb immer ganz ruhig. Diese drei Lehrer waren die Highlights. Die andern verdrängte ich weitestgehend, weil es einfach unsäglich war, wie die sich verhielten. Der eine erzählte pausenlos vom Krieg, der andere nur von seinen Verletzungen. Der Biolehrer zeigte pausenlos Dias von seinem Urlaub und von seiner Frau – ohne Ende. Das war dann Biologie. Ich hatte immer das Gefühl, nur ganz wenig zu lernen, weil viel Kraft damit verplempert wurde, es mit diesen unsensiblen Leuten auszuhalten.
Die Dr. I. muss ein Problem mit Männern gehabt haben. Meinen Bruder hat sie an den Rand des Wahnsinns gebracht. In meiner Klasse gab es einen Schüler, der nicht besonders sprachbegabt war. Die quälte ihn mit einem Sadismus, dass ich immer dachte: „Gleich steh ich auf und bring sie um!" Das war nicht auszuhalten. Ganz furchtbar!

Was haben die uns die Schulzeit schwer gemacht. Wenn ich einmal heulend aus der Schule kam und sagte: „Das und das ist gewesen", dann gab es gleich eine volle Breitseite: „Der Lehrer wird schon wissen, warum er dich anschreit" und „Das interessiert hier keinen!" Von wegen Rückhalt von den Eltern ... das konnte man knicken.

Pferdchen

F: Es gab Lehrer, die ich wirklich geliebt habe. Das war z. B. der X. Ich kann mich heute noch an Stunden erinnern, die er gehalten hat. Er hat Deutsch bei uns unterrichtet und Geschichte. Ich fand das einfach faszinierend.
Wen ich auch sehr mochte, war der Herr V. Er unterrichtete Mathematik und darin war ich eine Niete. Aber er war menschlich, sehr angenehm, sehr einfühlsam. Wenn man nicht so gut war, er hat es einen nicht spüren lassen. Dann gab es halt auch andere Lehrer, wie am Anfang die Frau T., die mich nicht leiden konnte. Sie hatte schon meinen Vater und meinen Onkel als Schüler genossen. Ich war die zweite Generation. Offensichtlich war zumindest mein Onkel nicht so ganz angenehm. Sie sagte immer: „Sitz ab, du dummes Kind, du bist genauso frech wie dein Onkel!" Und ich war überhaupt nicht frech. Bei der habe ich keinen Fuß auf den Boden bekommen. Ich hatte sie in Deutsch, was eigentlich mein Lieblingsfach war.

Eher der schüchterne Typ

M: Meine Lieblingsfächer waren Geschichte und Erdkunde. Gerade die Nazizeit behandelten wir beim Lehrer X. sehr intensiv. Diesen Mann muss ich hervorheben.
Bis die Beatleszeit losging, war ich eher der schüchterne, der ruhige Typ. Man kann sagen, dass ich dann aber praktisch explodiert bin. Gerade als die 68er-Zeit losging, am Vorabend der Baader-Meinhof-Gruppe, hat der X. unheimlich viel Privatzeit investiert. Da saßen wir oft bei ihm daheim und diskutierten.
Der X. hatte eine sehr konservative Einstellung, aber trotzdem hat er mit uns darüber diskutiert. Meine Redegewandtheit habe ich durch die Diskussionen bei ihm gelernt. Bei ihm gab es nie eine einfache Antwort. Wenn man eine Antwort hatte, musste man die auch begründen. – Es gab Lehrer, von denen wurde ein Thema vorgegeben, und das wurde durchgezogen. Zwischenfragen waren nicht zugelassen. – Er ging darauf ein, wenn Fragen auftauchten, vor allem, wenn es Fragen waren, die uns interessiert haben, aber nicht im Lehrplan standen. Er sagte dann: „Na gut, dann schieben wir das halt dazwischen. Jetzt machen wir dieses Thema und diskutieren das durch, auch wenn es gar nicht vorgesehen ist. Und dann gehen wir weiter." Da hat man viel gelernt.

Alte und junge Lehrer

F: Bei strebsamen Mädchen hieß es schon mal von den Lehrern: „Wenn du nicht so lernen würdest ..." Da ist auf den Mädchen mehr herumgehackt worden, als auf den Buben. Das Verhältnis zu den jüngeren Lehrern war sehr gut. Sie sind auf einen zugegangen und wollten mehr kameradschaftlich sein. Die älteren waren halt Lehrer. Ich könnte mich nicht an einen erinnern, von dem man etwas aus seinem Privatleben gewusst hätte. Und es hat einen auch nicht besonders interessiert, es hatte einen auch nicht zu interessieren. Das war streng getrennt.
Der Mathematiklehrer P. hat am Anfang sehr viel vom Krieg erzählt und wollte uns vermitteln, was da nicht recht war, obwohl wir eigentlich Mathematik hatten. Wir hatten einige alte Lehrer, das waren

keine Pädagogen. Der eine verstand zwar etwas von seiner Mathematik, aber uns brachte er es absolut nicht rüber. Das war ein großer, hagerer, älterer Mann, der den jungen Mädchen gern in den Ausschnitt schaute. Aber der war schon so vertrocknet, da wusste man überhaupt nicht, ob er noch lebt. Ich denke, dass es einfacher gewesen wäre, wenn man sich unter dem Lehrer auch einen Menschen hätte vorstellen können.

Bei uns war es so – wir waren sowieso nicht mehr viele – dass man, wenn man befürchtete, das Abitur nicht zu schaffen, die zwölfte Klasse wiederholte. Klar sind dann die Noten oftmals besser geworden. Wir machten das Abitur mit den zwei Kurzschuljahren. Unterprima und Oberprima war jeweils nur ein halbes Schuljahr.

Ich war immer unpünktlich. Der Rektor T. musste immer mit seinem Zelluloidbomber an der Schranke warten, ich schaute immer, dass ich mit meinem Fahrrad noch vor ihm an der Schule war.

Für uns war die Frau Dr. I. ganz wichtig. Sie war eine super Lehrerin im Vermitteln, aber wenn sie jemanden nicht leiden konnte, hatte dieser keine Chance. In der Generation meiner Brüder verscheuchte sie einige vom Gymnasium. Die waren nicht dümmer als die anderen, aber sie mochte sie eben nicht. Vielleicht machte sie Standesunterschiede. Zu einem Schüler aus meiner Klasse sagte sie: „Du hast ja immer noch Grießbrei im Mund, mach mal den Grießbrei raus!" Den machte sie so fertig. Der ging dann nach Freiburg in die Schule, der wäre bei ihr nicht glücklich geworden.

Auf die Kunsthochschule?

M: Ich war bis zur mittleren Reife ein sehr guter Schüler, danach ging die Kurve steil nach unten. Mit fünfzehn, sechzehn wurde alles andere wichtiger: die Musik, die Freundin. Ich machte das Layout und die Zeichnungen fürs „Schwarze Brett". Der Zeichenlehrer, Herr L., wollte immer, dass ich auf die Kunsthochschule gehe. Meinen Vater wollten wir erst nach der bestandenen Aufnahmeprüfung bearbeiten, dass er zustimme. Ich machte ohne Wissen meiner Eltern mit sechzehn die Aufnahmeprüfung an der Kunsthochschule in Basel. Er hatte vorher Arbeiten von mir eingereicht. Und da hätte ich anfangen können, ich hätte einen Studienplatz gehabt. Aber wie das bei den Handwerksmeistern so ist: Alles, was mit Kunst zu tun hat, ist kein Beruf. Mein Vater überredete mich dann: „Mach du erst das Abitur, dann reden wir darüber." Damit war das erledigt. Mit achtzehn, achtzehneinhalb wurde der Stress größer, auch dieser ganze Stress wegen der langen Haare usw. Da sagten mir die Lehrer zum Glück in der Unterprima, dass ich eine Ehrenrunde drehen würde. Dann bin ich nach Freiburg aufs Rotteck-Gymnasium und machte dort das Abitur. Mit achtzehn bekam ich den Führerschein von den Eltern bezahlt und auch ein Auto. Da habe ich an einem Nachmittag, als mein Vater arbeitete, alles ins Auto gepackt und bin nach Freiburg gefahren. Dann war ich halt ausgezogen. Wenn ich da um Erlaubnis gefragt hätte, hätte es einen Aufstand gegeben. Mein neues Domizil war in der Hildastraße in Freiburg.

Andreas Baader, Gudrun Ensslin, Thorwald Proll und Horst Söhnlein hatten am 2. April 1968 mit Hilfe von Zeitzündern Brände in zwei Frankfurter Kaufhäusern gelegt, um gegen den Krieg der USA in Vietnam zu protestieren. Die Brände verursachten einen Schaden von insgesamt 700.000 Mark. Die Brandstifter wurden schon am 4. April gefasst und in Folge zu je drei Jahren Zuchthaus verurteilt. Andreas Baader und Gudrun Ensslin wurden zu Mitbegründern der sogenannten Roten Armee Fraktion (RAF).

Rückblickend könnte man sagen: „Kommune!" Bafög oder sonstige Beihilfen habe ich nicht beantragt. Seit ich fünfzehn, sechzehn war, zeichnete ich viel für Boutiquen, für deren Schaufenster in Freiburg und Emmendingen, dann für Diskotheken, für den „Scotchman" und die „Torschenken-Diskothek". Damit habe ich gutes Geld dazu verdient. Und ab siebzehn, also schon während der Schulzeit, habe ich ab und zu nachmittags beim Professor Allgeier in Freiburg gearbeitet, der war Stadtplaner. Früher wurden die Stadtpläne noch handkoloriert und da wurden auch Sperrholzmodelle für ganze Siedlungen gebaut, und das machte ich. Und durch diese Nebenjobs war ich finanziell relativ unabhängig. Es war aber nicht so, dass ich im Geld schwamm.

Ein Aussiebfaktor

M: Diese Obersekunda war die Hürde. Da bekamen wir zwei Fremdsprachen, Französisch und Englisch. Du hattest in der Obersekunda fünf Hauptfächer, und das ging bei vielen schief. Da war so ein Aussiebfaktor drin. Und die Schulen achteten darauf, dass der Abi-Durchschnitt nicht zu stark sank. Wenn die den Verdacht hatten, dass jemand das Abitur nur knapp oder gar nicht schaffen würde, dann siebten sie die aus. Die Oberstufe haben sie geschönt.

Ein bisschen besonders

M: Wir wurden von Schülern, die nicht aufs Gymnasium gingen, als die Besseren angesehen. Und Stolz sagte man uns auch nach. Man fühlte sich schon ein bisschen besonders. Es hat ja damals (Anfang der Sechziger Jahre) noch Schulgeld gekostet. Meine Geschwister waren schon auf dem Gymnasium, und ich war die Dritte. Ich kostete dann nicht mehr so viel. Als ich im dritten Jahr auf dem Gymnasium war, hörte das mit dem Schulgeld auf.

Notstandsgesetze und Schulausweisung

F: Wir haben alles mitbekommen – hautnah. Bei der Notstandsgesetzgebung sind wir auf die Straße gegangen. Wir waren auf den Straßenbahngleisen. – Damals war ich im Ballettunterricht. Es war direkt am Martinstor und oben drüber war dieser Tanzsaal. Dann hat man gesehen, wie die Polizei kommt und auf die Demonstranten prallt. Es war eine heiße Zeit. Es war ein Kurzschuljahr und wir sind mit der Schule umgezogen. Ich war im Droste, und wir sind mit dem Kepler-Gymnasium zusammen demonstrieren gegangen. Ich weiß noch, wie der Direx sagte: „Wenn Sie jetzt nicht dableiben, dann kriegen Sie kein Zeugnis!" Und wir sind einfach gegangen.

M: Weil ich durch mein Ausreißen von zu Hause, zwei Monate dem Unterricht ferngeblieben war, war mir die Ausweisung von der Schule angedroht worden. Zu der Zeit gab es die Auseinandersetzung wegen der Notstandsgesetze. Ich hatte mich damals informiert bei einer Organisation für unabhängige Schüler und Studenten. Die hatten einen Schulstreiktag ausgerufen. Ich zettelte bei uns am Gymnasium einen Schulstreik an. Das funktionierte alles wunderbar. Das Gymnasium streikte. Wir gingen „Ho Chi Minh" rufend durch Emmendingen zu den anderen Schulen. Wir gingen auch beim Kino-Ambs vorbei und holten ein Megafon. Das war der Einzige, von dem ich wusste, dass er ein Megafon hatte. Wir hatten auch ein paar Transparente dabei. Ich bezweifle, ob einer der vielleicht 500 Schüler, die dabei waren, überhaupt wusste, wer Ho Chi Minh ist. Aber egal, es ließ sich gut skandieren.

Am Nachmittag mussten mein Vater und ich beim Direktor erscheinen, und ich wurde der Schule verwiesen, weil ich trotz Androhung der Ausweisung einen ungenehmigten Streik inszeniert hatte. Drei Tage später gab es eine Generalamnestie – also ich hätte da weiter bleiben können. Das war kurz vor

Januar/Februar 1968: Demonstration und Gleisblockade gegen die Fahrpreiserhöhung in Freiburg

den Zeugnissen, also kurz vor den Osterferien 1968. Wir hatten damals noch an Ostern Schulwechsel.

Aus Prinzip

M: Bei uns haben sie auf eine ganz miese Art zwei Schüler abgesägt. Das lief auf eine ganz schräge Tour. Die waren in zwei oder drei Fächern sehr wackelig. Und nur einer von den drei Lehrern hätte mit der Note nach oben gehen müssen, dann wäre das gelaufen gewesen. Aber da schob jeder die Verantwortung von sich weg. Keiner der Lehrer hatte die Courage zu sagen: „Eigentlich hat der das Abitur in den wichtigsten Fächern geschafft. Er wackelt, aber trotzdem." Da muss man halt als Lehrer ein bisschen Courage zeigen. Das waren so die älteren Lehrer. Die jüngeren haben einiges versucht, aber da waren welche, die sagten: „Nein." Und zwar aus Prinzip. Sie haben damit nicht die erwischt, die provozierten. Das waren ja meistens Leute aus besserem Hause. Der D. zum Beispiel. Als es dann nicht mehr lief, haben die Eltern diese Leute von der Schule heruntergenommen und auf die Privatschule geschickt. Gaienhofen war da ja bekannt.

Eine Mordssache

M: (Anfang der Sechziger Jahre) Das Abitur war ganz anders als heute. Da konnte kein Mensch si-

Der Deutsche Bundestag (Schülerarbeit)

cher sein, dass er es bestehen würde. Einreichungsnoten gab es nicht. Als die Prüfungen vorbei waren, hielten die Lehrer und die Prüfer eine Konferenz ab, und wir waren alle ganz aufgeregt. Die Prüfungsnote war maßgeblich. Wir hatten sehr gute Schüler, aber es war so, dass jeder ein Fach hatte, in dem er auf Vier stand. Entweder war er sprachlich begabt und hatte in Mathematik Probleme oder umgekehrt. Deswegen wüsste ich auch keinen, der einen Schnitt von 2,0 im Abitur hatte. Das kam einfach nicht zustande. Bei den Prüfern waren ja auch Fremde mit dabei. Ich erinnere mich, dass bei mir einer von einem Konstanzer Gymnasium war. Und die prüften auch. Das Abitur war damals eine Mordssache. Man konnte ja nichts abwählen.

„Wir gehen trotzdem!"

An meine Schulzeit in der Oberstufe kann ich mich noch sehr gut erinnern. Es gab immer einen Fasnachtsball und einen Sommernachtsball, das waren die Höhepunkte im Jahr. Sonst gab es ja kaum Tanzveranstaltungen, außer in der Fasnachtszeit. Da war im Bautzen ein Turnerball, und es gab einen Ballabend vom Skiclub. Zu diesen zwei Bällen ging ich immer hin.
1960 habe ich das Abitur gemacht. Wir lernten wahnsinnig viel. Das musste man, weil man in allen Fächern geprüft wurde. Wir waren zu viert und lernten zusammen Geschichte und vor allem Mathematik. Wir trafen uns abends und arbeiteten richtig, auch in Che-

Das Internat in Meersburg (s. Pfeil)

mie und Physik. Die Abiturienten hatten eigentlich keine Zeit, zum Fasnachtsball zu gehen, weil sie lernen mussten. Ich ging mit der N. aber trotzdem hin. Alle anderen blieben wegen des Abiturs zu Hause.

Abiturfeier

M: Das Fräulein T. hat das Orchester und den Chor geleitet. Damals war das noch ein richtiger Abschluss beim Abitur. Da waren alle Eltern da und praktisch die ganze Schule. Die Abiturienten gingen einzeln nach vorne und erhielten vom Direktor ihr Zeugnis in die Hand. Ich erinnere mich daran, dass ich ein Abiturkleid hatte. Das hatte ich mir schneidern lassen. Die meisten kamen in Schwarz. Das war eine ganz feierliche Angelegenheit.

Im Internat

Hundert Mark

M: In meiner Zeit gab es mit den Lehrern keine nennenswerten Konflikte. Der Pfarrer war natürlich ein ganz strenger. Oh, oh! Seine Spezialität war es, die Leute an den Koteletten hochzuziehen. Oh, oh, das tat weh! Der Pfarrer war richtig hart drauf. Aber ich habe eine sonnige Kindheit verbracht, ohne große Probleme. Das größte Problem war, dass ich nach der achten Klasse Volksschule aus dieser Idylle raus sollte in ein Internat nach Meersburg.
Mein Freund, der F., hatte sich mit seinem Vater schon dafür entschieden, dass er da hinging. Wir waren vierzehn, Spätberufene. Den Absprung auf die Re-

alschule hatten wir verpasst, weil wir als alte Rheinwaldindianer für so etwas keine Zeit hatten. Wir machten die Volksschule bis zur achten Klasse. – Ich wusste zu der Zeit gar nicht, was ich machen wollte. Meine Mutter ging mit mir zum Lehrer und sagte: „Der Bub weiß nicht, was er machen will." Der Lehrer sagte: „Dann geh doch mit dem F. ins Internat." – „Nein, das mache ich nicht!" Ich lebte im Rheinwald, ich hatte meine Freunde hier usw. In einem Internat eingesperrt zu sein, das war nichts für mich. Der Lehrer sagte: „Pass auf! Jetzt gehst du für ein Jahr da hin. Ich schließe mit dir eine Wette ab: Wenn du nach dem Jahr zurückkommst und du diese Erfahrung gemacht hast, kriegst du von mir noch hundert Mark." – „Okay, von mir aus. Dann geh ich halt dahin. Ich tue das der Mutter zum Gefallen und Ihnen zum Gefallen. Und wenn ich zurückkomme, kriege ich noch hundert Mark."

Ich ging nach Meersburg. Dort musste jeder eine Aufnahmeprüfung machen. Die Musikprüfung lief so ab: Der Musiklehrer spielte einem auf dem Klavier zwei Töne vor. Die musste man nachsingen. Wenn man die zwei Töne traf, musste man Geige spielen, wenn man sie nicht traf, durfte man Klavier spielen. Dummerweise traf ich die Töne und musste Geige spielen.

Die Musiklehrer, das war ein Ehepaar, spielten damals im Bundesbodensee-Symphonieorchester. Das waren zwei kleine, stämmige Leutchen. Die kamen jeden Montag mit ihrem Köfferchen und unterrichteten uns. Das war nicht so mein Ding. Aber da gab es Mitschüler, die Bass und Keyboard spielen konnten, und die suchten einen Schlagzeuger. Da ich sowieso immer auf dem Tisch trommelte, machte ich bei denen mit. Unsere erste Band hieß damals „Busy Association". Wir spielten Stücke von Vanilla Fudge. „Keep Me Hangin' On" oder „Season of the Witch". Wir spielten Sachen von den Troggs, „Wild Thing" oder „Love is All Around", viel von den

Aus der Internatszeitung

Rolling Stones und den Beatles. „Baby Come Back" spielten wir auch, das war gerade frisch herausgekommen. „To Love Somebody" von den Bee Gees war auch gerade frisch herausgekommen, bei dem Stück sang ich und spielte Schlagzeug.

Das war schon eine harte Geschichte in diesem Internat. Wir waren nicht weit weg von Salem, und die Schulleitung wollte ein bisschen Salem kopieren. Wir waren 120 Jungs, und der Tagesablauf war vollständig geregelt. Um halb sieben mussten alle aufstehen, dann ging es in den großen Waschraum, an-

Meine erste Band: Busy Association

schließend Antreten in der Aula, nach Kursen geordnet. Dann spielte ein Schüler etwas Schönes auf dem Klavier, dann wurde ein schöngeistiges Gedicht vorgelesen, anschließend war Schule, Mittagessen, dann durfte man eineinhalb Stunden raus nach Meersburg. Danach war Studium unter Aufsicht der höheren Kurse angesagt. In den letzten zwei Jahren durfte man das auf dem Zimmer machen.
Und wehe, abends um zehn war keine Ruhe auf dem Zimmer! Dann bekamen wir am nächsten Tag, mittags in der größten Hitze, Bettruhe verordnet. Wir lagen zugedeckt im Bett und mittendrin saß der Lehrer mit einem Buch. Zwei Stunden lang! Das war schlimmer als beim Bund.
Aber im Nachhinein betrachtet war es eine schöne Zeit. Meersburg ist ja auch eine schöne Stadt. Das war schon toll da.
Aber aus der Zeit selber heraus betrachtet ... die Schule ... Der F. ging bald wieder weg. Ich zog das durch bis zum Schluss. Von den 42 Schülern meines Jahrgangs blieben zehn übrig.
M: Im Internat in Altensteig hat es mir gut gefallen. Die hatten ein relativ fortschrittliches Konzept dort. Es gehörte zum Jugenddorfwerk, das ist eine Organisation, die nach dem Krieg entstanden ist. Ein Mann namens Dannenberg hat Waisen gesammelt und versucht, denen eine Berufsausbildung zu ermöglichen. Das hat sich sehr schnell entwickelt, weil die Industrie sehr interessiert war und das gesponsert hat. Die suchten sich immer große Gebäude heraus, zum Beispiel ein altes Schloss oder Ähnliches, weil da einfach Platz war, und machten Ende der Fünfziger Jahre solche Schulen. Ich war in zwei dieser vier oder fünf Gymnasien, die sie betrieben. Ansonsten waren es Lehrlingsheime. Es gab da mehrere Häuser, in denen die Jugendlichen untergebracht waren. Da wir in der Oberstufe waren, waren wir relativ frei und machten, was wir machen konnten.
Es gab eine Jugenddorfgerichtsbarkeit. Disziplinarische Verstöße bis zu einer gewissen Schwere wurden von den Jugendlichen selbst verhandelt. Es gab einen „Staatsanwalt" und es gab „Verteidiger" usw. Wenn jemand einen Verstoß begangen hatte, wurde verhandelt. Das war wirklich gut, und es war auch ernsthaft. Da war ich mit engagiert. Deshalb bin ich auch nicht gleich rausgeflogen, als Folgendes passierte: Es gab auch ein Mädchenhaus. Ein Kumpel und ich waren mit zwei Mädels verabredet. Unser Haus war immer unbewacht. Die Mädchen wollten irgendwann abends zu uns kommen. Sie kamen aber nicht. Wir hatten uns schon den Whisky reingetan

und tigerten los zu diesem Mädchenheim. Wir gingen dann etwas zu geräuschvoll durch diesen Keller und in dieses Zimmer, wo diese Mädchen zu dritt oder zu viert wohnten. – „Wo bleibt ihr denn?" Sie erklärten uns, dass eines von den Mädels an diesem Abend Ausgang bekommen hatte, und dass die Heimleiterin noch mal vorbeikommen wollte, um zu kontrollieren. Wir saßen noch im Mantel und beratschlagten, was jetzt passieren solle, als wir draußen auf der Treppe Schritte hörten. Mein Kumpel versuchte, unters Bett zu kommen. Ich legte mich neben meine Freundin und versuchte, die Bettdecke über mich zu ziehen. Die Heimleiterin kam herein und sah gleich, was los war: „Gehen Sie sofort raus! Sie werden von uns hören!" Es gab so eine Gerichtsverhandlung. Ich musste nicht gehen, aber die schulischen Leistungen waren nicht mehr so gut, sodass die Versetzung gefährdet war. Ich bekam das Angebot, in eine andere Schule des Jugenddorfwerkes zu gehen. Das habe ich gemacht. Dort habe ich das Abitur gemacht. Das war in Oberhof im hessischen Hinterland. Das war toll, es war ein Schulversuch mit einer moderneren Pädagogik. Dort war ich für anderthalb Jahre. 1969 habe ich Abitur gemacht. Im Wintersemester 69/70 habe ich mich in Freiburg eingeschrieben.

M: Von Emmendingen gingen in dieser Zeit viele aufs Internat. Ich war in Triberg. Andere waren in Königsfeld bei St. Georgen. Unsere Eltern haben sich um unsere Leistungen oder die Schule überhaupt nicht oder nicht viel gekümmert. Das musste einfach laufen. Der Lehrer hatte die Aufgabe seine Schüler auszubilden. Es gab ganz wenige, wo jemand von den Eltern dahinterstand, wie z. B. beim L., dessen Mutter sich jeden Tag die Hausaufgaben zeigen ließ.

Die Obersekunda war die Klasse, in der ausgesiebt wurde. Da war ich sechzehn und wurde auch ausgesiebt. Dann kam diese zweite Kurve mit dem Internat. Vielleicht hing es auch damit zusammen, dass meine Eltern nach dem Krieg, in den Fünfziger Jahren, weiß Gott was alles genießen oder machen wollten. Sie haben viel gearbeitet, aber sie konnten auch genießen und feiern. Was meine Eltern Gartenpartys gemacht haben! Die hängten ein paar Lampions auf, da wurde alles Mögliche gebastelt – aus einem ganz normalen Teewagen wurde eine Bar gebastelt. Und sie machten ihre Tanzkurse. Die ersten Platten, z. B. die Platters, die kaufte mein Vater. „Pretender" und „Only You" und solche Sachen. Das war Ende der fünfziger Jahre. Meine Eltern gingen an jeder Fasnacht ins Glotterbad. Da waren immer große Feste. Oder die Uni-Feste usw. Sie schminkten sich und zogen los. Diese Freiheit nahmen sie sich. Und das weiß ich auch von anderen Eltern. Diese Generation hat sich zum Tanz und zum Feiern getroffen.

Internat in Triberg

M: Viele Eltern meinten, dass sie ihre Kinder ins Internat schicken können, und dass die dann, weiß Gott wie, gefördert werden. Ein Internat ist auch dazu da, Geld zu verdienen. Und das mit dem Geld war für meine Eltern schwierig. Es kostete damals 500,– Mark. Dieses Geld haben nicht meine Eltern, sondern zumindest teilweise meine Oma bezahlt. Dennoch haben meine Eltern wegen dieser Internatsgeschichte schwer gestöhnt.

Die Kinder, die ab Sexta oder Quinta im Internat waren, die bekamen eigentlich überhaupt keine Persönlichkeitsentwicklung durch ihre Familie. Viele kamen aus Industriellenfamilien, die konnten sich das leisten, oder die Eltern lebten nicht zusammen oder waren irgendwo unterwegs. Viele verbrachten die Ferien nicht mit den Eltern, sondern waren auf Sprachschulen. Die waren nur in den Weihnachts- oder in den Osterferien daheim.

Es war so, dass das Internat in der Obersekunda, Unterprima oft ein Drittel der Schüler aussiebte. In der Obersekunda haben sie die Schüler das erste Mal sitzenlassen und in der Unterprima das zweite Mal, dann waren die weg. In der Unterprima oder in der Oberprima waren die Klassen nur noch halb so groß. Da wussten sie: „Gut, die machen jetzt Abitur." Kein Internat kann sich eine schlechte Quote im Abitur leisten, sonst kriegen sie keine Schüler mehr. Das wird ja immer in Prozent ausgerechnet.

Wir waren zu viert auf einem Zimmer, zwei aus einer der höheren Klassen und zwei aus einer niedrigeren Klasse. Die zwei aus der höheren Klasse lernten in diesem Zimmer. Und die zwei aus der niedrigeren Klasse lernten im gemeinsamen Arbeitsraum. Die Türen mussten immer offen sein. Da ging immer einer durchs Haus und schaute, dass man zwischen 16 Uhr und 18 Uhr lernte. Danach hatte man sein Essen, und von 20 Uhr bis 21.30 Uhr durfte man wieder lernen oder konnte lesen. Man musste sich ruhig verhalten und auf seinem Zimmer bleiben. Die Leute, die das beaufsichtigten, hatten vom Stoff keine Ahnung. Es wurde nur darauf geschaut, dass Ruhe herrschte, und dass man sich hinsetzte und etwas tat.

Ausgang gab es nach dem Mittagessen bis 16 Uhr. Im Sommer konnte man ins Schwimmbad, im Winter Ski fahren usw. Am Wochenende? Wir hatten uns in einem Raum unter einer Kirche eine Diskothek eingerichtet. In dieser Zeit war der Übergang von der Beatmusik zur Soulmusik. Ende der Sechziger Jahre kamen farbige Sänger, Wilson Picket, James Brown ... Diese Räume hatten wir uns selber ausgemalt mit solchen Leuchtfarben, grün und orange, die reflektierten, wenn sie mit UV-Licht bestrahlt wurden. Wir haben viel Energie investiert und hatten für uns eine Aufgabe. Musik haben wir gemacht. Wir hatten einen sehr guten Gitarristen. Der spielte Jimi Hendrix und konnte diese Läufe hoch- und runterspielen. Wollte man Stücke von Jimi Hendrix spielen, musste man von Musik etwas verstehen. Dieser Schulfreund war aus Hamburg und ist nach dem Internat dort in die Musikszene eingestiegen. Aber es wurde im Internat nicht gefördert, und es wurde auch nicht gerne gesehen, dass man moderne Musik spielte.

Einer der Schüler hatte so eine kleine Filmkamera, und wir fingen an, Filme zu machen. Wir haben, wie die Beatles in „Help" (dem zweiten Beatles-Film), eine Szene, wo sie so über den Bergkamm rennen und man sieht die Schatten. Und solche Szenen haben wir nachgemacht.

Dieses Triberger Gymnasium war eine gemischte Schule. Fünfzig Prozent waren im Internat und fünfzig Prozent waren externe Schüler, sie kamen aus St. Georgen, Triberg, Schonach usw. Deswegen wurden die Mädchen sehr streng gehalten. Die kamen fast gar nicht aus dem Internat raus. Und wenn die rauskamen, war immer die Gefahr da, dass sie sofort schwanger wurden, weil die sich damit nicht auskannten. Da musste man jedes Mal über den Zaun

 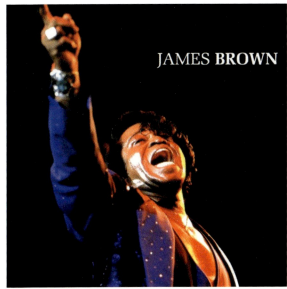

klettern, um ein Mädchen zu treffen. Wir waren eigentlich auf die Mädchen von Triberg und von Schonach und von St. Georgen angewiesen. Die kamen auch in unsere Disco.

„Das Blaue vom Himmel"

F: Im Juni machten wir Abitur, und am 31. Dezember ist die Vera zur Welt gekommen. Ich war also noch ziemlich am Anfang. Ich glaube nicht, dass es eine Belastung für mich war. Ich verdrängte es wahrscheinlich. Es war mir ja auch nicht schlecht. Es war mir gut, und ich war fit. Von daher war es kein Problem. Das wusste natürlich niemand, dass ich schwanger bin. Um so etwas kümmerte ich mich gar nicht. Das war zu zeitnah. Wahrscheinlich ist man jung doch unbekümmerter. Da dachte man höchstens, das wird man überleben.

F: Kurz vor dem Abitur wurde meine beste Freundin schwanger und sollte im fünften Monat Abitur machen, respektive von der Schule fliegen. Ein Mädchen war davor schon von der Schule geflogen, weil sie schwanger war. Ich ging zum Klassenlehrer und sagte, es würde einen Schulstreik geben, ich hätte schon mit den Klassensprechern von anderen Klassen konferiert. Ich log das Blaue vom Himmel runter. Ich bluffte nur. Ich sagte: „Wenn die von der Schule fliegt, gibt es einen solchen Ärger in der Schule!" Und dann durfte sie im fünften Monat das Abitur machen. 1969 haben wir das Abitur gemacht.

F: Ich weiß noch genau, als ich am 27. November 1968 zum Dr. O. (Frauenarzt) gegangen bin, und er mir sagte, ich sei höchstwahrscheinlich schwanger. Ich lief wie im Tran die Treppe hinunter. Das war ein Schock! Ich habe das dann so vor mir hergeschoben. Ich dachte: „Ich schaue, dass ich das möglichst keinem sage, damit ich im März das schriftliche Abitur machen kann." – Das war aber ganz schön schwer. Meinen Eltern musste ich es sagen. Das war schlimm! Mein Vater sagte: „Du gehst runter von der Schule und ins Tscheulinwerk an den Abwickelbock!" Das vergesse ich nie! Mein Mann sagte damals: „Nein,

sie geht nicht runter von der Schule! Sie macht ihr Abitur!" Und dann hat mein Vater nichts mehr gesagt. Von dem Moment an unterstützten sie mich. Das war ja üblich, dass man von der Schule musste, wenn man schwanger war. Mein Vater kannte sich ja am Gymnasium nicht aus, aber das sagte er: „Dann gehst du runter von der Schule ins Tscheulinwerk an den Abwicklbock!" – Er hatte es ja immer gut gemeint, hat mich immer unterstützt und war stolz, dass ich Englisch lernte usw. Ich hatte immer ein super Verhältnis zu ihm. Ich verdanke ihm viel, mein Wesen, meine Leichtigkeit, die Liebe zum Sport und auch den Blick, wie man das Leben sieht. – Jetzt muss ich ein bisschen weinen. – Na ja, als das ausgesprochen war, und mein Mann diese Stärke gezeigt hatte, was ihn allen Mut kostete, bin ich weiter zur Schule gegangen. In der Schule hatte ich es noch nicht gesagt. – Es liefen die Vorbereitungen zur Hochzeit. – Vor dem schriftlichen Abitur war das Sportabitur. Ich wusste nicht, was ich machen sollte. Ich konnte doch keinen Salto mehr machen oder am Stufenbarren meine Übung machen. Ich dachte: „Ich mache meine Ballübung mit allen Schikanen, damit ich meine Eins bekomme und dann tue ich so, als ob ich mich verletzt hätte." – Ich brachte es aber nicht fertig, diese Verletzung vorzutäuschen. Der Herr H. kam mit dem Stufenbarren aus dem Geräteraum und hatte sich wahrscheinlich schon auf den Höhepunkt gefreut. Ich sagte zu ihm: „Ich mach die Übung nicht!" Das war natürlich hart. Die schlugen die Hände über dem Kopf zusammen und fragten, was los sei. – Ich habe in Sport keine Note bekommen! Das war zu viel verlangt, dass sie mir, obwohl ich in Sport so gut war, eine Eins gegeben hätten. Die Sportnote ist entfallen. Kurz darauf war die schriftliche Prüfung. Da hing schon das Aufgebot aus. Meine Freundin fragte mich einmal im Klassenzimmer: „Sag mal, stimmt das, dass du heiratest?" Ich hatte immer noch Angst, ich könnte von der Schule fliegen. Es war natürlich nicht fair, aber ich sagte nur: „Glaubst du das?" Es fiel mir nichts anderes ein. Meine Freundinnen haben sich so ihre Gedanken gemacht. Die F. hatte am 3. Februar Geburtstag, und wir waren zur Feuerzangenbowle eingeladen. Da war ihnen aufgefallen, dass ich keinen Alkohol getrunken hatte. Und am 12. März fing das schriftliche Abitur an. Für mich war es hart! Ich schämte mich auf dem Schulhof, es war für mich fast wie ein Spießrutenlauf. Ich habe es so empfunden, obwohl die Mitschüler zu mir nett waren. Von meinen Mitschülern habe ich überhaupt nichts Negatives zu spüren bekommen. Das war einfach nur für mich so negativ. Und die haben mich ja unterstützt. Die I. hat mir das Kleid genäht. Der E. saß neben mir in Französisch. Später bei einem Klassentreffen fragte ich ihn mal, ob er es nicht schlimm fand, neben einer Schwangeren zu sitzen. Er sagte: „Nein, das war schon in Ordnung. Wir haben uns unsere Gedanken gemacht. Es hätte ja fast jeden von uns treffen können." Das fand ich so nett, wie er das sagte. Aber so eine Frage habe ich erst vor zehn Jahren gestellt. Bei mir ging das richtig tief. Ich war ja daheim immer so das liebe Kind. Und dann auf einmal zuzugeben, dass ich schwanger bin. Das war einfach sehr früh. Es war eine Weichenstellung! Aber Gott sei Dank haben meine Eltern zu mir gehalten. Es hat mich geprägt fürs Leben, wie wichtig es doch ist, ein Kind zu haben. Und meine Eltern hatten nachher so eine Freude. Ich würde sagen, es war doch eine gute Wendung dann. Da stehe ich dazu.
Es lag an mir, dass ich so empfindsam war. Ich hatte den Herrn X. als Klassenlehrer. Irgendwann musste ich es ihm ja sagen. Nach dem schriftlichen Abitur gab es ja kein Zurück mehr. Aber auch dort musste mein Klassenlehrer mich ansprechen. Ich schaffte es nicht, zu ihm zu sagen: „Ich bin schwanger." Ich schaffte es einfach nicht. Er hat mich angesprochen. Der Herr X. hatte ja selbst sieben Kinder. Er reagierte so nett, das vergesse ich ihm nie. Er fragte mich, was ich denn meine, ob es ein Junge oder ein

Mädchen werden würde. Es war schön für mich, dass er mich ernst nahm. Das vergesse ich ihm nie. – Ich weiß ja nicht, wie die Maschinerie in der Schule gelaufen war, ob ich bleiben dürfte oder nicht. Für die Schule wäre es natürlich auch nicht einfach gewesen, einer Schülerin, die immer ihren Weg gegangen war, zu sagen: „Das war es jetzt!" Das spielte bestimmt eine Rolle. Ich war ja nicht krank, ich bin in die Schule gegangen wie immer. Ich war ja dann verheiratet. Das war schon sehr ungewöhnlich. – Gott sei Dank läuft alles, wenn man jung ist, ein bisschen lockerer ab. Aber es wirkte lange nach!

Beendet und fertig

F: Ich bin nie mehr in meine Schule zurück. Anders als einige meiner Klassenkameraden, die Probleme in der Schule hatten. Kaum waren sie entlassen, waren sie schon wieder da und haben die alte Schule besucht. Für mich war dieser Abschnitt beendet und fertig. Ich bin nie mehr ins Gymnasium. Also ich fand das Gymnasium Emmendingen schrecklich. Ich hatte früher viel Angst, ich war mit großen Ängsten behaftet. Außer bei wenigen Lehrern war das Gymnasium schrecklich. Das war ganz schlimm.

Emmendinger Schwimmbad (um 1964)

Schwimmbad

F: Das Schwimmbad war den Sommer über der Aufenthaltsort. Da herrschte noch das strenge Regiment vom Bademeister C. Man durfte nicht ins Wasser springen, was aber alle machten. Mädchen mussten eine Badekappe aufsetzen und Jungs, die längere Haare hatten, auch. Das war eine Maßnahme gegen längere Haare. Es gab einen Bademeister und eine Garderobenfrau, bei der man die Kleider abgab. Damals wurde schwer für Ordnung gesorgt. Der Herr C. kannte seine Kandidaten, die er zu sich her pfiff. Die gingen dann aber brav „d'Babierli" (Papierchen) auflesen. Im Schwimmbad war man weit weg von den Eltern.

Ich wundere mich heute noch, dass nicht mehr passiert ist. Einer Freundin ist mal einer ins Kreuz gesprungen. Die musste sich behandeln lassen. Aber dafür, dass da die Massen vom Sprungturm gesprungen sind, ist wirklich wenig passiert.

M: Zu Hause mussten wir viel arbeiten, wir hatten jede Menge Hasen, und ich war jahrelang für sie verantwortlich. Ich musste immer früher aus dem Schwimmbad nach Hause gehen, um Grünfutter zu mähen und die Hasen zu füttern. Solche Dinge hatte ich zu erledigen. Außerdem haben wir noch die Reben der Oma am Kaiserstuhl bearbeitet. Da ging mancher Abend und mancher Samstag drauf, an dem die anderen sich's im Schwimmbad gut gehen ließen.

M: Tagsüber waren relativ wenig Erwachsene im Schwimmbad. Es war ein Paradies für Kinder und Jugendliche – mit einer Aufsichtsperson. Du konntest vom Dreier springen, du konntest vom Fünfer springen; wir haben nachmittagelang „Turmfäng" gemacht, und zwar sind wir so knapp an der Beckenkante runtergesprungen, dass wir gleich wieder aus dem Wasser konnten. Einmal ist ein Kind ertrunken, das war 1964, glaube ich. Es ist ein Wunder, dass nicht mehr passiert ist.

F: Man traf sich im Schwimmbad. Ich war zwar nicht im Schwimmverein aktiv, aber ich kannte die ja alle. Und von daher fühlte ich mich schon immer zum Schwimmverein hingezogen. Damals gab es Schwimmfeste. Das waren Wettkämpfe zwischen den einzelnen Schulen. Daran waren die Volksschulen beteiligt, das Gymnasium, und auch die Gewerbeschule. Und das war ein richtiges kleines Volksfest. Um das Schwimmbecken standen Bänke, und da saßen die Leute.

Ich bin in der Staffel mitgeschwommen. Meine Schwester hatte so einen schönen Badeanzug, den gab sie mir dann zum Staffelschwimmen. So wichtig war das! Das war ein richtig tolles Erlebnis für alle Emmendinger Schulen. Und irgendwann gab es diese Veranstaltung dann nicht mehr, und das tat mir so leid.

Sonntagsbeschäftigung

M: Das Verhältnis zu den Nachbardörfern war durch den Fußball geprägt. Ich spielte Fußball bis zur B-Jugend. Es war das Einzige, was es da gab. Jeden Sonntag lief die gleiche Geschichte ab: Am Morgen wurde man in die Kirche geschickt, nach der Kirche musste ich Akkordeon, später ein Blasinstrument üben, regelmäßig von elf bis zwölf. Dann gab es Mittagessen. Da lief die volkstümliche Hitparade von Ernst Mosch, weil der Vater volkstümliche Musik hören wollte. Um halb zwei ging man raus auf den Sportplatz, da spielte die erste Mannschaft. An diese Zeit habe ich richtig nette Erinnerungen. Ich kann dir heute noch sagen, welcher Mittelfeldspieler den Wahnsinnsbums hatte und welcher gute Freistöße schoss. Das ging so, bis ich dreizehn, vierzehn war. Der F. war auch mit dabei. Er war ein guter Fußballspieler. Der alte Revoluzzer hatte immer Probleme, weil er nicht jede Trainingsmethode akzeptierte, weil er eigene Ideen hatte.

Ein besonderes Sonntagsvergnügen: Ausflug in den Basler Zoo

Unruhe und Umbruch

M: Eigentlich war es eine interessante Zeit. Aber es ist einem ja oftmals gar nicht bewusst, wenn man so aufwächst. Es ist alltäglich. Die Studentenunruhen habe ich eher nicht wahrgenommen. An der Politik war ich leider nicht interessiert. Ein paar Jungs aus der Klasse wussten alles.

M: Wahrgenommen habe ich die Studentenunruhen schon, aber ich hatte keine Unruhen wie die Studenten.

„In the Morning of my Life"

M: Der oder die Auslöser, mich für Politik zu interessieren, waren zunächst einmal Bücher. Anstatt den Sonntagmorgen damit zu verbringen, mich mit meinem Vater rumzustreiten, blieb ich bis nach dem Mittagessen im Bett und las.

Eine Klassenkameradin schenkte mir zu meinem 14. oder 15. Geburtstag „Ein Tag im Leben des Iwan Denissowitsch" von Solschenizyn. Ich wunderte mich, dass man einen Roman über einen Tag schreiben kann, und an dieses Ausgeliefertsein und diese Ohnmacht in sibirischer Kälte kann ich mich erinnern.

Als ich sechzehn war, gab mir die Mutter meines Freundes den Roman „Exodus" von Leon Uris zu lesen. Er handelt von der Entstehungsgeschichte des Staates Israel. Ich verschlang das Buch und war richtig infiziert. Es ging ja in der Zeit auch darum, die Welt in gut und schlecht einzuteilen. – Ich glaube, die schöne Esther Ofarim spielte in der Verfilmung des Romans eine Hauptrolle. Sie hatte mit ihrem Ehemann Abi, mit „In the Morning of my Life" einen Hit in Deutschland.

Als Nächstes gab mir die Mutter meines Freundes „Mila 18" ebenfalls von Leon Uris. Dieser Roman schildert die Geschichte des Aufstands im Warschauer Getto. – Ich kann nur Vermutungen darüber anstellen, warum sie mir diese beiden Bücher zu lesen gab; denn ich war der Einzige aus dem Freundeskreis ihres Sohnes, dem sie Bücher gab. Zum einen wusste sie, dass ich lese, was unter Jugendlichen eher die Ausnahme war. Zum anderen hatte ich ziemlich freche Sprüche drauf, vermutlich auch Abfälliges über „die Juden". – Ich war zwar schüchtern, hatte aber eine große Klappe und provozierte gerne. Irgendwann war die Zeit der Stoffhosen und Anoraks vorbei, und ich trug Levi's und eine US-Kampfjacke aus dem US-Shop im Westend. An dieses Gefühl, das sich einstellte, wenn ich diese Jacke anzog, kann ich mich gut erinnern. 1967 kam die Verfilmung von „Katz und Maus" von Günther Grass in die Kinos. Die beiden Söhne von Willy Brandt spielten mit. In einer Szene hängt sich einer der Brandt-Söhne ein Eisernes Kreuz entweder um den Hals oder an die Badehose. Ich hatte den Film nicht gesehen, aber es gab einen ziemlichen Wirbel in den Medien, von wegen „Verunglimpfung" etc. – Ganz klar: Ich musste für meine Kampfjacke ein Eisernes Kreuz haben. Aber es war unmöglich, eines zu bekommen. Eine Freundin schenkte mir einen Orden aus dem Ersten Weltkrieg. Ein Che-Guevara-Button sowie ein Fallschirmjägerabzeichen vervollständigten die Dekoration meiner Kampfjacke. Das

Szene aus „Katz und Maus"

erregte die Aufmerksamkeit einiger Lehrer, die sich das ganz genau anschauten. An ihre Kommentare kann ich mich nicht mehr erinnern.

Ich las Che Guevaras „Bolivianisches Tagebuch". Statt einer Heldengeschichte, Trauer und Resignation. Irgendwie war dieses Tagebuch eine Fortsetzung von Huckleberry Finn, Chingachgook und Old Shatterhand.

Noch einmal zurück zu „Mila 18": Man kann sich das heute gar nicht mehr vorstellen: Natürlich wusste ich, dass mit den Juden irgendetwas Schlimmes passiert war. Aber das Schweigen und Tabuisieren war undurchdringlich.

Sprüche wie: „Wenn die Italiener uns nicht verraten hätten, hätten wir den Krieg gewonnen", oder „Wenn der Ami nicht eingegriffen hätte, hätten wir den Krieg gewonnen", oder „Die Juden waren selbst schuld", habe ich im Gedächtnis, ohne sagen zu können, wer sie gesagt hatte. Ansonsten erfuhr man nichts, auch in der Schule nicht. Im Geschichtsunterricht haben wir weder die Weimarer Republik, noch die Nazizeit, noch den Zweiten Weltkrieg durchgenommen. Mein Geschichtslehrer wollte mich ins mündliche Abitur nehmen, um mich auf eine Zwei zu prüfen. Da waren wir noch im 19. Jahrhundert. Er hatte im Unterricht behauptet, der Vater von Karl Marx sei Rabbiner gewesen. Ich hatte ihn korrigiert: „Er war Rechtsanwalt!" Er flehte mich geradezu an, mit ihm während der Prüfung keine Diskussion anzufangen. Er hat mir dann die Zwei gegeben und auf die mündliche Prüfung verzichtet. Das war das Niveau.

„Mila 18" schlug wie eine Bombe bei mir ein. Ich war wütend. Ich war längst der Störenfried der Familie, der mit seinen Fragen und Vorwürfen nur den Zweck verfolgte, Unfrieden zu stiften.

Irgendwann habe ich Kontakt zu linken Schülern des Gymnasiums aufgenommen. Bei einer Veranstaltung lernte ich ein paar SDS-ler kennen. Nette Typen, die uns in ihre Wohngemeinschaften einluden. Wir tranken Tee und diskutierten. Über was? – Über die Welt, über Veränderungen, Aktionen, Vietnam ... Der Republikanische Club tagte damals im Europäischen Hof in der Nähe des Freiburger Hauptbahnhofs. Das ehemalige Hotel war vom Studentenwerk angemietet und an Studenten weitervermietet worden. Im Speisesaal hielt der SDS Versammlungen ab; Männer mit Tweedmänteln, Afghanjacken, langen Haaren und Bärten. Ein paar Frauen waren auch dabei. Bei diesen Versammlungen waren auch Schüler anwesend, die zum AUSS gehörten. Das war der sogenannte „Arbeitskreis unabhängiger und sozialistischer Schüler", so etwas wie die Schülerorganisation des SDS. Eine Organisation war es eigentlich nicht. Wir trafen uns regelmäßig, diskutierten und machten Aktionen. Zum Beispiel veranstaltete der Jungkolping Gundelfingen einen Informationsabend über „Liebe, Ehe, Sexualität" oder so ähnlich. Eine große Gruppe von Schülern ging zu dieser Veranstaltung und plädierte für eine freie Sexualität. Die Leute vom Jungkolping wussten nicht, wie ihnen geschah. Die haben sich gefreut, dass ihre Veranstaltung eine solche Resonanz hatte.

An eine Lehrerversammlung in Denzlingen kann ich mich noch erinnern. Wir wollten die anwesenden Lehrer davon überzeugen, dass wir eine neue, freie Schule brauchten, meldeten uns zu Wort, wollten diskutieren. Der Versammlungsleiter: „Die junge Frau möchte auch etwas sagen." Damit meinte er mich, wegen meiner langen Haare. So waren manche Leute drauf. Männer mit soldatischem Haarschnitt und soldatischer Seele, immer noch. Deshalb: „Lieber rumgammeln statt Haltung annehmen!" Alles, was weich und nur den Hauch von weiblichem Verhalten oder Outfit hatte, wurde diskriminiert. Ein Bekannter trug eine enge lila Samthose und einen engen kurzen grünen Pulli, das war der reine Sprengstoff.

Januar/Februar 1968: Demonstration und Gleisblockade gegen die Fahrpreiserhöhung in Freiburg. Erstmals werden in Baden-Württemberg von der Polizei Wasserwerfer gegen Demonstranten eingesetzt. Zahlreiche Demonstranten werden festgenommen. Der Lautsprecherwagen wird beschlagnahmt.

Früher pubertierte man später.

M: Das war eine Zeit im Umbruch. Da wirkten immer mehr Einflüsse von außen. Dieser Impuls, dagegen zu sein, gegen ... Man wusste zwar nicht, warum, aber man war einfach ein bisschen dagegen. Man hatte dieses unbestimmte Gefühl in einem Käfig oder in einer Presse zu sein, das Gefühl, nichts machen zu können. Im Grunde genommen konnte man ja nichts machen. Das war eine durchstrukturierte Gesellschaft, die Außenseiter nicht akzeptierte, und die einem auch keine Möglichkeit ließ, auszubrechen. Wenn man aus den vorgegebenen Bahnen ausbrach, war man sofort gebrandmarkt. Das war so! Deshalb fingen die Leute an, zu revoltieren, sich aufzulehnen. Das kam natürlich mit einer spätpubertären Phase zusammen. Heute sind die Kinder früher pubertär, früher pubertierte man später. Aufmüpfig sein. Entscheidungen, die von den Eltern getroffen wurden, nicht mehr ohne Weiteres zu akzeptieren. Ich kann mich an diesen stehenden Spruch erinnern: „Solange du deine Füße unter unseren Tisch streckst, wird gegessen, was auf den Tisch kommt!" Das war ein Sinnbild, das sich nicht nur aufs Essen bezog. Es herrschte eine ganz klare Ordnung. Entweder du hast dich untergeordnet oder du hast dich dagegen aufgelehnt.

„Geht doch rüber!"

M: Es war die Zeit der Demonstrationen gegen die Fahrpreiserhöhung in Freiburg. Mit Sitzblockaden wurden die Straßenbahnen aufgehalten, die Polizei räumte die Schienen, zuerst mit Wasserwerfern, später mit dem Einsatz von Schlagstöcken. Passanten ereiferten sich: „Dann geht doch rüber, wenn es euch hier nicht passt!" Wenige fanden das richtig, was wir machten. Und „rübergehen", wollte keiner. Wir wollten keine Fahrpreiserhöhung, außerdem war es ein Happening. „Action!" Ich bin oft mit dem Fahrrad nach Freiburg gefahren. Manchmal hatte ich Glück und konnte mich zwischen Wasser und Gundelfingen von einem Traktor mit Anhänger ein Stück ziehen lassen. Oder ich bin getrampt. Damals wurde man noch mitgenommen.

Wenn es abends zu spät wurde, um den letzten Bus zu erreichen, ging ich ins Ulrich-Zasius-Haus, ein Studentenwohnheim in der Lehener Straße. Dort kannte ich einen SDS-ler, der räumte sein Zimmer und schlief bei seiner Freundin, und ich hatte einen super Schlafplatz und träumte davon, Student zu sein. Am Ostersonntag 1969 fuhr ich mit ein paar linken Freunden zum Ostermarsch nach Stuttgart. Der Zug bog von der vorgeschriebenen Route ab und bewegte sich in Richtung Amerikahaus. Dort wurden Scheiben eingeworfen. Auf der Flucht vor der Polizei lernten wir ein paar Frankfurter kennen. Sie trugen hüftlange Motorradlederjacken, die eng an den Körper geschnitten waren und solche aus Lederschnüren geflochtene Schulterlitzen hatten. Sie gehörten zur „Lederjackenfraktion", wie sie uns erklärten. – Ob wir nicht Lust hätten, mit nach Frankfurt zu fahren, dort sei der Ostermarsch am Ostermontag. Klar hatten wir! In einem VW-Käfer fuhren wir zu sechst nach Frankfurt und wurden für eine Nacht in einer Wohngemeinschaft einquartiert. Am nächsten Tag regnete es in Strömen. – Das gleiche Ritual: Aus der vorgeschriebenen Route ausbrechen, die Scheiben an der Bank für Sozialwirtschaft klirrten: „Wer hat uns verraten, Sozialdemokraten!" Die Polizei jagte uns mit dem Schlagstock durch die Straßen. Triefnass suchten wir in einer Kneipe Zuflucht. Die Stimmung der Gäste war absolut feindselig. – Steine

„Der rote Turm" in Karlsruhe-Durlach

werfen, egal ob gegen Menschen oder Scheiben war nicht mein Ding. Überhaupt nicht! Ich hatte nicht diese Grundaggressivität oder eine zu große Hemmschwelle.

An Pfingsten 1969 organisierte der AUSS einen Kongress in Heidelberg. Es ging um das Thema „Bildungsökonomie", das heißt, um die Frage: Wie weit dürfen Interessen der Wirtschaft Lehrinhalte an den Schulen und Universitäten bestimmen? Oder: Ist Bildung nur eine Investition zur Qualifikation der Arbeitskraft für die Bedürfnisse des Kapitals oder sind nicht auch oder gerade Bildungsinhalte, die der Verwirklichung einer humanen Gesellschaft dienen, an Schulen und Universitäten zu vermitteln?

Der Kongress fand in der Heidelberger Universität statt, wo viele Kongressteilnehmer auch schliefen. Die Uni war in diesen Zeiten ein offenes Haus. Am Ende der Tagung forderten Schüler aus Karls-

> **Lederjackenfraktion** nannte sich eine kleine Gruppierung im Sozialistischen Deutschen Studentenbund. Sie forderten konkrete Aktionen statt langwieriger Theoriedebatten.

ruhe die ganze Versammlung auf, mit nach Karlsruhe zu kommen. Der Durlacher Turm war ein Treffpunkt von linken Schülern und Studenten und diente ausgerissenen Jugendlichen als Schlafquartier. Träger war die Deutsche Jungenschaft. Der Turm sollte von der Polizei geräumt werden. „Klar gehen wir mit!" Eine größere Gruppe trampte nach Karlsruhe und zog in den Turm ein. In dem Turm gab es einen Versammlungsraum, ein Stockwerk war mit Matratzen ausgelegt. Wir schliefen eine Nacht dort. Früh am Morgen zog eine Gruppe los und klaute Joghurt und Brötchen vor einem Supermarkt. Klauen war überhaupt etwas, womit viele keine Schwierigkeiten hatten. Solange man den „Reichen nahm und den Armen gab". Ganz im Geiste von Robin Hood. Im Laufe des Vormittags riegelte die Polizei die Straße ab und belagerte den Turm. Wir diskutierten: Bleiben oder gehen? Die Polizei hatte uns freien Abzug versprochen. Wir verließen den Turm und wurden „vorläufig festgenommen" und nach Karlsruhe transportiert. Dort kamen wir gruppenweise in Arrestzellen, wurden dann einzeln herausgeholt, erkennungsdienstlich erfasst mit Fingerabdrücken und Verbrecherfoto und verhört.

Ich war da plötzlich in etwas reingeraten, was ich eigentlich nicht wollte. Demonstrieren ja, aber verhaftet werden? Aber irgendwie war es auch ein Erfahrungszuwachs. Nach dem Verhör wurden wir wieder freigelassen. Am nächsten Morgen trampte ich nach Hause. Mein Vater begegnete mir in der Stadt und drohte mir: „Komm du nur nach Hause!" – Folgendes war in der Zwischenzeit passiert: Da ich mit 18 noch minderjährig war, benachrichtigte die Polizei meine Eltern. Wir hatten aber zu Hause kein Telefon. Also rief die Karlsruher Polizei die Emmendinger Polizei an, daraufhin fuhr ein Streifenwagen mit zwei uniformierten Polizisten zu meinen Eltern und informierte sie über meine Festnahme. Für meinen Vater, dem das Ansehen in der Nachbarschaft wichtiger als alles andere war, muss das eine besondere Demütigung gewesen sein. Wir sprachen nie über diesen Vorfall, und es machte unser ohnehin schon belastetes Verhältnis noch schwieriger. Eigentlich redeten mein Vater und ich schon seit Jahren nicht mehr miteinander.

Im Frühjahr 1969 wollte ich mein Leben ändern. Neben den Schwierigkeiten in der Familie war meine Situation in der Schule katastrophal. Im Sommer standen Prüfungen an. Ich hielt mich für ein Genie, das keinen Platz hatte auf dieser Welt. Ein Arzt verschrieb mir Adumbran und meiner Freundin die Pille. Ich trug Baudelaires „Die Blumen des Bösen" mit mir herum. Das interessierte ihn sehr. Ob ich Haschisch rauche, und ob ich ihm etwas besorgen könne. Ich nahm Adumbran, wurde friedlich, fühlte mich gut, machte meine Prüfung, hatte super-gute Noten. Dachte ich zumindest. – Die Wirklichkeit war ernüchternd. Mit dem Zeugnis hätte man dreimal sitzenbleiben können.

Charles Baudelaire

Das Gift

Der Wein verwandelt oft die schmutzigsten Spelunken
In Schlösser voller Märchenpracht,
Und Säulenhallen er vor uns erstehen macht
Aus rotem Dunst und goldnen Funken,
Wie eine Sonne, die versinkt in Nebelnacht.

Das Opium weitet aus, was ohne Grenz' und Schranken,
Es dehnt die Unermesslichkeit,
Es höhlt der Wollust Rausch, vertieft das Meer der Zeit,
Und mit Genüssen, schwarzen, kranken
Macht es die Seele übervoll und weit.

Nichts aber gleicht dem Gift aus deinen grünen Augen,
Den tiefen Seen, drin gramerfüllt,
Verzerrt und zitternd malt sich meiner Seele Bild,
Aus denen durstige Träume saugen
Die tiefe Bitternis, die Qualen weckt und stillt. ...

„Am Montag warst du beim Friseur!"

Was tun? In diesem Sommer war ich nach einem Riesenkrach mit meiner Mutter von zu Hause ausgezogen. Ein Freund überließ mir ein Zimmer in Freiburg. In diesem Sommer arbeitete ich bei einem Zeitschriftengroßhandel. Im Keller saßen an einem Rollband Frauen, die von den nicht verkauften Zeitungen den Kopfstreifen abrissen und bündelten, für die Abrechnung der Kommissionsware. Diese Frauen, die sich stritten, sich dreckige Witze erzählten, ein etwas zurückgebliebener Junge, der jeden Tag mit einem Pornomagazin auf dem Klo verschwand, mit rotem Kopf wieder auftauchte, die obszönen Bemerkungen der Frauen über sich ergehen lassen musste, ein älterer Mann, der jeden Tag Berge von Zeitungen und Zeitschriften transportierte und kein Wort lesen und schreiben konnte ... Sartre hätte das nicht erfinden können.

Mich ließen sie in Ruhe, aber ich litt. Ich verstand nicht, wie sich Menschen jeden Tag so demütigen und sich zuwiderleben konnten. Vielleicht sollte ich noch erwähnen, dass ich in diesem Keller „Siddharta" von Hermann Hesse entdeckte, Kommissionsware. Ich hatte und habe keinen Hang zum Transzendenten, aber noch ein paar Wochen in diesem Keller, und ich wäre soweit gewesen. Ich bekam rechtzeitig einen anderen Arbeitsplatz. Zusammen mit zwei anderen Schülern musste ich, die Zeitschriften, Stern, Spiegel, Praline, Quick usw. vom Lastwagen abladen. Pakete mit zwanzig oder fünfundzwanzig oder fünfzig Zeitschriften auf Paletten setzen und mit dem Hubwagen in den Vertrieb fahren. Die Sonne knallte auf die Lastwagenplane, wir waren schweißgebadet. Das war richtig harte Arbeit. Der eine Schüler kam aus Marseille, wollte hier Geld verdienen und Deutsch lernen. Der andere war der Sohn des Personalchefs. Ich war ja durch die Abschlussprüfung geflogen, zu Hause rausgeflogen, wusste nicht, was ich tun sollte. Zwischenzeitlich hatte ich mich als Druckerlehrling beim Tscheulinwerk in Teningen beworben, war aber vermutlich wegen meiner langen Haare abgelehnt worden. Darüber hatte ich mit dem Sohn vom Personalchef geredet. – Eines Tages kam ein Anruf, ich solle zum Personalchef kommen. Ich hoffte auf eine Lohnerhöhung. Aber der Personalchef fragte mich, was ich denn jetzt vorhabe. „Ich will mich noch beim Herder Verlag bewerben ... mal sehen ..." Er sagte: „Gehen Sie wieder auf die Schule, machen Sie das Abitur. Hinterher können Sie machen, was Sie wollen. – Ich gebe Ihnen einen Tag frei, melden Sie sich auf der Schule an." Das Gespräch hatte zehn Minuten gedauert. Es war eine Weichenstellung. Seit langer Zeit der erste Erwachsene, dessen Ratschlag ich beherzigen konnte. Am nächsten Tage bin ich zum Walter-Eucken-Gymnasium. Die Schulsekretärin verschwand mit meinem Zeugnis in einem Zimmer. Nach einer Weile erschien der Rektor mit meinem aufgeschlagenen Zeugnis in der Hand: „Mathe?" – „Fünf." – „Englisch?" – „Fünf." usw. Er fragte alle Noten ab: Zwei Sechsen und vier Fünfen. Dann sagte er: „Kerl! Am Montag warst du beim Friseur, dann kannst du kommen." – Am Montag war ich beim Friseur und kam zusammen mit drei anderen Repetenten in die Klasse vor der mittleren Reife. Unser Klassenlehrer N. war im Krieg in Russland gewesen und hatte an seinen Fingern Erfrierungen erlitten. Manchmal stand er vor meiner Bank, schlug ganz

„Dicht gedrängt standen am Donnerstagvormittag etwa 1500 Gymnasiasten auf dem Holzmarktplatz, um gegen den Numerus clausus an den Universitäten zu protestieren."

leicht seine Hände vor meinem Gesicht zusammen, wie Klatschen in Zeitlupe, schaute mich an und sagte: „Russland! Russland!" Dann ging er wieder zur Tafel und fuhr mit dem Unterricht fort, als wäre nichts gewesen. Einen Schüler hatte er abgerichtet. Er lief durch die Klasse und dozierte – Deutsch oder Geschichte – nach einer Weile sagte er: „Stimmt's, Z.?" Z. stand auf: „Jawohl, Herr N." – Oder er nahm ein Plastiklineal von einer Bank und schlenderte von der Tafel zur Rückwand des Klassenzimmers. Dabei bog er das Lineal zurück und ließ es bei jedem Schüler an den Oberarm schnellen. Bei mir und einem anderen Repetenten wagte er das nicht, weil er nicht einschätzen konnte, wie wir reagieren würden.

Im Frühjahr 1970 gab es an den Freiburger Schulen einen Schulstreik. Zu Beginn der großen Pause zogen alle Schüler in die Innenstadt zu einer Kundgebung. Ich wartete mit einem Schulfreund die große Pause ab. Unser Klassenzimmer lag im Erdgeschoss, und wir konnten, gedeckt durch Büsche, von außen die Tafel einsehen. Herr N. stand im Klassenzimmer und hielt vor der leeren Klasse Unterricht. Er schrieb das Thema an die Tafel: „Bismarck und die Sozialgesetze". Hinterhältig war er, der alte Russ-

landkämpfer. In der nächsten Geschichtsstunde mussten wir eine Geschichtsarbeit über diesen Stoff schreiben. Wir waren vorbereitet. – Reingelegt!
Ich hielt mich in diesem Jahr zurück. Ich arbeitete zwar im AUSS mit, zum Beispiel bei der Herstellung einer Schülerzeitung, aber ich fiel nicht unangenehm auf. Ich wollte unbedingt die mittlere Reife machen. Morgens ging ich in die Schule und nachmittags jobben, das Magazin aufräumen in einem großen Sanitärbetrieb. Da ich die Verbindung zu meiner Familie für ein Jahr unterbrochen hatte, musste ich für meinen Lebensunterhalt sorgen. Es machte mir nichts aus. Meistens nicht. In der Oberstufe konnte ich Bafög beantragen. Der Sachbearbeiter auf der Bafögstelle wollte mir diesen Anspruch verweigern: Ich könne ja bei meiner Familie wohnen. Ich hätte keinen Anspruch usw. Eine Auseinandersetzung begann, die erst nach dem Abitur endete. Dieser Typ hat die Bearbeitung manchmal sechs, acht Wochen verzögert, und ich war auf das Geld dringend angewiesen. Einmal habe ich ihm meinen Geldbeutel auf seinen Schreibtisch geworfen: „Da sind noch genau fünf Mark drin, davon muss ich leben, bis ich meine Beihilfe bekomme." Das war eine üble Geschichte. – Später habe ich erfahren, dass er selbst große Probleme mit seinem Sohn hatte.
Nicht, dass ich für die Schule gelernt hätte, ich hatte meine Einstellung geändert, und niemand konnte mir mehr in mein Leben pfuschen. Kein familiärer Stress mehr. Und die Noten waren passabel.
Ein Mitschüler in der gleichen Situation wie ich, im Streit weg von Zuhause, wohnte in einer Wohngemeinschaft in der Schreiberstraße, auch er musste seinen Lebensunterhalt selbst bestreiten. Er bot mir an, zu ihm zu ziehen. Wir teilten uns ein kleines Zimmer. Irgendwie ging es. Nicht so toll war es, wenn er nachts ein Mädchen mitbrachte, und sich mir ihr vergnügte, und ich lag wach, und hoffte, dass es bald vorbei sein würde. Und es war nie bald vorbei.

Später besorgte er ein größeres Zimmer am heutigen Schlossbergring. Das Haus war vom Studentenwerk angemietet worden, und wir hatten einen Studenten als Strohmann. Wie besaßen einen Schrank, eine Kochplatte, zwei Matratzen, ein paar Weinkisten als Regal, einen Plattenspieler, zwei Langspielplatten: Vivaldi: „Die vier Jahreszeiten" und Bob Dylan: „Greatest Hits". – „Dylan, das ist keine Musik, das ist ein Zustand!", sagte eine Bekannte abfällig. Einmal brachte L. zwei Mädels mit. Eine für sich, eine für mich. So war er. Sie kamen manchmal mit einer Tasche, gefüllt mit geklauten Delikatessen: Schinkenröllchen in Aspik. Schildkrötensuppe in der Dose usw.
In diesem Haus lebten über drei Stockwerke verteilt linke Studentinnen und Studenten. Q. feierte eines Abends im „Karpfen" seinen Geburtstag. Auf dem Heimweg schlug er einen Feuermelder ein und wartete, bis Feuerwehr und Polizei kamen. Er hatte keinen Ausweis dabei, und so kamen die Polizisten ins Haus. Sie nahmen seine Personalien auf und wollten ihn mitnehmen. Es gab eine Rangelei. Verstärkung wurde gerufen, bald stand ein Mannschaftswagen vor dem Haus. ... Sie zogen wieder ab, ohne jemanden mitzunehmen. Unsere Mädels wohnten im Internat, hatten keine Ausgangserlaubnis und konnten erst morgens wieder zurück, wenn das Haus aufgeschlossen war. Aus Angst, die Polizei würde in der Nacht wiederkommen, zogen wir bis zum anderen Morgen durch Freiburg. Hundemüde legten wir uns ins Bett. Um elf klopfte es heftig an die Zimmertüre: „Staatsanwaltschaft! Aufmachen!" Ich schloss die Türe auf, sofort füllte sich der Raum mit Polizisten. Wir hatten uns anzuziehen und wurden aus dem Zimmer eskortiert. Das ganze Treppenhaus war voll mit Polizisten. Auf dem Weg nach unten wurden wir angerempelt, gestoßen, in die Seite geboxt. Wir wurden in die Polizeiwache bei der Johanneskirche gebracht, erkennungsdienstlich behandelt: Verbrecherfoto, Fin-

gerabdrücke, Personalien. Dann wurden wir einzeln in einen Unterrichtsraum geführt, in dem die Polizisten saßen, die am nächtlichen Einsatz beteiligt gewesen waren. Sie nickten mit dem Kopf: „Ja, der war dabei!" Dann wurde man wieder aus dem Raum geführt, und der Nächste kam an die Reihe. – Also nicht, wie man das aus dem Film kannte, ein Verdächtiger unter mehreren Unschuldigen. – Und noch eins: In unserem Haus wohnte der Sohn eines Richters, er wurde ganz schnell aussortiert und konnte wieder gehen. Er wurde später auch nicht angeklagt. Aber wir! Eine fette Anklageschrift: Beamtenbeleidigung, Widerstand gegen die Staatsgewalt, Körperverletzung, Sachbeschädigung etc. Das volle Programm! Jeder der Verhafteten erhielt den gleichen Anklagetext. Ein paar Anwälte übernahmen unsere Verteidigung. Irgendwann war die Verhandlung vor dem Amtsgericht am Holzmarktplatz. Inzwischen (1970) hatte Bundespräsident Heinemann eine Amnestie für die an den sogenannten Studentenunruhen Beteiligten erlassen. Wir kamen in den Genuss der Heinemann'schen Milde, vielleicht war aber auch die fragwürdige „Täterfeststellung" vor Gericht nicht haltbar. In einer Verhandlungspause teilten uns die Verteidiger nach längeren Verhandlungen am Richtertisch mit, dass das Verfahren eingestellt würde, wenn wir uns entschuldigen würden. Ich habe mich für etwas entschuldigt, was ich gar nicht getan hatte, und das Verfahren wurde aufgehoben oder niedergeschlagen. Das lief alles während meines ganz normalen Schulbesuchs her. Mein Freund L. hatte inzwischen seine Freundin geschwängert und war mit ihr zusammengezogen.

Ich besorgte mir ein neues Zimmer in der Herrenstraße und arbeitete in einer Druckerei. Damals war das Quartier zwischen Herrenstraße und Konviktstraße eine desolate Gegend. Wildromatisch! Ich wohnte in einem „white room, with black curtains", genau wie in dem Song von Cream und malte psychedelische Bilder. Fror im Winter, weil ich nur einen Heizlüfter hatte, der das Zimmer nicht wärmen konnte. Auf einer Kochplatte kochte ich mein Essen, die Freibank befand sich in unmittelbarer Nähe. Manchmal fühlte ich mich sehr einsam. Eines Tages stand ein Typ in meinem Zimmer: Die Studentenbewegung hätte sich aufgelöst, jetzt müsse man die Arbeiterklasse für die Revolution gewinnen. Ich hätte doch Kontakte zu jungen Arbeitern. Ich würde gebraucht.

„Lass es lieber!"

M: Ich war ja auch in einer sogenannten K-Gruppe. Mit Distanz und kritischem Blick kann man doch nur sagen: Was sollte der Scheiß? Wieso macht man so etwas? In der Schule hast du das ja noch als Gag empfunden. Ja, aber dann wurde es irgendwann bitterer Ernst. Das ist schon eigenartig. Vieles, was man sich in den Sechziger Jahren erkämpft hatte, wurde durch uns selber in den Siebziger Jahren wieder rückgängig gemacht. Diese ganze K-Gruppen-Bewegung war perfide und ein Wiedereintauchen in

autoritäre Strukturen. Das finde ich das Bedauerliche an der ganzen Geschichte, dass man das, was man für sich selbst erkämpft hatte, Stück für Stück wieder an eine autoritäre Organisation abgab.
Und wenn man mal zufällig einen ehemaligen Genossen trifft und unternimmt einen zarten Versuch, über diese Zeit zu reden, dann wird rumgedruckst und du merkst: „Lass es lieber!" Das ist doch verrückt. Das wäre doch eine Gelegenheit, mal darüber zu reflektieren.

M: Später war ich auch mal beim KBW. Da habe ich es bis zum Sympathisanten gebracht. Spätestens als ich dann mit einer Genossin im Bett war, und die mir sagte: „Genosse, es ist 18.30 Uhr, wir müssen uns unserem Flugblatt widmen.", war mir klar, dass ich da nicht hingehöre.

Remmidemmi und Rambazamba

M: Black Power hat man mitgekriegt, und zwar während der Olympischen Spiele 1968. Mit Vietnam ging es so langsam los, dass ich mich für Politik interessierte. Es wurde ja das Contra Pflicht. Die Notstandsgesetze wurden 1968 beschlossen. Das habe ich noch von außen beobachtet. Als an der Uni in Freiburg der Löwenthal war und dann der Kie-

Olympia 1968 in Mexiko: Die zwei afroamerikanischen Leichtathleten Tommie Smith und John Carlos streckten während der Siegerehrung des 200-m-Laufs die schwarzbehandschuhte Faust nach oben. Mit diesem Symbol der Bürgerrechtsbewegung Black Power protestierten sie gegen die Diskriminierung der afroamerikanischen Bevölkerung. Beide Sportler wurden vom Olympischen Komitee der USA von den Spielen ausgeschlossen.

singer, ging ich hin. Ich weiß nicht, ob ich wegen des Remmidemmis hinging oder aus politischem Interesse. Da wurde gejohlt und gepfiffen, da war ich auch dabei. Aber ich würde sagen, dass ich es da noch nicht geschnallt habe.
Ende der Sechziger Jahre wurde Willy Brandt Bundeskanzler. Mit Brandt bin ich langsam aufgewacht. Vietnam und Brandt waren vielleicht die zwei Punkte, die mich politisiert haben. Diese Öffnung zum Ostblock hin.

> Als **K-Gruppen** (Kommunistische Gruppen) wurden die nach dem Ende der Studentenbewegung entstandenen und überwiegend maoistisch orientierten Kaderparteien bezeichnet, die in der ersten Hälfte der 1970er Jahre in der Bundesrepublik Deutschland eine gewisse Rolle innerhalb der Neuen Linken spielten. Von den zahlreichen, miteinander konkurrierenden und oft heftig zerstrittenen Gruppierungen waren die einflussreichsten: die Kommunistische Partei Deutschlands/Marxisten-Leninisten (KPD/ML), die KPD/AO, später KPD sowie der Kommunistische Bund Westdeutschland (KBW).

Zum Beispiel der Eichmannprozess (1961), das war lange bei uns in der Familie ein Thema. Ich hatte das Gefühl, dass meine Eltern diesen Prozess richtig fanden. Ich wusste selten, was wissen sie, und was wissen sie nicht. Meine Eltern kommen ganz aus dem Westen. Dort, wo hauptsächlich die Zentrumspartei gewählt wurde. Meinem Opa war die Apotheke weggenommen worden, und die Nazis hatten ihn eingesperrt, weil er ein alter Zentrumspolitiker und Katholik war. Die zwei Brüder meiner Mutter waren gefallen. Der eine war Pfarrer gewesen, den haben sie gleich an die Front geschickt. Der andere war Jurist, der hat nicht mitgemacht, den haben sie auch gleich an die Front geschickt. Die waren gleich weg. Meine Mutter hat irrsinnig viel unterdrückt.

F: Da waren ja die Demonstrationen wegen Vietnam, Straßenbahnpreiserhöhungen usw., aber das hat mich nicht interessiert. Ich hatte Freunde, die begeistert waren. Aber ich wollte nicht demonstrieren. Nur um Rambazamba zu machen und auf die Straße zu gehen ... Also da muss ich schon Feuer haben und richtig dahinterstehen. Und ich hatte immer den Eindruck, ich weiß zu wenig. Ich weiß zu wenig über diese Mao-Bibel, ich weiß zu wenig über den Kommunismus. Alle diese Schlagworte. Ich hätte mich richtig damit befas-

John Lennon und Yoko Ono protestieren gegen den Vietnamkrieg

Der Prozess gegen Adolf Eichmann vor dem Jerusalemer Bezirksgericht begann am 11. April und endete am 15. Dezember 1961 mit dem Todesurteil. Die Anklageschrift umfasste fünfzehn Punkte, u. a. „Verbrechen gegen das jüdische Volk", „Verbrechen gegen die Menschheit", „Kriegsverbrechen" und die „Mitgliedschaft in einer verbrecherischen Organisation".

sen müssen, und das wollte ich nicht. Ich hatte Freunde, die in diesen K-Gruppen waren und dann politische Schulungen in Bayern hatten.

Die Situation des Kalten Krieges, das hat einen schon beschäftigt. Oder als Kennedy ermordet wurde, saß die ganze Familie da, und wir haben uns die Aufnahmen im Fernsehen angeguckt. Ich habe Rotz und Wasser geheult. Oder auch das mit der Berliner Mauer, diese Dinge, waren mir klar. Da war ich informiert. Oder die Notstandsgesetze. Mein Vater war politisch sehr interessiert. Er hat sich am Sonntagmorgen immer den Höfer angesehen, den Internationalen Frühschoppen. Mit meinem Vater haben wir natürlich sehr viel diskutiert, das schon.

Kind aus einer Bauernfamilie

M: Das war ja schon etwas Besonderes, dass ein Kind aus einer Bauernfamilie auf das Gymnasium kam. Ja, das war ziemlich schwierig. Ich habe in Emmendingen erst einmal mehrere Fremdsprachen gelernt, unter anderem Deutsch. Hier hatte ich ja nur Dialekt geredet. Und die Sprache ist ein Mittel, mit dem die Ordnung und Zuordnung in einer Klasse hergestellt wird. Und da musste ich kämpfen, bis ich akzeptiert wurde. Ich redete Dialekt und die High Snobiety von Emmendingen, das waren die besseren Kreise, redete Deutsch. Irgendwie hatte ich das Glück, dass mich Deutsch als Fach sehr interessierte und ich viel dafür tat, und dass ich außerdem ein bisschen politisiert war. Ich verbesserte mich ständig, und irgendwann war ich ziemlich vorne dran. Beim Abitur bekam ich sogar diesen Scheffel-Preis für den besten Deutschaufsatz und am Schluss hatte ich auch immer eine Eins in Deutsch. Da war das auf einmal umgedreht. Aber am Anfang war das sehr schwierig. Da war ich zurückhaltend und eingeschüchtert.

Die sprachliche Seite war ein Handicap und das zweite war die Herkunft. In der ersten Klasse trug der Klassenlehrer den Beruf des Vaters in eine Liste oder ins Klassenbuch ein, und auf Frage nach dem Beruf meines Vaters, sagte ich: „Bauer." – „Das heißt Landwirt." Da merkte ich, dass das etwas Peinliches ist. Und die dritte Problematik war, dass wir nicht viel Geld hatten. Das war ja so eine Krisenwirtschaft, Landwirtschaft mit fünf Hektar oder so. Da wurde nur mit Pferden gewirtschaftet, Maschinen gab es keine, und das hieß, dass ich mithelfen musste. Und wenn die anderen im Sommer am Nachmittag ins Schwimmbad gingen, war ich auf dem Feld. Da war es am Anfang schwierig, den Kontakt zu halten. Das änderte sich in der Mittelstufe, als ich mehr Fuß gefasst hatte und im sprachlichen und schulischen Bereich einigermaßen mitkam. Bis auf die Fremdsprachen, die waren bei mir immer die Stiefkinder. Aber sonst? Im naturwissenschaftlichen Bereich hatte ich nicht so große Probleme.

Da gab es ja diesen Politischen Arbeitskreis Oberschulen. Da schauten wir uns am Anfang nur Filme an: „Aufstand der Tiere". Ich weiß gar nicht mehr genau, von wem der ist, ich glaube von Orwell. Und „Viva Zapata" und solche Sachen. Da bekam ich über Schülergruppen und die Schülerzeitung immer mehr Kontakt und in diesem Zusammenhang auch mehr Selbstbewusstsein. Irgendwann war ich Sprecher des Politischen Arbeitskreises. Dann war ich noch bei der Schülermitverwaltung.

Von daher hatte ich diese Geschichte so im Griff, dass sie glatt lief. Und wenn es um so etwas ging, ließen mir meine Eltern auch freie Hand. Wir diskutierten zwar manchmal politisch ziemlich hart und kontrovers, aber im Prinzip fanden sie das gut, was ich machte. Die blockten das nicht ab, und ich musste auch nicht wie andere häufig zu Hause sein. Wichtig war, dass ich meinen Teil an der Arbeit, die anfiel, mitmachte, soweit das ging.

Richtige Kotzbrocken

M: Vom Äußeren her war ich konform und eher bieder. Ich hatte immer kurze Haare, aber ich versuchte, meine Haltung politisch zu akzentuieren. Viele, die mit ihrem Äußeren provozierten, begründeten das nicht politisch. Die merkten, dass im Äußeren ein Provokationspotential steckte und trafen damit den Punkt.

Wenn man dran war, abgehört zu werden, musste man ja aufstehen. Und wenn der B. dran war und aufgestanden ist mit seinen längeren Haaren und sich räusperte, da merkte man richtig, wie die Frau Dr. I. innerlich kochte. Er zögerte dann ein bisschen und gab ihr dann die richtige Antwort. Da konnte sie nichts machen. Und so gab es einige Leute. Der T. oder der X., die waren inhaltlich fit. Anfangs waren sie brave Büble, aber nachher waren die für manche Lehrer richtige Kotzbrocken. Dann gab es andere, die das unterstützten und toll fanden.

Am Anfang hatten wir eine Geschichtslehrerin, wenn man bei der aufstand, konnte es sein, dass sie sagte: „Bauch rein! Brust raus!" Oder die Turnlehrer, wenn wir uns in Reih und Glied aufstellen mussten ... Da kann man schon sagen, dass das pseudomilitärisch war.

„Schüler wollen aufgeklärt werden!"

M: Der L. wurde Schülersprecher, da ging das gerade so los. Als Erstes hat er eine Sexualaufklärungskampagne gemacht. Finanziert von „Bürger und Staat". Da kamen Psychologen, Mediziner und Soziologen nachmittags, erlaubterweise, an die Schule. Da gab es sogar eine große Schlagzeile in der Bildzeitung: „Schüler wollen aufgeklärt werden!" Irgendetwas in der Art. Das wurde sogar eher positiv dargestellt. Die Lehrer machten das noch nicht im Unterricht. Der L. fing dann damit an. Er erzählte mit roter Birne irgendetwas, um es in der nächsten Stunde abzuhören.

Zwei Sechstklässler hatten in der Pause an die Tafel geschrieben: „Die Lehrer sind Scheiße. Es lebe die Revolution!" Zufällig kam der Hausmeister an der Tür vorbei, während die gerade am Schreiben waren. Der rannte zum Rektor und dieser ließ sofort die Tafel als Beweisstück abmontieren. Es gab ein großes Theater: „Revolutionäre Umtriebe! Aufwiegelung! Schon die ganz Kleinen werden indoktriniert!" Das war ein Lausbubenstreich. Das waren ja kleine Kinder. – Zu dritt saßen wir als Schülervertreter in der Lehrerkonferenz. Da gingen mir die Augen auf. Es gab ein paar Lehrer, die in Ordnung waren, aber sonst herrschte da eine richtige Pogromstimmung gegen uns. Das Gymnasium hatte über vierzig Lehrer, und die saßen da alle. Als Erste kam die I. Die haute ihren Heftstapel auf den Tisch und schrie: „Was ist denn das für eine Atmosphäre hier?" Der Nächste brüllte irgendetwas. Dann ging es los. Der Rektor: „Diese Schüler fliegen!" Dafür garantiere er. Wie sagte er das noch mal: „Entweder gehen die, oder ich!" Dann haben sie uns gefragt, was wir denn wollen, was mit den Schülern passieren solle. Und der L. fing dann an: „Bevor es überhaupt um eine Strafe geht, ich verstehe gar nicht, wieso Sie sich wegen eines blöden Satzes so aufregen!" – „Das ist strafbar!", brüllten gleich die Ersten wieder dazwischen. Das war wirklich so! Die schnitten einem sofort das Wort ab, wenn man sagen wollte, was man mit den Schülern machen sollte.

Einer der Lehrer, der ja im Allgemeinen verhasst, aber politisch manchmal ein kleiner Rebell war, zumindest wenn es gegen die Kirche ging, sagte ganz leise: „Ich kann ja denken, der Herr T. ist ein Arschloch." Das sagte der wirklich! Da war plötzlich alles mucksmäuschenstill. Der T. schaute nach unten und wurde rot. Und: „Ich darf es nur nicht laut sagen." In diesem Stil ging das dann weiter. Hin und

261

„Poch, poch, poch; poch, poch, poch; der Schuster schustert zu das Loch." (Franz, 1. v.l., Wolfgang, 4. v. l.)

her. Dann kamen noch ein paar andere zu Wort. Und dann wollten sie uns zeigen, dass sie ja gar nicht so sind. Wir hatten gesagt, dass da etwas Pädagogisches passieren müsste. Dann flogen die nicht von der Schule, sondern mussten in der Klasse eine Woche lang die Tafel wischen oder so etwas Ähnliches.

„Ich will nicht!"

M: Der Wolfgang und ich gingen in den evangelischen Kindergarten. Ich habe noch ein Bild von einem Kindergartenfest, wo ich als Schuhmacher dastehe, mit Schuh und Holzhämmerchen, und der Wolfgang in derselben Reihe wie ich.
Wir waren, als wir ins Gymnasium gingen, gut befreundet. Wir kamen auf die Idee, dass man sich als Schulsprecher aufstellen lassen sollte. Da könnte man Einfluss nehmen. Wir verteilten Flugblätter, – was wir in der Schule alles organisieren würden, wenn wir erst Schulsprecher wären. Bei der Wahl versammelten sich alle Schüler der Mittel- und Oberstufe in der Aula. Die drei Kandidaten hielten eine Rede. Anschließend wurde abgestimmt. Ich hatte zusammen mit Wolfgang eine Rede entwickelt. Als meine Mutter sie las, schlug sie die Hände über dem Kopf zusammen. Sie setzte sich hin und schrieb mir eine neue Rede. Meine Mutter war eher zurückhaltend, aber doch auch ein bisschen progressiv. Mit dieser Rede konnte man etwas anfangen, und sie führte dazu, dass manche ihr Kreuzchen bei mir machten. Es reichte nicht zum ersten, sondern nur zum zweiten Platz, aber trotzdem hatten wir dadurch Zugang zu Seminaren oder

bestimmten Weiterbildungsveranstaltungen der Schülermitverwaltung. Wolfgang und ich waren dann in Lahr oder Ettenheim in einem solchen Wochenendlehrgang. Dort lernten wir die Baden-Badener Schüler kennen, die selbst eine Zeitung herausgebracht hatten. Sie hieß „Ça ira". Sie waren aufmüpfig, hatten Ärger bekommen an der Schule, aber das hatte sich interessant angehört, was die so erzählt hatten. Daraufhin beschlossen wir: „Das machen wir auch!" Noch dort in dem Gebäude überlegten wir uns den Titel und entwarfen das Titelblatt. Die hatten dort einen Metallmatrizen-Kopierer. Man gravierte eine Metallfolie, und das konnte man dann auf Papier drucken. Dort entstand dann auch die Idee zum „politischen Orgasmus". Ein großes rundes O, wenn ich es noch richtig im Kopf habe, und der Name: „Der polit.Orgasmus". Ich weiß nicht mehr, ob wir von denen auch die Idee mit dem Ankündigungsflugblatt übernommen hatten, aber wir hatten auf jeden Fall aus deren Zeitschrift ein Gedicht übernommen. Es war ein Gedicht über Beethoven. Es ging um die Sinfonien und war ein bisschen sexuell angehaucht.

Wir dachten, das könnten wir als Vorankündigung vor der eigentlichen Zeitung verteilen. Das war der Anfang. Als wir dann wieder zurückkamen, beteiligte sich noch der B. Wir fingen an, auch eigene Artikel zu schreiben. Die Zeitung ist aber nie erschienen. Sie war nur angekündigt.

Im Nachhinein sage ich, es war eine Jugendsünde. Ich hatte den Eindruck, dass die Erwachsenen, die irgendwie daran beteiligt waren, das auch so sahen.

Am Rednerpult – bei der Kandidatenvorstellung der Schulsprecherwahl

Da war ja keine große politische Willensbildung dahinter oder „Wir rufen die Revolution aus!"
Zu der Zeit hatten Wolfgang und ich und der B. den Versuch gemacht, eine eigene Band zu gründen. In der Unterstadt gegenüber von der Sinnerhalle war eine Diskothek und da im Keller hatten wir unseren Übungsraum. Dort versteckten wir unsere Zeitung. Irgendwann sagten wir: „Wir verteilen das Flugblatt und kündigen mal an." Das Gedicht stammte ursprünglich aus einem Rowohlt-Gedichtband. Weil ich vernünftig bin, sagte ich: „Da schreiben wir erst mal dem Autor und fragen, ob wir es verwenden dürfen." Wir bekamen eine wunderbare künstlerische Postkarte zurück: „Wenn ihr wollt, macht das!" Ich war der Meinung, wir haben uns absolut abgesichert, da kann uns nichts passieren. Weil wir aber wussten, dass es zu Schwierigkeiten mit der Schule führen konnte, stellten wir uns ganz bewusst außer-

ach 9 monatiger Schwangerschaft

schwieriger Entbindung

geboren

POLIT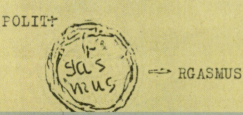RGASMUS

demokratie wird jedem schüler gepredigt, aber er sieht, daß der lehrer, der dies predigt, nicht daran denkt, sich einem mehrheitsbeschluß unterzuordnen. er hört von gleichheit und sieht, daß der lehrer die nase des nebenmannes schöner ... und ihn deshalb besser benotet. er erfährt täglich unberechtigte autoritätsanmaßungen und opportunismus.

die historische aufgabe der smv ist es also, die diskrepanz zwischen schule und gesellschaft aufzuheben. eine demokratisierung bedeutet jedoch dies nicht. alle forderungen nach mitbestimmung verpuffen im leeren raum, solange nicht selbstbestimmung und selbstverwaltung ziel dieser forderung ist. das heißt aber: eine mitbestimmung mit dieser intention ist im isolierten rahmen der schule nicht zu verwirklichen. erst wenn wirtschaft und gesellschaft in den kampf um selbstbestimmung einbezogen werden, findet eine wirkliche demokratisierung statt. nur durch den umsturz aller alten verhältnisse ist dies möglich. wir haben bisher nur eine historisch überreife aufgabe erfüllt.

noch schlimmer wurde es nach der aufführung der igeloper. da wurden in einer klasse den mitwirkenden der igeloper die noten der vorangegangenen englischarbeit um je eine stelle nach oben verrückt, so daß ein schüler, der unter normalen verhältnissen eine ‚sechs' bekommen hätte, nun eine ‚fünf' einstecken konnte.1)

unser direktor jedoch schweigt zu alledem und freut sich darauf, alsbald von einem quantitativ immensem chor mit wehmutsvollen abschiedsklängen ins pensionsleben hinübergeleitet zu werden! und unsere ‚smv' singt mit!

der mensch wird als frei nach seinen triebregungen handelndes wesen geboren. mit seinem älterwerden wird er einem erziehungsprozeß unterworfen der von ihm verzicht auf seine triebansprüche fordert, wobei der sexualtrieb besonders der erziehung unterworfen wird. da der jugendliche jedoch trotz des äußeren zwanges nach befriedigung sucht, kommt er mit den forderungen seiner erziehung in konflikt. seine

Scheiße

die heutige schule ist scheiße!
manche ‚heutigen' lehrer sind scheiße!
das nichts-dagegen-tun ist scheiß. scheiße ist scheiße.

WARUM RIECHT SIE DENN KEINER????

SCHÜLER, SOLIDARISIERT EUCH!!!!!!
ZEIGT DEN LEHRERN DIE FAUST!!!
dAS HEIßT:
WIDERSTAND!!!!!!!!!!!!!

der dritte grund ist das erler-
en des tötens im schützengraben,
.h. die wehrpflicht, wer zärtli-
hen beischlaf hinter sich hat,
ird wissen,auf was er verzichtet,
r wird sich der bundeswehr ver-
eigern. warum will der turnlejrer
uer rückgrat stählen? für wen? so
esehen klingt auch die forderung
iniger schüler,die kastrations-
nd entjungferungsgeräte aus der
urnhalle zu entfernen, und statt
essen matten für den beischlaf
ineinzutun,nicht besonders abweig.2)

ar. auch in 3.reich war die spei-
helleckerei an der tagesordnung,
nd als nach 1945 der große um-
chwung kam,wurde es den lehrer
ulmig. die heranwachsende jugend
egann freiheitlich zu denken. der
ehrer jedoch,beherrscht von infan
ilen kindheitserinnerungen, wie
rav und unterwürfig er selbst ge-
esen war, kam sich verloren und
erraten vor. wo – dachte sich der
ehrer – bleibt das gesunde deut-
che spießertum? er versuchte sich
n der tradition festzuklammern,
ber massengelächter war die ant-
ort.

höre beethoven's erste symphonie
nd sofort anschließend
ach liebe!
in standardposition)
nd sofort anschließend
öre beethoven's zweite symphonie
nd sofort anschließend
ach liebe!
die position vertauscht)
nd sofort anschließend
öre beethoven's dritte symphonie
nd sofortxanschließend
ach liebe!

halb des Schulgeländes hin und verteilten die Flugblätter mit der Ankündigung am Ende des Unterrichts. Beim Verteilen war auch der B. beteiligt. Am andern Morgen ging die Klassentür auf und es hieß, wir sollen zum Rektor kommen. Dort saß schon die Polizei, und wir wurden getrennt vernommen. Ich weiß nicht mehr, was die alles wissen wollten. Aber es ging auch um unsere Zeitung. In diesem Flugblatt war ja angekündigt, dass da eine Zeitung kommen würde. Gleichzeitig stand bei allen Dreien die Polizei vor der Haustür mit einem Hausdurchsuchungsbefehl. Ich hatte das Glück, dass mein Vater gerade im Urlaub war. Meine Mutter nahm das relativ locker. Sie hatte gewusst, dass wir eine Schülerzeitung machen, hatte aber dieses Flugblatt mit dem eindeutig sexuellen Inhalt nie gesehen. – Die Polizei hatte, ich weiß nicht, was für Dinge erwartet. Die haben alles Mögliche auseinandergenommen. Die Zeitung war ja nicht da. Die suchten bis zum Gehtnichtmehr. Sie nahmen das Russischlexikon meines Bruders mit. Wenn 1969 jemand russisch lernte, war er auf jeden Fall schon ein halber Kommunist. Bei den anderen wurde auch nichts gefunden. Aber wir waren schon so weich gekocht, dass wir sagten, wo die Zeitungen sind. Ich sagte: „In unserem Übungsraum." Wir wurden alle drei sofort von der Schule ausgeschlossen. Wir waren so um die sechs Wochen einfach im Freien. Ich ging immer zu Klassenkameraden und ließ mir erzählen, was die gerade

Textmontage aus „Polit.Orgasmus", das Original liegt beim Staatsarchiv Freiburg
„höre Beethoven's erste Symphonie" ist ein Auszug aus einem Gedicht von Nam June Paik. Der Künstler gilt als ein Begründer der Video- und Medienkunst. Paik war ursprünglich Musikkomponist und studierte bei Karlheinz Stockhausen in Köln. Erst später, als Mitglied der Fluxus-Bewegung, wurde er bildender Künstler. Nam June Paik war von 1979 bis 1996 Professor an der Kunstakademie Düsseldorf, lebte aber hauptsächlich in New York. Paik verstarb am 29. Januar 2006 im Alter von 73 Jahren in Miami, Florida.

lernen. Meine Mutter ging zu einem Rechtsanwalt. Wir hatten erfahren, dass ein kleines Mädchen aus der Unterstufe das Blatt den Eltern beim Mittagessen auf den Tisch gelegt hatte. Ihr Vater war ausgerechnet Richter am Amtsgericht. Der hatte gleich in Freiburg beim Oberstaatsanwalt angerufen und Anzeige erstattet. Dadurch hatte das Ganze sofort eine Dimension ... * Man merkte immer mehr, dass das Verhalten der Direktion eine Überreaktion war. Es gibt einen Brief, den der Rechtsanwalt an das Oberschulamt geschrieben hat. Darin steht, man sollte die Sache nicht so aufbauschen, dann könnte sich das Ganze vielleicht glätten. In dem Zusammenhang ging meine Mutter wieder einmal ins Gymnasium. Der Konrektor sagte ihr, dass es eine Lehrerkonferenz geben würde. Wir würden mit Sicherheit ausgeschlossen werden, man solle dem einfach zuvorkommen. Sie solle mich abmelden, dann bräuchte die Lehrerkonferenz nicht mehr entscheiden. Und anschließend könne man mich ja, weil ich dann unbescholten sei, wieder aufnehmen. Das war eine Falle. Meine Mutter hatte mit allen drei Söhnen ihre Probleme und hat auf der Schule immer wieder alles hingekriegt. Also muss man sie wirklich gut aufs Kreuz gelegt haben. Sie war nicht dumm, dass sie eventuell etwas falsch verstanden hätte. Das hat sie nie verwunden – bis zu ihrem Tod nicht, dass man sie so reingelegt hatte. Sie war ja selbst Lehrerin. Sie war persönlich beleidigt. Es gab eine junge Lehrerin, die hat mich damals zu sich eingeladen. Sie wohnte in Freiburg und wollte wissen, was ich nun mache. Sie hat stundenlang mit mir gesprochen und wollte wissen, ob sie mir vielleicht helfen könnte, dass ich jetzt nicht einfach die Schule abbreche. Ich weiß nicht mehr, wie sie hieß. Es war ein Problem, eine Schule zu finden. Ich war sechzehn, das heißt, es gab keine Schulpflicht mehr für mich. Meine Mutter reiste mit mir herum in immer größeren Kreisen, um bei Gymnasien vorstellig zu werden, bei Rektoren anzufragen, ob die mich aufnehmen würden. Es ging bis Ettenheim. Auch die wollten mich nicht. Der Rektor in Breisach hat mich endlich akzeptiert. Dann bin ich jeden Tag von Emmendingen nach Breisach und zurückgefahren. In der Zeit ist mein Vater gestorben. Daraufhin hat das Oberschulamt eingelenkt. Meine Mutter sagte immer, sie hätten Mitleid gehabt. Jedenfalls stimmten sie zu, dass ich in Freiburg ins Kepler-Gymnasium gehen kann. Ich war ein halbes Schuljahr in Breisach.

Es war eine Jugendsünde. Es war einfach, mit fünfzehn, sechzehn Jahren aufmüpfig zu sein. Es war die Zeit, wo man auch die Möglichkeit hatte, so etwas zu machen. Früher hätte man schon viel früher eine aufs Dach bekommen oder hätte gar nicht erst dran gedacht, dass diese Möglichkeit besteht: „Wir machen ein Flugblatt!" Ich glaube, das ist der entscheidende Punkt. Es war vieles plötzlich möglich geworden. Natürlich war der „Polit.Orgasmus" eine Provokation. Er passt aber auch zu dem Alter von fünfzehn, sechzehn. In der Schule habe ich immer so dagesessen, mit einem Fuß auf dem Stuhl meines Nachbarn, wenn dieser nicht da war. Als Lehrer kriegst du natürlich die Krise. Aber es gab Lehrer, die haben bewusst versucht, mich in den Unterricht zu integrieren. Die verlangten Referate, oder ich musste mal eine Unterrichtsstunde leiten, weil sie gemerkt hatten, es ist ja nicht bösartig von mir, sondern Auflehnung, Protest. Einmal hatte mich mein Vater am frühen Morgen ungerecht zur Schnecke gemacht. Dann war ich richtig schlecht gelaunt. Und an dem Tag schrieben wir eine Physikarbeit. Physik hat mir Spaß gemacht. Das konnte ich. Aber ich hatte einfach keine

---

* Nach Aktenlage war diese Geschichte von dem „kleinen Mädchen" ein Manöver der Schulleitung, um diese ganze Angelegenheit zu dramatisieren; tatsächlich hat einer der Verteiler dieses Flugblatt an einen Mitschüler weitergegeben, und der hat es seiner Mutter gezeigt, worauf diese die Schulleitung informiert hat.

Lust. Der Lehrer teilte die Aufgabenblätter aus, und ich gab den unausgefüllten Zettel sofort wieder ab. Der Lehrer tat mir ja leid. Der hatte ja keine Ahnung. Aber er hatte ein Problem damit. Das begriff er nicht. Ich sagte einfach: „Ich will nicht!"

Als ich klein war, wurde ich noch geprügelt. Als ich älter war, hat sich das geändert. Ich musste Aufsätze schreiben, warum ich dieses und jenes nicht tun darf. Den Aufsatz musste ich abends meinem Vater vorweisen. Ich sage jetzt immer: „Ich konnte niemals Geisteswissenschaftler werden!"

„Psychedelics"

Dann kam die Idee, eine Band zu gründen: der B., Bass, der Wolfgang, Gitarre, ich Schlagzeug. Da gibt es dieses Anfangsstück aus „Schwanensee". Da spielte ich zunächst Horn, legte es beiseite und spielte mit dem Schlagzeug weiter. Die Richtung war … MC 5 ist eine Gruppe, die mir so im Kopf geblieben ist. Van der Graaf Generator ist etwas, wovon ich heute noch schwärme … Die Klassiker waren die Beatles und die Stones, MC 5 war besonders hart.

Der Name „Psychedelics" ist mir noch im Kopf, hatte aber wenig mit unserer Musik zu tun, weil wir diese Möglichkeiten, psychedelische Musik mit elektronischen Geräten zu machen, gar nicht hatten. Aber aufgrund dieser Zeitungsgeschichte ist die Gruppe auseinandergedriftet. Meine Eltern waren auch nicht mehr gerade begeistert davon. Ich hatte nicht mehr so viel Zeit, weil die Fahrerei nach Breisach eine Menge Zeit kostete. Ich kam erst gegen 17 Uhr wieder nach Hause.

Mein Bruder hatte mir einmal eine 5-Francs-Münze in Silber an einer Kette geschenkt. Eine ganz einfache Kette bis über die Brust. Der Rektor ist irgendwann meinem Bruder über den Weg gelaufen. Der hat schon in Freiburg studiert. Der Rektor sagte: „Wie kann man denn mit so einem Aschenbecher herumlaufen? Das geht doch nicht! – Ein Junge, der mit einer solchen Kette rumläuft, hat einen Schatten weg." Das Herumgammeln, das bis dahin Gültige – strebsam sein, fleißig sein, irgendwas werden – abzulehnen, das war wirklich der Angriff. Das sehe ich manchmal, wenn Punks, mit was weiß ich allem, auf der Straße herumlaufen. Das hatte ich auch mal – eine Hundekette, so eine ganz schwere, wie man sie für Schäferhunde hat. Die habe ich auch getragen. Es sah nicht schlecht aus. Es gab noch eine Penisfigur aus Silber als Kettenanhänger. Da bekam meine Mutter immer die Krise. – Die eigentlichen Studentenunruhen hatten ja ein paar Jahre früher begonnen. Es waren Vorbilder da. Der Rainer Langhans zum Beispiel."

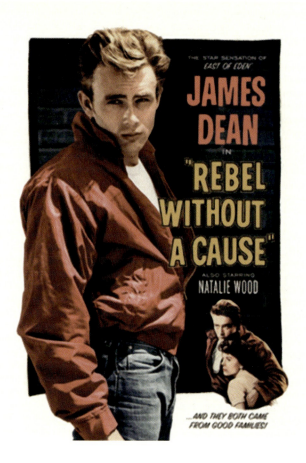

Ein riesiges Tohuwabohu

M: Ich glaube, dass ich bis zur Pubertät ein total angepasster Junge war. Aber in der Pubertät habe ich ziemlich viel Wut gehabt. Ich hatte ein extremes Problem mit Autorität, warum auch immer. Also: Opponieren, rebellieren. Wie in diesem Film „Rebel without a cause" mit James Dean. Du weißt gar nicht warum, Hauptsache dagegen. Dabei geht es auch darum, als Rebell Punkte zu machen, Bewunderung zu bekommen. Mir ging es darum, einfach nur Scheiß zu machen. Ich habe mich mit Leuten umgeben, die genau das gemacht haben. Das war auch in der Schule so. Im Gymnasium war ich stolz darauf, dass ich den Schulrekord in Klassenbucheinträgen hielt. Ich legte es darauf an. Und ich habe mich unglaublich stark für Mädchen interessiert. Es gibt zum Beispiel einen Klassenbucheintrag, da steht drin: „Schüler G. ergreift die Brust einer Mitschülerin." Das fand ich irre! Ich war ständig unterwegs, irgendwelchen Scheiß zu machen. Da gab es eine Lehrerin, die kam später in die Psychiatrie. Ich glaube nicht, dass das wegen mir war, aber sie war halt das klassische Opfer für so jemanden wie mich. Wir haben einen Landkartenständer von innen gegen die Tür gelehnt. Sie kam und machte die Tür auf, und dieser Ständer kam, „wumm", auf sie zu und fiel mit ihr vor der Tür auf den Boden. Die lag noch auf dem Boden, als wir da rauskamen. Nachher gab es ein riesiges Tohuwabohu. Die ganze Klasse war daran beteiligt, aber nachher war natürlich klar, dass ich das war und der O. Man hat meinen Eltern nahegelegt, mich psychiatrisch untersuchen zu lassen – nachschauen zu lassen, ob der Junge noch alle auf dem Tablett hat. Ich kann nicht genau sagen, was ich dabei empfunden habe. Ich weiß nur, dass das einfach toll war. Fertig!

Zu diesem Zeitpunkt hatte ich viel Wut und wenig Angst vor Konsequenzen. Ich kann das nicht erklären; denn ich bin kein so mutiger Mensch. Aber ich bin auch kein ängstlicher Mensch. Ich habe diese Dinge gemacht, und mir über die Konsequenzen nicht viele Gedanken gemacht. Meine Erziehung war gut genug, und ich war auch stabil genug, um zu kapieren, dass es Grenzen gibt, aber ich habe sie ausgetestet und ausgereizt. So wie es den Klassenclown gibt, so hatte ich die Rolle, dagegen zu sein, frech zu sein, ein Lausbub zu sein. Das war im Alter von zwölf bis vierzehn Jahren. Da habe ich mich mit Leuten umgeben, die genauso drauf waren. Man zieht sich da wirklich gegenseitig an.

Der Übergang von der Grundschule ins Gymnasium war für mich ein Schock gewesen. In der Grundschule musste ich nie etwas lernen und hatte trotzdem Wahnsinnsnoten. Dann kam ich ins Gymnasium, und da ging es plötzlich nicht mehr ohne Lernen. Ich weiß noch, dass wir beim N. Englisch hatten. Da schrieben wir einen Englisch-Vokabeltest. Auf DIN-A4-Blätter, die in der Mitte gefaltet waren. Der Lehrer sagte die Wörter auf Deutsch, und wir mussten sie in Englisch auf dieses Blatt schreiben. Und ich hatte nichts gelernt und bekam eine Sechs. Ich habe diesen Test zurückgekriegt, schaute mir das an, zerriss ihn und schmiss ihn weg. Fertig! Und ich glaube, dass ich gar nicht aufs Lernen in diesem Sinne vorbereitet war.

Und zu Hause: Mein Vater war nie da. Er ging morgens um sieben aus dem Haus und kam abends um acht wieder zurück. Meine Mutter war eine einfache Frau, die sich Mühe gab, aber echt überfordert war. Ich fing schon an, zu lernen. Das lief auch ganz gut, bis auf Latein. Die ersten zwei Klassen, Sexta, Quinta, die gingen. Ich wurde besser und hatte durchschnittliche Noten. Aber ich hatte wenig Bock auf Schule. Dieses Lernen müssen, war wie eine narzisstische Kränkung, so nach dem Motto: „Das habe ich nicht nötig!" Ich kam aus der Schule heim, Mittag essen, und dann bin ich Fußball spielen gegangen, entweder hinter der katholischen Kirche oder auf der anderen Seite des Baches im Rosengärtle. Da waren Bäume, das waren die Tore. Ich war den ganzen Tag über draußen.

Meine Mutter war hinterher, dass ich etwas für die Schule mache, und ich machte auch etwas. Aber ich vermied es, so gut es ging. Ich war halt kein Angepasster, der da hing und lernte, sondern ich opponierte. Dazu kam, dass die Lehrer im Gymnasium echt anders waren, als die an der Grundschule. Die waren richtig autoritär. Die haben dir nicht erklärt, warum und wieso und weshalb. – Die ersten drei Jahre auf dem Gymnasium waren für mich machbar, dann kam Latein dazu, und da stand ich auf Sechs.

Ich blieb wegen Latein hängen, die anderen Noten waren in Ordnung.

Dann kam ich in eine andere Klasse. Die waren alle ein Jahr jünger. Da ging es richtig los. In der alten Klasse war ich einer der Jüngsten, weil ich früh eingeschult worden war. Da lief ich so mit und gehörte dazu, war aber nie im Mittelpunkt. In der neuen Klasse war ich eine Art Mittelpunkt. Jemand, an dem die sich orientiert haben. Du kriegst eine Art Vorbildfunktion und das auf eine ganz blöde Art. Ein Beispiel: Mein Chemielehrer hatte mich mit einem Mädchen gesehen, wie wir zum „Zirkus Krönle" hochgingen. Der regte sich darüber auf, ich saß da so und grinste. Die Klasse fand das geil, und du warst wer!

Im Grunde hatte ich ein Ventil für meine Wut und für diesen Trotz. Ich war unglaublich trotzig und ablehnend, vor allem gegenüber Erwachsenen, die auch nur den Anflug von Autorität ausgestrahlt haben. Bis auf wenige Ausnahmen, wie der Lehrer A. Den habe ich respektiert, irgendwie hat der mich erreicht.

Um dieses Image zu pflegen, habe ich mich mit Leuten umgeben, wie dem S. Das war derjenige in dieser Klasse, der sich an gar nichts gehalten hat. Sein Vater hatte viel Geld, er ging später aufs Internat. Wir haben konkurriert, wer mehr Klassenbucheinträge kriegt. Oder wir haben Arrest gekriegt. Da mussten wir nachmittags von zwei bis um vier in die Schule kommen. Wir brachten Boxhandschuhe mit, bauten das Zimmer um und übten Boxen. Als die Aufsicht kam, gab es ein Riesentheater. Das war irre. Das war eine richtig verrückte Zeit. Das heißt, man hat so sein Team gefunden. Und gerade in diesem Zusammenhang lernte ich jemanden kennen, nämlich diesen K. Wenn ich ein Moped war, war der ein Panzer. Bei dem war ich echt nur noch baff. Was der machte, hat mich beeindruckt. Ich kann das nicht beschreiben.

Ich habe ihn bewundert, ich wusste aber auch, dass das alles ein bisschen arg schräg ist. Das sage ich heute, aber ich hätte das damals nicht so gesagt. Ich war auch mit dem B. ganz dicke befreundet über all die Jahre. Und der B. war so einer, der immer mitgemacht hat, die guten Sachen rausgezogen hat und sonst aber genau wusste, wo es langgeht. Von ihm würde ich heute sagen, dass er der Gesündeste von uns war. Der war am cleversten. Der K. hatte nur eines im Kopf: Scheiße bauen! Konsequent! Die größte Scheiße bauten wir immer sonntags zur Kirchenzeit. Der K. musste in die Kirche, wozu er keinen Bock hatte, ich musste in die Kirche, wozu ich keinen Bock hatte. Das heißt: K. kam und holte mich ab, schön im Anzügchen. Wir gingen zusammen vorne in die Kirche rein. Meine Mutter hat uns vom Fenster aus beobachtet. Dann gingen wir aber an der Seite wieder raus. Da wartete der B., und dann war da noch ein Vierter. Der war im Grunde wie so ein Hündchen, der immer hinter dem K. herlief. Von uns ließ er sich nichts sagen, aber auf K. hörte er. Das war ein ganz Einfacher. Wir gingen los in irgendwelche Schrebergartenanlagen und zerlegten Gartenhäuschen. Wir verwüsteten die so richtig. Wir haben eine Spur der Zerstörung hinter uns hergezogen. Einmal gingen wir auf eine Baustelle, auf der ein Kran stand. Wir brachten das Ding zum Laufen, wir wussten aber nicht, wie man es wieder abstellt. Dann drehte sich dieser Kran immer im Kreis. Wir sind natürlich abgehauen.

Einmal sind wir durch den Goethepark zum Bahnhof. Da standen so an die vierzig Fahrräder. Wir schmissen diese Fahrräder von der kleinen Brücke runter in den Bach. Das hättest du sehen sollen! Da lag so ein Haufen Fahrräder, und das sah so irre aus! Da schauten Leute zu, die dachten wahrscheinlich: „Das gibt's nicht."

Diese Aktionen waren über Monate eine Beschäftigung für uns. Das kulminierte dann an einem Tag. Wir tigerten los, aus der Kirche raus, da gab es immer so eine Tour: Wir gingen durch den Stadtpark und hinten über die Talstraße wieder in die Stadt rein. Da landeten wir mal wieder im Goethepark. Wir saßen so rum, und ich erinnere mich, dass der K. sagte: „Komm, lass uns mal Alte jagen." Irgendwie so was. Die Parkbänke hatten gusseiserne Seitenteile, in denen solche Rundhölzer befestigt waren, die die Sitzfläche und die Rückenlehne bildeten. Und der K. kam mit so einem Eisenteil an. Der hat solche Aktionen oft initiiert. Da war der wirklich kreativ. Der hatte also ein Eisenteil, das man zwischen die Rundhölzer stecken und die raushebeln konnte. Diese Rundhölzer sind zerbrochen. Da saßen zwei Omas mit ihrer Tasche, und wir gingen da hin und gifteten die an …

Heute würde ich sagen, dass das ein Belohnungssystem ist. Du wirst überflutet mit Dopamin, das ist dieser Botenstoff, der im Kopf das Gleiche macht, was auch Kokain macht. Du bist total euphorisch. Wenn sich Hooligans prügeln, passiert genau das Gleiche. Die erleben euphorische Kicks. Und wenn du anfängst zu prügeln, dann wirst du immer euphorischer. Diese Spirale dreht sich hoch. Und so war das damals auch. Wir gingen irgendwohin und machten etwas kaputt. Wenn ich jetzt zurückblicke, waren wir fast immer euphorisiert. Wir rissen im Stadtgarten Pflanzen raus usw. Das war die pure Zerstörung. Dein Gehirn ist abgeschaltet. Du denkst nicht. Heute habe ich beruflich mit solchen Dingen zu tun. Ich weiß, wie das funktioniert. Da ist niemand, der denkt. Das ist einfach pure, blinde Lust an der Zerstörung. Dabei geht es eigentlich nicht um Zerstörung, es geht nicht darum, jemandem wehzutun. Es ist einfach nur dieser Kick, diese Aufregung. Klar, da ist auch Adrenalin, dieses Herzschlagen. Habe ich das gemacht, weil ich damit Regeln übertreten wollte?

Ich glaube, ich habe die Regeln übertreten, weil ich dadurch so einen Zustand erreicht habe.

Emmendinger Stadtgarten, im Hintergrund die katholische Kirche

Wenn meine Eltern mir gesagt haben, tu dies oder das, entweder machte ich das oder ich machte es nicht. Ich weiß nicht, ob ich es genossen habe, Dinge, die mir aufgetragen wurden, nicht zu tun. Sagen wir es mal so: Es hat einfach nicht in meine Pläne gepasst. Ich überlege: Meine Mutter sagt: „Du gehst jetzt in die Kirche." Dann habe ich gesagt: „Ja, ich gehe jetzt in die Kirche." Und es war klar, ich gehe nicht in die Kirche. Ich glaube, ich hatte da nicht das Gefühl, ihr eins auszuwischen, sondern ich habe einfach mein Ding durchgezogen.

Meine Eltern gingen ja nie in die Kirche. Ich habe ziemlich viele Split-Messages, so doppelte Botschaften, gekriegt. Meine Mutter hielt den Kirchgang hoch, ging selber aber nicht. Ich dachte mir meinen Teil. Ich ließ die einfach tratschen und guckte, wie ich das Beste für mich draus mache. Worauf ich mich gefreut habe, das war das, was dann passierte. Es war ja so: Der K. musste ja auch in die Kirche. Das ist ja verrückt. Der vollkommen durchgeknallte K. ist mit Anzügchen und Krawatte anmarschiert. Und B., ich glaube, der musste gar nicht in die Kirche, der war einfach nur mit dabei. Nach der Kirche musste ich auch nicht gleich heim. Um eins musste ich zum Mittagessen da sein. Man könnte natürlich fragen: „Warum war genau diese Zeit für so einen Scheiß reserviert?", man hätte das ja auch unter der Woche machen können. Das taten wir aber nicht. Die Woche war reserviert für Fußball oder für Bandenkriege. Der Sonntag war der Extremfall, und da ging es richtig ab. Einmal gingen wir in den Goethepark. Wir hatten einen Plan. Vorne am Eingang zum Goethepark war eine Wohnung. Da haben wir zu dritt einen großen Stein hochgehoben und ihn durch das geschlossene Fenster in die Wohnung geworfen. Da brach das ganze Fenster mitsamt dem Rahmen rein. Das war so abartig! Dann gingen wir weiter. – Ich denke, dass das viel Wut auf alles war. Wir gingen los: „Jetzt zeigen wir es ihnen!" Wir haben uns richtig hochgeschaukelt. Das hätte ja sonstwo enden können. Ich bin heilfroh, dass da nichts wirklich Schlimmes passiert ist. Das war manchmal wie im Blutrausch. Wie im Blutrausch! Wenn da jemand blöd gekommen wäre … Gut, wir waren Gott sei Dank alle nicht stark. B. war kein Prügler, ich schon gar nicht, und K. auch nicht. K. hatte zwar ein großes Maul, aber mehr war da nicht dahinter. Und der andere, der Vierte, ich glaube, der hat später mal jemanden abgeknallt. Aber da bin ich mir nicht sicher. Den konnte ich überhaupt nicht leiden. Dem gegenüber hatte ich so etwas wie Standesbewusstsein. Der war für mich einfach ein dussliger Proll (Prolet) und fertig. Das war K.'s Schoßhund. Wie er sich später seine Hunde gehalten hat! Das war unglaublich.

Nach dieser Zerstörungsaktion der Bänke im Goethepark kam ich heim, als sei nichts gewesen. Zwei Stunden später: „Polizei! Ist ihr Sohn da?" Mein Vater ist erst mal total ausgetickt. Meine Eltern waren ja vollkommen obrigkeitshörig. Es wurden Fragen nach den anderen Beteiligten gestellt. Ich sagte: „Ich weiß von nichts." Aber da war natürlich K.'s Freund, dieser Depp. Die hätten uns eh' gekriegt. Ich war bis abends um zehn bei der Polizei. Die Polizisten waren freundlich und nett. Ich habe mich gefragt: „Ist das jetzt wirklich real?" Die waren ganz freundlich: „Ja, was hast du dir denn dabei gedacht?" Ich sagte: „Gar nichts. Ich weiß auch nicht, wie das gekommen ist. Ich kann mir das auch nicht erklären. Ich versteh' das nicht." Das war's dann. Da war ich fast vierzehn.

Ich ging heim, und daheim wurde ich verprügelt. Meine Eltern waren, was das angeht, sehr aktiv. Mein Vater hatte immer einen Rohrstock oben auf dem Bücherschrank. Da ist er so richtig ausgerastet. Der hat mich richtig verprügelt, nicht nur so draufgeschlagen. Aber ich muss sagen, dass mir das im doppelten Sinne des Wortes am Arsch vorbeiging. Kollateralschäden, das gehört dazu. Das hat mich überhaupt nicht beeindruckt. Dass das psychische Auswirkungen hat, ist klar. Das hat sicher den Hass auf einer anderen Ebene forciert. Ich glaube, dass diese Prügelstrafen, die ich als Kind gekriegt habe, sicher dazu geführt haben, dass so eine ungerichtete Wut in mir war.

Dann kam es zu einem Jugendgerichtsverfahren. Ich wurde noch mal vernommen, aber weiter kann ich mich nicht erinnern. Ich weiß nur, dass ich zur Strafe ein Dreivierteljahr lang vierzig Vogelnistkästen mit Futter versorgen musste. Da hatte ich so eine Tour zu machen. Und dass meine Eltern mir in ihrer Hilflosigkeit gleich mal ein halbes Jahr Hausarrest gegeben haben. Das war vollkommen illusorisch. Dreimal in der Woche musste ich ja die Nistkästen betreuen. Ich hatte nie das Gefühl, bestraft worden zu sein. Die Nistkästen waren im Schaukelwald. Dort, wo diese große braune Schaukel war, ging die Tour los. Ich bekam einen Plan und der Förster ging mal mit, und das war ganz nett. Der fand das eher gut, was wir gemacht hatten. Diese Zerstörung war wie ein Kavaliersdelikt. Das ist mir da klar geworden. Die haben nicht darauf reagiert. Es war, als hätten wir etwas ganz Harmloses gemacht. Dieses Sichverprügeln oder etwas kaputt schlagen, das gehörte irgendwie dazu. Das war etwas, das ins Muster passte. Ich kann mich nicht daran erinnern, dass im Gymnasium irgendwie reagiert wurde. Das war etwas, das man nachvollziehen konnte. „Das war halt so." Die haben wahrscheinlich irgendwann gedacht: „Gut, bei dem wundert dich ja sowieso nichts. Und zum Psychiater haben wir ihn ja auch schon geschickt." Ich hatte so eine Art Jagdschein. Jagdschein heißt: „Ja, das ist alles noch okay, das kennen wir alles noch." Es gab ja ein paar Durchgeknallte! Das war im Rahmen des Ortsüblichen.

Meine Mutter hat diese Geschichten immer aus der Zeitung ausgeschnitten. Du musst dir die Botschaft vorstellen! Auf der einen Seite rasten sie aus, und auf der anderen schneiden sie alles aus, was in der Zeitung steht: „Goethepark zerstört" usw. Also ehrlich! Von Radaubande war da die Rede, und das hat die ausgeschnitten. Das ist doch verrückt, oder? – Da wächst einem auf eine merkwürdige Art Anerkennung zu. Eigentlich ist das ja sehr ermutigend, das sind die Heldentaten der Söhne. Wie heißt der Spruch? „Besser 'ne Sechs, als gar keine persönliche Note." So ungefähr war das. Vollkommen abstrus! Und das weiß ich auch.

Solche Sachen haben wir danach nicht mehr gemacht. Das hat aufgehört. Insofern hat das schon funktioniert. Und mein Vater hat ganz klar gesagt: „Sollte so etwas noch mal vorkommen, gehst du von der Schule. So etwas mache ich nicht mehr mit." Er bezahle nicht Geld für so was. Mir war klar, dass es jetzt ernst wird. Ich machte zwar immer noch Unsinn, aber nicht mehr in der Art. Wir haben mal K.'s Schwester das Auto geklaut, und auf dem Weg zur Hochburg, genau in der Kurve, fuhr K. geradeaus, und das Auto stand in der Prärie. Und alle, die drin gesessen waren, sind abgehauen. K.'s Schwester musste das Auto abschleppen lassen und behaupten, sie wäre gefahren. Wir haben immer irgendwie über die Stränge geschlagen und uns nicht an das gehalten, was man von uns erwartet hat.

Aber es gab keine öffentlichen Zerstörungsmaßnahmen mehr. So etwas habe ich nie mehr gemacht. Ich hatte das auch vorher nie gemacht, außer in diesen drei, vier Monaten. Aber da war halt jemand, der überhaupt keine Grenzen kannte, und der hat uns wirklich mitgezogen. Mit dem B. habe ich mal darüber geredet, als wir älter waren. Der K. hatte einen unglaublichen Einfluss auf uns. Der hat die destruktive Seite in uns rausgelockt. Ohne den wäre ich nie auf die Idee gekommen, so etwas zu machen. Ich will das nicht alles auf ihn schieben, ich war ja mit dabei und habe das alles gerne mitgemacht. Aber auf diese Ideen wäre ich nie gekommen. Was wir alles getrieben haben, das ist unglaublich. Aber er hatte diese Ideen. Und wir fanden das immer ganz geil.

Wir waren hinter den Mädels her. Der B. war immer on top. Er sah am besten aus. Mit dem K. konnte ich konkurrieren. Aber gegen den B. hatte ich keine Chance. Den B. habe ich bewundert, den K. habe ich auch bewundert, aber das war eine seltsame Art von Bewunderung. Und die ist begrenzt. Wohingegen der B., das war noch mal etwas anderes. Er hatte ein bestimmtes Know-how, das ich gerne gehabt hätte. Ich kann mich noch an eine Geschichte erinnern: Wir waren im Schwimmbad und lernten zwei Mädels kennen. Wir gingen mit denen in der Allmend spazieren. Und B. fand die eine gut, und ich fand die andere gut. – Dann sie: „Du, ich finde das ja schön mit dir, aber ich finde den B. doch netter." Und ich saß da mit der auf so einem Scheiß-Hochsitz. Mist, ehrlich! Blöd gelaufen!

Und das sind Sachen, die ich mit dem B. öfters erlebt habe. Später gab es auch den Fall, dass eine, die mit ihm zusammen war, umgestiegen ist auf mich. Das hat meine gequälte Seele dann doch sehr, sehr aufgerichtet. Aber der B. war extrem attraktiv.

Als wir bei einem Konzert von Powerhouse unseren ersten Trip (LSD) eingenommen haben, da hat er eines von deren Groupies kennen gelernt. Die war bestimmt zwanzig, einundzwanzig, und wir waren siebzehn. Der war unheimlich charmant, der muss eine unglaubliche Ausstrahlung auf Frauen gehabt haben, der konnte jede kriegen. – Später hatte er eine Freundin, die sehr vereinnahmend war, fast wie Yoko Ono. Wir haben uns dann aus den Augen verloren. Wir haben nie mehr etwas voneinander gehört. Für mich war das eine prägende Beziehung. Der B. war jemand, den ich beobachtet habe und von dem ich auf eine bestimmte Art gelernt habe. Er war unglaublich intelligent. Wie schnell der Bass gelernt hat! Der hat wirklich gute Musik gemacht.

„Wir müssen eine Kampagne machen!"

Es muss im Herbst oder Winter 1968 gewesen sein. Die Erinnerungen sind sehr dunkel. Ich weiß, dass ich angefangen habe, mich für Politik zu interessieren. Ich war ja sehr trotzig, und ich vermute, dass ich auf die Idee gekommen sein muss, dass da was für mich zu holen ist.

Ich weiß nur, dass Franz irgendwann zu mir kam und gesagt hat, er überlege, Schulsprecher zu werden. Wir sagten dann: „Gut, dann machen wir eine Kampagne." B. und ich waren da noch mit dabei. „Wir müssen eine Kampagne machen!" Auf die Idee Schulsprecher zu werden, wäre ich nie gekommen,

und das hätte ich mir auch nicht zugetraut. Ich war nicht der Typ, der da vorne hinsteht. Später war ich politisch sehr aktiv. Aber zu diesem Zeitpunkt hätte das mein Selbstwertgefühl gar nicht hergegeben. Offiziell fand ich das wahrscheinlich bescheuert, aber inoffiziell hätte mich das schon gereizt. Aber Franz war so ein Typ. Er war anders als wir. Der war ernsthaft und so ein bisschen moralisch. Der war gut in der Schule. Der hätte nie solche Sachen gemacht, wie wir sie gemacht hatten. – Ich glaube, für mich ging es im Grunde um Frauen. Frauen und Spaß haben. Und beides war nun absolut nicht im Bereich des Möglichen.
Wir haben eine Kampagne gemacht und den Franz unterstützt. Das hat gut funktioniert. Der wurde stellvertretender Schulsprecher. Was seine Beweggründe waren, daran kann ich mich nicht mehr erinnern. Mich hat diese ganze Sache nicht wirklich interessiert. Meine Theorie mit diesem ganzen Polit.Orgasmus (Schülerzeitung s. o.) ist die, dass das Rebellion war. Richtig auf die Pauke hauen! Unfug machen! Dafür kriegst du ja Bewunderung. Wir gingen auf dieses Seminar. Und bei diesem Seminar erinnere ich mich an drei herausragende Dinge: Wir kamen da hin, und das war für mich eine vollkommen fremde Welt. Franz kannte das eher. Er hat sich eher in Gruppen aufgehalten. – Ich durfte ja nicht einmal in den Fußballverein. Meine Mutter sagte: „Da gehst du nicht hin. Leute, die das Abitur machen, spielen nicht Fußball!" Fertig! Bumm! Aus! Vollkommen absurd! Aber so war das. Dann sollte ich zum Schwimmen, aber das fand ich für den Arsch.
Also: Wir kamen zu diesem Seminar, und da waren Leute, die habe ich bewundert. Die waren mit einem Schlag Vorbilder. Da waren drei Leute mit Parka, die hatten ein bisschen längere Haare, die waren sehr selbstbewusst und argumentativ. Das war irre! Ich hatte plötzlich das Gefühl, dass die das alles ausdrücken, was ich vielleicht ansatzweise geahnt hatte. Auf eine Art hatten die alles das, was ich toll fand. Und ich saß da und dachte: Irre! Ich habe denen zugehört, und das hat mir alles sofort eingeleuchtet. Die konnten reden, die konnten sich ausdrücken. Es hat „Klick!" gemacht, und ich wusste: „Das kannst du! Das ist das, was du letztendlich willst!" Das war, als ob das in meine Welt reinpassen würde. Diese blinde Zerstörung war es einfach nicht, und das war ich auch nicht wirklich gewesen. Aber es war eine Ausdrucksmöglichkeit gewesen. – Diesen einen Typen fand ich total irre. Aber das Wichtigste war die Frau! Eine Frau aus Baden-Baden. Die fand ich superirre! Ich konnte mit der gar nicht reden, ich habe mir vor Angst fast in die Hose gemacht. Die war so was von ... du weißt schon ... so richtig sexuelle Befreiung.
Ich saß da: „Gibt's das? Ist das jetzt wirklich wahr?" Wir haben dann diesen Kassettenrekorder von Grundig gekauft, einfach nur, weil diese Frau den hatte. Ich wollte irgendetwas von der haben. An sie hätte ich mich nie rangetraut. Leider! – Ich glaube, da wäre ich auf einen Schlag impotent geworden, bei der Chance ... Obwohl ich immer hinter den Mädels her war, und immer Mädels hatte. – Zu der Zeit musstest du ja immer Pariser (Kondome) in der Tasche haben. Wenn du besonders clever warst, hast du vorher immer einen weggeschmissen, um den Eindruck zu erwecken ... Das war verrückt, aber das war so. Aber bei dieser Frau hat alles versagt. Alles! Das ist, wie wenn du in eine neue Welt eintauchst, die absolut faszinierend ist, und du kennst die Spielregeln nicht. Ich war ein richtig dummer Bauer, verglichen mit diesen dreien. Ich kann mich an nichts erinnern, außer an diese drei. Es waren natürlich noch mehr Seminarteilnehmer da. Ich saß da, und es war klar: „Da willst du hin." Definitiv! „Genau da willst du hin, und du hast keine Ahnung, wie das geht." Ich bin einer Faszination erlegen. Total! Total! Zuallererst der Faszination dieser Frau. Ich hatte damals

ein ziemlich primitives Frauenbild. Wie man das auf dem Land halt so hat. Das war so primitiv, und da sitzt so eine Frau. Ich wusste: „Das ist es! Und du bist vollkommen auf dem Holzweg!"

Es war klar, dass wir das in Emmendingen auch machen sollten. Damit dieses schwarze Kaff endlich mal aufwacht. Das waren so die Sprüche: „Aufwecken! Sie mal richtig schütteln! Da mal frischen Wind reinbringen." Uns haben die dann auch ihr Heft gegeben. Ich habe mir erst mal diesen Kinderkreuzzug besorgt. Den musste ich bei der Buchhandlung Sillmann in Emmendingen bestellen. Da war diese Frau mit Brille, eine ganz nette, die ist heute noch da. Auf jeden Fall hat die das bestellt. Und ich habe das gelesen und fand das total einleuchtend. Das hat mich absolut überzeugt. Fertig! Schluss! Aus! So! Dann habe ich an den Texten noch ein bisschen rumgebastelt. Ich habe nicht viel Eigenleistung erbracht. Aber ich habe auf jeden Fall kapiert, was da drinsteht. Dass es um Sexualität geht, und dass die Unterdrückung von Sexualität ... Das konnte ich alles auf mich beziehen: „Klar, das bist du!" Das bist du, und so ist das passiert, und deswegen bist du so. Das war noch überlagert von dieser Lust, mal richtig Dampf abzulassen. Jetzt aber auf eine ganz raffinierte Art, und dann auch dafür einzustehen. Aber dazu kam es gar nicht, weil uns die Ereignisse derart überrollt haben. Das hätte ich nie gedacht. Für mich war Baden-Baden auch nicht anders als Emmendingen. Ich dachte: „Was soll schon passieren?"

Dann haben wir überlegt, dass wir dieses Flugblatt einen Tag vorher verteilen, um alle heiß zu machen. Schon allein die Sprache! Das war mir schon klar, dass das eine Reaktion geben würde.

Ich habe den „Polit.Orgasmus" meinen Kindern gezeigt. Die haben sich halb totgelacht. Aber die haben auch gesagt, dass das ganz schön provokativ ist. Obwohl die ja heute wirklich andere Dinge gewohnt sind.

Mir war auf jeden Fall klar, dass es echt abgehen würde. „Wenn die das alle kaufen ..." Meine Idee war ganz pragmatisch: Alle heiß machen, dass sie die dreißig Pfennig ausgeben, was das kosten sollte, so dass wir genug Geld haben, um eine zweite Nummer zu machen. Das war so geplant und besprochen: „Wir bringen das raus, und dann geht's los. Dann müssen wir natürlich auch diskutieren und so."

Dazu kam es nicht. Wir haben das Flugblatt verteilt. Nachmittags kam ich heim, und meine Mutter war vollkommen durch den Wind. Die Polizei war bei uns gewesen, hatte das Haus nach der Zeitung durchsucht. Meiner Mutter ging es nur um eines: Was sollte sie ihren Nachbarn erzählen? Es war aber nicht so, dass die da eingeritten sind wie die Wahnsinnigen. Es war irgendwie so eine Tour, wie: „Er muss sich entschuldigen."

Ich kann mich nicht mehr an den genauen Ablauf erinnern. Ich weiß, dass die Mutter von Franz bei uns vorbeikam. Es ging um die Frage, ob man da jetzt irgendetwas machen muss.

Wir wurden gleich von der Schule suspendiert, und wir haben uns nicht gewehrt. Ich war erst einmal baff, über das, was da passiert ist. Wir hatten keine Basis. Das war eine Einzelkämpferaktion. Wir waren zu dritt, wobei du H. eigentlich vergessen kannst. H. hatte die Druckmaschine. Der fand das immer alles nett, aber der hat an die Zeitung keinen Gedanken verschwendet. Der hatte die nie gelesen. Er

Der Film „IF ..." (Regie: Lindsay Anderson, Großbritannien 1968). Der Film setzt sich mit den traditionellen englischen Erziehungsproblemen auseinander, wobei er zugleich auf das explosive Verhältnis der Generationen in aller Welt zielt. Die schockierende Vision einer blutigen Revolte, wie sie später in Colombine/USA und anderswo Wirklichkeit werden sollte.

wusste gar nicht, was da drinsteht. Der war froh, dass Schluss war, der wollte gar nicht mehr in die Schule.

Wir hätten erst einmal ein politisches Bewusstsein schaffen müssen für uns, für andere. Verstehen! Das Ganze war als provokativer Akt geplant. Das hatte keine Durchschlagskraft. Und genau deswegen konnten die so einfach damit umgehen. Wir wurden suspendiert, und ich muss ehrlich sagen, dass ich gar nicht auf die Idee gekommen bin, in die Schule zu gehen und Rabatz zu machen. Ich sehe heute, dass ich eine Sache gemacht habe, die mein weiteres Leben geprägt hat. Ich bin später politisch geworden, aber zu dem Zeitpunkt, war ich das noch nicht. Es war im Grunde wie die Zerstörung des Goetheparks, nur auf einer etwas elaborierteren Ebene. Es war einfach so: „Zack!", denen wirklich eines vor den Latz zu knallen. Ich war überhaupt nicht darauf vorbereitet, mich zu wehren.

Das ist ein Lehrbeispiel dafür, was passiert, wenn du keine Basis hast, und wenn du unfähig dazu bist, eine zu bilden. Ein Jahr später hätten die mich nicht von der Schule gekriegt. Definitiv nicht! Ich hätte gewusst, wie ich es mache. Aber ich war noch nicht an dem Punkt. Ich war wirklich noch ein naives Bauernkind. Ich habe ein Werkzeug benutzt, was mir Leute an die Hand gegeben haben, die ich bewundert habe. Wie ein Maschinengewehr, wo mir keiner gesagt hat, wie das Ding funktioniert.

Wir hätten das Ding nachdrucken müssen und die ganze Schule damit zumüllen. Das wäre doch scheißegal gewesen. Ich hätte keine Angst davor gehabt. Es war eine gute Idee zum falschen Zeitpunkt. Wir hatten noch von den Zeitungen. Irgendwo waren noch welche. Wir waren unfähig, die Ernte einzufahren. Wir hatten einen Sturm im Wasserglas entfacht. Aber wir hätten einen richtigen Sturm entfachen können. Dass wir das nicht gemacht haben, ist bedauerlich.

Auf der anderen Seite habe ich innerhalb von zwei Tagen begriffen, dass das die Chance meines Lebens ist, nach Freiburg zu kommen. So blöd das klingt. Ich weiß, dass es ein Gespräch mit einem Rechtsanwalt gab. Und der hat deutlich gemacht, dass der Schulausschluss, rechtlich gesehen, wahrscheinlich keinen Bestand hätte.

Interessanterweise hatten meine Eltern, speziell mein Vater, immer eine ambivalente Haltung in dieser Sache. Der hatte selbst so eine trotzige Zeit. Er hat mir zum Beispiel erzählt, dass er als Hitlerjunge irgendwann bei der Flak war. Da haben sie ihm die Hosentaschen zugenäht, weil er immer die Hände in den Taschen hatte. Auf eine bestimmte Art war der auch immer so dagegen. Irgendwo muss ich das ja herhaben.

Er ist zwar total ausgerastet, weil er als Beamter Angst um seinen Job hatte. Auf der anderen Seite fand er das auch ... ich habe da sehr unterschiedliche Botschaften gekriegt. Obwohl er das Politische ganz schrecklich fand, gab es da bei ihm eine Seite ...

Also ich habe ganz schnell geschnallt: „Das ist die Chance! Weg!" Ich hatte kein Bedürfnis, um den Platz an dieser Schule zu kämpfen. Aber, wie gesagt: Es ist vollkommener Schwachsinn, wenn du eine politische Aktion startest, und eigentlich froh bist, wenn sie schiefgeht. Aber für mich war es einfach so.

Was ich vorher als Lebensgefühl hatte, hatte plötzlich eine Artikulationsform gefunden. Nur: Mit dem „Polit.Orgasmus" habe ich etwas gemacht, was weit vor mir war.

Ich habe die drei aus Baden-Baden ja bewundert, und ich habe sie auch noch drei oder vier Mal gesehen. Ich glaube, die haben nicht viel von uns gehalten. Die haben halt gedacht: „Okay, vielleicht wird das ja was. Lasst die mal machen. Aber viel Ahnung haben sie nicht." Wir hatten wirklich keine Ahnung. – Aber für mich war das wie eine Initiation, ein Erweckungserlebnis, so, als ob ich den für mich gehbaren Weg gefunden hätte, meine sprachlichen Fähigkeiten, meine rhetorischen Fähigkeiten und meinen Intellekt einzusetzen. Ich war nie so ein Gewaltmensch. Dazu bin ich zu schwach. Ich habe mich bei unseren Zerstörungsaktionen mitziehen lassen und hatte auch meinen Spaß. Aber mit meinem politischen Engagement war das, als ob plötzlich das, was mir wichtig ist, eine Form findet, in der ich es ausdrücken kann, und gleichzeitig auch meine Wut ausdrücken kann. Das ist alles noch da. Das spüre ich heute noch. Musik ist eine andere Art Aggression auszudrücken. Hendrix hatte eine aggressive Seite, Cream hatte eine aggressive Seite. Das war diese Lautstärke, der Ton und dieses gewisse Etwas. Ich muss das spüren.

Für mich war Musik weniger ein Ding, um mich abzugrenzen. Für mich war das der politische Bereich, in dem ich mich abgrenzte. Da habe ich mit meinem Vater zum Teil richtig Streit gehabt. Er kam und montierte das Mao-Tse-Tung-Poster von der Wand. „Solange du in meinem Haus bist, hängst du so einen Verbrecher nicht auf." – „Aber sicher hänge ich das auf! Ich kann aber auch ausziehen." – „Nein!" Ich habe dann ein Che-Guevara-Poster gekauft und aufgehängt, und das blieb hängen. Er hat sich ab und zu fürchterlich aufgeregt, dann war es aber wieder gut.

Schülerarbeit für den Kunstunterricht: Mao Tse Tung, † 9. Sept. 1976, war der führende Politiker der Volksrepublik China im 20. Jahrhundert. Nach der Ausrufung der Volksrepublik am 1. Oktober 1949 bestimmte er als Vorsitzender der Kommunistischen Partei Chinas fast 30 Jahre die Geschicke des Landes.

Ernesto Rafael Guevara de la Serna, genannt Che Guevara (* 14. Juni 1928 in Rosario, Argentinien; † 9. Oktober 1967 in La Higuera, Bolivien) war ein kubanischer Revolutionär, Politiker und Guerillaführer.

Eine ganz neue Welt!

Es war klar, dass ich nicht mehr zur Schule in Emmendingen gehen konnte. Ich habe gesagt: „Ich will da gar nicht mehr hin. Das bringt sowieso nichts mehr." Mein Vater meinte: „Nein, da hast du Recht, da hast du jetzt eh' keine Chance mehr." Ich kann mich nicht daran erinnern, wie ich nach Freiburg gekommen bin. Das war alles ganz easy. Ich weiß nicht, ob mein Vater dort jemanden gekannt hat, oder was er gemacht hat. Irgendwann hat mein Vater gesagt: „So, du kriegst jetzt einen Platz auf dem Rotteck-Gymnasium. Da musst du jetzt mal hin, dich vorstellen." – Im ersten Moment nach unserer Aktion hatte er gesagt: „Du gehst von der Schule. Du wirst Postbeamter oder so! Klar?" Ich sagte: „Du spinnst wohl! Wenn du das machst, dann ziehe ich hier ganz aus. Das ist doch Quatsch. Ich will weiter zur Schule, ich will nach Freiburg! Was soll das?" Meine Mutter war auf meiner Seite: „Du gehst weiter zur Schule. Dieser eine Lehrer ist sowieso ein Arschloch!" usw. Meine Mutter fand das auch ganz okay. Sie war sehr cholerisch.

Also ging ich ins Rotteck-Gymnasium. Das war eine vollständig andere Welt. Der Direktor war zwar ein alter Mann, aber freundlich: „Wie ist das denn passiert?" Und ich war ja nicht blöd, ich habe ein bisschen erzählt: „Ja, wir waren da auf einem Seminar von der evangelischen Kirche ...", usw. Irgendwann sagte er dann: „Ja, gut, dann probierst du es halt mal hier." Das war ein ganz netter, freundlicher, älterer Herr. Ich kam in meine Klasse, und was ich toll fand, war, dass das nur Jungs waren. Und so verrückt das ist, irgendwie fand ich das gut. Ich bin da rein und fand die total nett. Ich wurde vorgestellt: „... ist leider in Emmendingen von der Schule geflogen!" Einfach eine ganz neue Welt! Das waren ganz andere Leute, zum Teil sehr intellektuelle Leute. Da waren Söhne von ganz bekannten Leuten drin. Ich saß in meiner Klasse, habe mir die angeguckt und fand das einfach irre. Ich muss aber sagen, dass ich auch ein bisschen Angst hatte: „Das ist eine andere Welt, und du bist ein einfacher Junge." Dieses Gefühl war schon da. Ich wusste auch: „Da wirst du dich strecken müssen!" Ich habe dann die Lehrer erlebt, und meine Noten sind schlagartig besser geworden. Zwar nie gut, aber immer so ... Und ich fand die Lehrer bis auf zwei, drei Ausnahmen schlicht gut. Die waren zugewandt. Das war ein vollkommen anderes Erleben. Ich saß da, und da waren die Lehrer, und die waren auf ihre Art alle irgendwie okay. Die haben sich nicht mit uns angelegt, die haben keinen Stress gemacht, sondern waren partnerschaftlich. Ich weiß noch, wie das mit unserem Mathelehrer war: Ich bin zu ihm hin: „Das klappt alles nicht so gut, aber irgendwie möchte ich die ganze Sache durchziehen. Kann ich an dem und dem Tag bei dem und dem abschreiben?" Und er meinte: „Ja, mach's halt." So lief das.

Unter einer Lateinarbeit stand drunter: „Hervorragend erzählt, aber leider frei erfunden." Da gibt es Sachen, die glaubst du gar nicht. Zu dem Lehrer R. habe ich gesagt, das war ein ganz netter und junger Lehrer: „Hör mal, im zweiten Halbjahr lässt du mich immer neben dem und dem sitzen, dass ich da abschreiben kann. Gib mir immer 'ne Vier, das reicht." In Erdkunde hatten wir einen blöden Typen, da hatte ich immer eine Fünf. Ich weiß nicht, was ich da gemacht habe. Wahrscheinlich Musik gemacht und gekifft. Und irgendwie nur das Nötigste gemacht. In Mathe habe ich 'ne Vier geschafft. Da gab es Absprachen mit Lehrern. Ich glaube auf einem anderen Gymnasium hätte ich nicht überlebt. Ich war plötzlich in einer neuen, einer ganz anderen Welt. Ich hatte das Gefühl, dass die Lehrer keine Gegner sind, sondern Leute, die dir keine Steine in den Weg legen wollen. Die erwarten ein bisschen was, und du musst auch irgendwas bringen. Latein war klar, das klappt nicht. Das geht einfach nicht. In Emmendingen wäre ich deswegen vollständig untergegangen. Ich wäre ganz sicher das zweite Mal sitzengeblieben. In Freiburg habe ich das ganz schnell begriffen, dann habe ich genau soviel gemacht, um überall durchzukommen. Der Lateinlehrer hat dann zu mir gesagt: „Sag mal, wie willst du das Abitur machen? Ich kann dich doch nicht mit Drei einreichen! Das geht nicht!" Ich sagte: „Da werden wir schon irgendeine Lösung finden." Und die haben wir dann ja auch gefunden. Die Klasse hat mich total gut aufgenommen. Für die war ich ein Exot. Jetzt begann meine politische Laufbahn, und für diese Klasse war ich plötzlich der politische Leader. Da war ich wer. Aber nicht mehr als Provokateur, sondern politisch. In Deutsch habe ich ganz politische Aufsätze geschrieben und ständig diskutiert. Ich war gut, ich habe viel gelesen. Damals wurde mir ganz schnell klar: „Du wirst Psychologe!" Das, was ich geworden bin, hat sich da entschieden. Ich bin in die Reich-Initiative in Freiburg. In der Specht-Passage haben wir uns immer getroffen. Das war toll und ganz klar: „Das Wichtigste ist, dass da gute Frauen sind!" Aber ich war auch inhaltlich sehr interessiert. Da hatten wir einen Arbeitskreis „Massenpsychologie des Faschismus". Zu dieser Zeit habe ich eine Menge LSD zu mir genommen, aus weltanschaulichen Gründen. Zum Musik machen, aber auch zur Bewusstseinserweiterung. Da hatte ich plötzlich die fixe Idee, ich kriege beim Sex einen Herzinfarkt. Da muss ich mich im Kopf irgendwie verkantet haben. Diese Angst hatte ich über Monate. Das war schon ein bisschen verrückt. Und im Arbeitskreis „Massenpsychologie des Faschismus" habe ich das mal angesprochen, und da haben die Damen alle so ein Helfersyndrom gekriegt. Die wollten mich alle heilen. Und nachher: „Siehst du, das geht doch." Das war so irre, das kann ich gar nicht beschreiben. Einfach von Null auf hundert. Plötzlich war ich umgeben von jungen Frauen, die genauso waren, wie die, die ich auf dem Seminar kennengelernt hatte, und die mich dann aber akzeptiert haben. Das war die schönste Zeit meines Lebens. Ich hatte ganz lange Haare, und dann war ich so, wie die aus Baden-Baden.

Und ich habe an dieser Schule eine richtig führende Rolle gekriegt. Es gab sogar ein Bild vom Schulstreik 1970, da stehe ich mit so einem geilen Mantel und einer jungen Mitschülerin aus dem Droste-Hülshoff-Gymnasium, und wir diskutieren mit zwei Passanten. Lange Haare und schwarzer Mantel. Meine Mutter hat das gleich ausgeschnitten. „Mein Sohn!" Das hat sie allen Nachbarn gezeigt. Mein Vater: „Bist du verrückt? Weißt du überhaupt, was der da macht?" Gleichzeitig hatte ich eine tragende Rolle in dieser Klasse. Da war ich wirklich angesehen. Das war toll für mich. Da bin ich aufgewacht. Wenn man so will, war dieser „Polit.Orgasmus" definitiv das Erwachen. Und da habe ich begriffen, wie das alles funktioniert. Wir haben solche Sachen organisiert, wie eben diesen Schulstreik usw.

Aber ich muss ehrlich sagen: Man hat sich für Politik interessiert, das war auch alles wichtig. Aber es gab immer zwei Ecken. Die andere war definitiv diese sexuelle Befreiung und darum ging es letztendlich. Es gab das Club-Café, das war zwischen KG III und der früheren Unibibliothek. Da hat Powerhouse zur Eröffnung gespielt. Das war unser

Wilhelm Reich, (* 24. März 1897 in Dobzau, Galizien; † 3. November 1957 in Lewisburg, Pennsylvania, USA) war Psychiater, Psychoanalytiker, Sexualforscher und als Soziologe einer der ersten Freudomarxisten. Mit der von ihm ab 1934 entwickelten Vegetotherapie begründete er die Körperpsychotherapie. Nach seiner „Entdeckung des Orgons" 1940 bezeichnete Reich seine Lehre als Orgonomie.

Schüler suchen das Gespräch mit der Bevölkerung

Am Wochenende versuchten Arbeitskreise des Rotteck- und des Kepler-Gymnasiums, in der Innenstadt Gespräche mit den Freiburger Bürgern zu führen. Insbesondere wiesen sie darauf hin, aus welchen Motiven die Schüler in Streik getreten sind. Auf Flugblättern wurde erneut dargelegt, warum der Numerus clausus nach Ansicht der Schüler gegen die Interessen der Bevölkerung verstößt. Die Schüler stellten auch fest, daß an der Pädagogischen Hochschule jetzt schon 150 Bewerber abgewiesen wurden, obwohl der Anmeldeschluß auf den 15. August festgesetzt ist. — Unser Bild zeigt eine Szene auf der Straße: Schüler sprachen Passanten an und diskutierten mit ihnen die Probleme der Bildungspolitik.

Aufnahme: K. Karow

Kein Unterricht im Rotteck-Gymnasium

Heute, Montag, findet im Rotteck-Gymnasium kein Unterricht statt. Die Lehrer versammeln sich zu einer außerordentlichen Personalversammlung. Dabei soll über die Situation, insbesondere über die unzumutbaren Arbeitsverhältnisse, diskutiert werden. Anlaß zu dieser Versammlung war der Tod des erst 47 Jahre alten Kollegen Grasreiner (wir berichteten darüber). Die Versammlung hat, so wird mitgeteilt, nichts mit dem Schülerstreik zu tun, sie konzentriert sich allein auf die personelle Situation der Lehrerschaft.

Domizil. Da haben alle gekifft und alle geplant und gemacht. Das war wie mein Wohnzimmer. Und irgendwann bin ich von zu Hause ausgezogen. Ich zog nach Opfingen in eine WG. Das war für mich wirklich eine tolle Zeit. Freiburg war eine richtig tolle Zeit. Das war politisch! Ich habe viel gelernt, auch mich zu artikulieren. Ich weiß schon gar nicht mehr, was ich damals gedacht habe. Aber es ging vieles. Reich war unheimlich interessant.

Reich, dann kam Marcuse dazu. „Der eindimensionale Mensch" war ein unheimlich wichtiges Buch. Das hat da alles mehr oder weniger über die Älteren vom SDS angefangen: „Das musst du unbedingt mal lesen!" Dann haben wir Freud gelesen. Ich bin da ganz schnell in diese Psycho-Szene reingerutscht. Das hat mich fasziniert. Damals galt Freud ja als ganz revolutionär! Da war ich in solchen Arbeitskreisen, und das hat mir unheimlich Spaß gemacht. Und die Schule lief, ehrlich gesagt, nebenher. Und das zweite Standbein war Musik. Aber nicht so organisiert wie Powerhouse zum Beispiel. Ich hatte gar nicht so viel Zeit. Wir haben Musik gemacht, und wir hatten eine Band. Wir sind ein paar mal aufgetreten, aber nie in einem größeren Rahmen. Wir haben mal im Club-Café gespielt. Aber man muss ganz klar sagen, dass wir so gut nicht waren. Was wir gemacht haben, hat Spaß gemacht. Wir waren ein Trio, und wir versuchten vor allem Stücke von Cream zu spielen, oder „Refried Boogie" von Canned Heat. Da gab es diese Platte, vierzig Minuten lang, zwei Seiten, ein Stück. Eine ganze LP voll. Die musste man umdrehen. Da war ein langes Bass-Solo und dann die Gitarre allein. Das war geil.

„Es geht da nicht um die Harmonien."

Und Rockmusik hat mir immer Spaß gemacht, aber ich war dann einfach mehr in dieser Politszene drin. Wir haben immer Musik gemacht, und wir haben dabei Spaß gehabt. Die Politszene und die Musikszene, das waren zweierlei Szenen. Die Powerhouse-Leute waren keine politischen Leute. Die waren ein bisschen elitär, ein bisschen arrogant. Das war eine Szene, da habe ich nie wirklich reingefunden. Der Gitarrist von Powerhouse war richtig gut, der war wahnsinnig gut. Er hat mir mal ein paar Sachen erklärt, zum Beispiel, dass man fürs Saitenziehen, die G- und die H-Saite durch E-Saiten ersetzt, weil die E-Saite dünner und damit leichter zu ziehen ist. Er hat Unterricht gegeben, aber ich konnte nie welchen nehmen, weil ich kein Geld hatte. Deshalb musste ich mir unheimlich viel selber erschließen. Ich habe ja jahrelang mit meinem Vater Tanzmusik gemacht und damit Geld verdient. Da war ich zwischen vierzehn und siebzehn. Da habe ich Schlagzeug gespielt. Mein Vater ist im Grunde seines Herzens ein Musiker. Er ist ja nur, weil meine Mutter so einen großen Terz gemacht hat, Beamter geworden. Der hätte mehr Geld mit Musik machen können, als mit seinem Job als Beamter. Musik machen war eine Parallelwelt. Die war von allem anderen vollständig unberührt. Ich habe das genossen, weil das eine Ebene war, auf der mein Vater mich akzeptiert hat. Ich habe dazugehört. Das war auch eine Welt, die mir gefallen hat. Die Musiker waren alle gut drauf und zum Teil echt abgefahrene Typen. Meinen Vater habe ich auf eine Art immer ernst genommen. Viele der Sachen, die ihm wichtig waren, hat er auch selbst gemacht. Der hat zum Beispiel keinen Alkohol getrunken. Er hat nicht mit gespaltener Zunge gesprochen. Und das fand ich toll.

Ich saß mit fünfzehn hinterm Schlagzeug, das hätte ich gar nicht gedurft. „Sag, dass du sechzehn bist, wenn dich jemand fragt." Ich habe früh gelernt, mit Regeln kreativ umzugehen. Ich saß dann an Silvester bis nachts um vier hinterm Schlagzeug. Ich habe mitgekriegt, was da mit den Frauen lief. Ich selbst war viel zu jung, und in diese Richtung durfte ich nicht einmal denken! Ich hätte schon mal mit einem Mädchen vom Hotel oder so … Aber da war mein Vater echt hinterher, dass da nichts lief. Das war ein bisschen blöd. Aber sonst: Das war eine schöne Zeit, das war wie eine eigene Welt.

Mit der Tanzmusik habe ich mir das Geld verdient, um mir eine Gitarre kaufen zu können. Ich hatte mit sechzehn, siebzehn schon lange Haare. Die haben meinen Vater nicht gestört. Ich ließ meine Haare ab 1968 wachsen. Ich bin auch nie wegen meiner Haare angepöbelt worden. Doch, einmal ging ich in Teningen in eine Kneipe. Da saß so ein Besoffener und fing an zu stänkern. Das war so ganz dumpf.

Herbert Marcuse (* 19. Juli 1898 in Berlin; † 29. Juli 1979 in Starnberg), deutsch-amerikanischer Soziologe und Philosoph. Hauptwerke: „Triebstruktur und Gesellschaft" und „Der eindimensionale Mensch". Beide Werke gehören zu den wichtigsten Büchern der kritischen Theorie und zählten zu den Standardwerken der Studentenbewegung.

Sigmund Freud (* 6. Mai 1856 in Freiberg (Mähren); † 23. September 1939 in London) war ein bedeutender österreichischer Arzt und Tiefenpsychologe, der als Begründer der Psychoanalyse und als Religionskritiker Bekanntheit erlangte. Freud gilt als einer der einflussreichsten Denker des 20. Jahrhunderts.

"Der Gitarrist von Powerhouse war richtig gut, der war wahnsinnig gut. Er hat mir mal ein paar Sachen erklärt."

"Es geht da nicht um die Harmonien."

Du hast einen Vater, der spielt das Zeug, das Jugendliche in der Zeit gehört haben. Er findet das zwar für den Arsch, aber er spielt es. Er hat mir erklärt, wie das mit dem Schlagzeug richtig geht. – Da fragte ich dann: „Wollen wir ‚Paint It Black' spielen, oder was willst du jetzt machen?" – „Dann mach mal." Dann spielten wir ‚Paint It Black' von den Stones und die Leute fanden das ganz interessant. „War das jetzt Rock'n'Roll?"

Meine Mutter hat sich dafür gar nicht interessiert. Irgendwann habe ich einen Plattenspieler gekauft und habe die Platten aufgelegt, die ich hatte. Ich hatte ganz wenig Geld. Ich habe nie Taschengeld gekriegt. Nie! Das gab es bei uns nicht.

Ich habe mir immer die Platten vom H. geliehen. Der H. hatte alle Platten, der ist ja im Geld geschwommen. Die habe ich auf Kassette aufgenommen. Mein Vater hat sich das angehört und gesagt: „Das ist ja fürchterlich. Das klingt ja schrecklich." Aber das war nichts, worüber man diskutiert hätte. Das war mir scheißegal, was er darüber dachte. Aber er kam nicht und sagte: „Mach den Scheiß aus." Manchmal kam er und sagte: „He, das spielen wir doch auch. Lass mal hören. ... Das ist ja fürchter-

282

lich." – „Meinst du, wie du das spielst? – Du glaubst doch nicht, dass das besser ist?" – „Hörst du überhaupt noch Harmonien?" – „Es geht da nicht um die Harmonien." Mein Vater hat Keyboards gespielt und Orgel.
Den Popshop gab es damals. Und einen Teil dieser Sachen haben wir ja gespielt, als Tanz-Mucke (-Musik). Aber die haben ja vom Musikverlag Gehrig jeden Monat die neuen Top-Fourties als Combo-Noten geschickt bekommen. Als Abonnement. Die konnten mit der Musik meistens gar nichts anfangen, aber die spielten einfach die Noten nach. Die haben nie die Aufnahmen angehört. Das waren perfekte Notisten. Du kannst meinem Vater heute noch irgendwas hinlegen, und der spielt dir das direkt vom Blatt. Egal wie viele Noten drauf sind.
Manchmal, wenn ich Musik gehört habe, sagte er: „Das kenne ich doch!" – „Ja, klar, das ist das und das." Manchmal waren sie auch interessiert. Dann habe ich ihnen Sachen vorgespielt. Alles, was wir aus den Hitparaden zwischen 1965 und 1971 kennen, haben die nachgespielt. Aber manche Sachen konnte man ja nicht einfach nach den Noten spielen. Zum Beispiel haben sie mal „Friday on My Mind" von den Easybeats gespielt, das war natürlich gnadenlos. In der Rockband haben wir uns hingehockt und das rausgehört. Aber sie machten das nicht so. Das interessierte die nicht. Die haben ihre Noten und spielen das nach. Die Melodie hat man natürlich erkannt, die hat einer mit dem Saxofon gespielt. Und die Leute fanden das gut.
Die hatten eine ganz andere Zielgruppe. Das war Tanztee oder abends so eine Tanzveranstaltung. In Kurhäusern, z. B. in Bad Krozingen. Diese Sachen haben sie so eingestreut. Das war immer total lustig. Von den Rolling Stones „The Nineteenth Nervous Breakdown".

Mit dem Pferd durch Afghanistan, ein Jahr vor der sowjetischen Invasion 1979

Ich glaube, mein Vater hat achtzig Prozent von dem, was er gespielt hat, nie im Original gehört, von diesen speziellen Sachen. Der Hauptteil des Potpourris bestand ja aus älteren Tanzsachen. Swing, Foxtrott, Rumba, Chachacha, usw. Das musste ich auf dem Schlagzeug alles lernen. Aber das ist ja nicht so schwer. Und das haben sie gekannt, das ist klar. Damit sind sie ja groß geworden. Das war ihre Musik, und da waren sie richtig gut. Beim Swing habe ich von denen echt was gelernt.

Schulstreik

M: Ich war damals Vorsitzender vom politischen Arbeitskreis und hatte den Fritz Erik Hoevels vom SDS eingeladen. Der hielt Vorträge über Psychoanalyse und war in dieser Hinsicht der Spezialist des SDS, was ich nicht so genau wusste. Aber er hatte so einen tollen Artikel über Kirche, Politik und Religion als Folge von unverarbeiteten Autoritätskonflikten geschrieben. – Vom Politischen Arbeitskreis aus luden wir ja immer irgendwelche Referenten ein. Der Staat bezahlte die auch, die bekamen ein Taschengeld. – Ich hatte bei dem angerufen, und er wollte auch gerne kommen. Wir machten eine Veranstaltung mit ihm. Die war angemeldet und die Einladung an die Schüler ging per Umlauf in der Schule herum. Diese Veranstaltungen fanden abends statt. – Im Nachhinein erfuhr der Rektor, dass der Mann vom SDS war. Der ließ mich zu sich kommen. Er ließ also nicht zuerst den Vertrauenslehrer kommen, sondern er holte mich gleich zu sich. Das ging dann so los, das weiß ich noch ziemlich genau: „Sie haben schon wieder eine Fünf in Latein geschrieben. So geht das nicht weiter." Er war nicht mein Lateinlehrer, aber er versuchte, mich da an einem schwachen Punkt zu treffen. „Und überhaupt: Nun haben Sie mir diesen üblen Typen hier in die Schule geholt. Das gibt ja Chaos, Revolution!" Und dann schrie er immer lauter. Was wollte man da machen? Ich wurde ruhiger, und er brüllte, bis sich seine Stimme überschlug. Ich sagte dann: „Also, ich gehe jetzt." – Nach dieser SDS-Geschichte war der Rektor zwei Wochen krank. Da holte mich sein Vertreter zu sich rein und sagte: „Also, das dürfen Sie nicht mehr machen. Der hatte fast einen Herzinfarkt. Jetzt ist er wieder zwei Wochen krank, und ich muss die ganze Arbeit machen." In diesem Stil ging das. Der war dann erst mal krank, danach war er wieder da. Dann hat immer mehr der Konrektor diese Sache in die Hand genommen.

Als diese Schulstreiks wegen Oberstufenreform waren, haben wir beschlossen, dass auch wir, zumindest die Oberstufe, streiken wollen. Offiziell durften wir das ja nicht machen, deshalb machten wir das eben spontan. Ich ging zum Konrektor und sagte: „Die Schüler sind alle unruhig. Wir brauchen eine Versammlung. Wir müssen darüber reden." „Hm, hm, ja." Die Versammlung wurde erlaubt, aber nur für die Oberstufe. Da waren auf einmal aber auch die von der Untersekunda in der Aula. Die kamen einfach von sich aus mit dazu. Er sagte, dass er mit den Schülern reden wolle. Aber die brüllten ihn gleich nieder. Ich sagte: „Es tut mir leid, die wollen Sie gar nicht hören. Was soll ich machen?" Ich erzählte dann so ein bisschen, um was es bei dieser Aktion gehe. Andere auch. Dann sagte ich: „Sie sehen, die wollen abstimmen." Er sagte, dass er das nicht erlaube. Ich sagte: „Ich kann gar nicht anders." – „Dann verlasse ich aus Protest den Raum!" Er ging raus, wir stimmten ab. Bei der Abstimmung wurde ein Streik befürwortet.

Es ging um die Oberstufenreform etc., um das, was der Kultusminister Hahn damals umsetzen wollte. Wir hatten ja so tolle politische Parolen, wie: „Wenn der Hahn kräht auf dem Mist, ändert sich's Wetter oder es bleibt wie es ist." Ich weiß gar nicht mehr so genau, um was es eigentlich ging.

Das war die erste größere Demo in Emmendingen. Die Polizei wusste vor uns, dass wir streiken wollten. Wir selbst waren uns noch gar nicht sicher, aber die wussten das. Wir riefen bei der Polizei an, um das anzumelden. Die waren kooperativ und stellten uns die Megafone zur Verfügung, damit das ordentlich ablief. Die, die ein Auto hatten, fuhren vorneweg. Wir zogen mit Megafonen durch die Stadt, und da standen die Leute vor den ganzen Geschäften und unter den Türen und schauten uns zu. Und der Kinobesitzer Ambs stand beim Kreisverkehr und klatschte.

Ein familiäres Erbe

M: Ich war in Riegel in der Volksschule. Die Politisierung hat so in den letzten zwei Schuljahren angefangen. Ich weiß nicht, was der Auslöser war. Mein Vater war politisch sehr engagiert. Einmal parteipolitisch: SPD, Gemeinderat, SPD-Ortsvorstand, und er war gewerkschaftlich organisiert. Er war Betriebsratsvorsitzender, war in der Ortsverwaltung der IG Metall. Mich wundert immer, dass ich das Einzige von fünf Geschwistern war, der ein bisschen in seine Fußstapfen getreten ist.

Wir hatten einen Lehrer, der bekennender CDU-ler war. Er war sehr jung und hatte irgendwie einen Narren an mir gefressen. Ich weiß nicht, ob er bei mir immer so das Contra gesehen hat. Das habe ich ein bisschen ausgelebt. Anstatt, dass ich Druck von ihm bekomme habe, hat er mich in dieser Frage gefördert. – Damals gab es eine Zeitschrift, die „Der Schlagring" hieß. Diese Zeitschrift beschäftigte sich mit Übergriffen von Lehrern auf Schüler. Diese Zeitschrift habe ich mal gekauft, und das hat dieser Lehrer mitbekommen. Daraus ergab sich eine Diskussion. Wir hatten ganze Unterrichtseinheiten über dieses Verhältnis: Lehrer – Schüler und die politischen Verhältnisse.

Nach der Volksschule stellte sich die Frage: „Was lernsch denn?" Mein Vater war Maschinenschlosser, mein großer Bruder hat Maschinenschlosser gelernt. So bin ich in deren Fußstapfen getreten. Als ich fünfzehn war, ist mein Vater gestorben. Meine Mutter sagte: „Komm, geh da hin!", weil da eine gewisse Beziehung zu dem Betrieb war, in dem mein Vater gearbeitet hatte. 1969 habe ich die Lehre angefangen. Ich bin schon mit einer gewissen politischen Einstellung in den Betrieb gekommen. Ich kannte den neuen Betriebsratsvorsitzenden, den Nachfolger meines Vaters, weil er oft bei meinem Vater gewesen war, um sich Rat zu holen. Mein Vater war lange krank, und wenn Betriebsversammlungen waren, und der neue seine Rede schreiben musste, ist er zu meinem Vater gekommen, und der hat ihm ein bisschen geholfen.

Schon in der ersten Woche, als ich im Betrieb war, ging ich zu diesem Betriebsratsvorsitzenden und sagte: „Ich will in die IG Metall eintreten." Der war total perplex, weil er das nicht gewohnt war. Er sagte: „Normalerweise gehe ich auf die Leute zu und überrede sie." Er sagte dann: „Langsam, langsam, ich wäre schon noch gekommen." So ging das los. Dieser Betrieb war gewerkschaftlich gut organisiert und hatte eine Jugendvertretung. Aber diese Jugendvertretung war keine politische Vertretung, sondern man hat sich alle vierzehn Tage an einem Abend getroffen und hat ein bisschen geredet und diskutiert, Spiele gemacht usw. Diese Treffen fanden im Hasenheim (Kleintierzuchtverein) in Teningen statt. – Der damalige Betriebsratsvorsitzende und ein paar Betriebsräte, sind abends mit dem Auto herumgefahren, haben die Jugendlichen abgeholt, ins Hasenheim gebracht, zwei Stunden lang ein bisschen Programm gemacht und dann wieder nach Hause gefahren. Unvorstellbar heute! Diese Jugendgruppe habe ich, nachdem ich sehr schnell Jugendvertreter geworden war, erst mal so weitergeführt. Das war mir aber irgendwann zu wenig. Ich arbeitete mit der IG Metall in Freiburg enger zusammen. Dann hat sich in der Teninger Gruppe, ein Wandel ergeben, da sind Jugendliche vom Tscheulinwerk und von der Frako dazu gekommen, die die Sache ein bisschen mehr politisch nach vorne gebracht haben. Dann gab es einen Konflikt, weil die Betriebsräte gemerkt haben, dass das in eine andere Richtung geht. Auf einmal fing die politische Diskussion an. Da waren sie überfordert. Das war ihnen suspekt, damit wollten sie nichts zu tun haben.

Im meinem Betrieb war es üblich, dass die Lehrlinge im ersten Lehrjahr morgens mit einem Leiterwagen durch den Betrieb gefahren sind, um Bier und Essen zu verkaufen. Da fing die Diskussion an: „Warum müssen wir das machen? Das hat mit unserer Ausbildung nichts zu tun." Die Betriebsräte waren in einem Konflikt, weil die Kollegen das gefordert haben, aber eigentlich wussten, dass das nicht richtig war. Die haben uns nicht geholfen. Dann haben wir gesagt, dass wir das nicht mehr machen. Wir streiken! Da war der helle Aufruhr. Es war Streik in kleinem Maße, es war Arbeitsverweigerung. Das führte dazu, dass die Eltern von der Betriebsleitung angerufen wurden, und Druck auf uns ausgeübt wurde. Aber schließlich setzten wir uns durch. Das war der erste Erfolg, den wir erkämpft hatten. Aus dieser Erfahrung heraus bildete sich eine Gruppe. Als ich im zweiten Lehrjahr war, sind vom ersten Lehrjahr zwei dazu gekommen, der H. und der C. Die hatten einen politischen Anspruch. Dadurch wurde alles ein bisschen radikaler. Am Anfang hatte ich Angst, alleine mit meiner Meinung zu stehen. Aber als die dazu gekommen sind, waren wir eine Dreier-Clique, und dann kamen immer mehr dazu. Da wir gemerkt haben, dass man etwas erreichen kann, wenn man einfach mal „nein" sagt, wurden wir mutiger mit unseren Forderungen. Damals stand im Betriebsverfassungsgesetz, dass ab einer gewissen Größenordnung den Jugendlichen ein eigener Aufenthaltsraum zusteht. Kein Mensch wollte einen eigenen Aufenthaltsraum, aber wir setzten das durch, um zu sehen, ob man das durchsetzen kann. Dann haben wir einen Raum bekommen, und keiner ist reingesessen. Das waren solche Machtspiele.

Aber ich war ja nicht nur ein engagierter, sondern auch ein ganz normaler Jugendlicher. Der H. und ich, wie hatten beide einen „Prinz" (NSU). Die Jahre, in denen wir befreundet waren, haben wir gute Sachen miteinander gemacht. Nicht nur solche Leichtsinns-Sachen, wie Autorennen auf irgendwelchen Landstraßen oder Saufereien. – Der H. war ein politisch denkender Mensch. Wir haben uns sehr gut ergänzt und vieles gemeinsam gemacht. Als er in den Betrieb kam, war das ein richtiger Schub für mich. Er hat Ideen mitgebracht. Du bist ja oft mal im Zweifel: „Machst du es oder machst du es nicht? – Was kann passieren?" Und er sagte immer: „Komm, wir machen es! Scheißegal! Was soll uns schon passieren?" Er hat mir immer Mut gemacht. Ich war fasziniert vom SDS. Was die gemacht haben, hat uns beeinflusst. Wir haben gesehen, dass die was machen, Demonstrationen gegen das und gegen das. Da wollte ich dabei sein. Wir sind einmal in Freiburg im SDS-Büro gewesen, um einzutreten. Die haben uns aber nicht aufgenommen. Sie sagten: „Das geht nicht. Lehrlinge können bei uns nicht Mitglied sein." Da waren wir tödlich beleidigt. Wir wollten doch dazugehören.

Wir lernten auch die Jugendvertreter aus anderen Betrieben kennen. Da kam die H. ins Spiel. Aber nicht nur die H., sondern auch den Che, der damals in der DKP war. Er stotterte ein bisschen. Verschiedene politische Richtungen spielten eine Rolle. Da beschlossen wir, dass wir aus Teningen raus müssen und in Emmendingen etwas machen müssen. Da bildete sich diese IG-Metall-Jugendgruppe mit verschiedenen Einflüssen, wie DKP, KPD/ML, KBW. Was es da alles so gab. Da wurde gezielt politische Arbeit gemacht. Wir haben uns ein Programm vorgenommen und uns alle vierzehn Tage getroffen. Wir haben Themen festgelegt und versucht, zum Vietnamkrieg und zu allem, was politisch aktuell war, Hintergrundinformationen zu bekommen. Wir haben eigene Veranstaltungen gemacht. Zum 1. Mai. Lauter solche Sachen. Das war so der Höhepunkt, weil nicht nur Jugendliche aus den Teninger Betrieben, sondern auch aus Emmendinger Betrieben zusammenkamen. Wir waren in dieser Zeit so 15 Leute. Wir haben uns regelmäßig in der „Sinnerhalle" in Emmendingen getroffen, weil die ein großes Nebenzimmer hatten.

Der Jugendbeauftragte der IG Metall hat das am Anfang gefördert und uns unterstützt. Das wandelte sich erst, als er gemerkt hat, dass gewisse politische Einflüsse die Oberhand bekamen. Da versuchte er, sich zu distanzieren. Da war es aber schon zu spät, weil es inzwischen auch eine Jugendgruppe in Freiburg gab. Die wurde mehr vom KBW beeinflusst. Es war ein gewisser Konkurrenzkampf: Wer hat die reinere politische Lehre oder wer ist der Verräter (der Arbeiterklasse)? Dennoch hat diese Gruppe drei, vier Jahre aktiv Politik gemacht, mit unterschiedlichen Personen. Aus diesem Kreis heraus haben sich Leute entwickelt, die auch heute noch gewerkschaftspolitisch etwas machen.

Mit mir hatten damals 17 Lehrlinge angefangen. Ich und noch ein anderer bekamen mitgeteilt, dass wir nach Abschluss der Lehre nicht übernommen werden. Es war klar, beim anderen wegen seiner Fehlzeiten, und bei mir wegen meiner Tätigkeit als Jugendvertreter. Wirtschaftlich ist es dem Betrieb gut gegangen. Die wollten mir einfach einen Dämpfer verpassen.

Damals war die Situation auf dem Arbeitsmarkt so: Du hast dort aufgehört und hast irgendwo anders angefangen. Ich nahm mir also einen Tag frei, um mich vorzustellen, und hatte dann die Möglichkeit, an zwei verschiedenen Stellen anzufangen, beim Emmendinger Maschinenbau und beim Sick. Ich habe mich damals für den Sick entschieden, was einfach damit zu tun hatte, dass ich dort ein paar Leute gekannt habe.

Im Sand verlaufen

Das war in der Zeit, als der Maurer in Malterdingen in Konkurs gegangen ist. Das war ein neu gegründeter Betrieb, und der Einfluss der IG Metall war sehr gering. Durch den I., mit dem ich befreundet war, und der dort Jugendvertreter war, hatten wir einen Bezug zu diesem Betrieb. – Wegen des Konkurses hat eine Versammlung in der Gaststätte am Bahnhof in Riegel stattgefunden. Dort sind wir hingegangen. Alle waren sehr aufgeregt. Die IG Metall wollte die Kollegen nicht unterstützen: „Der Organisationsgrad ist zu gering, da seid ihr selbst schuld, wärt ihr Mitglied geworden!" Ich meldete mich zu Wort: „Ich finde das nicht richtig! Jetzt wäre die Chance da, zu zeigen, dass die Gewerkschaft die Arbeitnehmer unterstützt. Ich finde, die Haltung der IG Metall ist eine Schweinerei!" Das hat jemand in die Ortsverwaltung getragen. Dann habe ich ein Ausschlussverfahren bekommen wegen gewerkschaftsschädigendem Verhalten.

Da der zuständige Gewerkschaftssekretär ein Freund meines Vaters gewesen war, war er im Konflikt. Er hat gemerkt, dass ich mich zu der Zeit nach links bewegt habe. Das war ihm suspekt. Er wollte mich immer wieder einfangen, aber das ist ihm nicht gelungen. Die Ortsverwaltung hat dann einen Ausschlussantrag gegen mich gestellt. Ich reagierte schriftlich. Eine Kollegin aus dem Wehrle-Werk unterstützte mich dabei. Wir schrieben einen langen Brief, dass sie eine falsche Politik machen würden usw. Ich musste Stellung nehmen. Ich bin zu einer Sitzung in der Ortsverwaltung eingeladen worden, wo ich persönlich zu diesen Äußerungen Stellung nehmen sollte. Die Sache ist dann aber im Sand verlaufen. Im Nachhinein weiß ich, dass der Gewerkschaftssekretär das unter der Decke gehalten hat, sonst wäre ich wahrscheinlich ausgeschlossen worden. Wobei meine Äußerung in Riegel nur der Vorwand gewesen wäre. Die haben gemerkt, wohin ich gehe, und dass ich Einfluss in der Arbeiterjugend in Emmendingen habe. Die wollten das einfach unterbinden.

Der Bruch

Als ich zur Bundeswehr gekommen bin, habe ich mich zwar immer noch politisch betätigt, was mir riesigen Ärger bei der Bundeswehr eingebracht hat. Aber als ich wieder zurückkam, waren in der Gewerkschaft neue Leute da. Auch in der Gewerkschaftsjugend. Die waren angepasster. Für die waren wir zu radikal. Es ist uns nicht gelungen, wieder Fuß zu fassen. Es gab einen Jugendtag, wo der Ortsjugendausschuss neu gewählt wurde. Wir waren vier, fünf Ehemalige, und wir merkten, dass das nicht mehr unsere Welt ist. Die haben uns gar nicht verstanden. Wir sind abgeschifft. Wir mussten eine Wahlniederlage einstecken. Wir wurden nicht mehr akzeptiert. Innerhalb von vier Jahren war der Bruch da. Die Zeit war vorbei.

Vietnam, Rechtsradikalismus, Häuserkampf

Es gab zwei Sachen, die mich neben der Gewerkschaftsarbeit intensiv geprägt haben: der Vietnamkrieg und das Wiederaufkommen des Rechtsradikalismus. Damals hat die NPD oder eine andere rechtsradikale Organisation eine Demonstration in Freiburg veranstaltet. Es gab einen Aufmarsch mit Fackelumzug, nachts, und es gab eine riesige Gegendemonstration von allen Linken, von der Studentenbewegung über die Gewerkschaft und sonstigen politischen Organisationen. Wir hatten vielleicht zwanzig NPD-Leute in einer Seitenstraße eingekesselt. Die Polizei ist nicht mehr an die rangekommen. Das Aha-Erlebnis war, dass die Bewohner aus den Fenstern Wasser auf die rechten Demonstranten geschüttet haben.
M: Das war in der Fischerau. Die meisten Rechten haben sich abgesetzt, als sie gesehen haben, dass die Gegendemonstration so riesig ist. Es war nur noch ein kleiner Kern, uniformiert, in braunen Hemden mit solchen Lederkoppeln und so einem Zeug. Nachdem sie zuerst Wasser von oben auf den Kopf bekommen hatten, stiegen sie in den Bach, das war der einzige Fluchtweg.
M: Und da war noch etwas, was mich bis heute geprägt hat: diese Hausbesetzerszene Ende der Siebziger Jahre. Als es um den Schwarzwaldhof ging. Das waren so die Schwerpunkte in der politischen Auseinandersetzung, womit man sich in der Zeit befasst hat.

„Das will ich auch!"

Ich habe ein familiäres Erbe übernommen. Ich habe durch die Erziehung mitbekommen, dass so ein Engagement notwendig ist, und das es auch wichtig ist, wo man politisch steht. Dass man SPD wählt und in der Gewerkschaft ist, war in der Familie selbstverständlich, aber nicht nur zahlendes Mitglied, sondern auch politisch oder gewerkschaftlich aktiv. Das hat damit zu tun, dass ich auf dem Dorf lebte. Man respektierte meinen Vater, obwohl er aus armen Verhältnissen kam. Meine Eltern waren Flüchtlinge, und er musste sich seinen Status erst erkämpfen, in einem Ort, der schwarz und katholisch war. Das führte zu Konflikten. Diese Anerkennung, die er sich geschaffen hatte, das hat mich inspiriert: „Das will ich auch! Ich will jemand sein, den man akzeptiert für seine Meinung."

Abitursfeier

M: Derjenige, der den besten Deutschaufsatz im Abitur geschrieben hatte, sollte zur Abitursfeier die Abitursrede halten. In einem Jahr war es eine Autorin und Schwester des Herausgebers dieser rechten Schülerzeitung „Im Brennpunkt". Sie hat in der Fritz-Boehle-Halle die Abitursrede gehalten. Das war die letzte Abitursfeier, weil irgendwie kolportiert wurde, dass der SDS die Veranstaltung sprengen wollte. Die Schulleitung konferierte mit der Polizeileitung von Emmendingen, und was weiß ich mit wem allem. Zwei oder drei Wasserwerfer standen irgendwo bereit. Und bei der Veranstaltung selbst waren die körperlich fitteren Lehrer im Eingangsbereich und auf der Empore postiert. Wir hörten nur Gerüchte. Wir hatten ja Kontakte zum SDS, aber wir wussten von nichts. Wir merkten nur, dass die Lehrer wahnsinnig aufgeregt waren. Es passierte gar nichts. – Im nächsten Jahr wurde die Abitursfeier gekappt. Und das Jahr drauf wäre ich dran gewesen. Ich denke, dass die dachten, dass es Ärger geben würde, wenn ich da etwas erzählen sollte. Und das hätte es auch.

Zur Bundeswehr

M: Als die Bundeswehr auf mich zukam, stand ich vor der Frage: „Wie mache ich weiter mit meinem politischen Engagement?" Von meiner inneren Einstellung her hätte ich verweigern müssen. Aber die Frage war auch: Gehe ich nicht doch besser rein, um mich richtig zu engagieren? Um das kennenzulernen und dann zu blockieren? Was man da so an Ideen hatte.

Drei Tage nach dem Abitur ging ich zur Bundeswehr. Ich habe mich für zwei Jahre verpflichtet. Ich hatte Vorgesetzte, die waren unheimlich toll.

iB im brenn● 2/69

Protest!

Eine Psychose ist ausgebrochen !Nein,sie wurde erzeugt und gehätschelt - die Psychose , die da heißt " Demokratisierung ". Welch ein wohlklingendes,verheißungsvolles Wort - "Demokratisierung" ! Ein Zauberwort,das denen,die es aussprechen , alle Widerstände sofort aus dem Wege räumt ,Lehrer ,Professoren , Journalisten und Minister weich werden läßt wie Butter an der Sonne , ein " Sesam öffne dich ",eine Tarnkappe für jeneZiele, die man mit "Umfunktionierung aller bestehenden Verhältnisse " oder einfach mit Revolution bezeichnen könnte.
Was anders meinen unsere SDS-Zöglinge und Schülerfunktionäre als Abschaffung jeder notwendigen und natürlichen Autorität sowie Befestigung ihrer eigenen Macht,wenn sie lautstark die "Demokratisierung der Schule"fordern?Sicherlich nicht Gleichberechtigung der Schüler untereinander !Sicher auch nicht Förderung der Kameradschaft und Abbau der Spannungen zwischen Lehrern und Schülern ! Denn andernfalls wäre es nicht möglich, daß Oberprimaner - im Zuge der Aktion "transparente Noten" - einen Lehrer angreifen deshalb, weil er in der Parallelklasse dem und dem Schüler eine zu gute (!)Note gegeben habe! Es wäre

● Totalitäre Bestrebungen,autoritäres Verhalten,Intoleranz und eingebildete Wichtigtuerei,gepaart mit übelstem,unkameradschaftlichem Egoismus - d a s sind die Attribute jener Clique,die eine träge,kritiklose Masse von Pennälern für ihre Zwecke mißbraucht - mit Hilfe eines Schlagwortes,einer Phrase:"Demokratisierung"!

● Da gibt es an unserer Schule doch z.B. Obersekundaner,die "politische Aufklärung der Schüler" in Form von unsittlichen Schriften und massiver Beleidigung der Lehrerschaft betreiben wollten.Über solche Vorfälle ist man bestürzt,empört und erwartet von der Schülervertretung,daß sie sich distanziert.

Auszüge aus „Im Brennpunkt", einer rechten Schülerzeitung am Emmendinger Gymnasium. Der ehemalige Herausgeber wollte auf Anfrage des Autors sein politisches Engagement in seiner Jugend nicht kommentieren.

Richtig kritische Leute. Da waren auch welche, die mich förderten. Ich war am Ende Offizier beim Nachrichten- und Sicherheitswesen. Ich war auf der Nachrichtenschule. Obwohl das von der politischen Seite her hochproblematisch war. Da nahm mich der Militärische Abschirmdienst richtig auseinander. Ich überlegte mir natürlich, was die mich fragen werden, und was ich antworten werde. Damals war der Vietnam-Krieg, und da hakte es natürlich aus. Da war gerade die Weihnachtsbombardierung gewesen. Da habe ich richtig auf den Putz gehauen. Und die waren zu zweit. Der eine hat mich da unterstützt und der andere …? Da sagte ich rigoros, dass das für mich undemokratisch sei. Das war auch das Bewusstsein bei vielen meiner Kumpels. Um Karlsruhe herum waren amerikanische Kasernen, und auf den Schießgeländen haben wir die GI's ja getroffen. Die liefen immer so mit breiter Brust rum. Zu denen habe ich immer gesagt: „Ihr seid ja Idioten! Übermorgen seid ihr in Vietnam."
Mein Kommandeur war von der politischen Einstellung her schwarz wie die Nacht. Er sagte: „Jetzt werden Sie enttarnt. Jetzt kommt der MAD, der nimmt Sie auseinander." Für den waren alle, die sich kritisch engagierten, Revoluzzer. Politische Agitation ist bei der Bundeswehr ja verboten. Politische Information erlaubt. Er, als Kommandeur, gab solche Umläufe mit Zeitungsausschnitten aus der „Welt" herum. Die waren richtig dick und von ihm kommentiert. Der hatte also auf diese ohnehin schon konservativen Artikel noch eins draufgesetzt. Mein Chef war eher ein Kritischer. Als er diese Umläufe sah, sagte er: „Was machen wir denn da? Guck dir das an! Guck dir das an!" – „Wir kommentieren das auch." Dann hingen wir unseren Kommentar in das Chef-Buch rein. Seine Sache war ja nicht legal und unsere auch nicht. Er hat das akzeptiert. So lernte man, sich mit ein bisschen Courage durchzuwühlen.

Der MAD war ja informiert über meine politischen Aktivitäten als Schüler, wenn ich als Verantwortlicher auf Flugblättern stand usw. Das sammelten die ja. Die hatten die Informationen, die beim Verfassungsschutz lagen. Zum Beispiel, dass ich im Politischen Arbeitskreis Oberschulen, dem PAO, war. Die Leute vom MAD fragten mich nach einer Organisation, die ich gar nicht kannte. Da sollte ich angeblich im Gründungsvorstand gewesen sein. Mir schwante dann was. Da wollten wir als Schüler von der SMV einen Landesarbeitskreis gründen, um Gelder einzuwerben. Und der Hauptmacher war der B. von der CDU. Das war so ein kleiner Rebell. Der wollte diesen Arbeitskreis, um einen Verein gründen zu können, damit er an Gelder herankam. Wir waren damals noch keine achtzehn. Das war beim Landratsamt als Antrag eingelaufen, und den hatte der Verfassungsschutz – nicht ahnend, dass das eine ganz harmlose Geschichte war. Solche Sachen hatte der MAD natürlich. Als sie mit der Überprüfung fertig waren und mir das „Okay" gegeben hatten, sagten die mir, dass sie, als sie meine Unterlagen gesehen hatten, überzeugt waren, dass ich ein Unterwanderer wäre, und dass sie mich entlarven würden. Ob das nun nur so ein Spruch war oder ob dem wirklich so war, weiß ich nicht.

Ein paar Birnen in meinem Kopf

F: Ich wollte Psychologie oder Medizin studieren, was nicht nur an den Studiengebühren scheiterte, sondern auch daran, dass ich das große Latinum nicht hatte, und auch keine Lust hatte, es nachzumachen. Dann wurde ich von den Eltern sehr gedrängt, zur PH zu gehen, weil das erstens nichts kostet und zweitens, weil ich sowieso nach drei Jahren heiraten, zwei Kinder bekommen würde, dann eine gut bezahlte Halbtagsstelle hätte und mich um meine Kinder kümmern könne. Das war sozusagen die

Prognose. Ich ging auf die PH, aber ich war selten so unglücklich in meinem Leben. Ich saß jeden Tag heulend im Zug und fuhr wieder zurück nach Emmendingen. Ich hatte das Gefühl, vom Niveau her war es unter der dreizehnte Klasse. Es war nicht so, wie ich mir das Studium vorgestellt hatte. Es war Schule, nichts anderes. – Dann verliebte ich mich, und beschloss mit meinem Freund nach Heidelberg zu gehen. Die Beziehung ging aber in die Brüche, ich hatte aber das Zimmer und mich auch schon immatrikuliert. Ich nahm das als Absprung, ging allein nach Heidelberg und studierte dort am Dolmetscherinstitut Englisch, Spanisch und Volkswirtschaft. Zur großen Begeisterung beider Eltern hatte ich kurz danach das Gefühl: „Das ist es auch nicht."

In Heidelberg habe ich mich politisiert. Ich ging allein nach Mannheim zu Angela-Davis-Demos. Diese Rassengeschichte. Vorher schon hatte ich angefangen, mit wacheren Augen durch die Welt zu laufen und überhaupt zu kapieren, dass ich aus einem konservativen Elternhaus komme. Das hatte ich vorher nicht so gepeilt.

Ich nutzte die Zeit in Heidelberg und ging ganz allein zu Veranstaltungen, zu Demos, las in der Mensa jeden Mittag alle Flugblätter und merkte irgendwann, dass das Herz eher links schlägt. Ich hatte wieder einen Freund, der zu mir nach Heidelberg zog. Er hatte Jura studiert und wollte unbedingt nach Bremen, weil er das Jurastudium an den Nagel hängen wollte. Damals war bildungspolitisch absolute Aufbruchsstimmung. Die ersten großen Reformhochschulen wurden gebaut. Bremen war da federführend. Er wollte unbedingt Arbeitslehre und Politik studieren, ein Projektstudiengang, wo alle Fächer übergreifend und interdisziplinär laufen. Ich sagte, dass ich mitkommen wolle, weil ich das Dolmetscherstudium so ätzend fand. Ich fand diese Frauen so unpolitisch, das ging mir so auf die Mütze. Wir hatten einen schwarzen Lehrbeauftragten

Angela Yvonne Davis (* 26. Januar 1944 in Birmingham, Alabama, USA) ist eine US-amerikanische Bürgerrechtlerin, Philosophin, Humanwissenschaftlerin und Schriftstellerin, die in den 1970er Jahren zur Symbolfigur der Bewegung für die Rechte von politischen Gefangenen wurde.
Heute arbeitet sie als Professorin an der University of California, Santa Cruz .

im Fach Landeskunde, der mit uns Black-Panther-Sachen diskutierte. Dann beschwerten die sich gleich: „Das brauchen wir gar nicht, wir wollen Wirtschaftsenglisch!" Ich hatte das Gefühl, hier völlig verkehrt zu sein. Dabei bin ich so gerne in seine Vorlesungen gegangen, weil ich das so spannend fand, was er mit uns besprochen hat, oder die Texte, die er vorgeschlagen ha,t oder auch Bücher über afroamerikanische Befreiungsbewegungen. Da hatte ich zum ersten Mal das Gefühl, dass da ein paar Birnen in meinem Kopf angehen. Ich habe zum ersten Mal Zusammenhänge gesehen. In den Osterferien habe ich ein dickes Buch über afroamerikanische Geschichte gelesen. Darin stand, dass die Nordstaaten Interesse hatten, die Sklaverei abzuschaffen, weil sie die Arbeiter mit der zunehmenden Industrialisierung brauchten, und das ging in Ketten nicht. Solche politökonomischen Zusammenhänge wurden mir plötzlich klar. Ich dachte: Das Leben kann total spannend sein, wenn man nicht mit solchen Blindfischen an einem Tisch sitzt.

Also ging ich mit nach Bremen. Ich studierte Deutsch und Englisch im Projektstudiengang. Wir studierten politische Ökonomie und Kritik der bürgerlichen Wissenschaft usw. Es war ein einmaliges Studium, das sie ein paar Jahre drauf wieder abgeschafft haben. Aber das war vier Jahre lang ein einziger Genuss. Spannend! Wir trafen uns an den Wochenenden, wir gründeten Lesekreise. Das war einfach toll! Als ich das zweite Staatsexamen für die Schule hatte, war mir klar, dass ich nicht in die Schule gehen würde. Aber ich brachte es nicht übers Herz, meinem Vater zu sagen: „Das ist es auch nicht!" Allein aus finanziellen Gründen nicht. Ich konnte ja nicht hundert Jahre studieren. Ich machte Tutorien an der Uni und bekam über die Friedrich-Ebert-Stiftung ein Stipendium. Ich wurstelte mich finanziell durch. Als ich das zweite Staatsexamen und das Referendariat gut abgeschlossen hatte, kam der Konrektor eines renommierten Gymnasiums in Bremen mit dem Weinbrand im Schwenker auf mich zu und sagte, er hätten mit der Behörde Kontakt aufgenommen, und sie dürften mich übernehmen: „Nicht nur, dass wir eine Deutsch- und Englischlehrerin brauchen, wir würden Sie gerne übernehmen." Ich sagte: „Machen Sie jemand anders eine Freude mit der Stelle, ich gehe nicht in den Schuldienst."

Schlettstadt im Westen

Gerne für Ordnung gesorgt

M: Mein Vater war Eisenbahner. Schon mein Großvater war bei der Bahn. Er war Zugführer, als 1930 der Tunnel von Sainte Marie eingeweiht wurde. Leider ist mein Vater schon 1957 an Krebs gestorben, als ich gerade mal dreieinhalb Jahre alt war. Ich bin der Jüngste von fünf Kindern. Im Krieg war mein Vater in russischer Gefangenschaft. Nach seiner Rückkehr wurde er ein bekannter Sportler im Elsass. Er war in der Auswahl und startete mehrmals bei internationalen Leichtathletikwettkämpfen als Läufer für Frankreich. Er war einmal elsässischer Meister. Leider habe ich nicht mehr viele Erinnerungen an meinen Vater.
Die Eltern meiner Mutter hatten ein Gemüsegeschäft. Zwiebeln sind eine Schlettstädter Spezialität. Meine Mutter hat mitgearbeitet. Sie haben vor allem die roten Zwiebeln gepflanzt. Als mein Vater gestorben war, hat sie weitergemacht, gepflanzt und sonst hier und da noch ein bisschen gearbeitet. Meine ganze Familie mütterlicherseits und väterlicherseits stammt von hier.

Ein Stück Bambus

Wir waren etwa 25, 30 Kinder in der Klasse, nur Buben. Ich war in der Primärschule von der Einschulung an, bis ich vierzehn war. Mit der Abschlussprüfung hatte man das „certificat d'études". Viele sind wie ich mit vierzehn in die Lehre gegangen, andere gingen noch weiter zur Schule.
Die Schule ging von 8 bis 12 Uhr und von 13.30 bis 16.30 Uhr. Donnerstags hatten wir frei. In der Hofpause spielten wir Ball. Nachmittags war ab und zu Programm, das nicht immer in der Schule ablief. Manchmal machten wir einen Ausflug in den Wald, um die Natur zu entdecken, der Lehrer erklärte uns alles. Einmal im Monat durften wir einen Film ansehen, z. B. Moby Dick. Ab 1959 haben wir in der Schule ein Glas Milch bekommen, das mussten wir trinken, ob wir wollten oder nicht. Das musste geleert werden.
Die Lehrer hatten ihren Schurz (eine Art Arbeitsmantel). Wenn der Lehrer oder der Direktor in die Klasse kamen, mussten wir aufstehen und anständig am Platz bleiben.
Wenn wir Probleme hatten, konnten wir zum Herrn Direktor gehen. Er empfing uns und fragte: „Was hast du?" oder „Hast du Probleme?" Die Eltern konnten auch mit dem Lehrer sprechen oder zum Direktor kommen. Er hatte Sprechstunden. Wenn jemand nicht zufrieden war, konnte die Familie mit ihm sprechen.
In der Pause gab es auch Krach mit anderen Klassen. Wir hatten in der Schule eine „Eselklasse". Alle, die nicht gut waren, wurden zusammen in eine Klasse gesteckt. Die hatten einen Lehrer, der einem Schüler auch mal die Ohren langzog. Das waren die Dümmsten vom Verstand her. Wenn sie mit uns in der Pause waren, suchten sie regelmäßig Streit. Sie waren sehr kräftig. Wir sagten immer, sie haben nichts im Kopf, aber dafür haben sie Kraft. Wir mussten uns mit denen auseinandersetzen.
In Schlettstadt gab es eine Schule für die Jungen in der Altstadt, nicht weit vom Rathaus entfernt. Und es gab noch das Collège, für diejenigen, die mit vierzehn Jahren noch weiter zur Schule gingen. Und es gab die Mädchenschule, die von der St. Fides-Kirche. Die Jungen und Mädchen waren immer getrennt. Heute ist es ganz anders. Aber zu meiner Zeit bis nach 1970 war es so.
Unsere Schule war eine Staatsschule. Der Religionsunterricht war obligatorisch; früher hatten wir einmal in der Woche zwei, drei Stunden oder eine bestimmte Stundenzahl im Monat. Die Pfarrer wa-

Meine Schulklasse in Schlettstadt

ren sehr streng. Wenn man nicht gehorchte, kam der Pater oder Pfarrer nach Hause und sagte den Eltern: „Euer Kind gehorcht nicht!" Dann wurde man bestraft. Wir mussten mehrere Male das Vaterunser aufschreiben oder so etwas Ähnliches. Bei den Lehrern war es dasselbe. Wenn man nicht aufgepasst hatte, musste man abends noch zusätzlich Aufgaben machen. Am anderen Tag musste es schön geschrieben sein und der Lehrer kontrollierte, ob es gut gemacht war, und ob es nicht die Mutter oder die Schwester geschrieben hatte. Das war sehr streng geregelt. Die Schulzeit war sehr hart. Man hatte Angst vor dem Lehrer. Das war ganz klar, wenn man nicht „gerade lief", stand das am Jahresende im Zeugnis. Der Lehrer hatte ein Stück Bambus, und wenn es nicht „gerade gelaufen" ist, ist er gekommen und hat nicht lang gefackelt. Er hat sofort draufgehauen. Und da konnten die Eltern hingehen oder nicht. Die Eltern sagten: „Die Lehrer haben Recht!" Aber es gab auch Eltern, die es nicht angenommen haben.

Ich war z. B. in Mathematik nicht so gut. Ich hatte Probleme mit dem Rechnen. Das hat der Lehrer nie angenommen, er hat immer gesagt: „Du musst, du musst! Du musst noch besser schaffen!" Ich sagte: „Ich kann nicht!" Wenn man da ein bisschen aufgemuckt hat, bekam man sofort noch mal eins drauf. Wenn der Lehrer oder der Direktor in die Klasse kam, musste man anständig aufstehen. Das haben wir angenommen. Wir waren für Respekt. Beim Pfarrer war es dasselbe. Wir hatten einen Pater, der war sehr giftig. Der hat auch mit dem Bambusstock geschlagen oder mit dem Lineal. Und zuhause musste man dann zehn Mal oder hundert Mal das Vaterunser aufschreiben. Oder er kam zur Mutter nach Hause und sagte: „Der Junge gehorcht nicht!" Also sie waren sehr streng.

Auch der Lehrer ist mal nach Hause gekommen und hat gesagt: „Er muss da und da aufpassen. Wenn er später bestehen will, muss er sich ein bisschen mehr anstrengen!" Einmal ist einer zu mir nach Hause gekommen, aber der war auch ein guter Freund meines Vaters. Deswegen ist er gekommen, weil er gewusst hat, dass ich keinen Vater habe. Er sagte zu meiner Mutter: „Er muss mehr lernen!" Aber im Großen und Ganzen hatte ich keine besonderen Probleme. Die Mutter hat immer gesagt: „Ich will, dass sie alle gerade laufen!"

Keinen Vater mehr

Wenn ich mein Zeugnis heimbrachte, hat der Lehrer immer noch etwas hineingeschrieben. Ich war ziemlich empfindlich. Die Kollegen wussten, dass ich keinen Vater mehr habe. Bei Auseinandersetzungen merkte ich, dass sie mir gegenüber bedeutend giftiger waren, als gegenüber anderen Kollegen, die ihren Vater noch hatten. Das hat mich in meiner Jugend immer verfolgt. Die Mutter musste die Mutter- und Vaterrolle übernehmen. Das war nicht einfach. Mein Lehrmeister wusste auch, dass ich keinen Vater mehr hatte und dachte, ich würde nichts sagen. Und ich habe anderthalb Jahre nichts gesagt. Einmal konnte ich nicht schlafen, und die Mutter ist dazugekommen und hat gesehen, dass mein ganzer Rücken mit Striemen überzogen war. Dann habe ich Krach geschlagen. Ich sagte, ich könne das nicht länger aushalten und ginge nicht mehr dorthin zurück. Ich würde nichts lernen und nur Schläge bekommen. Dann hörte ich mit der Lehre auf. Das sind so die Jahre, an die ich keine gute Erinnerung habe. Ich wollte das vergessen, aber das bleibt immer im Kopf. Ich fühlte mich wie eingemauert. Es ist etwas kaputt gegangen. Das war für mich eine Periode, gerade die Zeit zwischen vierzehn und achtzehn Jahren, in der ich Mühe hatte, wieder etwas anzufangen. Das bleibt immer im Kopf. Da betoniert man sich innerlich ein. Man will zeigen, dass man keine Angst mehr hat, und das geht nicht immer. Aber das stärkte dann auch meinen Charakter. Ich sagte mir: „Von jetzt ab schlägt mich niemand mehr! Ich wehre mich! Wenn es sein muss, gebe ich Antwort!"

Schöne Erinnerungen

Aber es gab auch andere Zeiten. In dem kirchlichen Verein in Schlettstadt konnten wir Basketball spielen oder Theater usw. Wir waren im Vereinshaus, dort konnten wir zusammen mit den Kollegen die Fernsehsendungen ansehen. Manche hatten schon einen Fernseher zuhause, aber es war noch nicht so sehr in Mode. Wir bekamen erst 1968 einen Fernseher, aber keinen neuen, wir hatten ihn von einer anderen Familie bekommen.

Das Vereinshaus existiert heute noch. Es wurde hauptsächlich geturnt und Basketball gespielt. Meine Altersgruppe und die etwas Älteren waren immer gut klassiert im Elsass. Aber für uns war es auch immer ein Treffen mit dem Pfarrer. Der Pfarrer hat sich umgezogen und hat manchmal mit uns Basketball gespielt. Das sind schöne Erinnerungen. Es war nicht ganz dasselbe wie die „Scouts" (Pfadfinder), aber in ähnlichem Stil. Wir hatten auch ein Ferienheim, aber das ist zwischenzeitlich abgebrannt. Während der Kommunion mussten wir drei Tage dorthin zum Beten, um miteinander zu leben und ein bisschen zusammenzuwachsen. Das war auch interessant.

Johannes XXIII. (* 25. November 1881 in Sotto il Monte; † 3. Juni 1963 in der Vatikanstadt) – bürgerlicher Name Angelo Giuseppe Roncalli – war Papst vom 28. Oktober 1958 bis zu seinem Tod am 3. Juni 1963. Er wird auch der „Konzilspapst" oder im Volksmund „il Papa buono" („der gute Papst") genannt. Er wurde am 3. September 2000 von Papst Johannes Paul II. selig gesprochen.

„Du musst in Ferien fahren!"

Wir konnten auch durch die Schule drei Wochen in Ferien fahren, aber es sind nicht alle mitgegangen. Weil mein Vater bei der Bahn gewesen war, konnte ich als Kind zwischen acht und vierzehn Jahren innerhalb von Frankreich umsonst mit der Bahn reisen. Wir hatten verschiedene Kolonien (Ferienlager), am Meer, am See oder im Gebirge. Die Fahrt kostete für uns nichts, aber der Aufenthalt kostete Geld. Mein Bruder und ich haben das vier Jahre lang gemacht. Wir hatten beide Heimweh. Wenn man acht, neun, zehn Jahre alt ist und keinen Vater mehr hat ... Meine Mutter sagte immer: „Du musst in Ferien fahren!" Sie musste arbeiten und konnte sich um uns Kleinere nicht kümmern. Die Ältesten waren auch in Ferien, als sie kleiner waren. Die mussten dann schon zuhause helfen. Sie mussten putzen und waschen. Mein Bruder und ich mussten auch daheim beim Gemüse helfen. Bevor wir Hausaufgaben gemacht haben, mussten wir noch „ins Stück", Gemüse zupfen usw. Mit zwölf Jahren musste ich nach der Schule Kartoffeln ausmachen oder Bohnen oder Erbsen zupfen. Manchmal bekamen wir von unserer Mutter 20 Pfennig für ein Eis, wenn wir im Garten geholfen hatten. Wir hatten auch Obstbäume. Jeder von uns musste seine Pflichten erledigen. Was das Essen usw. angeht, hat es uns an nichts gefehlt. Wir bekamen neue Schuhe zu Weihnachten oder zu Ostern. Meine Mutter hat immer alles dafür getan, dass wir haben, was andere auch hatten.

Kennedy umgebracht

Der Tod von Kennedy 1963 hat mich sehr getroffen, ich war damals zehn Jahre alt. Vor der Schule gab es ein Geschäft. Da gab es damals die Zeitschrift „Paris Match". Unser Lehrer erzählte uns von dem traurigen Ereignis, dass Kennedy umgebracht worden sei. Daran kann ich mich noch gut erinnern.

Papst Johannes XXIII.

Als ich Theater spielte, und wir gerade „Schneewittchen und die sieben Zwerge" aufführten, hörten wir, dass Papst Johannes XXIII. gestorben sei. Im Saal waren die Leute sehr ergriffen. Sie hingen sehr an diesem Papst. Das war im gleichen Jahr (1963), in dem auch Kennedy gestorben ist.

Algerien

Ich habe oft in meiner Familie gehört, dass mein Patenonkel im Algerienkrieg war. Die Mutter sagte immer: „Jetzt ist er für 28 Monate da drüben. Ich weiß nicht, wie er sich verändert haben wird, wenn er zurückkommt." Später hat man gehört, dass er ein gebrochener Mensch war. Am Anfang ging es ihm da drüben wohl ganz gut, aber als er zurück war ... „So ein Krieg verändert die Männer!" Das habe ich öfters mal gehört. Aber wir Jungen haben nicht verstanden, warum die Soldaten dort hinüber gegangen sind und Tausende von Menschen verletzt oder getötet werden. Ich hatte einen Kollegen, dessen Vater war einer der ersten aus Schlettstadt, der in Algerien gefallen ist. Er war auch sehr jung, als er seinen Vater verloren hat. Von zwei meiner Schulkameraden sind die Väter in Algerien umgekommen. Das waren einschneidende Erlebnisse, die vergisst man nicht. Auch Indochina war so eine Zeit, die ich zwar nicht mehr miterlebte, aber man hat davon gehört.

Mai 68

Dann hatten wir Mai 68 in Frankreich. Da war ich schon in der Lehre mit vierzehn Jahren. Das hat mich sehr enttäuscht, wenn man gesehen hat, die streiken immer mehr, ganz Frankreich war blockiert, die Studenten ... Da hat man immer von Cohn-Bendit gehört, in Nanterre (Paris) in der Fakultät. Später habe ich in Nanterre als Polizist angefangen, wo er die Universität besetzt hatte. Da waren wir viel am Fernsehen. Das ist eine Zeit, die mir noch gut im Kopf ist. Im Elsass war es nicht so schlimm. Gut, die Fakultät in Straßburg war besetzt, aber man sah die Nachrichten abends oder man hörte, dass die Polizisten überall sehr viel Mühe hatten. In Paris gab es Krawalle. Das weiß ich noch sehr gut. Wir hatten

Marc Daniel Cohn-Bendit (* 4. April 1945 in Montauban, Frankreich) ist ein deutsch-französischer Politiker (Bündnis 90/ Die Grünen und Les Verts) und Publizist. Er ist Mitglied des Europäischen Parlaments. 1968 wurde er der prominenteste Sprecher der Pariser Mai-Revolution. Nach seiner Ausweisung aus Frankreich war er in Deutschland in der Außerparlamentarischen Opposition aktiv.

zuhause die Zeitung und den ganzen Mai ist über dieses Ereignis gesprochen worden.
Meine älteren Geschwister haben das gut gefunden. Sie waren in dem Alter. Es wurde von mehr Freiheit gesprochen, auch im Hinblick auf die Sexualität. Das war bei uns zuhause ein Tabuthema. Für meine Schwestern mit sechzehn und achtzehn Jahren war das ein neues Thema. Es wurde freier gesprochen. Die 68er-Bewegung war etwas Gutes. Für diese Ge-

297

Mai 68: Straßenkämpfe in Paris

neration war es noch besser als für uns. Ich habe das Gefühl, meine älteren Geschwister hatten mehr Freiheit als ich. Sie haben noch besser gelebt als ich. Sie haben das durch die 68er-Bewegung ganz anders aufgenommen und mehr Freiheit gewollt. Sie waren freier und in den Worten spürte man, dass sie revoltierten. Sie wollten auch immer mehr und immer mehr Freiheit und mehr Taschengeld, und was weiß ich!

Wir in unserem Alter wollten keinen Krach suchen. Wir waren sehr enttäuscht, wie sich das in so kurzer Zeit ausbreitete, Streiks überall, die Züge fuhren nicht, die Fabriken liefen nicht. Wir hatten ein bisschen Angst. Wir wussten nicht, wohin das noch führen sollte.

Als ich in der Lehre war, dachte ich: „Jetzt muss ich aufpassen, das dauert nicht mehr lang!" Obwohl mich mein Lehrmeister abgeschmiert (geschlagen) hat, habe ich doch noch ein Jahr weitergemacht. Dann habe ich mich gewehrt und habe gesagt: „Jetzt muss das aufhören!" Diese Zeit hat vielleicht dazu beigetragen, dass ich anfing, mich innerlich zu wehren. Ich empfand das als nicht normal, wenn man gesehen hat, was in Paris passierte. Ich dachte, ich würde fünfzig Jahre zurück in der Vergangenheit leben mit meinem Lehrmeister. Das konnte nicht normal sein, dass es das im 20. Jahrhundert noch gibt, dass man von seinem Lehrmeister Schläge bekommt. Andere Kollegen waren Metzger oder in anderen Berufen und haben dasselbe mitgemacht wie ich. Wenn wir zusammen kamen, sagten wir immer: „Das muss aufhören!" Aber keiner hatte die Kraft oder den Mut, etwas zu sagen. Und wir haben noch Jahre lang das Maul gehalten daheim. Man wollte stark sein. Diese Zeit war also hauptsächlich gut. Die Lehrmeister hoben nach 68 nicht mehr die Hand gegen die Lehrlinge. Die wussten ganz genau, dass sich die Gesetze geändert hatten. Wenn sie es getan hätten, dann wäre der Inspektor vom Arbeitsamt gekommen und hätte vielleicht die Wirtschaft oder die Bäckerei zugemacht. Diese Bewegung hat auch etwas Gutes gebracht. Die Intellektuellen …, die Leute sprachen viel freier. Auch Sexualität war nicht mehr tabu. Auch die Pfarrer waren ein bisschen lockerer, wenn sie in der Kirche sprachen. Diese Periode hat dann immer mehr Freiheit mitgebracht.

Viel feierlicher als heute

Die großen Hochzeiten von früher: Die Großkirche war für die Noblen und die Kleinkirche für die gewöhnlichen Leute. Und für die Sterbenden war es dasselbe. Früher, wenn jemand gestorben ist, sind wir hinter dem Sarg hergegangen. Das ist heute alles anders. Die Leute laufen nicht mehr, sie fahren jetzt mit dem Auto.
Im Alter von 10 bis etwa 14 Jahren war ich Messdiener in der Kirche. Wenn um 10 Uhr eine Beerdigung war, durfte ich von der Schule weg in die Kirche. Manchmal dauerte es eine Stunde, manchmal zwei Stunden, und anschließend gingen wir wieder zurück in den Unterricht.
Bis 1970 ist der Pfarrer als Erster hinter dem Sarg gelaufen, dann kamen die Messdiener mit der Familie, dann die Freunde, die Klasse des Verstorbenen und die Kollegen. Das war alles viel feierlicher als heute. Und wir hatten im Mai, im „mois de Marie" (Monat der Maria) die Stationen. Da haben die Leute alte Altäre herausgestellt, die waren mit Blumen geschmückt. Das gibt es heute nicht mehr.
Oder der Kirchenschweizer war immer schön angezogen, an der Beerdigung schwarz, und an anderen Festen hatte er eine rote Jacke an. Bis 1975 hatten wir den Kirchenschweizer, seither gibt es keinen mehr. Er hat während der Messe ein bisschen für Ordnung gesorgt.
Im „mois de Marie" mussten wir in die Maiandacht, auch die Mädchen, und brav sein und da bleiben. Und nachher konnten wir mit den Mädchen sprechen. - Die Kirche war immer besetzt von meiner Generation. Die Eltern waren manchmal auch dabei. Da musste man ganz still sein. Man hörte kein Wort. Das war so etwa bis 1965. Das ist jetzt alles vorbei. Die Zeremonien usw., das hatte etwas.
Manchmal war die erste Messe schon um 6 Uhr morgens. Dann hatten wir eine um 11 Uhr. Manchmal hatten wir drei Messen am Sonntag oder in der Woche, das war viel. Ich glaube nicht, dass man heute noch viele Jungen findet, die bereit wären, das zu machen. Das kann man auch verstehen.

Ein großer Unterschied

Damals gab es noch mehr Schnee als heute, wir sind im Winter Schlitten gefahren. Nach der Schule haben wir oft mit Murmeln gespielt. Sie waren aus Glas oder aus Ton. Manchmal hat man einen ganzen Sack mitgebracht und am nächsten Tag waren alle Murmeln weg. In unserem Viertel hatten wir viel Spaß, und es war immer gemütlich. Auf der anderen Seite war ein Collège für die Jungen. Viele Bürgermeister kamen aus dieser Schule. Auch Apotheker, alles gute Leute, die gut gelernt hatten. Die, die aufs Collège gegangen sind, hatten Eltern, die besser gestellt waren. Ein Vater war zum Beispiel Bankdirektor. Ich hatte viele Kollegen, die mit vierzehn Jahren weiter

auf die Schule gegangen sind. Die hatten Schlittschuhe oder Rollschuhe. Ich hatte keine. Da war ein großer Unterschied zwischen denen und mir. Das hat man gleich gesehen. Wir waren kleine Leute. Und die haben es uns zu schmecken gegeben (spüren lassen), und wir haben darunter gelitten. Meine Mutter hätte mir vielleicht auch Rollschuhe kaufen können, aber daran hätte ich gar nicht gedacht. Das betrachtete ich als Luxus. Viele hatten ein neues Fahrrad. Ich hatte mit vierzehn kein Fahrrad. Mit sechzehn habe ich ein Mofa bekommen, um zur Arbeit und wieder nach Hause zu kommen. Es war nicht neu, aber ich war dennoch stolz. Man war zufrieden mit dem, was man hatte.

Die normale Entwicklung

Lange Haare waren bei uns auch Mode, aber nicht in meiner Familie. Meine Mutter wollte das nicht. Sie hat uns alles machen lassen, aber sie reglementierte alles. Ich habe mir mit sechzehn Jahren den Bart wachsen lassen. Ich habe es probiert, wie viele Jungen in meinem Alter. Ich wollte schließlich zeigen, dass die ersten Haare wachsen. Dann hat sie gesagt, ich müsse es wegmachen.
Wir hatten ein schönes Schwimmbad in Schlettstadt. In den Ferien durfte ich zweimal in der Woche ins Schwimmbad gehen und musste nicht daheim schaffen. Da war ich mit meinen Kollegen und den Mädchen. Da konnten wir Flipper und Tischfußball spielen. Für 20 oder 50 Centimes konnte man eine halbe Stunde neben dem Schwimmbad Tretboot fahren. Das sind solche Kleinigkeiten.
Wir hatten einen Plattenspieler. Meine Schwestern hatten die neusten Platten von Dalida, Sylvie Vartan, Claude François usw. Da waren sie vielleicht achtzehn. Ich hatte auch Platten von den Rolling Stones und mehr noch von den Beatles. Wir haben immer Musik gehört.

Mein älterer Bruder oder die Schwestern haben manchmal auch Kameraden eingeladen. Sie machten kleine Tanzpartys. Das war so die Twistperiode. Wir Jüngeren waren auch da und haben mitgemacht. Aber das war diskret, und die Mädchen mussten auch bei Zeiten wieder nach Hause. Meine Mutter hat nie geschimpft, sie hat mitgemacht. Sie sagte: „Das ist die normale Entwicklung. Man muss sie machen lassen."

Als ich jünger war, haben meine Schwestern mit ihren Freundinnen Puppe gespielt, und ich hatte Kameraden zuhause. Wir spielten Tischfußball oder Karten. Manchmal sind wir auch in eine Wirtschaft gegangen. Da kostete eine Partie Flipper oder Tischfußball 20 Centimes. Als ich fünfzehn, sechzehn war, bin ich ein bisschen mehr in die Wirtschaften gegangen, nicht um Alkohol zu trinken, sondern zum Spielen. Es gab zwei, drei Plätze in Schlettstadt, wo man Flipper spielen konnte. Dann mit achtzehn Jahren war ich auch auf den Kilben (eigentlich Kirchweih, Dorffeste). Ältere Kollegen, die ein Auto hatten, haben uns mitgenommen. So konnten wir tanzen gehen usw.

Wir sind oft per Autostopp gefahren. Das war richtig Mode damals. Wir waren oft 20 km weit weg. Auf dem Hinweg fuhren wir zu fünft oder zu sechst mit dem Taxi. Das Geld reichte nur für einen Weg. Auf dem Rückweg standen wir oft ewig auf der Straße, und kein Mensch nahm uns mit. Wenn wir dann nach Hause kamen, bekamen wir noch Schelte, weil wir zu spät waren. Dann mussten wir den nächsten Samstag zuhause bleiben.

Öfters mal in Deutschland

Ich bin in der Zeit auch öfters mal in Deutschland gewesen. Ich bin auch heute noch mindestens einmal im Jahr in Waldkirch, weil mir die Stadt gefällt. Ich war in der Schule bis ich vierzehn war. Als ich sechzehn, siebzehn war, habe ich die „classe 53" gegründet und war ihr Präsident. 1966 und 1968 waren wir zu einem Partnerschaftstreffen in Waldkirch. Ich habe das auf die Beine gestellt. Ich fragte den Bürgermeister, ob wir gehen dürften, wir hatten ja noch keinen Führerschein. Fast die gesamte Klasse ist damals rüber gefahren, und wir hatten Kontakt mit gleichaltrigen Waldkirchern. Wir wurden sehr herzlich vom Bürgermeister Eisele empfangen.

Ich habe zwar mein Amt abgegeben, als ich in Paris bei der Polizei war, aber mit dem Bürgermeister oder als sein Vertreter, war ich trotzdem immer ein- oder zwei Mal im Jahr zu einem Treffen in Waldkirch. Als die Partnerschaft gegründet wurde, war es noch sehr schwierig, weil der Krieg immer noch sehr präsent war. Da war noch nicht alles vergessen. Kollegen von mir haben gesagt: „Nein, ich gehe nicht, mein Vater war im Krieg!" oder „Mein Großvater war im Ersten Weltkrieg!" Aber in Waldkirch wurden wir sehr gut empfangen, und für mich sind das gute Erinnerungen. Wir hatten eine gute Zeit. Sie sind auch einmal zu uns rüber gekommen. Wir haben sie auch gut empfangen.

Mit Zauberern und mit Zirkus

Abends an Neujahr, wenn de Gaulle gesprochen hat, waren wir immer vor dem Radio. Wir mussten immer zuhören, meine Mutter wollte das. 1960 und 1961 habe ich jedes Mal gehört, was er gesagt hat. 1968 haben wir einen Fernseher bekommen. Da gab es am Mittwoch verschiedene Fernsehserien für die Jugend, mit Zauberern und mit Zirkus.

Meine Mutter nahm mich auch mit ins Kino. Wir sahen uns diese alten Filme an mit Willy Millowitsch, Peter Alexander und der Trude Herr. Im „Select" wurden früher solche alten Filme gespielt. Das waren schöne, romantische Zeiten. Oder Kriegsfilme von früher: „Romulus und Remus". Solche Filme

„Conquête de l'Oueste" / „How the West Was Won" (Regie: John Ford / Henry Hathaway, 1962)

wurden am Sonntagnachmittag gezeigt. Alle Western z. B. mit John Wayne habe ich gesehen, oder mit John Ford, Robert Mitchum, oder „Conquête de l'Oueste", oder die Spaghetti-Western mit Charles Bronson.

Gelesen habe ich nicht viel. Das war nicht so mein Ding. Ich habe auch handwerklich nichts gemacht. Ich war kein Bastler. Ich glaube, da hat mir etwas gefehlt, weil mein Vater jung gestorben ist. Wenn ich mal einen Platten am Fahrrad hatte, dauerte das zwei Stunden, bis ich es geflickt hatte, da hat ein anderer vielleicht zehn Minuten gebraucht.

Alles picobello

Nach der Schule begann ich eine Lehre als Zuckerbäcker. Ich fing morgens um 3.30 Uhr an und arbeitete bis um 16 oder 17 Uhr am Abend. Dann musste man noch die Backbleche und die Kugelhupfformen putzen. Im ersten Lehrjahr 1968 habe ich als Monatslohn 10 Francs bekommen. 10 Franken 1968, das war gar nichts. Wenn die Waren nicht verkauft waren, zum Beispiel an Weihnachten, bevor der Patron etwas den Lehrbuben gegeben hätte, hat er es der

Romolo et Remo (Regie: Sergio Corbucci, 1961)

Pfarrkirche, den Schwestern oder dem Kloster gegeben. Wir haben nichts davon gesehen.

Wir mussten Sommer wie Winter mit dem Korb die Ware ausliefern. Wir hatten eine Industriellenfamilie unter der Kundschaft. Der Lehrmeister hatte uns gesagt, das sei eine bedeutende Familie, und wir müssten höflich sein. Aber die haben uns nie einen

Kaffee eingeschenkt. Und wenn man in eine einfache kleine Familie kam, hat man gemütlich einen Kaffee getrunken oder etwas zum Essen bekommen. Aber dann mussten wir auf die Uhr gucken und schnell, schnell machen. Unser Lehrmeister wartete schon: „Wo bist du so lang gewesen?" Wenn Konfirmation war, mussten wir auch am Sonntag die Ware ausliefern. Wenn es eine große Lieferung war, zusammen mit dem Patron mit dem Auto, und wenn es eine kleinere Lieferung war, mit dem Fahrrad. Zu jeder Zeit und von Norden bis Süden, und wenn es nicht gut angekommen ist, gab es Ärger. Ich hatte immer zwei Jacken, eine Jacke für die „Boutique" (den Laden) und eine schöne Jacke für die Auslieferung an die Familien. Ich habe immer darauf geachtet, dass die Hände sauber waren. Da war alles picobello. Ich wollte picobello sein. Das war auch ein Renommee für das Geschäft.

Selbst wenn der Patron nicht so streng gewesen wäre, hätte ich nicht weitergemacht. Ich war nicht entschlossen genug mit vierzehn Jahren. Meine Mutter wollte, dass ich das lerne, und ich sagte: „Ich bin dafür nicht geschaffen!" Ich war kein Handwerker. Ich hatte schon die Polizei im Kopf. Ich habe nach der Lehre noch verschiedene kleine Stellen gehabt, auch einmal in Deutschland, in einem kleinen Ort nicht weit von Riegel, in einer kleinen Fabrik, die Ziegel und Platten herstellte. Da arbeiteten viele aus Schlettstadt. Dort haben wir gut verdient. Dann bin ich drei Jahre in einer Fabrik in Schlettstadt gewesen, bevor ich in der Gastronomie war. Im Sommer war ich in Saverne und im Winter habe ich hier in der Bahnhofswirtschaft zwei Jahre lang gearbeitet. Dann habe ich meine Bewerbung an die Polizeischule gerichtet.

Gerne für Ordnung gesorgt

1975 bin ich zur Polizei gegangen. Schon als Junge wollte ich eine Uniform tragen. Ich hätte gerne für Ordnung gesorgt. Ich hatte von klein auf Respekt vor den Polizisten. Ich ging zu den alten Polizisten und fragte diese, was sie gemacht hätten, um in diesen Beruf reinzukommen. Ich hatte von klein auf Kontakt zu Polizisten. Einige hatten meinen Vater noch gekannt, und kamen öfter zu uns nach Hause. Ich wollte mit fünfzehn Jahren oder schon vorher Polizist werden. Die Ordnung, das hat mich schon immer interessiert. Man kann auch schön Karriere machen. Aber als ich dann zur Ausbildung in Paris war, bekam ich Bedenken. Da merkte ich, dass es nicht so leicht ist, wie ich es gern gehabt hätte. Sie haben uns ins kalte Wasser geworfen. Wir waren noch in der Ausbildungszeit und abends mussten wir mit der Metro wieder zurück ins Quartier fahren. Und die Jungen meines Alters schmeckten genau: „Das ist ein Polizist." Sie spuckten auf uns, das war sehr hart. Leute wollten von mir eine Auskunft, wohin sie gehen müssten, wenn sie zu dieser U-Bahnstation wollten. Ich wusste es nicht, weil ich noch nie diese Metro genommen hatte. Für mich war das ein völlig neues Leben in Paris. Ich war drei Jahre lang dort. Das war nicht einfach, man hat sich ja in Paris überhaupt nicht ausgekannt. Tagsüber waren wir in der Berufsschule und abends bei der Polizei. Wir hatten eine Waffe. Wenn es Probleme gab, mussten wir eingreifen. Das war von der Schule so gewollt, um den Charakter zu formen. Das war sehr hart. An diese Zeit habe ich keine gute Erinnerung. Es gab Jugendbanden. Und wenn man allein war, kamen sie, haben dich umringt und spuckten dir ins Gesicht. Ich dachte damals: „Wenn das so weitergeht, hältst du das nicht mehr lange aus." Aber das hat meinen Charakter auch gestärkt. Sie haben uns gesagt, wenn das unser zukünftiger Beruf werden soll, dann müssen wir uns jeder Situation stellen. Wenn man uns zum Beispiel überfällt, müssen wir Antwort geben können. Die Zeit danach in Schlettstadt habe ich in guter Erinnerung.

Oberwiesenthal im Osten

„Ugol von der Oststrecke grüßt Assad von Ekibastus"

40 % Westmusik und 60 % Ostmusik

M: Es war nachts weit nach zwölf und da kam genau dieser Titel: „Poor Boy" von Chicken Shack. Mein Freund Meise hatte eine für damalige Verhältnisse „kraftvolle" Anlage. Die war unheimlich gut! Die drehte er bei diesem Stück so laut auf, dass das Ding auf einmal anfing zu rauchen. Der Verstärker qualmte, selbst die Boxen qualmten. Wie das alles zusammenhing, war unklar. Auf jeden Fall waren wir alle ziemlich betrunken. Meise warf die Boxen zum Fenster raus. Das war das Ende einer großen Anlage. Sie war sehr teuer gewesen, und er hatte sie schon seit Jahren.

Das begann so 1970 oder 1971: Da gab es bei euch (in Westdeutschland) vermutlich schon lange Disco und so ein Zeug. Da haben sie in Annaberg am „Böhmischen Tor", weit und breit das erste Mal, Disco gemacht. Das war uns bis dahin nicht geläufig. Auf jeden Fall wurde uns zugetragen, dass dabei Musik vom Tonband lief, weniger von Platten, weil ja kaum jemand Platten hatte. Und wir dachten: „Verdammt, so etwas müssen wir auch machen." Der Meise hatte eine gewaltige Sammlung von vielleicht 250 großen bespielten Tonbändern. Er verbrachte seine Freizeit nur vor dem Radio und schnitt mit. Das Problem war dabei, dass er zur Straße hinaus wohnte und bei ihm ab und zu ein Fahrzeug vorbeifuhr, was sich sofort auf die Übertragungsqualität und somit auch auf den Mitschnitt auswirkte. Er hatte Aufnahmen von höchst selten gesendeten Titeln. Und immer wenn man die hörte, konnte man auch so ein Knattern vernehmen: „Ah, da ist das blöde Schwein mit dem Motorrad vorbeigefahren." Jedes Mal diese Bemerkung!

Wir sagten uns also: „So etwas müssen wir auch machen." Es gab früher hier in Oberwiesenthal eine HO-Gaststätte (Handelsorganisations-Gaststätten, Staatsbetrieb) namens „Forsthaus". Dahinter war damals ein Tanzsaal. Ab und zu spielten dort Tanzcombos und so etwas. Wir kannten den Kneiper, der gerne einen getrunken hat und wohl deshalb „Kipp" hieß, Kaufmann Kipp. Zu dem haben wir gesagt: „Kipp, wir machen bei dir eine Disco." Der sagte dann nach Erklärung unseres Vorhabens: „Ja, das kann man schon einmal probieren." Er hatte eigentlich mit unserer Musik nichts am Hut, weil er eben zu einer anderen Generation gehörte. Er dachte vermutlich: „Gut, da kann man Umsatz machen." Wir stellten ein Programm zusammen, ganz akribisch, Num-

Die spätere HO-Gaststätte „Forsthaus" in den 30er Jahren, damals noch „Dotzauers Gasthaus"

mer 1, Nummer 2, … Wir schrieben alles auf und stellten die Bänder zusammen. Das war ein Wahnsinnsaufwand. Wir brauchten zwei Tonbandgeräte. Das eine Band lief und auf dem anderen musste man den nächsten Titel suchen. Das war ein totaler Stress. Wir haben das dann zu dritt gemacht. Meise, Dallat und ich. Auf jeden Fall stellten wir alles zusammen. Diese „Hitliste" hat Meise heute noch. Von UFO's „Prince Kajuku", über Grand Funk Railroad mit ihrem „Heartbreaker" bis zu Jane's fantastische Titel „Daytime", war nur das Beste vom Besten durch Meises Handverlesung vertreten.

(V. l. n. r.) Meise, Dallat und ich auf einer Tramptour im Sommer 1972 irgendwo südlich von Berlin

Dann haben wir Meises Anlage auf einen Handwagen gepackt, es hatte ja kein Mensch ein Auto, und wir fuhren das ganze Zeug einen guten Kilometer über holprige Straßen hinunter ins „Forsthaus". Vorher hatte ich Plakate gemalt, die wir schwarz in Oberwiesenthal, Annaberg, Bärenstein und anderen umliegenden Orten angebracht hatten.

Wir waren natürlich ziemlich aufgeregt, weil wir dachten: „Um Gottes willen, was wird das wohl werden?" Es war ja nicht angemeldet, und es wundert mich heute noch, dass das durchgegangen ist. Wir schafften also das ganze Zeug auf dem Handkarren da hinunter. Wir machten die Tür auf, und drinnen saß der Kipp, und der war besoffen und sagte: „Das wird heut nischt", vermutlich war ihm die ganze Sache dann doch zu „unübersichtlich". Wir dachten: „Verdammt, jetzt haben wir die ganzen Plakate aufgehängt, usw." Wir konnten ihn dann aber überzeugen. „Na gut, schafft das Zeug rein! Es kommt sowieso niemand." Die Veranstaltung sollte um acht Uhr beginnen und wir fingen um sechs Uhr an, die Anlage aufzubauen. Ein Tisch musste auf die Bühne, die Boxen aufgestellt werden, das dauerte alles seine Zeit. Eine halbe Stunde vor Beginn dachten wir: „Schauen wir mal raus, vielleicht kommen doch nur ein paar Kumpels?" Wir machten die Tür auf, da stand die ganze Straße voller Menschen. Wir waren fassungslos! … Der Schreck fuhr uns in die Knochen. Wir hatten plötzlich eine Öffentlichkeit, wie wir sie nie erwartet hätten … Erst mal machten wir die Tür schnell wieder zu. „Um Gottes willen! Weißt du, was da draußen los ist?" Kipp war ja ziemlich angetrunken, aber er wurde schlagartig nüchtern, als er die Massen da draußen gesehen hatte. Dann ging es halt los, wir ließen die Leute herein, und der Saal wurde gerammelt voll. Und wir zogen dann diesen Abend ab. Ich glaube nicht, dass wir Eintritt verlangt haben, zumindest kann ich mich daran nicht erinnern. Der Kipp machte seinen Umsatz, und wir machten das aus Spaß an der Sache.

Wir hatten gedacht, dass bestenfalls vierzig oder fünfzig Fans kommen würden, Leute, die sich speziell für diese Musik interessierten. Hier in Oberwiesenthal sind ja immer Urlauber, damals waren ein paar Berliner da, und die waren ganz und gar begeistert. Selbst die Berliner, also Ostberliner, sagten: „So etwas gibt es ja nicht einmal bei uns." Das war natürlich höchstes Lob für uns Provinzratten.

Das lief also gut an und wir machten dann „offiziell" weiter. Wir meldeten unsere Aktionen an. Da mussten wir dann 40:60 spielen, also 40 % Westmusik und 60 % Ostmusik, das war überall so. Es hat sich aber keiner drangehalten, wir schon gar nicht, weil wir gar nicht gewusst hätten, was wir auflegen sollten. Dem „Ostrock" konnte ich nie viel abgewinnen. Da war vieles wie in der Retorte gezüchtet, kopflastig und gekünstelt. Das war nicht von unten gewachsen, auch wenn es gelegentlich gute Texte gab. Und die Titel von den Puhdys oder Karat waren für mich langweilige Schlager. Das hängt vielleicht auch mit meiner Generation zusammen. Die Jugendlichen zehn Jahre später haben es vielleicht anders gesehen, und da hatten sich auch einige wenige Bands einigermaßen gemausert.

Bis ich zur Armee kam, machten wir regelmäßig im hiesigen „Schuppen", dem Kulturhaus, Disco. Das war aber offiziell, mit polizeilicher Anmeldung und so. Und das war auch gut. Das ging! Klar! Es war erstaunlich! Sagen wir einmal so: Es war ja nichts Gefährliches, wenn man so will. Gefährlich im Sinne von politisch anrüchig oder so. Man konnte sich im Endeffekt halt einmal austoben. Es war aber in dem Sinne verdächtig, dass die Leute, die da hinkamen, zum großen Teil zumindest verdächtig aussahen. Man hat ja bloß aus dem ganzen Landkreis alle die angezogen, die sich äußerlich vom Rest unterschieden haben: lange Haare und Jeans usw.

Das hatte sich natürlich herumgesprochen. Da kamen Annaberger und Leute von überall her, weil wir halt unsere spezielle Musik spielten, und wir wurden nach und nach – und der Meise ist das auch heute noch – zu Rockmusikexperten. Der hat seine ganze Zeit am Radio zugebracht. Er hatte übrigens hier in Oberwiesenthal schon ziemlich früh in einer Band Schlagzeug gespielt. Die hatte sich dann aber aufgelöst. Der eine musste zur Armee, ein anderer ist weggezogen. Dann war es vorbei. Seither lebt er nur für die Musik. Und wir sind irgendwie zusammen gekommen, da ergab es sich eben so. Wenn wir zu dritt auf der Bühne saßen, machte ich die Ansagen, Dallat und Meise waren an der Technik. Der Eine musste an dem einen Tonband den Folgetitel suchen, und der Zweite spielte am anderen Tonband die jeweiligen Titel ab. Da waren zwei, drei Leute voll beschäftigt. Wir sagten die Titel an, weil das irgendwie wichtig war. So wie das heute ist, dass einfach Musik durchläuft und kein Mensch weiß, wer das ist, der die Musik macht … Ich glaube, dass es heute auch nicht mehr wichtig ist, was in den Discos läuft, klingt sowieso nach Endlosschleife … Aber damals war es wichtig. Wenn ich sagte „Jethro Tull", dann wussten die eben, jetzt kommt der Junge mit der Querflöte. Wir hatten natürlich nicht viele Infos, weil wir keine Zeitungen oder irgendwelche Rocklexika hatten. Das gab es damals noch nicht. Wir hatten unsere Informationen aus dem RIAS, Bayern III oder vom Saarländischen Rundfunk. Wir hörten, was da so gesagt wurde, aber umfassend war das nicht. Die Sender waren damals betreffs Rockmusik auf alle Fälle besser. Es wurde immer gesagt: „Jetzt kommt der und der Titel", und die wurden so gut wie immer ausgespielt. Nehmen wir zum Beispiel den RIAS: Da gab es den RIAS-Treffpunkt, speziell für Hörerwünsche, Sonnabendnachmittag 16–18 Uhr, und wenn der Moderator in einen Titel reingequatscht hatte, oder der Titel nicht voll ausgespielt wurde, hagelte es Beschwerden. Da wurden Briefe geschrieben. Die hatten solche Deckadressen: Man schrieb nicht

Die „Taifuns" mit Freund Meise am Schlagzeug, Mitte der Sechziger Jahre

an den „RIAS-Treffpunkt", sondern jedes Wochenende gab es eine andere Adresse, z. B. Detlev Meier, Wilmersdorf, und dorthin schickte man die Post. Das musste man mit einer gewissen Vorsicht machen. Das waren ja „Westadressen" und die wurden im Westradio durchgesagt ... Jeden Sonnabend wurde eine andere Adresse bekannt gegeben. Und die Leute aus dem Osten haben sich mit verschlüsselten Namen gemeldet. Da gab es beispielsweise Mick Jagger den XXIV. oder Ramses den III. oder von den Leuten, mit denen ich zusammen Abi gemacht hatte, hieß der eine – im Ostfernsehen gab es so eine Serie aus Usbekistan – Assad von Ekibastus. Da kam dann eines Tages einer dieser sonderbaren, sonnabendnachmittäglichen Grüße auf dem RIAS: „Assad von Ekibastus grüßt Ugol von der Oststrecke, King Crimson den VII., den einarmigen Paddelbootheizer und den Meyer." Ich hieß ja immer nur „der Meyer". Meyer ist ja auch so allgemein, das verrät nicht. Fast jeder Dritte heißt Meyer. Innerhalb des Sonnabendtreffpunktes wurden so fünf bis zehn Minuten lang derartige Grüße bestellt. Das war das Fenster nach draußen, was natürlich seine Wirkung auf uns hatte. Ja, so war das.

V.l.n.r.: Ugol von der Oststrecke, Jürgen G. und ich in Flöha, im Sommer 1971

Sagen wir, bis Ende der sechziger Jahre gab es hier eigentlich nur Schlager: Helga Brauer, Bärbel Wachholz oder Unterholz, keine Ahnung, und so was. „Der blanke Horror", wie wir zu sagen pflegten. Sachen, die man einfach nicht anhören konnte. Wobei ich sagen muss, dass das, was im Westen an Schlagern gelaufen ist, auch nicht besser war. Das war die gleiche ungenießbare Brühe.

Ich kam durch meine Schwester zum Musikhören. Sie ist sechs Jahre älter. Was hörte die denn immer? Nicht Radio Luxemburg, irgendeine andere Schlagersendung von „hinter dem Vorhang". Damals war ich vielleicht zehn und hörte die Schlager mit an, und dann tauchten 1964 in der Hitparade die Beatles und Ähnliches auf. Das weiß ich noch. Für meine Schwester war das nichts, ich aber spitzte die Ohren. Das war etwas völlig anderes. Das war irgendwie mein Ding. Und ich glaube, das war der Zeitpunkt, an dem ich infiziert worden bin, das war der Urknall. Ende der Sechziger Jahre gab es dann in der DDR so ganz zögerliche „offizielle" Versuche, eigene Gruppen, die Deutsch sangen, herauszubringen. Beatgruppen, oder wie man das damals nannte. Wie hieß die eine gleich noch mal? – „Mokkamilcheisbar" war so ein Titel. Das war abgründig furchtbar. Die sangen dann: „In der Mokkamilch-Eisbar, da hab' ich sie gesehen …" Diejenigen Bands, die man in angesagten Liveschuppen hören und sehen konnte, die meist englische Titel nachspielten, waren da schon wesentlich besser. Da gab es einen richtigen Underground, der bis in die Provinz reichte. Von diesen Bands war im DDR-Radio natürlich nichts zu hören. Die gefragteste Truppe war die Monokel-Bluesband aus Lübben. Einmal spielte die im nahen Bärenstein, für uns selbstverständlich eine „Pflichtveranstaltung". Wie meist zu solchen Gelegenheiten floss das Bier in Strömen, und den größten Teil schien die Band selbst abgekriegt zu haben, irgendwann prügelten die sich auf der Bühne und die Show war beendet. Der letzte Linienbus in Richtung O'thal fuhr eigentlich gegen ein Uhr in der Nacht. Diesmal aber sollte es anders kommen. Der Busfahrer hatte die alkoholisierte Horde Langhaariger rechtzeitig ausgemacht und drehte noch vor der Haltestelle am Bärensteiner Markt um und fuhr fluchtartig zurück in Richtung Annaberg. Zuerst gab es lange Gesichter, dann aber verteilten wir uns auf Bärensteiner Ausweichquartiere, Quartiere, die man irgendwie überall fand, wir gehörten eben zum Stamm der Langhaarigen. – Diese Bands haben es nie in die „offiziellen DDR-Hitparaden" geschafft, die sangen einfach in der „falschen Sprache". Wieder so ein gelebter Widerspruch. Wieso kam das Interessante von dort hinter dem Vorhang, wieso hechelten wir hinterher. Das war ständiger Diskussionsstoff. Man war hin- und hergerissen und am Ende stand doch fest, dass unser Land auf dem besseren Weg war. Damit waren wir ja noch lange keine Funktionäre. Mit denen hatten wir nicht viel zu tun, aber wir waren ziemlich sicher, dass das die richtige Ordnung ist. Die muss nur in sich verändert werden. Das, was da drüben ist, ist überholt. Einerseits waren wir geneigt, alles, was von dort kam, alles, was so vorwärts gewirkt hat, anzunehmen: Musik, Mode, Haartracht. Andererseits gingen wir davon aus, dass der Westen abgewirtschaftet hat. Ich habe damals den Schriftsteller Günter Kunert mit größter Begeisterung gelesen, nach oder im Zuge der Biermann-Affäre ist der in den Westen gegangen. Da habe ich mich gefragt, aber nicht zu Ende gedacht: „Wieso ist der eigentlich nach dem Westen?" Ich habe sogar

Die Gruppe SET aus Leipzig, Underground made in GDR, regelmäßig im erzgebirgischen Sehma zu Gast

eine ganze Zeit lang nichts mehr von ihm gelesen, weil ich in ihm so eine Art Verräter sah, der uns im Stich gelassen hat. Weniger im Sinne der DDR, sondern eher im Sinne derjenigen, die Hoffnung auf Erneuerung hatten. Jetzt, viele Jahre später, habe ich seine Autobiographie „Erwachsenenspiele" gelesen. Da wurde mir klar, warum er damals gegangen ist: Er hatte null Chance. Keiner hat seine Bücher mehr verlegt, niemand seine Hörspiele gesendet ... Dem Kunert hat man seine Lebensadern abgegraben. Das war staatlich organisiert. Der hat keinen Pfennig

309

mehr verdient. Er musste gehen. Ja. Und das sind aber Dinge, die hat man geahnt, hat sie aber auf einer Ebene belassen und hat dann auf einer anderen Ebene weitergelebt.

Ziemlich lange Haare

Wenn man jetzt so zurückblickt, dann wird das sehr wahrscheinlich nicht nur auf die DDR zutreffen, sondern das wird auf jede Generation zutreffen, dass sie irgendwann mit ihren Eltern nicht mehr zurechtkommt. In der Zeit, in der du und ich jung waren, ist das vermutlich durch die allgemeine Situation, durch die, nennen wir es einmal kulturelle Revolution, die da stattgefunden hat, noch verschärft worden. Das hat zu Konsequenzen geführt, die mein Leben, wenn ich es jetzt aus großer Entfernung betrachte, ein Stück weit versaut haben.

Am Ende der Abi-Zeit hatte ich ziemlich lange Haare und das führte dazu, dass die Reibereien mit den Lehrern und mit der Schuldirektion sich immer mehr verschärften. Das war ein Kampf, bei dem man nicht nachgeben wollte. Das hing wirklich von den Haaren ab. Ich kam in die Berufsschule in Flöha und das Erste, was der Direktor sagte, war: „Meyer, der Bart muss ab!" Ich hatte so einen kleinen Schnauzbart. Ich muss dazusagen, dass der Bart über all die Jahre nicht abging, es sei denn, ich hatte ihn eines neuen Outfits wegen ab und zu entfernt. Aber wir waren die erste Abiturklasse, in der Leute waren, die längere Haare hatten. Ich hatte die längsten Haare, was mich automatisch zum Schlimmsten, zum Unangepasstesten machte. Das erste Jahr hatte ich die besten Zensuren, dann kam die Geschichte mit den Haaren, und damit war der Abstieg vorprogrammiert. Die haben dir ... Wie soll ich das jetzt sagen? Du bist zu bestimmten Dingen nicht mehr dazugenommen worden, du bist geschnitten worden, von den Lehrern und auch von Mitschülern. Vor allem von den Mitschülerinnen. Da gab es immer die FDJ-Lehrjahre. Und im dritten Ausbildungsjahr bestanden die FDJ-Lehrjahre eigentlich nur noch darin, dass beispielsweise kurz auf die GST-Ausbildung (GST war die ziemlich militärisch orientierte Gesellschaft für Sport und Technik) am nächsten Wochenende hingewiesen wurde „und ansonsten müssen wir einmal wieder auf den Herrn G. und auf den Herrn Meyer zu sprechen kommen." G. war da noch einer mit langen Haaren. Und dann wurde nur über uns hergezogen. Das war so ein Lenin'sches Prinzip: Kritik und Selbstkritik. Und dann sollte man sich dazu äußern. So ungefähr nach dem Motto: „Ich gebe es ja zu, es war alles ... es ist schrecklich, was ich mache ..." Die Klasse übte richtig Druck aus. Und die Schlimmsten waren einige Damen, das muss ich ganz klar sagen. Es waren Mädchen, die schulische Leistungen vollbracht haben, aber nur aufgrund dessen, weil sie von früh bis abends gelernt haben. Die waren tagsüber in der Schule, und sobald die ins Internat kamen, häkelten sie ein Viertelstündchen, und danach brüteten sie nur über Lehrbüchern. Und wenn man einmal nachgebohrt hat, merkte man, dass da oft nicht viel war. Sie lernten nur alles auswendig. Die hatten die guten Noten und waren die lieben Kinder. Aber egal.

Das Ganze führte dazu, dass du beispielsweise keinen Studienplatz gekriegt hast. Jeder hatte so eine zweite Akte, so eine Personalakte, die man selber nie zu sehen bekam. Nach der Wende habe ich meine in die Hände gekriegt. Da konnte ich lesen, welche Beurteilung ich von der Schule bekommen hatte. Ich hatte meine Bewerbung an Unis geschickt, die bekam ich jedes Mal als „abgelehnt" postwendend zurück. Was stand da noch einmal drin? Ich hätte ein indifferentes Verhältnis zur praktischen Arbeit. Bei uns gab es „Berufsausbildung mit Abitur". Ich lernte Instandhaltungsmechaniker für

Textilmaschinen. Nun ja, das Technische war nicht mein Fall gewesen und ist es heute noch nicht. Aber mein Vater hatte mir damals den Platz verschafft, und ich dachte dann, okay, das machst du jetzt. Wir hatten einen Lehrmeister, und der war ja eigentlich der Schlimmste. Bei dem war das mit den langen Haaren eine totale Katastrophe. Ich glaube, der hat mich gehasst, was auf Gegenseitigkeit beruhte. Und dementsprechend hat der mich auch behandelt.

Die gesamte Ausbildung war so angelegt, dass man ein Studium in Richtung Textiltechnik machen konnte. Ich wollte aber etwas ganz anderes machen, ich wollte Meteorologie studieren. In der Beurteilung stand drin, dass ich ein indifferentes Verhältnis zur praktischen Arbeit habe – und was haben die da noch geschrieben? Arrogant, also irgendetwas wäre auch mit meinem Verhältnis zur Arbeiterklasse nicht in Ordnung. Also dass ich mit der Arbeiterklasse nichts am Hut hätte, und dass ich arrogant wäre gegenüber dem arbeitenden Volk oder irgend so ein Zeug. Das bezog sich halt auf solche großschnäuzigen Äußerungen, die man damals eben so draufhatte. Und wenn du natürlich so etwas in deiner Akte stehen hast, kannst du zusammenpacken. Da kriegst du nichts. Nun muss ich dazu sagen, dass ich zum Schluss nicht gerade die besten Noten hatte. Das hatte nichts mit meinen Fähigkeiten zu tun. Also auf Deutsch gesagt: „Diesen Arschlöchern hinten rein zu kriechen ...?" Das auf beiden Seiten ausgeprägte Missfallen war ausschlaggebend, und letztendlich saß ich am kürzeren Hebel. Freiwillig drei Jahre zur Armee zu gehen, hätte mich rehabilitiert. Ein solches „Friedensangebot" gab es übrigens, kam aber für mich keinesfalls in Frage! Einige Lehrer hatten gesagt: „Zur Abiturprüfung kommst du mit diesen Haaren nicht in meinem Fach." Ich kam aber doch. Die dachten, ich würde sie mir abschneiden. Dieses äußere Zeichen führte dazu, dass wir in der Gesellschaft stigmatisiert waren. Und das führte dazu, dass du deine Einstellung in vieler Hinsicht geändert hast. Es ging bei mir jedoch nie soweit, dass ich den Staat abgelehnt, oder sagen wir einmal, dieses Gesellschaftsmodell abgelehnt hätte. Ganz im Gegenteil, ich war nur der Meinung, dass solche Arschgeigen das alles kaputt machen. So habe ich gedacht. – Ich machte das Abitur. Die meisten aus unserer Klasse studierten. Der Herr G. und ich, die zwei Schlimmsten, durften gleich anschließend zur Nationalen Volksarmee, für achtzehn lange, sinnlose Monate.

Die Nacht vor dem Einziehen zur NVA verbrachte ich mit einem Kumpel. Wir haben durchgesoffen, und ich am nächsten Morgen mit langen Haaren zur Armee! Eigentlich war das ein Fehler, weil man auch dort sofort „auserwählt" war. An dem Standort waren so drei- oder vierhundert Soldaten zusammengezogen worden, und darunter waren vielleicht zwanzig mit langen Haaren. Man wurde einem Zug oder einer Kompanie zugeteilt, und schon war man der mit den langen Haaren. Damit hatte ich in jeder Hinsicht das Nachsehen. Das zog sich dann durch.

Das war der gleiche Effekt, den ich auch in der Abiturzeit erlebt hatte. Es war zum Teil furchtbar belastend, aber es war die Zeit der Jugend, also die Zeit, in der es eigentlich darauf ankommt zu rebellieren, gesellschaftliche Zustände zu sabotieren, in denen es sich die Alten bequem gemacht haben.

Dieser Widerstand gegen die Langhaarigen, der ja nicht nur von den Lehrern kam, sondern vom Ortsparteisekretär bis zum Briefträger und vom Fleischermeister bis zum Pfarrer, schweißte die alte Generation zusammen, selbst solche, die ansonsten nichts miteinander zu tun haben wollten. Wenn ich zum Beispiel mit der Bahn aus Flöha kam, bin ich fast jedes Mal von der Transportpolizei gestellt worden. Diese Typen haben mich alle gekannt, aber die haben mich jedes Mal aufs Neue kontrolliert. Ich bin einfach schikaniert worden. Die kamen angestürmt und wollten den Ausweis sehen. Das passierte regelmäßig im Zug oder auf dem Bahnhof. Oder wenn ich mit dem Bus losfuhr, kontrollierte mich der Ortspolizist, obwohl ich zwanzig Jahre mit diesem Idioten in einem Ort gewohnt habe. Ja! Aber das war nicht nur staatlich organisiert, da haben alle mitgewirkt. Wenn du beispielsweise in manche Kneipe reinkamst, kriegtest du nichts zu trinken. „Macht euch raus, ihr Langhaarigen." So, nach diesem Motto.

Das Interessante an der Sache war, dass genau dies uns immer wieder anstachelte, weiterzumachen. Man fühlte sich irgendwie gut, wenn man die aufregen konnte. Man hatte auch immer die entsprechenden Antworten parat. Dieser geschlossene Widerstand hat uns irgendwie zugesagt. Sonst wäre es ja langweilig gewesen.

Die langen Haare, das war das äußere Zeichen, ich will nicht sagen des Widerstandes gegen den Staat oder so etwas. Es war einfach der Widerstand der Jungen gegen die Alten oder gegen das Alte.

Das ging quer durch die gesamte Gesellschaft. Das betraf alle. Nicht nur die sozialistischen Gesellschaften. Wir waren gegen das alles, und die wiederum waren gegen uns.

Sandpressungen

Was die Klamotten anging, Jeans usw., gab es die Möglichkeit, diese aus Ungarn zu holen. Und diese Möglichkeit haben wir genutzt. Das war immer ausgesprochen strapaziös: Wir fuhren mit dem Bus nach Dresden und dann die ganze Nacht mit dem Zug bis Budapest. Am Nachmittag gegen 14 Uhr fuhren wir in O'thal los, waren am frühen Abend in Dresden und am nächsten Tag waren wir mittags in Budapest. Ungarn war ja ziemlich offen, dort gab es eben Jeans und vor allem Schallplatten. Da bist du dann wegen zwei Schallplatten und einer Jeans runtergefahren. Sonnabend und Sonntag haben wir dort zugebracht. Wir übernachteten im Freien, meist auf der Margareteninsel inmitten der blauen Donau. Das war äußerst abenteuerlich, weil es da so schwarze Polizisten mit sehr lockeren Gummiknüppeln gab. Die waren nicht vergleichbar mit unseren Ortssheriffs, das waren ziemlich rabiate Typen, da musste man aufpassen. Wir haben also zwei Nächte dort geschlafen und dann sind wir wieder mit dem Zug zurück.

Man konnte einmal im Jahr eine bestimmte Summe tauschen und Meise hat ja dafür grundsätzlich nur Schallplatten gekauft. Dafür bekam man vier oder fünf Schallplatten, das weiß ich noch. Das waren meist Raubpressungen. Die waren oft so merkwürdig dick. Wir sagten immer, die Sandpressungen. Wenn sie drei Mal abgespielt waren, kratzten die wie verrückt. Man bezahlte aber trotzdem ein Schweinegeld dafür. Ich kaufte ein oder zwei Schallplatten und Jeans. Aber Meise war Schallplattenfan ohne Wenn und Aber. Er hat für die zwei Tage sogar das Essen und Getränke mitgeschleppt, nur damit er sein ganzes Geld für die Schallplatten einsetzen konnte. Es gab dort wunderbares Eis, aber dafür gab er kein Geld aus. Einmal hätte ihm der Zoll auf der Rückfahrt im Zug beinahe eine Schallplatte weggenommen. Ich glaube, das war eine Black-Sabbath-LP und irgendetwas Anrüchiges war auf dem Cover. Vom Zoll wurde man ja jedes Mal kontrolliert. Und wenn du auffällig aussahst, musstest du die Taschen auspacken und alles Mögliche über dich ergehen lassen. Ja, und die hatten also Meises Schallplatte als gefährliche Konterbande in Händen und drehten sie hin und her. Dann sprachen sie miteinander. Ich sah schon, wie der Meise, der schon immer einen gewissen Hang zum Cholerischen hatte, dunkelrot anlief. Ich dachte: „Du liebe Zeit, die Nacht werden

Einer der „Budapestausflüge", Anfang der 80er Jahre. V. r. n. l.: Kerstin (meine Frau), Meise, Candis, Mitsch (mein Bruder) und ich

wir im Knast zubringen." Wenn die dem Meise die Schallplatte weggenommen hätten, ich weiß nicht, was dann passiert wäre. Aber sie haben dann entschieden: „Na gut, soll er sie mitnehmen." Das war so ein Moment, in dem wir alle den Atem anhielten. Dem Meise eine Schallplatte wegnehmen, das kann man nicht machen. Da wäre der Spaß vorbeigewesen, also in erster Linie natürlich für uns. Das wäre furchtbar geworden.
Dann gab es auch ein paar wenige, die hatten Westbeziehungen. Da konnte man sich manchmal ein paar Jeans „erhandeln".

Die ganze Nacht Flugzeuge

An jenen 21. August kann ich mich noch sehr gut erinnern. Das ging in der Nacht los. Damals, 1968 war ich fünfzehn. Ich hatte bis um elf Uhr abends geschmökert, danach Licht aus und Augen zu. Und am nächsten Morgen war alles schon in vollem Gange. Es müssen die ganze Nacht Flugzeuge über die Gegend geflogen sein. Also hier ist irgendeine Flugschneise, so ein Korridor. Und dann kamen auch schon russische Panzer durch den Ort. Gleich da vorn ist eine Haarnadelkurve, um die sind sie nicht so recht herumgekommen. Und es wird heute noch gesagt, dass die Umgehungsstraße, die in den Siebziger Jahren entstanden ist, nur deshalb gebaut wurde, weil den Militärstrategen und ihren Panzern die Oberwiesenthaler Ortsstraßen zu eng waren. Oben am nahegelegenen Grenzübergang stand alles voll mit Panzern. Kurz vor dem Grenzübergang, standen zuerst die Russen, die ganze Straße in Richtung Tellerhäuser runter, vielleicht hundert Panzer. Hinter den Russen standen die Deutschen (NVA). Den Russen brachten wir immer Wodka. Die Soldaten waren ja arme Schweine, das konnte man schon an den abgerissenen Uniformen sehen, und irgendwie taten die uns leid. Dafür durften wir auf dem Panzer rumklettern. Dass ich mit fünfzehn noch freiwillig in und auf Panzern rumgeklettert bin, ist mir aus heutiger Sicht ein Rätsel. Aber damals habe ich den Aufmarsch der Russen gegen den Prager Frühling nicht als etwas Negatives begriffen. Wir haben viel mit den russischen Soldaten gesprochen, wir hatten ja ab dem fünften Schuljahr Russisch gelernt, und das konnte man da gut anwenden. Und die Soldaten haben eindeutig erklärt, dass die Invasion in die Tschechoslowakei richtig war. Das erschien uns irgendwo nachvollziehbar. „Wenn wir das jetzt nicht gemacht hätten, dann wäre der Amerikaner einmarschiert", hieß es nachher. Das war vermutlich nicht mal ganz aus der Luft gegriffen. Aber ich war zu jung, um das alles hinterfragen zu können. Für uns war es eine Abwechslung im eintönigen Kleinstadtalltag. Das hatte sich mit dem Einmarsch der Russen in Afghanistan geändert, der mich genauso abstieß, wie es das amerikanische Wüten in Vietnam getan hatte.

Wobei ich ergänzen muss, '68 hörte ich schon Westsender. Ich hörte aber vor allem die Musik. Ich weiß noch, dass ich mich ärgerte, wenn im RIAS politische Kommentare kamen, die ja oft sehr kritisch mit der DDR umgegangen sind. Da dachte ich: „Die können doch nicht solche Sachen behaupten."

Am Grab von Robert Havemann in Grünheide bei Berlin, Mitte der 80er Jahre

Robert Havemann (* 11. März 1910 in München; † 9. April 1982 in Grünheide bei Berlin) war ein deutscher Chemiker, Kommunist, Widerstandskämpfer gegen den Faschismus in der Widerstandsgruppe Europäische Union und Regimekritiker in der DDR.
Im Jahre 2006 erhielt H. postum den Titel Gerechter unter den Völkern der Gedenkstätte Yad Vashem, als Mitglied der Widerstandsgruppe „Europäische Union", deren übrige Mitglieder von den Nazis hingerichtet wurden. Die Union hatte Juden versteckt, um sie vor der Deportation zu bewahren, von 1942 an unterstützte sie auch ausländische Zwangsarbeiter.

Philosophischer Verein Ratskeller

Dann kamen irgendwann auf dem RIAS Berichte über Robert Havemann, den ich vorher nur dem Namen nach kannte. Das hat mich interessiert, und ich war von seinen Ansichten über eine neue, gerechte Welt mit einem Sozialismus ohne Funktionärskaste und Sicherheitsdienste begeistert. Umso bedrückender war, dass Havemann für DDR-Medien nicht existierte. Eigentlich ist das unsere Sache, so haben wir in unserer Runde damals diskutiert, und aus dem Westen müssen wir es erfahren. Man konnte ja die Zeitung bei uns aufschlagen, egal ob es das Neue Deutschland oder die Junge Welt war, es stand überall das Gleiche drin, Probleme gab es in der DDR keine, höchstens, dass die Bauern wegen der großen Hitze die letzte Ernte nur zu 99,84 % einbringen konnten. Und das konnte man sich natürlich denken, dass die Welt vielleicht doch ein bisschen anders tickt. Es war immer ein Gefühl da, dass die Dinge vielleicht anders laufen, als wir es gerne dachten.

Noch einmal zu den Langhaarigen und ihrer gesellschaftlichen Position: Später, in den Siebziger Jahren wurden die langen Haare ja akzeptiert. Das hatte sich durchgesetzt, man war nicht mehr auffällig, man passte irgendwo dazu. Die Durchschnittsbürger, von uns „Spießer" genannt, haben sich nicht einmal mehr richtig aufgeregt. Damals hatte ich aber trotzdem meine deutlich linke Einstellung. Aber die meisten haben da nicht differenziert. Wenn du links warst, warst du rot, und damit wurdest du mit dem Staat identifiziert. Dass wir mit diesem Funktionärsstaat nicht einverstanden waren, war für die uninteressant. Durch meinen Vater habe ich einige dieser Funktionäre ja gekannt. Ich wusste, von welchem Stamm viele dieser Typen waren. Gerade dieser Kreisparteisekretär. Mein Vater hatte geradezu Angst, wenn dieser Bursche kam. Der kam am Sonntagnachmittag halb besoffen an. Vorher war telefoniert worden, ja, der kommt jetzt, und da stand mein Vater stramm … Schrecklich! Von solchen war nichts zu erwarten. Aber wir waren eigentlich links, und das hat der Durchschnittsmensch, der von Natur aus „dagegen" war, nicht verstanden. Wenn du in der Kneipe warst – es hat sich ja viel an Kommunikation in der Kneipe abgespielt –, wenn du an einem Stammtisch oder in dessen Nähe gesessen bist, mit ganz normalen Leuten, wenn du da linke Reden gehalten hast, dann warst du alleine, dann warst du der Außenseiter. Im Grunde genommen waren achtzig Prozent gegen das System.

Zumindest noch in den Siebzigern dürfte die Stasi nicht so präsent gewesen sein, denn was in den Kneipen manchmal für Diskussionen geführt wurden, das hältst du nicht für möglich. Und da war ich oftmals der Außenseiter, weil ich für diese linke Weltsicht gesprochen habe. „Du spinnst doch. Guck dir doch einmal an, wie es bei uns aussieht, wenn du rüber guckst, die Arbeitslosen fahren riesengroße Autos – und wir warten auf die „Pappe" zehn Jahre." Man hat in der Regel nur das Materielle gesehen. Und schon alleine das hat mich aufgeregt.

Es war nicht einfach, wenn du dich, beispielsweise in der Kneipe für das System geäußert hast. Von mir aus auch in dem Sinne, dass es noch lange nicht gut ist, aber auf jeden Fall besser ist, als das, was im Westen ist. Also nach außen, offiziell, haben viele, vor allem aus der oberen Gesellschaftsschicht, im Sinne dieses Staates gesprochen.

Dann nach der Wende wurde auf einmal klar, dass ein großer Teil von denen für sich selbst anders dachte. Plötzlich, nach der Wende, waren die schon immer gegen den Staat und fingen an in die Kirche zu gehen. Aber es gab auch genügend andere, die sich offen aus der Deckung wagten, beispielsweise zwei meiner engsten Freunde. Sie waren beide Lehrer und waren aus dem Schuldienst rausgeflogen.

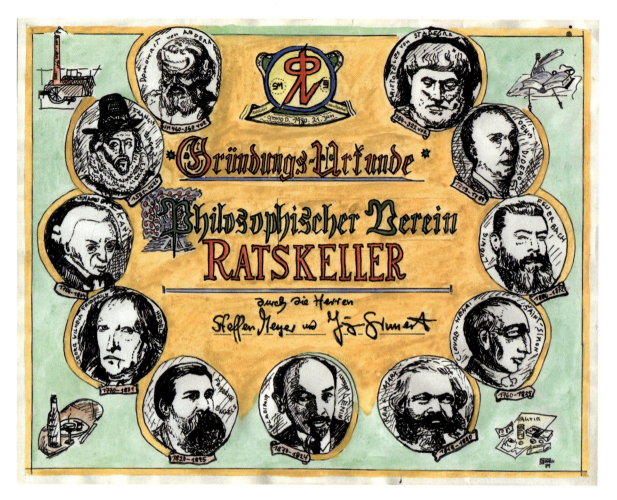

Martin W. und Jürgen G. Beide gehörten übrigens zu unserem Debattierklub. Jürgen neigte eher zu radikalen linken Positionen, und trotzdem, oder vielleicht gerade deswegen, störten ihn Bevormundung und eingemauert sein am meisten. Er wollte schon während unserer Abi-Zeit in die Partei eintreten, nicht etwa wegen der Hoffnung auf größere Karrierechancen, sondern aus grimmiger Überzeugung. Wenige Wochen nach seinem Aufnahmeantrag wurde er wieder verabschiedet. Er hatte die Kandidatenzeit nicht bestanden. Bei der Armee hatte er sich dann gefangen. Jürgen ist so ein Typ, dem das Militärische liegt, das hat wohl etwas mit Selbstzucht zu tun. Er war in der Lage monatelang auf Alkohol zu verzichten oder freiwillig täglich kilometerweite Läufe zu absolvieren, was damals ziemlich merkwürdig war. Der Jürgen war völlig anders als ich, und das war wohl die beste Voraussetzung, dass wir uns über viele Jahre so gut verstanden. Es fing schon damit an, was er las. Das war meist so russische Literatur über den Zweiten Weltkrieg, Boris Polwoj und so ein Zeug. Das wollte er mir immer zum Lesen geben. Für mich war das aber nichts. Also, er kam bei der Armee gut zurecht und danach konnte er studieren. Aber als er dann Lehrer war, dauerte es nicht lange, und dann schmissen sie ihn raus. Es war irgendein Parteitag, wenn ich mich recht entsinne, und er hat an eher offizieller Stelle geäußert: „Egal, welche Zeitung ich aufschlage, immer dieses seitenlange inhaltslose Gesabbere." Und damit war der Schuldienst für ihn beendet. Er durfte dann über viele Jahre bei der Energie arbeiten, ich glaube, Zähler ablesen. Das gleiche Schicksal widerfuhr auch dem Martin W. Ich habe oft Schach mit ihm gespielt. Wir waren auch als Familien sehr eng befreundet. Martin hatte man in den Achtziger Jahren rausgeschmissen. Ich glaube auch wegen irgendwelcher rebellischen Äußerungen. Auch seine Frau wurde aus dem Schuldienst entlassen. Ja, die entließen beide. Die waren beide Lehrer. Und ich war so naiv, ich wollte damals für ihn im FDGB-Heim, meinem Brötchengeber, einen Job besorgen. So naiv waren wir. Ich wollte versuchen, ihn dort unterzubringen. Man hat dann erst einmal gesagt: „Ja, da kann man schon einmal gucken." Dann hat man wahrscheinlich Wind von seinem „Vergehen" gekriegt und dann ging natürlich nichts mehr. Man muss sagen, dass nicht jeder ein Widerstandskämpfer ist. Man muss es wirklich milder sehen: Wenn man das Studium gemacht hat, will man sich das alles nicht wieder so schnell zerstören. Man entwickelt Anpassungsstrategien, die es in allen Systemen gibt. Aber es ist halt gerade in meinem engeren Umkreis einigen passiert, dass sie ausgesiebt wurden. Wie gesagt, beide waren in unserem Debattierklub. Ich habe noch die Gründungsurkunde: Philosophischer Verein Ratskeller.

Über viele Jahre haben wir uns jeden ersten Freitag im Monat um sechzehn Uhr im Oberwiesenthaler Ratskeller getroffen. Und dort haben wir unsere philosophischen Debatten geführt. Speziell über die DDR und über all diese Dinge, und da gab es die unterschiedlichsten Meinungen. Der Jürgen war Gründungsmitglied, Martin kam später, als er an die O'thaler Schule versetzt wurde. Wir waren manchmal zehn, zwölf Leute und es gab auch einigen Wechsel, ein Mädchen ging in den Westen, anderen ging die Diskussion in die falsche Richtung. Heute bin ich ja ziemlich sicher, dass vor allem in den späten Achtziger Jahren auch die Stasi mit am Tisch saß. Der B. ist später dazugekommen und es ist ziemlich sicher, dass der bei der Stasi war. Er hatte z. B. einen Einberufungsbefehl zur Reserve bekommen und sagte mir aber: „Pass auf, ich komme nicht zur Reserve." Und siehe da, er wurde nicht zur Reserve gezogen, obwohl das schier unmöglich war, diesem Haufen zu entrinnen. Damals konnte ich mir noch keinen Reim darauf machen. Der fragte mich immer: „Wann sitzt ihr denn wieder zusammen, ich würde mal wieder mitgehen." Das hätte ich damals nie gedacht. Mit ihm habe ich zusammengearbeitet und wir haben zusammen im gleichen Haus gewohnt. Er kam aus Annaberg. Na ja, er war schon in mancher Hinsicht ein komischer Typ. B. war sehr materiell orientiert, das war schon krankhaft, er besuchte ständig Wartburg-Autohäuser und konnte die Objekte seiner Begierde stundenlang umschleichen.

In diesem philosophischen Kreis war einfach nur so eine Diskussion. Wir hatten einmal eine Phase, der Jürgen wollte das vor allem, dass wir uns auch mal dem Gesamtwerk von Marx und Engels widmen. Dazu muss gesagt werden, dass wir zwar im Staatsbürgerkunde-Unterricht und zu allen anderen Möglichkeiten mit Marx, Engels und Lenin vertraut gemacht werden sollten, aber immer handelte es sich dabei nur um bestimmte Auszüge. Aus dem ganzen Werk Lenins lasen wir überall immer nur die gleichen Sachen. Von den Lenin-Bänden war es vielleicht ein Hundertstel. Das waren zwanzig Seiten, und da ging es um das und das und das. Man befasste sich

Der Markt von Oberwiesenthal in den 70er Jahren, im Hintergrund der Eingang zum Ratskeller

nie mit dem Gesamtwerk. Engels habe ich, auch aufgrund meines naturwissenschaftlichen Interesses, selber gelesen. Von Engels bin ich nach wie vor begeistert, den dialektisch-historischen Materialismus hat ja vor allem Engels entwickelt. Seine Werke „Ursprung der Familie" oder „Dialektik der Natur" haben mich fasziniert, auch wenn einiges schon zu jener Zeit überholt war, aber welcher Philosoph wird nicht irgendwann von der fortschreitenden Erkenntnis überholt? Jedenfalls ist mir, auch nach der Wende, noch kein philosophisches Werk begegnet, welches die komplexen Zusammenhänge dieser Welt und ihrer Entwicklung besser erklärt. Dass das Proletariat zu guter Letzt das Paradies auf Erden schaffen sollte, war ja wohl eher der Gedanke eines anderen und war mir schon immer höchst zweifelhaft.

Es waren immer nur ein paar Brocken, die wir hingeschmissen bekamen, die das alles beweisen sollten. Und das hatten wir uns vorgenommen, das hat aber nie so richtig funktioniert. Da wir aber alle über ein bisschen mehr als über Grundwissen verfügt haben, waren das schon recht interessante Diskussionen. Es gab eben auch unterschiedliche Ansätze: Der Kusch zum Beispiel war nicht so links wie der Rest. Der hat immer den nahen Untergang prophezeit, was wir ihm natürlich widerlegt haben! Ha, ha. Irgendwann hatte er Tschingis Aitmatov gelesen, und er leitete davon ab, dass in der großen Sowjetunion auch vieles nicht stimmte. Tschingis Aitmatov ist ein bekannter kirgisischer Schriftsteller. „Dschamila" ist Weltliteratur. Bei uns musste man so etwas eigentlich gelesen haben, aber ich habe es nicht gelesen. Wahrscheinlich deswegen, weil es jeder gelesen haben musste. Der Kusch war einer, den wir gebraucht haben, als Streithammel, und Jürgen war dann sein linker streitbarer Gegenpol. Er hat seine linke Einstellung, die er trotz der Erniedrigungen und Schikanen, die er in der DDR erleben musste, auch nach der Wende offen vertreten. Jetzt ist er übrigens wieder Lehrer. In einer Volksversammlung kurz nach der Wende hatte man versucht, ihn als aus dem Schuldienst gefeuerten Lehrer auf den Schild zu heben und zu feiern. Und da muss er aber denen gesagt haben: „Ihr Idioten, ihr grabt euch euer eigenes Grab." Dafür musste er dann das Weite suchen. Ich hatte immer so eine Vermittlerfunktion, was mir den Vorwurf der Taktiererei einbrachte, aber ohne Leim hält nichts zusammen, und der Leim war ich. Das waren interessante Diskussionen, die dann so nach dem achten Bier manchmal ziemlich laut wurden. Es gab auch gelegentlich heftigen Streit.

Feuerwehrmänner mit schwarzen Helmen

Meine Frau und ich kennen uns seit 1976. Auch die späten siebziger Jahre waren eine interessante Zeit. Wir hatten immer ein offenes Haus. Da war ein ständiges Kommen und Gehen. Gelegentlich hatten wir nicht das Gefühl, dass das unsere Wohnung sei. Da waren manchmal Leute da, die man gar nicht so richtig kannte, fremde Menschen. Jemand hat auch eine ganze Zeit bei uns mitgewohnt, der Ketscher. Der hatte beneidenswert lange Haare. Wie ein Löwe, so dichte Haare bis hier herunter – ein Riese von friedlichem Gemüt. Unser Bekanntenkreis ging bis nach Annaberg, Karl-Marx-Stadt, Leipzig, Berlin usw. Das hing damit zusammen, dass Oberwiesenthal ein DDR-weit beliebter Urlaubsort war und man traf auf den Pisten und in den Kneipen eben nicht nur Einheimische. Das war für meine Begriffe ein großes Plus für das Leben in Oberwiesenthal. Die anderen Orte, auch die größeren im Erzgebirgischen, erschienen uns immer ausgesprochen langweilig und vergleichsweise „hinterm Wald". Zu den engeren Freunden gehörten der Thomas R. und der Ulli K. Thomas war bei der Annaberger Imress-Bluesband Schlagzeuger und Ulli war bildender Künstler, der seinen Lebensunterhalt als Friedhofsgärtner verdient hat. Ulli ist noch zu DDR-Zeiten nach Westberlin gegangen. Thomas hatte damals so einen langen schwarzen Bart und Ulli hatte eine gewaltige Wolke roter Locken, wie Robert Plant irgendwie. Die hatten so ausgebleichte Klamotten an. Der Thomas

Oberwiesenthal in den 60er Jahren

R. trug einen schwarz-grau genoppten Mantel, der wahrscheinlich von 1870 oder so datierte. Und der Ulli K. hatte einen Parka, und der war reichlich zerrupft und ausgefranst. Auf jeden Fall waren die in einer Nacht bei uns. Wir hatten grundsätzlich schwierige Debatten. Das ging die ganze Nacht über und endete leider fast immer in verbissenem Streit. Jedenfalls sind sie am nächsten Morgen, verkatert und abgerissen, nach Hause gegangen. Sie waren kaum zur Tür raus, da klingelte es bei uns, und der Bruder meiner Frau, ein angenehmer, freundlicher Typ und ordentlicher Staatsbürger kam mit seiner Familie zum angekündigten Besuch. Bevor er überhaupt „Guten Tag" sagen konnte, musste er erst einmal loswerden, welch unvorstellbar verwilderten Gesellen sie gerade begegnet waren …

Wir waren damals übrigens auch viel im Kino: In, zumindest aus heutiger Sicht, zum Teil sehr guten DEFA-Filmen, die ab und zu auch ohne Propaganda auskamen, und in sogenannten Russenfilmen, die oft sehenswert waren, aber leider noch öfter den Krieg verherrlichten. Ja, diese sowjetischen Kriegsfilme. Wie hieß dieser eine noch mal? „Befreiung". Da gab es fünf Teile. Die durfte ich bei der Armee wahrscheinlich zehn Mal sehen. Ich erinnere mich nur noch, dass dort die Hälfte der Zeit russische Panzer von links nach rechts oder umgedreht über die Leinwand fuhren … Wenn man diesen martialischen Ereignissen nichts abgewinnen konnte, waren das schwere Stunden, zumal besonders dienstbeflissene Unteroffiziere die Reihen ständig abschritten, um eventuell Eingeschlafene dem „spannenden" Geschehen auf der Leinwand mittels einem der üblichen Grunzlaute wieder zuzuführen. Schrecklich, das Filmende war jedes Mal die eigentliche Befreiung! Irgendwie bin ich von Grund auf pazifistisch. Ich ertrage Uniformen nur ganz schwer. Das steckt bei mir schon immer drin. Ich vermute, dass das in meiner Kindheit war, dass ich … Also, wenn ich mir das in Erinnerung zurückrufe, sehe ich immer Feuerwehrmänner mit schwarzen Helmen und schwarzen Uniformen. Da muss ich irgendwie einmal ein Kindheitstrauma abgekriegt haben. Seither habe ich mit dem Uniformierten so meine Probleme und das wurde durch meine achtzehn Monate NVA enorm forciert. Was ja auch wunderbar in die 68er-Zeit hineinpasst, ich war gewissermaßen von Natur aus prädestinierter Teilnehmer am „Aufstand" … So bewegten sich auch meine literarischen Interessen immer in diese Richtung: Stefan Zweig, Leonhard Frank, Hermann Hesse usw. las ich mit Vorliebe. Das war zum Beispiel auch Diskussionspunkt mit Jürgen G. Für ihn waren Napoleon, Alexander der Große usw. bedeutende Leute. Für mich waren das die größten Verbrecher. Die haben in ihrem persönlichen Größenwahn zigtausend Menschen hingeschlachtet, und die Leistungen ganzer Generationen zerstört. In diesen Diskussionen ging es dann auch immer um Befreiungskrieg und all so ein Zeug. Und ich bin heute noch der Meinung, dass Krieg nicht als gut oder schlecht bewertet werden kann. Krieg ist einfach nur Krieg und hat als einziges Attribut: furchtbar. Es gibt keinen guten und keinen schlechten Krieg. Am Krieg ist alles furchtbar. Und da kann man Kommunist sein oder Faschist sein, rot oder grün oder gelb. Wenn du einen Krieg mitgemacht hast, und dein Kumpel ist erschossen oder erstochen worden, und du hast das gesehen, dann wirst du wie alle anderen, du schlägst zurück. Dann kannst du mit noch so guten Vorsätzen reinmarschiert sein, du gehst als Barbar aus diesem Krieg wieder raus, oder krank, oder du bringst dich um. Viel mehr Möglichkeiten gibt es da nicht. Deswegen kann man das nur ablehnen. Für mich gibt es da gar keine Alternative, obwohl ich weiß, dass diese Sicht mit der Realität nicht viel zu tun hat. Aber das war immer meine Position. Über das Thema Krieg haben wir uns regelmäßig in die Haare gekriegt. Bei uns wurde ja so propagiert, dass es den gerechten Krieg gibt. Den Verteidigungskrieg, den halt vor allem die Sowjetunion geführt hatte. Dass die am Anfang des Krieges in die polnischen Ostgebiete einmarschiert sind, hat ja niemanden interessiert, oder besser, davon wurde nicht gesprochen.

Dann lacht der Teufel

In der DDR wurde die Nazizeit konsequent als das abscheulichste Kapitel deutscher Geschichte dargestellt. Das hatte auch damit zu tun, dass die Kommunisten von den Nazis gnadenlos verfolgt wurden! Bei euch war's ja wohl doch etwas anders und bedurfte eben erst eines Hochhuth und der 68er, um der Geschichte gerade ins Auge blicken zu können, oder? Wenn man Jugendweihe hatte, war ein Besuch der Buchenwald-Gedenkstätte vorprogrammiert. Ich weiß nicht, wie oft ich mehr oder weniger organisiert in der Gedenkstätte war. Das bestätigte natürlich auf erschütternde Weise die offizielle Sicht. Jedes Mal war das ein schreckliches Erlebnis für mich. Ich bin ein sensibler Mensch und habe es seither vermieden, so einen Ort aufzusuchen, weil es mich immer monatelang beschäftigt hat.

Nach der Wende habe ich gehört, dass das KZ Buchenwald auch noch nach dem Krieg benutzt wurde, als die neuen Machthaber Leute einsperrten. Das war für mich eine schlimme Erkenntnis.

Die Nazizeit war regelmäßig ein Thema in unserem Debattierklub. In Oberwiesenthal hatte es eine starke NSDAP-Ortsgruppe gegeben, aber auch eine Ortsgruppe der KPD. Und in Annaberg muss es Ausschreitungen der SA gegeben haben. Das wussten wir, ich weiß zwar nicht woher, aber wir haben uns damit auseinandergesetzt. Das hat etwas mit dem Konflikt zwischen den Jungen und den Alten zu tun. Weil die Alten so viele Sachen mit sich herumschleppten, bei denen man dachte, das ist ja wie bei den Nazis. Und dann kam natürlich die Erfahrung mit der Armee dazu. Ich glaube, dass sich dieser Geist in der NVA besonders gehalten hatte. Das waren im Geiste Nazis, denen man dort ausgeliefert war. Das war gleich am Anfang, da hat sich ein gewisser Brückner hingestellt und gesagt: „Mein Name ist Oberleutnant Brückner, und wenn ich lache, dann lacht der Teufel." Ich dachte erst, das wäre ein Witz, der macht sich über uns lustig. Aber das war nicht lustig, der meinte das ernst! Und es hat nicht lange gedauert, da ist es mir wie Schuppen von den Augen gefallen, dass diese Armee das absolut Letzte ist. Und jetzt sind wir schon am nächsten Punkt. Das war eine Armee, die in einem Land existierte, von dem ich dachte, dass es auf dem richtigen Weg ist. Manchmal dachte ich: Du hast die Armee erlebt, und du hast sie gehasst. Du hättest dir eigentlich darüber klar werden müssen, dass da irgendetwas nicht sauber ist. Gerade bei der Armee, du warst ja dort als Soldat total ausgeliefert. Du konntest dich zwar beschweren, aber du musstest dich bei deinem Vorgesetzten beschweren. Und wenn du dich über einen Vorgesetzten bei einem Vorgesetzten beschweren solltest, das geht halt schlecht. Du hast garantiert immer den Kürzeren gezogen. Armee hat immer geheißen: Anpassung, abducken und nicht auffallen. Schon die Uniform hat derjenigen der Wehrmacht stark geähnelt, diese Beutelhosen ... Und die Sprache! Diese abgehackten Befehle! Die sprachen ja nicht. Immer war es unverständlich.

Natürlich forderte diese Mischung aus Großkotzigkeit und Dummheit auch Widerstand heraus, was nur mit möglichst skurrilen Aktionen funktionierte. Einmal habe ich mit dem Kompanieschreiber, der mit auf meiner Bude lag und das ganze Treiben genau so hasste wie ich, mitten im Sommer eine Weihnachtsfeier mit Verdunklung, Räucherkerzen und Lichterglanz organisiert. Ein andermal haben wir mit einem kleinen Aushang zu einer Kollekte für die hungernden Vögel Kamtschatkas aufgerufen usw. Jedenfalls war die Ratlosigkeit der Unter- und Oberzieher bei solchen Aktionen eine willkommene Entschädigung für die erlittenen Schikanen.

Natürlich hatte ich Schwierigkeiten bei der Armee. Normalerweise mussten wir sechs Tage Urlaub im halben Jahr kriegen. Die habe ich meist erst am Ende des halben Jahres bekommen, weil ich ständig Ausgangssperren und so ein Zeug hatte. Das war einfach nur unerträglich. Ich musste dann zu allem Unglück auch noch einmal zur Reserve. Da war ich dann die Hälfte der Zeit krank. Es war einfach nicht auszuhalten. Ein Unteroffizier hieß Hofmann, Unteroffizier Hofmann. Wir haben uns gesagt, wenn wir hier rauskommen, dann lauern wir dem auf und schlagen diesen Hund, bis er nicht mehr reden kann ... Den haben wir gehasst wie die Pest. Wir haben es natürlich nicht gemacht.

Als ich entlassen wurde, am letzten Tag, hatte ich noch Wache. Alle anderen liefen schon in Zivil he-

Der Oberwiesenthaler Ratskeller in den 60er Jahren, damals HO-Gaststätte „Deutscher Hof"

rum, ich musste aber Wache schieben und musste ihre Schnapsflaschen aufsammeln. Ich hatte immer solche Sondereinsätze. Es gab ja viele, die von der Armee den Trainingsanzug und das Zeug alles mitnahmen. Das durftest du ja. Ich packte das Zeug in ein Bündel, und als wir vom Hof fuhren, dachte ich mir: „Raus hier und weg mit dem Zeug", und schmiss das Bündel vom Lkw runter. Aber das wurde bemerkt. Wir drehten um, und ich musste das Zeug wieder aufladen. Dann war ich entlassen. Ich war anschließend zwei Tage unterwegs und ziemlich betrunken. Irgendwann landete ich im Oberwiesenthaler Ratskeller. Das klingt jetzt ziemlich heroisch: Als Erstes verbrannte ich im Ratskeller in einem Aschenbecher meinen Wehrpass. Irgendjemand muss das gesehen haben. Das hat zu einigen Verwicklungen geführt. Aber ich nehme an, dass mich da mein Vater wieder herausgehauen hat. Als ich zur Reserve sollte, hatte ich dann keinen Wehrpass mehr. Also musste ich mir einen neuen Wehrpass machen lassen. Das war verdächtig, wenn jemand in der DDR Dokumente verloren hat... Du musstest immer das Dokument dabei haben. Auf die Frage nach meinem ersten Wehrpass antwortete ich, ich hätte ihn verloren. Zehn Jahre nach meinem Grundwehrdienst sollte ich zur Reserve. Zwischenzeitlich hatte ich mir einen neuen Wehrpass machen lassen, und der war, als ich zur Reserve sollte, unauffindbar. Ich kam dort an bei der Reserve und hatte keinen Wehrpass. Das war ein Verbrechen! Wir hatten zu Hause alles durchsucht. Der erste Wehrpass war verschwunden und der zweite ebenfalls! Und das hatten die ja auf ihrer Kladde. Ich war also noch keine Stunde dort, da war Meyer schon wieder bekannt: der Mann ohne Wehrpass. Am nächsten oder am übernächsten Morgen musste ich beim Kompaniechef antreten, und der warf mir vor, ich würde meine Wehrpässe westlichen Geheimdiensten zur Verfügung stellen. Ich hatte denen gesagt, dass der irgendwo zu Hause sein muss. Die haben meine Frau auf der Arbeit angerufen, wir hatten ja kein Telefon. Die machten meine Frau fertig und sagten ihr: Wenn sie den binnen einer Woche nicht finden würde, müsste ich in den Bau. Ich wäre abgegangen ins Militärgefängnis. Meine Frau war fix und fertig und holte dann meine Mutter, die kannte das Leid mit mir und meinen Schräglagen. Sie stellten unsere Wohnung auf den Kopf, und meine Mutter hat ihn dann gefunden. Er lag unter dem Familienstammbuch in einem Beutel. – Auf jeden Fall wurde ich gleich verdächtigt, dass ich meine Wehrpässe regelmäßig westlichen Geheimdiensten zur Verfügung stelle. Aber wenn du das gesagt kriegst, dann lachst du nicht so, wie ich jetzt lache; denn du weißt, was das bedeuten kann. Da kommst du in den Bau, dann bist du weg vom Fenster. Nur weil du den Scheißwehrpass … Ja, gut, den anderen hatte ich verbrannt, aber das haben die Gott sei Dank nicht gewusst. Oh, oh, du liebe Zeit, du liebe Zeit …

Dann kam der Schwarze

Werner B. war ein ehemaliger Kellner im Ratskeller und der – ich weiß nicht, was er für ein „Verbrechen" begangen hatte, ich glaube, er hatte betrunken ein Pferd gestohlen oder ein betrunkenes Pferd gestohlen … – auf jeden Fall kam er zurück aus dem Knast. Wir trafen ihn im Ratskeller wieder, machten einen drauf, und dann ging er mit uns nach Hause. Und in dieser Nacht erzählte er mir ein paar Sachen. Er war betrunken. Als Erstes sagte er: „Steffen, das was ich dir jetzt sage, dafür habe ich unterschrieben, dass ich das auf keinen Fall jemandem sagen darf." Ich habe ihn gut gekannt, und er wusste, dass ich niemanden aushorche. Dann sagt er: „Ich sage dir, was da abläuft, ist Wahnsinn. Ich war auf Rügen und habe nur Gräben geschaufelt. Den ganzen Tag, von früh bis in die Nacht. Wir hatten keinen Sonnenschutz und nichts. Wenn es stürmte, hatten wir unsere dünnen Klamotten und nichts weiter. Wir schaufelten den ganzen Tag und manchmal hast du nicht einmal etwas zu fressen gekriegt. Und wenn du am Morgen geweckt wurdest und nicht sofort aufgesprungen bist, dann kam der Schwarze." – „Was denn für ein Schwarzer?" – „Dann haste mit dem Knüppel gekriegt." Wir haben uns die halbe Nacht unterhalten. In der Früh haben wir dann ein bisschen länger geschlafen. Frühstück war fertig und ich klopfte an die Zimmertüre, da sprang der da drin in die Höhe. Ich dachte: „Nee, um Gottes willen, um Gottes willen." Da hat man eine Ahnung gekriegt, was da abgelaufen ist.

Spaniens Himmel

Es gab genug Gelegenheiten, bei denen man selbst nahe dran war, da hinzukommen. Ich denke an die Geschichte mit dem Uli F. Das war auch so ein Ding. Die haben das ganz geschickt eingefädelt. Ich war auf Arbeit im FDGB-Ferienheim. Damals war ich noch im Bereich Technik tätig und lief in meinen Schlosserklamotten herum. Auf einmal rief die örtliche Polizeistation an: „Du musst sofort hier herunterkommen. Da ist etwas mit deinem Bruder." Wenn dir die Polizei sagt, mit deinem Bruder sei etwas, dann rennst du natürlich. Du denkst, um Gottes willen, was ist passiert. Ich stürzte in meinem Blaumann da hinunter, kam rein, und das Erste, was die Arschgeigen haben wollten: „Hast du deinen Ausweis mit?" Da war's wieder, das alte Problem, Leute aus dem Ort, die du jahrelang kennst, fragen dich in dieser Situation zuallererst nach einem Stück Papier. Ich sagte: „Ihr habt mich angerufen, ich bin jetzt sofort in meinen Schlosserklamotten gekommen, und da trage ich doch keinen Ausweis mit mir rum!" – „Den Ausweis muss man immer bei sich haben!" Und dann stellte sich aber heraus, dass das Ganze mit meinem Bruder überhaupt nichts zu tun hatte. Die sagten nur: „Setz dich da mal hin." Ich dachte mir: „Jetzt ist es passiert. Jetzt haben sie uns richtig am Wickel." – „Bleib hier mal sitzen." – Ich wusste gar nicht, was das soll. Was wollen die überhaupt? Sonst hatten wir regelmäßig kleinere Konflikte mit der Staatsmacht. Aber dieses Mal war das wohl eine ernstere Sache. Ich sagte auf jeden Fall: „Was ist denn los? Ich denke mit meinem Bruder ist irgendetwas?" – „Nichts ist mit deinem Bruder. Du bist jetzt erst einmal hier. Jetzt musst du warten. Die kommen gleich." Dann kamen zwei Herren in Zivil und ich konnte mir denken, von welcher Firma die waren. „Staatssicherheit. Kommen Sie rein." Ich dackelte da rein. Dann ging es

Ein „Lazy Sunday" in den Siebzigern

darum, dass der Uli F., ein Kumpel von mir, am Vorabend im Ratskeller etwas gesagt haben sollte. „Honecker ist ein Arschloch" und „Heil Hitler" sollte er gesagt oder gerufen haben oder irgendwie so etwas. Er hatte mehrere Sachen gesagt und als Höhepunkt dann „Heil Hitler". Wobei ich den Uli gut genug kannte, um zu sagen, ... die waren viele Kinder zu Hause und die Kinder waren sozial benachteiligt. Und der Durchschnittler sagte: „Ach so, die wieder ...", und alles so was. Der Uli wollte einfach da raus. Der wollte was sein. Und da suchte er sich halt das heraus. Im Kopf war der nicht so. Dann ging es weiter: „Sie saßen mit dabei. Diese Information haben wir. Und jetzt sagen Sie mal, was der gesagt hat." Die haben mich gefragt, ob er das und das gesagt hätte. Ich antwortete, dass ich mich nicht entsinnen könnte, obwohl ich wusste, was er gesagt hatte. „Nein, ich wüsste nicht, dass der so etwas gesagt hat. Es kann natürlich sein, dass ich gerade auf der Toilette war, aber auf jeden Fall habe ich so etwas nicht gehört." Und das ging etwa eine Stunde so weiter. Sie stellten immer wieder die gleichen Fragen und fragten dann auch, wer noch alles mit dabei war, obwohl die das sicher ganz genau wussten. Sie fragten auch nach Nebensächlichkeiten, wahrscheinlich um mich dabei zu ertappen, wie ich etwas Falsches sage. Dann fragte einmal der, dann wieder der andere, wie das in schlechten Filmen so ist: Jeder fragte mal. Aber für mein Empfinden war das ziemlich täppisch, wie die das machten. Jedenfalls bekamen sie aus mir nichts raus. Das kotzte sie offensichtlich irgendwann an. Dann legten sie mir so ein Protokoll hin: „Unterschreib das!" Erst redeten sie mich mit „Sie" an, dann gingen sie zum „Du" über. Ich sagte dann: „Erst lese ich das mal durch." Das waren so etwa drei Seiten. Die hatten das gleich getippt und Dinge hineingeschrieben, womit ich den Uli belastet hätte. Es stand nicht direkt drin, dass ich bestätigt hatte, dass er diese Dinge geäußert hätte, aber dass durchaus die Möglichkeit bestünde, dass er das gesagt hatte. In dem Sinne, dass ich es vielleicht nicht ganz genau gehört hatte. Das hatte ich so aber nicht gesagt. Ich sagte: „Das müssen sie löschen, das und das, eher unterschreibe ich das Protokoll nicht." Sie wurden nun richtig ruppig. Sie rissen mir das Ding aus der Hand und wurden richtig laut. Aber sie mussten es eben noch mal schreiben. Ich las es durch. Sie hatten die betreffenden Stellen herausgenommen, und ich unterschrieb. Sie brüllten dann aber: „Also eines sagen wir dir: Wir haben noch einige andere zu verhören. Wenn sich herausstellen sollte, dass du uns hier angelogen hast, dann gehst du gleich mit ab." So lief das. Da gerät man in Panik. Ich ging sofort zu allen hin, die an dem Abend mit dabei waren, und stimmte mit denen ab, was wir gehört oder besser nicht gehört hatten. Da waren bestimmt noch vier oder fünf andere dabei. Und die haben sie alle geholt. Aber die haben alle gesagt: „Nee, haben wir nicht gehört." Das hat irgendwie funktioniert, der Uli wurde nicht abgeholt. Das war Ende der Siebziger, Anfang der Achtziger Jahre.

Das waren solche Sachen, die der Durchschnittsbürger eher selten erlebte. Aber so, wie es nach der Wende manchmal gesehen wurde, dass die Stasi so allgegenwärtig war, war es nicht, zumindest nicht in den Siebzigern, quasi in meiner Sturm und Drang-Zeit. Oberwiesenthal war ein Kurort und ein bekannter Wintersportort, und wir hatten ein Stasi-Erholungsheim in Oberwiesenthal. Normalerweise müsste das ein Ort gewesen sein, wo immer und überall welche zugegen waren. Aber das war nicht so. Wir waren so oft in der Kneipe und haben abendelang gesungen, z. B. das berühmt-berüchtigte Lied: „Kehr ich einst zur Heimat wieder, mein Schlesierland, mein Heimatland …" Das sangen wir eigentlich nur der Melodie wegen, weil das so schön zu singen war. Aber das wäre natürlich eine Katastrophe gewesen, wenn das wirklich jemand von der Stasi gehört hätte. Da wäre es uns schlecht gegangen. Wir waren keine Revanchisten, uns hat halt die Melodie zugesagt. Wir haben auch „Spaniens Himmel breitet seine Sterne, über uns're Schützengräben aus …" (Kampflied der Internationalen Brigaden im Spanischen Bürgerkrieg.) gesungen. Oder „Der Männerchor trinkt Bier vom Fass" oder „Wir sind die Moorsoldaten …" Es entspricht nicht der Wirklichkeit, wenn die Leute denken, dass man ununterbrochen von diesen Stasileuten umstellt war. Wenn es so gewesen wäre, dann wären wir fünfzig Mal in den Knast gegangen. Obwohl man im Nachhinein feststellen konnte, dass in den Arbeitskollektiven überall welche integriert waren. Möglicherweise ist das aber auch erst in den Achtzigern geschehen. Wir sind im Philosophischen Zirkel nicht bedrängt worden. Aber das hängt damit zusammen, dass wir ja nicht gegen den Staat waren. Wir waren für Reformen innerhalb des Staates, was allerdings auch nicht ungefährlich war. Aber die haben uns wohl als nicht besonders gefährlich eingestuft. Wir waren ja am Ende auch nur so eine Art Debattierklub und von der Meinung her waren die meisten eher links orientiert. Der Westen war für uns keine Alternative, ganz im Gegenteil.

Ich spiele ja immer wieder mit dem Gedanken, Einsicht in meine Stasi-Akte zu beantragen. Ich gehe davon aus, dass ich eine habe, weil ich in der Lehrzeit ja auch schon die Gelegenheit hatte, mit den Herren von der Staatssicherheit zu sprechen. Man wollte mich, vermutlich wegen meiner besonderen Eignung und auf Empfehlung meiner damaligen Lehrer, unbedingt für das Stasi-Wachregiment haben und das auch noch für drei Jahre … und ich wollte nicht! Aber letztlich interessiert es mich doch nicht so sehr, was dieser oder jener über mich zu erzählen hatte. Ich würde diesen Menschen nichts nachtragen, weil ich nichts Schwerwiegendes persönlich zu erleiden hatte. Von manch einem weiß ich auch, dass die Stasi eiskalt bestimmte Dinge ausgenutzt hat. Zum Beispiel war der Sohn eines Bekannten in Dresden beim Kreuz-Chor. Und der Kreuz-Chor durfte auch im Ausland auftreten. Und dem wurde gesagt: „Wenn ihr Sohn weiterhin beim Kreuz-Chor bleiben und auch weiterhin ins Ausland fahren will, müssen Sie für uns bestimmte Aufgaben übernehmen!" Dann hatte er die Wahl: Entweder er versaut seinem Sohn den Spaß, oder er macht das. Aber es gab auch Menschen, die es für Geld und andere Vorteile gemacht haben. Viele von denen sind nach der Wende auffällig schnell in Richtung Westen untergetaucht, andere sind ganz groß ins Immobiliengeschäft eingestiegen, die guten Verbindungen eben …

Große Idee – falsche Art

Vermutlich wäre meine Jugendzeit anders verlaufen, hätte mein Vater in der DDR nicht in hohem Amt und Würden gestanden. Zunächst provoziert das möglicherweise einen Sohn von vornherein, schlimmer war aber, dass ich einem unerträglichen Erwartungsdruck ausgesetzt war. Bei dem Vater muss es doch selbstverständlich sein, dass man sich 20 Jahre freiwillig zur Armee meldet etc., etc. Das war kaum auszuhalten. Den meisten meiner Freunde ging es da wesentlich besser, egal wofür oder wogegen sie sich entschieden. Andererseits wurde mir dadurch eine zwar anstrengende, aber interessante Jugend beschert.

In der Zwischenzeit, mein Vater ist lange tot, ist mir klar geworden, was unser Vater mit seinen beiden renitenten Söhnen alles durchmachen musste. Er war in jener Zeit Chef des Oberwiesenthaler Sportclubs und hatte alle möglichen gesellschaftlichen Funktionen. Ich weiß noch, wie er immer wieder den Zusammenhang zwischen unserem „kapitalistisch indoktrinierten Verhalten und Aussehen" und der vom Kapitalismus ausgehenden Kriegsgefahr herstellte, was uns völlig absurd erschien.

Heute ist mir das Denken meines Vaters verständlicher. Als Soldat im Zweiten Weltkrieg, mehrfach schwer verwundet und viele Monate im Lazarett, kam er zurück und schwor sich, alles zu tun, damit es keinen Krieg mehr gäbe. Ausgangspunkt des Krieges war für ihn der Kapitalismus mit seiner schlimmsten Ausgeburt, dem Faschismus. Dem hatten sich die Kommunisten am heftigsten widersetzt, und die waren jetzt an der Macht, und deren Ziele galt es nun mit aller Kraft zu unterstützen, um eventuelle zukünftige Kriege zu verhindern. Gegenüber dem, was in der DDR an Negativem geschah, ließ er keine Kritik zu. Er war Teil des Systems geworden. Auch Gorbatschow, der von uns mit größter Begeisterung und Hoffnung begrüßt wurde, war ihm eher suspekt. Gorbatschow erschien uns als der rettende Engel ... und am Ende war er dann eher eine tragische Figur, er wollte etwas retten, was nicht zu retten war. Mein alter Freund Steffen R., Doktor der Biologie und jetzt in Norwegen lebend, zitierte letztens einen Kollegen: „Der Marxismus: Große Idee – falsche Art!"

Schlusswort

„Wenn es aber Wirklichkeitssinn gibt ... dann muss es auch etwas geben, was man Möglichkeitssinn nennen kann. Wer ihn besitzt, sagt beispielsweise nicht: Hier ist dies oder das geschehen; sondern er erfindet: Hier könnte, sollte oder müsste geschehen; und wenn man ihm von irgendetwas erklärt, dass es so sei, wie es sei, dann denkt er: Nun, es könnte wahrscheinlich auch anders sein."

Robert Musil: Mann ohne Eigenschaften

„Wohl dem, der sagen kann ‚als', ‚ehe' und ‚nachdem'. Es mag ihm Schlechtes widerfahren sein, oder er mag sich in Schmerzen gewunden haben: sobald er imstande ist, die Ereignisse in der Reihenfolge ihres zeitlichen Ablaufes wiederzugeben, wird ihm so wohl, als schiene ihm die Sonne auf den Magen. Sind nicht die meisten Menschen im Grundverhältnis zu sich selbst Erzähler? Sie lieben das ordentliche Nacheinander von Tatsachen, weil es einer Notwendigkeit gleichsieht, und fühlen sich durch den Eindruck, dass ihr Leben einen ‚Lauf' habe, irgendwie im Chaos geborgen."

Ebenda.

Abbildungen

Johann „John" Amann 52, 57, 78, 79, 236, 238,
Archiv für soziale Bewegungen Freiburg 252 (6 Ekki Holler), 234, 250
Badische Zeitung, Archiv 255
Bernhard Blum 11, 112, 197, 213, 214, 215, 237, 244, 245, 247
Heinz Böcherer 110, 114
Henry Boschert 176
Die Falken – Archiv der Arbeiterjugendbewegung, Oer-Erkenschwick 114
Helmut Korsten 105, 235, 277
Ulrich Dubronner 179, 182, 245
Reinhold Fehr 52, 81, 89, 116, 210, 247, 248
Klaus Flöther 289
Wolfgang Götz 282, 283, 280
Myrtil Haefs 44, 160
Harald Hipp 172, 204, 244, 245, 246
Marlene Hügle 67, 100, 244
Jean-Marc Husser 294
Internat Triberg 235
Bernd Kellner 18
Wolfgang Kern 44
Dr. Franz Klimetzek 262, 263, 267
Werner Laun 127, 128, 129, 130
Steffen Meyer 304, 305, 307, 308, 309, 313, 314, 316, 318, 319, 322, 324
Wulf Michalke 14, 15, 17, 19, 20, 22, 23
Heidrun Mössner 44, 45, 48, 51, 60, 64, 65, 69, 158, 200, 225, 227, 243, 244
Klaus Müller-Wenk 44, 145, 146, 150, 156
Christoph Pfaff 171, 173, 174, 188
Siegrun Saviane 76, 78, 107, 207
Meinrad Schäfer 47, 70, 88, 140, 141, 142, 153, 118, 202
Doris Schaffer 14
Karl-Heinz Scherfling 108, 109, 245
Landesarchiv Baden Württemberg - Staatsarchiv Freiburg, 264
Städtische Sammlung Emmendingen 230, 271
Evamaria Strunk 191
Herwig „Sam" Vogel 44, 91,161, 180, 186, 244, 282
Werner Welz 30, 32, 35, 36, 38, 25
Waltraud von Wolff 99, 115, 185

Kinder, Kinder

Kindheit und Jugend in den Fünfziger Jahren

2. Auflage
Im Buchhandel erhältlich
ISBN 3-926556-18-8
Preis: 16,25 Euro

›s Eige zeige‹
Jahrbuch des Landkreises Emmendingen für Kultur und Geschichte 17/2003

Kinder, Kinder

Kindheit und Jugend in den Sechziger Jahren

Im Buchhandel erhältlich
ISBN 3-926556-20-X
Preis: 19,80 Euro

›s Eige zeige‹
Jahrbuch des Landkreises Emmendingen für Kultur und Geschichte 19/2005